Graml · Europas Weg in den Krieg

Quellen und Darstellungen zur
Zeitgeschichte
Herausgegeben vom Institut für
Zeitgeschichte

Band 29

R. Oldenbourg Verlag München 1990

Hermann Graml

Europas Weg in den Krieg

Hitler und die Mächte 1939

R. Oldenbourg Verlag München 1990

CIP-Titelaufnahme der Deutschen Bibliothek

Graml, Hermann:
Europas Weg in den Krieg : Hitler und die Mächte 1939 /
Hermann Graml. – München : Oldenbourg, 1990
  (Quellen und Darstellungen zur Zeitgeschichte ; Bd. 29)
  ISBN 3-486-55151-5
NE: GT

© 1990 R. Oldenbourg Verlag GmbH, München

Umschlaggestaltung: Dieter Vollendorf. Bildvorlagen (v.l.n.r.): Münchener Abkommen (Bildarchiv Preußischer Kulturbesitz), Hitlers Einzug in Österreich 1938 (Archiv Gerstenberg), Unterzeichnung des deutsch-italienischen Bündnisvertrags 1939 (Süddeutscher Verlag).

Gesamtherstellung: R. Oldenbourg Graphische Betriebe GmbH, München

ISBN 3-486-55151-5

Inhalt

I. Herbst 1918 – Herbst 1938: Europas Weg bis an
die Schwelle zum Krieg   7

Ergebnisse des Weltkriegs   10
Scheitern der Versuche zur Stabilisierung Europas   14
Verschärfung der internationalen Krisen im Niedergang der
Wirtschaft   34
Hitlers Machtübernahme und Deutschlands Wendung gegen
den Status quo   60
Die Formierung der expansionistischen Mächte   86

II. Herbst 1938 – Herbst 1939: Europas Weg
in den Krieg 107

Hitlers Bruch des Münchner Abkommens 107
Europas Abkehr vom Appeasement Deutschlands 149
Der Entschluß zum Angriff auf Polen 184
Kontertanz der Mächte: das Versagen der „Achse"
und Hitlers Pakt mit Stalin 198
Die letzten Augusttage: Hitler zwingt Europa in den Krieg . 277

Literaturverzeichnis 307

Register 312

I.
Herbst 1918 – Herbst 1938:
Europas Weg bis an die Schwelle zum Krieg

In der Sylvesternacht des Jahres 1938 schrieb Harold Nicolson, einflußreicher englischer Historiker und Journalist, der seit 1935 außerdem als Abgeordneter im Unterhaus saß, voll Bitterkeit in sein Tagebuch: „Es war ein böses Jahr. Chamberlain hat das Gleichgewicht der Kräfte zerstört."[1] Nicolsons Vater, Lord Carnock, hatte bei Beginn des Weltkriegs im Sommer 1914, er hieß damals noch Sir Arthur Nicolson, unter dem Minister Edward Grey als beamteter Staatssekretär das Foreign Office geleitet, das britische Außenministerium, und der Sohn hatte bis zu seinem Ausscheiden im Jahr 1932 – zuletzt Botschaftsrat im krisengeschüttelten Berlin – ebenfalls als einer der Besten im Diplomatischen Dienst Großbritanniens gegolten; im Unterhaus äußerte er sich mit Sachkenntnis und Eloquenz vor allem zu Fragen der Außenpolitik. So war es Harold Nicolson ganz natürlich, seinen zornigen Rückblick, in dem auch eine überaus pessimistische Prognose steckte, in jene Formel der internationalen Beziehungen zu fassen, die ihm vertraut wie das Einmaleins – am knappsten ausdrückte, was ihn im Blick auf das künftige Geschick Europas bewegte: Einmal die Erkenntnis, daß der britische Premierminister Neville Chamberlain, als er im Herbst 1938 den entscheidenden Beitrag leistete, die Tschechoslowakische Republik zur Abtretung der Sudetengebiete an das Deutsche Reich zu zwingen, dem nationalsozialistischen Deutschland zu einem Machtzuwachs verholfen hatte, der es zum absolut stärksten und zum bereits dominierenden Staat auf dem europäischen Kontinent machen mußte; ferner die Annahme, daß ein nationalsozialistisches Deutschland von der hegemonialen Position, die ihm das Münchner Abkommen vom 29. September 1938 beschert hatte, keinen zurückhaltenden oder gar wohltätigen Gebrauch machen, vielmehr sogleich der Verlockung zu weiteren Aktionen einer expansionistischen Politik erliegen und jetzt erst recht die Herrschaft über Europa anstreben werde; schließlich die Überzeugung, daß mithin die um des Friedens willen geschehene Opferung der CSR in Wahrheit nicht den Frieden gesichert, sondern lediglich den Krieg sicherer gemacht habe – den Krieg zur Verteidigung der Unabhängigkeit der Staaten Europas gegen offenbar uferlose Herrschaftsgelüste des Deutschen Reiches und zugleich,

---

[1] H. Nicolson, Diaries and Letters 1930-1939, London 1966, S. 384.

von West- und Nordeuropa aus gesehen, einen Krieg zur Rettung der europäischen Nationen und der liberaldemokratisch geprägten politischen Kultur vor dem totalitären Nationalsozialismus.

Chamberlain selbst war ganz anderer Meinung. Die Politik der Beschwichtigung und der Konzessionen, des „Appeasement", die er, manchmal alternierend, manchmal gleichzeitig, gegenüber dem nationalsozialistischen Deutschland und dem faschistischen Italien verfolgte, sollte keineswegs der Vertagung eines großen europäischen Krieges dienen, etwa um in der gewonnenen Frist aufzurüsten, sondern der definitiven Verhinderung eines solchen Krieges. Und im Herbst 1938 glaubte der Premier tatsächlich, daß er mit dem Münchner Abkommen sein Ziel bereits erreicht habe, daß es ihm gelungen sei, das nationalsozialistische Deutschland mit dem Geschenk der Sudetengebiete zu saturieren und damit diesem Staat seine unbegreifliche Kriegsbereitschaft wieder zu nehmen. Vorerst hielt er Maßnahmen zur Erweiterung und Beschleunigung der militärischen Rüstung Großbritanniens für gänzlich überflüssig. Als ihm zwei Kabinettskollegen, Oliver Stanley und Lord De La Warr, wenige Tage nach München mitteilten, sie seien nur dann bereit, mit ihm die Münchner Regelung zu vertreten, wenn nun für künftige Fälle deutscher Aggressionslust intensiv gerüstet werde, antwortete Chamberlain kühl, er sei nicht gewillt, sich zu „irgendeinem besonderen Rüstungsprogramm zu verpflichten", ehe die Lage nicht „im Lichte der jüngsten Ereignisse" geprüft worden sei, und zu Lord Swinton, seinem Luftfahrtminister, der gleichfalls für eine größere Rüstungsanstrengung plädierte, sagte er: „But don't you see, I have brought back peace!"[2]

Adolf Hitler, der „Führer" des nationalsozialistischen Deutschland, der die Außenpolitik des Deutschen Reiches diktatorisch bestimmte, hatte für Neville Chamberlain und dessen Illusionen nichts als bösartige Verachtung. Seine Einschätzung der im Herbst 1938 entstandenen Situation deckte sich durchaus mit dem Urteil Harold Nicolsons, nur mit dem Unterschied, daß Hitler die zu seinen Gunsten geschehene Zerstörung des europäischen Kräftegleichgewichts mit höhnischer Befriedigung konstatierte und den künftigen Akten einer nun möglich gewordenen weit ausgreifenden Kriegs- und Expansionspolitik mit freudiger Erwartung entgegensah. Zwar hatte ihn das Münchner Abkommen tief verstimmt. Es war ja seine Absicht gewesen, das tschechoslowakische Stück in einem Akt zu spielen, d.h. am Ende und als Ergebnis der von ihm inszenierten Sudetenkrise die ganze Tschechoslowakei, die ihm aus geographischen, strategischen und wirtschaftlichen Gründen für seine Eroberungspolitik unentbehrlich schien, in einem schnellen, lokalisierten Feldzug in Besitz zu nehmen. Daß ihn Großbritannien und Frankreich zum Verzicht auf die militärische Kampagne und zur lästigen Vorbereitung eines zweiten Aktes zwangen, indem sie die

---

[2] Zit. nach T. Taylor, Munich. The Price of Peace, London 1979, S. 926.

Prager Regierung nötigten, Deutschland die deutsch besiedelten Gebiete Böhmens und Mährens anzubieten, verdroß ihn sehr. Schon einige Tage vor der Münchner Konferenz hatte er sich in einer Unterhaltung mit dem Botschafter des gegen die Tschechoslowakei praktisch mit Deutschland verbündeten Polen darüber beklagt und förmlich dafür entschuldigt, daß ihm das Entgegenkommen der Westmächte eine militärische und vollständige Lösung des tschechoslowakischen Problems vermutlich unmöglich machen werde; offeriere man ihm die Sudetendeutschen, könne er dem deutschen Volk keinen Krieg mehr zumuten[3]. Doch war Hitler selbstverständlich klar, daß ihm auch der „Kompromiß" von München einen gewaltigen Machtgewinn eingebracht hatte, der über die territoriale Vergrößerung des Deutschen Reiches hinausreichte; was wirtschaftlichen und politischen Einfluß angeht, hatte das nationalsozialistische Deutschland bereits jetzt, nachdem im März 1938 Österreich annektiert worden war und die restliche Tschechoslowakei sich nun im Status eines völlig abhängigen Vasallen des Reiches befand, das Erbe Österreich-Ungarns in Ostmitteleuropa und Südosteuropa angetreten, und zwar, weil viel stärker als die 1918 untergegangene Donaumonarchie, mit der Möglichkeit, die Erbschaft alsbald kräftig zu mehren. In den Monaten bis zum Frühjahr 1939 nahm in den ost- und südosteuropäischen Staaten die Anerkennung der deutschen Führungsrolle allmählich sogar die Form der Unterwürfigkeit an; z.B. ist eine bislang von der Presse jener Länder gern geübte Praxis, nämlich der Nachdruck von Zeitungsartikeln britischer Politiker – die ja oft ebenso leidenschaftliche wie glänzende Journalisten waren –, jäh abgebrochen worden, sofern es sich um Politiker wie Winston Churchill, Anthony Eden, Clement Attlee oder Duff Cooper handelte, die sich durch Kritik am nationalsozialistischen Regime und durch Warnungen vor nationalsozialistischer Eroberungspolitik in Berlin mißliebig gemacht hatten[4].

So faßte Hitler in der Tat sofort nach München zuversichtlich nächste Schritte ins Auge. Am 10. November 1938 suchte er rund vierhundert namhaften deutschen Journalisten und Verlegern einzuhämmern, daß ihre Aufgabe in den kommenden Monaten darin bestehe, die deutsche Nation, die in den Wochen vor München nicht genügend Kriegslust an den Tag gelegt hatte, psychisch in Kriegsform zu bringen. In seiner Rede rief er seinen Hörern, nachdem er ihnen erklärt hatte, allein der Zwang der Umstände sei die Ursache dafür gewesen, daß er jahrelang nur vom Frieden geredet habe, ebenso zynisch zu: „Irgendwie glaube ich, hat sich diese Platte, die pazifistische Platte, bei uns abgespielt."[5] Und am 16. Dezember 1938 setzte Ernst v. Weizsäcker, unter Reichsaußenminister Joachim v. Ribben-

---

[3] Akten des Polnischen Außenministeriums (künftig APA), Poln. Botschaft Berlin, Mappe 18 (Archivum Akt Nowych, Warschau), Hitler-Lipski, 20.9.1938.
[4] M. Gilbert, Winston S. Churchill, Bd. 5, 1922-1939: The Prophet of Truth, Boston 1977, S. 1068.
[5] Vierteljahrshefte für Zeitgeschichte (VfZ) 6 (1958), S. 183.

trop als Staatssekretär Leiter des Berliner Auswärtigen Amts, seinem Besucher Ulrich v. Hassell, bis 1938 deutscher Botschafter in Rom, in tiefer
Sorge auseinander, sein Chef und Hitler seien offensichtlich auf Krieg aus:
„Man schwanke nur, ob gleich gegen England, indem man sich dafür noch
Polens Neutralität erhalte, oder zuerst im Osten zur Liquidation der
deutsch-polnischen und der ukrainischen Frage, sowie natürlich der Me-
melsache, die aber nach Hitlers Ansicht keiner Waffengewalt, sondern nur
eines eingeschriebenen Briefes an Kaunas bedürfe."[6]
    Allenthalben in Europa sprach man also im Herbst 1938, ob in Resigna-
tion und Verzweiflung oder in Hoffnung und Begierde, mit großer Selbstverständlichkeit vom kommenden Krieg, und zwar nicht allein in den Zirkeln der Politiker, Diplomaten und Soldaten. Nur zwanzig Jahre zuvor, im
November 1918, war aber doch ein Weltkrieg zu Ende gegangen, der in
fast viereinhalb Jahren ungeheure Opfer an Blut und Gut gefordert hatte
und den die siegreichen Westmächte zuletzt als einen Krieg geführt hatten,
dessen wichtigstes Ergebnis darin bestehen müsse, Kriege ein für allemal
unmöglich zu machen: „Safe for democracy" sollte die Welt werden, und
mit einer globalen Organisation der Staatengesellschaft, einem Völkerbund,
wollten die Sieger ein internationales System schaffen, in dem an die Stelle
des kriegerischen Austrags von Konflikten Verhandlung, Diskussion,
Schiedsgerichtsbarkeit traten, in dem jeder etwaige Aggressor sofort auf die
Sanktionen aller Mitglieder des Bunds traf; „kollektive Sicherheit" hieß der
Begriff für die erhofften Mechanismen der Abschreckung und, wenn nötig,
der Zähmung von Friedensstörern. Wie war es nur möglich, daß all die Visionen, Ziele und Pläne, die am Ende des Weltkriegs die siegreichen und
auch Teile der besiegten Nationen in ihren Bann geschlagen hatten, lediglich zwanzig Jahre später offenbar verweht oder bedeutungslos geworden
waren?

Ergebnisse des Weltkriegs

Dabei hatte das Kriegsende, so sah es 1918/19 aus, eigentlich ganz brauchbare Voraussetzungen für die Errichtung einer friedlichen Ordnung der
Staatengesellschaft gebracht. Der Krieg war 1914 vom wilhelminischen
Deutschland, von der habsburgischen Donaumonarchie und vom zaristischen Rußland begonnen worden, teils um vermeintlicher und tatsächli-
cher macht- und sicherheitspolitischer Interessen willen, teils um durch
militärische Triumphe und durch die Gewinne einer imperialistischen Politik scharfe innere Spannungen und Konflikte zu überwinden oder doch zu
betäuben, d.h. um so die reformerische oder revolutionäre Modernisierung

---

[6] U. v. Hassell, Die Hassell-Tagebücher 1938-1944, hrsg. v. F. Freiherr Hiller von Gaertringen, Berlin 1988, S. 68 f.

ihrer illiberalen und antidemokratischen politischen Strukturen zu verhindern oder wenigstens hinauszuschieben[7]. Im Herbst 1918 waren alle drei Staaten nicht nur militärisch geschlagen: In Rußland hatte erst die Erhebung liberaler und sozialistischer Gruppen, dann die kommunistische Oktoberrevolution von 1917 den Zarismus beseitigt und das Land in die Wirren eines blutigen Bürgerkriegs gestürzt; Österreich-Ungarn war in der Niederlage und nach dem Willen der Siegermächte auseinandergebrochen, in den Nachfolgestaaten brachen zum Teil ebenfalls heftige Kämpfe um die innere Ordnung aus; auch Deutschland glitt mit der Niederlage in eine Periode bürgerkriegsähnlicher Zustände. Zeitweise schien es sogar, als drohe die Revolution der Bolschewiki, die in Rußland die „Diktatur des Proletariats" proklamiert hatten, auch auf Deutschland und einige Nachfolgestaaten der Donaumonarchie überzugreifen. Indes sind die mit und ohne die Unterstützung durch die russischen Bolschewiki unternommenen sozialistischen Revolutionsversuche außerhalb Rußlands sämtlich gescheitert. Sowohl in Deutschland wie in den Nachfolgestaaten des habsburgischen Reichs setzte sich zunächst der Parlamentarismus durch, und in Ungarn ist nicht allein die kommunistische Räterepublik Bela Khuns blutig liquidiert, sondern überdies die Monarchie restauriert worden, wenn auch ohne Monarch und nur mit einem sogenannten Reichsverweser. In entscheidenden Punkten entsprach also das Ergebnis des großen Krieges offenbar ganz den Vorstellungen, die in den Westmächten dominierten. Der europäische Führungs- und Herrschaftsanspruch des Deutschen Reiches war abgewiesen, im Reich anscheinend der liberalen Demokratie zum Sieg verholfen worden, und nach seiner Niederlage sah sich Deutschland vorerst ohnehin zu militärischer Ohnmacht und politischer Friedfertigkeit verurteilt. Die beiden anderen gleichgewichtsfeindlichen Imperien des Kontinents hatten die Fähigkeit zur Bedrohung des Friedens ebenfalls verloren: Österreich lag in Trümmern, und Rußland steckte als Folge der bolschewistischen Revolution in einer offensichtlich lange lähmenden inneren Krise. Die in Paris tagende Friedenskonferenz der alliierten Mächte und der ihnen „assoziierten" Macht USA konnten mithin den besiegten Staaten Friedensverträge oktroyieren, von denen tatsächlich die Schaffung und die Sicherung einer gleichgewichtsfreundlichen und die Erhaltung des Friedens garantierenden Ordnung Europas erhofft werden durfte. Am 28. Juni 1919 mußte Deutschland den Vertrag von Versailles unterzeichnen, am 10. September 1919 Österreich den Vertrag von St. Germain-en-Laye, am 27. November 1919 Bulgarien den Vertrag von Neuilly und am 4. Juni 1920 Ungarn den Vertrag von Trianon[8].

Die Pariser Vorortsverträge gaben um so mehr Anlaß zu Hoffnung, als in ihnen zum ersten Mal in der Geschichte der Versuch Gestalt gewann, libe-

---

[7] J. Joll, The Origins of the First World War, London-New York 1985.
[8] G. Schulz, Revolutionen und Friedensschlüsse 1917-1920, München 1967.

raldemokratische Grundsätze und das Prinzip der Gerechtigkeit auf die
Ordnung der Staatengesellschaft zu übertragen. So haben die Pariser Friedensmacher namentlich den Prozeß der Befreiung und Verselbständigung
kleiner Nationen bewußt fortgesetzt, den einst das Absterben des türki-
schen Reiches eingeleitet hatte und den man auch als die Entkolonialisierung Mittel-, Ost- und Südosteuropas bezeichnen kann. Mit dem „Selbstbestimmungsrecht der Völker" war für diese historische Bewegung das
Schlüsselwort gefunden, dem die Friedenskonferenz ernsthaft gerecht werden wollte. Ein solcher Versuch mußte freilich alte Staatskörper zerstören
oder durch Einschnitte verwunden, die eben nicht nach derartigen Prinzipien geschaffen, sondern auf Grund bestimmter Machtlagen und dynasti-
scher Interessenpolitik historisch gewachsen waren. Aus der Erbmasse des
zerfallenen habsburgischen Imperiums, aus bislang von Ungarn beherrsch-
ten Territorien, aus Teilen des alten Zarenreichs und aus preußischen Gebieten des geschlagenen Deutschland sind nach dem politischen Willen
der dort lebenden Völker Staaten gebildet oder arrondiert worden, die noch
während der Friedenskonferenz Aufnahme in die Staatengesellschaft fanden und eine möglichst solide Basis für eine selbständige politische Existenz erhielten: Estland, Lettland, Litauen, Polen, die Tschechoslowakei,
Rumänien.

Selbst in die Behandlung außereuropäischer Kolonialfragen mischte sich
erstmals eine anti-imperialistische und antikolonialistische Tendenz ein[9].
Zwar wurde Deutschland gezwungen, seine Kolonien an andere Mächte
abzutreten, an Japan, Frankreich, England und britische Dominions wie
Südafrika und Australien. Aber der Vorgang durfte nicht mehr als ordinäre
Annexion erscheinen, er mußte vielmehr mit der mangelnden Fähigkeit
Deutschlands und mit der gegebenen Fähigkeit der neuen Besitzer zur
Entwicklung jener Kolonien begründet werden. Die ehemals deutschen
Kolonien galten nicht länger als Kolonien, sondern bekamen den Status
von „Mandaten", und daneben wurde nun jede Form kolonialer Herrschaft
mit der Erklärung gerechtfertigt, die Bewohner der betreffenden Territorien seien zur Selbstregierung „noch nicht" fähig. Gewiß ist das Mandats-
und Entwicklungsprinzip oft – und auch von manchem seiner Verkünder –
lediglich als Bemäntelung der Aneignung des deutschen Kolonialbesitzes
und der Ausdehnung des britischen und französischen Einflusses auf den
Mittleren Osten verstanden worden. Trotzdem: die Mandats- und Koloni-
almächte hatten grundsätzlich das Ende aller Kolonialherrschaft proklamiert und damit der Entkolonialisierung Afrikas und Asiens den Weg geöffnet. Nach Jahrzehnten hemmungsloser Eroberung bekannte sich Europa
jetzt zu dem Gesetz, daß technische, wirtschaftliche und militärische Überlegenheit nicht einfach in politische Herrschaft umgesetzt werden dürfe.

[9] Vgl. F. P. Walters, A History of the League of Nations, London-New York-Toronto
1960.

Diese Selbstbeschränkung wirkte um so glaubwürdiger und zukunftsträchtiger, als die Mandatsmächte über moralische Verpflichtungen hinaus bereits eine rechtliche Bindung an das Entwicklungsprinzip eingingen. Mit Unterschrift sagten sie nämlich zu, über die Verwaltung ihrer Mandate einer Gemeinschaft zivilisierter Staaten Rechenschaft abzulegen, die sich in einem „Völkerbund" eine politische Organisation gegeben hatte.

Es ist damals weithin als das wichtigste Ergebnis des Krieges angesehen worden, daß es 1919 tatsächlich gelang, die während der Kriegsjahre in England, den USA und Frankreich gereifte Idee zu realisieren und einen Völkerbund zu schaffen, dem zunächst 45 europäische und außereuropäische Staaten angehörten und der am 16. Januar 1920 mit der ersten Sitzung seines Rats offiziell seine Tätigkeit aufnahm[10]. In der Tat war die Gründung des in Genf beheimateten Bundes ein Akt, der sich an universalhistorischer Bedeutung durchaus mit den großen Revolutionen in England, Amerika und Frankreich messen kann, der selbst eine Revolution von einschneidender Radikalität darstellte. Wiederum zum ersten Mal in der Geschichte unternahm eine bislang nahezu anarchische Staatenwelt den Versuch, sich eine internationale Verfassung, ein internationales Parlament und eine internationale Regierung zu geben: Satzung, Vollversammlung und Rat. An die Stelle einer Gesellschaft absolut souveräner Staaten, die außer ihren eigenen Wachstumsgesetzen nichts und niemand verantwortlich sein wollten und konnten, die daher jederzeit zum gewaltsamen Austrag zwischenstaatlicher Divergenzen fähig und bereit sein mußten, sollte die pluralistische Staatengesellschaft treten, die bei gebändigter Souveränität ihrer Glieder in der Lage ist, ihre Meinungs- und Interessenkonflikte in einem rationalen Geist und mit rationalen Methoden zu regeln. Mit diesem Triumph westlicher Gesellschaftsphilosophie schien der Krieg als Mittel der Politik überwunden und eine friedliche Entwicklung Europas wie der Welt gesichert zu sein. „Deprimierend", schrieb Joseph Goebbels, der Propagandachef des nationalsozialistischen Deutschland, am 25. September 1933 in sein Tagebuch, als er in Genf persönlich eine Sitzung des Völkerbunds beobachtete: „Eine Totenversammlung. Parlamentarismus der Nationen."[11]

Auf der anderen Seite waren schon bei Kriegsende Resultate der großen Auseinandersetzung zu sehen, die auf eine problemreiche Zukunft deuteten. Das weltweite Handelssystem, als dessen Mittelpunkt Europa fungiert hatte, bot sich in einer Unordnung dar, die an Zerstörung grenzte. Die europäische Finanzkraft war erschöpft, und den einzelnen europäischen Währungen drohte der Kollaps oder doch eine Periode ernster Erkrankung. Die Vereinigten Staaten hatten Europa in finanzielle Abhängigkeit gebracht, zum militärischen Sieg der Westmächte beigetragen, die Ideologie und die

---

[10] Vgl. H. Graml, Europa zwischen den Kriegen, München 1976³, S. 9 ff.

[11] Die Tagebücher von Joseph Goebbels. Sämtliche Fragmente, hrsg. v. E. Fröhlich, Teil I. Bd. 2, München 1987, S. 465.

Kriegsziele ihrer Verbündeten maßgeblich beeinflußt und schließlich bei
der Gründung des Völkerbunds eine führende Rolle gespielt, aber offenbar
ohne bereit zu sein, ihre bis zum Krieg dominierende Neigung zur politischen Selbstgenügsamkeit auf Dauer preiszugeben. Am Ende eines Krieges, der ohnehin eine große Müdigkeit hinterließ, schien also die weltpolitische Schlüsselfunktion Europas verloren zu sein, ohne daß ein Ersatz sichtbar geworden wäre.

Scheitern der Versuche zur Stabilisierung Europas

Bald stellte sich jedoch heraus, daß schon die Hoffnung auf eine friedliche
Entwicklung der zwischenstaatlichen Beziehungen keine solide Grundlage
besaß und vermutlich nicht in Erfüllung gehen würde. Von einer Bewegung, die vornehmlich aus innenpolitischer Gegnerschaft weitere internationale Triumphe des Präsidenten Woodrow Wilson verhindern wollte,
sind die Vereinigten Staaten in der Tat noch 1919/20 zum Verzicht auf die
vorübergehend übernommene internationale Führungsrolle und zur Rückkehr zum gewohnten politischen Isolationismus gezwungen worden[12].
Selbst dem Völkerbund, an dessen Entstehung sie so großen Anteil gehabt
hatten, sind die USA schließlich nicht beigetreten. Auf der anderen Seite
trennte sich ja auch Rußland vom übrigen Europa und blieb dem Völkerbund fern. Die Radikalität der leninistischen Revolution hatte zwischen
Rußland und der Außenwelt eine tiefe Kluft aufgerissen, und der Völkerbund ist von den Bolschewiki ohnehin nur als eine raffinierte Maskerade
der imperialistischen Kapitalisten Westeuropas verstanden worden, die aus
den feinen Fäden moralischer Phrasen feste Fesseln für die im Weltkrieg
unterlegenen Imperialisten knüpfen und den Bund außerdem zur Organisierung einer kapitalistischen Einheitsfront gegen Moskau, die Zentrale der
kommunistischen Weltrevolution, benützen wollten[13]. Zwischen einem
gleichgültigen Amerika und einem feindseligen Rußland blieb Europa sich
selbst überlassen, und wenn auch diese Lage die Illusion einer Wiederkehr
der Vorkriegszeit erzeugte und so eine gewisse Restaurierung des ange-
schlagenen europäischen Selbstbewußtseins erlaubte, hat sie andererseits
die im Völkerbund konstituierte kollektive Friedensordnung mit einer un-
tragbaren Hypothek belastet.

Ohne die Mitgliedschaft der potentiell stärksten Mächte vermochte der
Völkerbund weder einen funktionsfähigen Sanktionsmechanismus gegen
eventuelle Friedensstörer aufzubauen noch überhaupt Vertrauen in seine
Zukunft zu schaffen. Die an den europäischen Differenzen nicht unmittel-

---

[12] Th. A. Bailey, A Diplomatic History of the American People, New York 1958; vgl.
auch A. Walworth, Woodrow Wilson, Baltimore 1965, S. 333 ff.
[13] K.H. Ruffmann, Sowjetrußland. Struktur und Entfaltung einer Weltmacht, München
1967.

bar interessierten USA wären nicht zuletzt als ausgleichendes Element zwischen Siegern und Besiegten benötigt worden. Allein sie hätten den Völkerbund zu einer behutsamen Revision allzu harter Teile der Pariser Friedensregelung veranlassen oder aber die Besiegten zur endgültigen Annahme der zwischen 1918 und 1920 entstandenen territorialen Ordnung nötigen können. War der Völkerbund, in seiner tatsächlichen Zusammensetzung, sowohl zur Änderung wie zur Verteidigung des Status quo zu schwach, so hingen Arbeit, Prestige und politische Zukunft der Genfer Institution letzten Endes davon ab, ob der Status quo allgemeine Anerkennung oder - irgendwann angriffsfähige – Opposition fand. Wenn europäische Staaten auf revisionistischen Kurs gingen, mußten sie nämlich von der Immobilität Genfs ebenso sehr gereizt wie von der Ohnmacht des Bundes verlockt werden, Politik ohne Rücksicht auf die Organisation der kollektiven Sicherheit zu machen und auf die bis 1914 unbestritten gültigen außenpolitischen Mittel und Methoden zurückzufallen, am Ende eben doch wieder auf den Krieg.

Wohl durfte der Bund in den ersten Jahren seiner Existenz beachtliche Erfolge verzeichnen[14]: So ist der finnisch-schwedische Streit um die Aalands-Inseln zugunsten Finnlands geschlichtet und der deutsch-polnische Konflikt um Oberschlesien mit der Teilung des Industriegebiets geregelt worden; im zeitweise von Deutschland gelösten Saargebiet fungierte der Bund fünfzehn Jahre lang – bis zu einer auf 1935 angesetzten Volksabstimmung – als oberste politische Instanz, die ausgezeichnete Arbeit leistete; am 1922/23 zunächst gelungenen Versuch, Währung und Wirtschaft des aus der habsburgischen Erbmasse gebildeten Staates Deutsch-Österreich vor dem Zusammenbruch zu retten, hatte Genf hervorragenden Anteil, und Albanien konnte durch rasche Aufnahme in den Bund vor dem Zugriff Italiens, Jugoslawiens und Griechenlands geschützt werden. Aber abgesehen davon, daß der Völkerbund bereits in der für sein Prestige entscheidenden Anfangsphase immer dann versagte, wenn er es mit wichtigen Interessen der europäischen Großmächte zu tun bekam, beseitigten all die Erfolge nicht die Befürchtung, daß Genf an der Spannung zwischen den Verteidigern und den Gegnern des Status quo scheitern werde. Als erste Folge blieben, neben den Institutionen und Formen einer neuen Außenpolitik der kollektiven Sicherheit, Geist und Rezepte der Außenpolitik alten Stils unverändert lebendig, blieb auch die vorerst wichtigste Aufgabe des Bundes, eine allgemeine Abrüstung, ungelöst. Allerdings begann sich eine Partei der revisionistischen Staaten schon frühzeitig zu formieren[15].

So entwickelte Rußland neben seinem ideologisch begründeten weltrevolutionären Imperialismus auch einen altmodischen Revisionismus, der auf die Rückgewinnung der baltischen Länder und der an Polen verlorenen

---

[14] Graml, Europa, S. 165 ff.
[15] P. Krüger, Die Außenpolitik der Republik von Weimar, Darmstadt 1985.

Territorien zielte. Ungarn wiederum wollte vor allem den Verlust der Slowakei und Siebenbürgens rückgängig machen und erhob die entsprechenden Ansprüche an die CSR und an Rumänien zu bestimmenden Leitlinien seiner Außenpolitik. In beiden Staaten verfügte der Revisionismus auch deshalb über eine zähe Konstitution, weil in ihnen politische Eliten herrschten, die nicht allein den Status quo ablehnten, sondern überdies nicht das geringste Verständnis für den Geist und die Prinzipien der mit dem Völkerbund versuchten Rationalisierung der Außenpolitik aufbrachten. Hatten in Rußland Revolutionäre die Macht übernommen, die schon für eine radikal veränderte Welt lebten, so war in Ungarn nach dem Zwischenspiel der Räterepublik eine nationalistische und konservative Gentry an der Macht geblieben, die auch unabhängig von der revisionistischen Problematik in den Kategorien von 1914 dachte und den Völkerbund nicht zur Kenntnis nehmen wollte.

Indes gab es auch im Lager der Sieger und der neuen Länder Staaten, die den Status quo in Frage stellten und zu einer völkerbundsfremden Politik neigten. Polens territoriale Wünsche waren weder im Osten noch im Westen ganz befriedigt worden, und die Warschauer Außenpolitik wurde von Konservativen und Nationalisten gemacht, die ihr außenpolitisches Denken an Petersburger, Berliner und Wiener Traditionen geschult hatten und gelegentlich gefährlichen Träumen von einem mächtigen Großpolen nachhingen. In Rom glaubte man sogar Anlaß zu bitterer Enttäuschung über die Ergebnisse des Krieges zu haben. Zwar hatte Italien eine reiche Beute eingeheimst und z.B. die Brennergrenze erreicht. Aber ausschweifende imperialistische Forderungen in Dalmatien, Albanien, Kleinasien und Afrika waren von der Friedenskonferenz nicht berücksichtigt worden, obschon die Westmächte 1915 den italienischen Kriegseintritt an ihrer Seite mit der Anerkennung eines beträchtlichen Teils auch dieser nun übergangenen Forderungen erkauft hatten. Wohl waren alle nicht erfüllten – und manche erfüllten – italienischen Ansprüche völlig ungerechtfertigt und lediglich Zeugnisse eines adriatischen und mediterranen Imperialismus, für den weder der Zeitgeist noch die Kraft des Landes eine Basis boten, doch setzte sich in Italien das Gefühl durch, auf der Friedenskonferenz wie eine geschlagene Nation behandelt worden zu sein; bald gehörte das Wort vom „verstümmelten Frieden" – eine groteske Verfehlung der Realität – zum gängigen politischen Vokabular der Italiener. Der Zorn über die entgangenen Gewinne richtete sich aber weniger gegen die eigentlichen Hindernisse der italienischen Expansion, Jugoslawien und die Türkei, sondern in erster Linie gegen Wilson und die bisherigen Verbündeten, von denen man sich betrogen wähnte. Der Völkerbund blieb von diesem Zorn nicht verschont, zumal er ja die italienischen Ambitionen einzufrieren schien, und so bestand in Italien von Anfang an die Bereitschaft, zur Korrektur des Status quo Außenpolitik auch außerhalb der neuen internationalen Legalität zu treiben. In der leidenschaftlichen Auseinandersetzung um das Kriegsergebnis und in der gesellschaftspolitischen Krise, die der Krieg hinterlassen hatte, agierten zudem bereits die Stoßtrupps einer antiliberalen und nationalistischen Bewegung, die sich faschistisch nannte und den permanenten Kampf als Grundgesetz der internationalen Beziehungen proklamierte; ihre Anhänger machten kein Hehl daraus, daß die Zukunft Italiens nur das rücksichtslos anzustrebende mediterrane Imperium sein könne.

Allerdings: der Völkerbund mochte von den USA im Stich gelassen worden sein und vom Sowjetstaat boykottiert werden, die Partei der revisionistischen und unzufriedenen Staaten mochte auf die Chance lauern, sich den hemmenden neuen Regeln wieder zu entziehen – die Frage, ob das Genfer Experiment völlig scheitern und das Feld der internationalen Beziehungen wieder ganz der traditionellen Machtpolitik gehören werde, hatte letztlich Deutschland zu beantworten. Ein tödlicher Schlag gegen den Status quo und das System der kollektiven Sicherheit war nur dann denkbar, wenn die potentiell stärkste der potentiell revisionistischen Mächte, Deutschland, gleichsam die Führung der Revisionisten-Partei übernahm. Rußland und Ungarn waren zu schwach, ebenso Italien und Polen, die zudem mit vielen Fäden an die Garanten des Status quo, Frankreich und Großbritannien, gebunden blieben. Allein Deutschland war so kräftig und geographisch so zentral gelegen, daß es sich bei der Verfolgung der eigenen territorialen revisionistischen Ziele zum aufmunternden, koordinierenden und lenkenden Bundesgenossen der übrigen Revisionismen machen konnte. Und wenn die anderen revisionistischen Staaten zu Passivität verurteilt waren, sofern Deutschland ruhig blieb, so brach andererseits unweigerlich der ganze Katarakt territorialer revisionistischer Forderungen auf die politische Landschaft Europas nieder, wenn Deutschland tatsächlich auf revisionistischen Kurs ging und sich dabei der Hilfe fremder Revisionismen bediente. Eine solche Bewegung mußte nicht nur den Status quo auslöschen, sondern zugleich die Prinzipien des Völkerbunds und die Institution selbst liquidieren, weil sie, das lag in der Natur der Sache, zum Rückgriff auf militärische Mittel gezwungen war und zwangsläufig die Macht wieder zum einzigen Faktor der Außenpolitik erhob, während Schiedsgerichtsbarkeit und friedliche Verständigung von der internationalen Bühne gefegt wurden.

Am Ende der Revision stand überdies ohne Frage die mit Genf ebenfalls unvereinbare deutsche Hegemonie in Europa. Da Deutschland in jeder denkbaren revisionistischen Kombination seine Partner an Macht weit übertraf, konnte es nicht ausbleiben, daß sich Verbündete Deutschlands schon während der einzelnen Aktionen einer territorialen Revisionspolitik in Klientelstaaten verwandelten. Da die Erfüllung aller deutschen Wünsche dem Reich außerdem ein erdrückendes Übergewicht auf dem Kontinent verschaffen mußte, stand dann den Klientelstaaten unweigerlich das weitere Absinken zu bloßen Satelliten bevor, und wer sich der Revision erfolglos widersetzte, hatte dieses Schicksal naturgemäß zu teilen. Eine Wendung

Deutschlands zu aktiver territorialer Revisionspolitik hieß mithin Rückkehr zum internationalen Faustrecht, und erfolgreiche Revision hieß zudem Zerstörung des europäischen Gleichgewichts. Berlin hatte also zu wählen zwischen einer an den Prinzipien der kollektiven Sicherheit orientierten Außenpolitik, die den Verzicht auf die Korrektur des Kriegsergebnisses einschloß, und einer abermaligen Herausforderung Europas, die alle erreichten Fortschritte der internationalen Politik wieder aufheben und das Rad der Geschichte zurückdrehen mußte.

Daß Deutschland eines Tages in der Lage sein würde, revisionistische Politik zu treiben, war nicht zu bezweifeln[16]. Zwar hatte das Reich seinen territorialen Bestand nicht ganz behaupten können. Durch den Vertrag von Versailles waren die 1870/71 eroberten Elsaß und Lothringen an Frankreich zurückgefallen, das außerdem die Kohlengruben des vom Völkerbund verwalteten Saarlands kontrollierte; Eupen und Malmedy waren an Belgien verlorengegangen, Posen und Teile Westpreußens an Polen, das Memelgebiet an Litauen, ein Teil Schleswigs an Dänemark und das Hultschiner Ländchen an die Tschechoslowakei. Die Kolonien hatten abgetreten werden müssen, ebenso Danzig, das allerdings nicht an Polen fiel, sondern zur Freien Stadt unter der Aufsicht des Völkerbunds erklärt wurde; 1921 folgte schließlich noch die Teilung des oberschlesischen Industriegebiets. Aber diese Abtretungen entsprachen nahezu überall dem Willen einer Mehrheit der in den betreffenden Territorien lebenden Bevölkerung. Ansonsten hatte auch Deutschland durchaus den Schutz des in „14 Punkte" gefaßten Wilsonschen Friedensprogramms genossen, dessen Kernstück das Selbstbestimmungsrecht der Völker war, und der amerikanische Präsident hatte die von ihm formulierten Prinzipien sogar mit der Drohung eines Separatfriedens als Grundlage des deutschen Friedensvertrags durchgesetzt; wilde Zerstückelungspläne, wie sie in den Kriegsjahren geschmiedet worden waren, hatten auf der Friedenskonferenz keine Chance mehr gehabt. Gewiß war auch die Vorstellung wirksam gewesen, Deutschland müsse für seinen entscheidenden Anteil am Ausbruch des großen Krieges bestraft werden. Doch hatte diese Vorstellung ihren Ausdruck nicht in der territorialen Verkleinerung des Reiches gefunden, sondern in der Aufbürdung wirtschaftlicher Lasten und in ebenso harten wie unsinnigen und unrealisierbaren Reparationsforderungen. Das Sicherheitsbedürfnis der Nachbarn, nach dem langen und opferreichen Krieg hoch entwickelt, hatte Deutschland ebenfalls keine territorialen Einbußen gekostet. Es war vielmehr mit der befristeten Besetzung des linksrheinischen Territoriums, mit der Entmilitarisierung eines 50 Kilometer breiten rechtsrheinischen Streifens, mit der Reduzierung der Armee auf 100 000 Mann und vor allem mit der Verweigerung territorialer Gewinne für Deutschland

---

[16] P. Krüger, Versailles. Deutsche Außenpolitik zwischen Revisionismus und Friedenssicherung, München 1986.

aus dem Erbe Österreich-Ungarns abgefunden worden: den Deutschen Österreichs und der böhmisch-mährischen Länder war der von ihnen gewünschte Anschluß an das Reich verwehrt worden.

Die Masse seines Staatsgebiets hatte Deutschland jedoch behaupten können und stellte, wenn auch im Augenblick geschlagen, teilweise besetzt und fast entwaffnet, nach wie vor die wirtschaftlich und potentiell auch politisch und militärisch stärkste Macht des Kontinents dar. Daß diese Macht versuchen würde, die Einschränkung ihrer Souveränität wieder abzuschütteln, war selbstverständlich; die Einschränkung galt ohnehin nur für eine bestimmte Frist. Die einseitige Abrüstung des Reiches war auf die Dauer ebenfalls unhaltbar. Ebenso selbstverständlich war es endlich, daß sich Deutschland um eine Revision des absurden alliierten Reparationsprogramms bemühen würde. Solche revisionistischen Tendenzen der deutschen Außenpolitik konnten im übrigen, für sich allein betrachtet, kaum zu einer Gefährdung der europäischen Sicherheit führen, und so lag in ihrer Unausweichlichkeit an sich noch nichts Bedrohliches. Wie aber würde Deutschland auf seine territorialen Verluste und auf den entgangenen Gewinn Österreichs oder der Sudetengebiete reagieren? Noch wichtiger: Waren die hegemonialen Ambitionen der Vorkriegszeit und die imperialen Träume der Kriegsjahre tatsächlich tot? Durfte erwartet werden, daß Deutschland die Abweisung seines Führungs- und Herrschaftsanspruchs hinnahm? Oder würden die Berliner Kabinette eine Konzeption wählen, in der die Wiedergewinnung der Souveränität, der militärischen Gleichberechtigung und der finanziellen Freiheit lediglich als Stufe zu einer gleichgewichts- und völkerbundsfeindlichen Politik der territorialen Revision und der großdeutsch-imperialen Expansion diente?

Als am 15. November 1920 die erste Vollversammlung des Völkerbunds begann, war die Entscheidung über den künftigen Weg der deutschen Politik im Grunde bereits gefallen. Die Revolutionsversuche der radikalen Linken waren zusammengebrochen, und die demokratische Linke hatte, erschreckt von der Möglichkeit einer Revolution nach russischem Muster, ein Bündnis mit den alten Gewalten in Wirtschaft, Bürokratie und namentlich Armee geschlossen, das es ihr verwehrte, die vorübergehend übernommene politische Führung zu einer Politik in ihrem Sinne auszunutzen[17]. Wenig später hatte sie auch diese Führung wieder verloren, als in den ersten Wahlen nach dem Kapp-Putsch – dem frühesten Ansatz der extremen Rechten zur Machteroberung – der für lange Jahre letzte sozialdemokratische Reichskanzler, Hermann Müller, stürzte. Nach dem Zwischenspiel sozialdemokratischer Regierungsverantwortung stellte sich sofort heraus, daß die Niederlage, die Republikanisierung und die folgende innere Erschütte-

---

[17] H. Möller, Weimar. Die unvollendete Demokratie, München 1985; vgl. auch P. Krüger, Deutschland und die Reparationen 1918/19, Stuttgart 1973; H. Schulze, Weimar. Deutschland 1917-1933, Berlin 1982; E. Kolb, Die Weimarer Republik, München-Wien 1984.

rung an der Grundstruktur der deutschen Gesellschaft und an den innenpolitischen Machtverhältnissen kaum etwas geändert hatten. Zwar blieb
Deutschland eine Republik, in der das Parlament eine gewisse Rolle
spielte. Doch dominierten schon im Parlament die von großbürgerlichen,
agrarischen und mittelständischen Interessenverbänden gelenkten Parteien
des in Wahrheit immer noch parlamentsfeindlichen nationalen Bürgertums, und hinter diesen bewegten Szenen im Vordergrund regierten in
Wirklichkeit nach wie vor Bürokratie und Armee, in denen gleichfalls, wie
in den Parteien der Mitte und der Rechten, die Konservatoren bürgerlich-
nationalistischer und aristokratisch-konservativer Traditionen die Richtung
angaben. Die Republik von Weimar, wie der neue Staat nach dem Ort der
ersten und verfassunggebenden Nationalversammlung genannt wurde,
stellte faktisch – etwas übertreibend gesagt – nur eine Fortsetzung des wilhelminischen Deutschland mit anderen Mitteln dar.

Gerade auch in der Außenpolitik war von sozialdemokratischen oder
linksbürgerlichen Einflüssen keine Rede. Und die außenpolitische Grund-
stimmung der noch immer oder jetzt wieder herrschenden Schichten hatte
sich trotz Krieg und Niederlage offensichtlich nicht gewandelt. Eine über-
große Mehrheit identifizierte sich nach wie vor mit der imperialen Tendenz
des Kaiserreiches und unterließ sogar jede Kritik an den ausschweifenden
Expansions- und Herrschaftsprogrammen der Kriegsjahre. Der Völkerbund wurde – wie schon während des Krieges die in Westeuropa und den
USA entworfenen Planskizzen meist nur Spott und Hohn geerntet hatten
– entweder als überflüssiger internationaler Debattierklub verachtet oder
als britisch-französisches Instrument zur Niederhaltung Deutschlands –
bzw. zur Erstickung jeglicher freien Entfaltung des souveränen Machtstaats
– angefeindet und abgelehnt. Allen, die so dachten, mußte die Anpassung
an die neue europäische Ordnung unmöglich scheinen und die große deutsche Mitverantwortung für das Gelingen des Genfer Experiments gleichgültig bleiben. Daß Deutschland bei erster Gelegenheit auch territoriale revisionistische Außenpolitik machen werde, verstand sich für den Chef der
Heeresleitung, General v. Seeckt, ebenso von selbst wie für die meisten Beamten des Auswärtigen Amts, für die Leiter bürgerlicher Parteien ebenso
wie für die Repräsentanten der meinungsbildenden Wissenschaften[18].

Indes ging es nicht allein um die Korrektur dieser oder jener Grenze, um
die Wiedergutmachung der vermeintlichen oder tatsächlichen Ungerech-
tigkeiten des Versailler Vertrags. Mehr noch ging es um die Wiederherstellung der imperialen Position und der imperialen Möglichkeiten Deutschlands. Was als Revisionspolitik bezeichnet wurde, hatte seine Wurzeln keineswegs in den einzelnen Bestimmungen des Vertrags von Versailles, sondern im eigentlichen Kriegsergebnis, der Abweisung des deutschen Führungsanspruchs auf dem europäischen Kontinent, und so erfaßt die Bezeichnung „Revisionspolitik" lediglich die konkrete Anfangsphase einer

18 Vgl. Graml, Europa, S. 55 ff.

Politik, die jene an sich unvermeidliche Konsequenz des territorialen deutschen Revisionismus, die Erneuerung und den Ausbau der deutschen Hegemonie, aus älteren Wurzeln als ihr wahres Ziel anstrebte. Im Grunde handelte es sich von Anfang an nicht um Revisionspolitik, sondern um Restaurationspolitik. Auch von einem milderen Frieden wären diese völkerbunds- und gleichgewichtsfeindlichen Tendenzen der deutschen Außenpolitik mithin nicht beruhigt worden. Ohne gänzlich instrumentalisiert zu werden, fungierten die einzelnen revisionistischen Forderungen doch zugleich als territoriale Mittel zum machtpolitischen und imperialen Zweck. Der Wille zur Führung Europas und zur imperialen Expansion auf dem europäischen Kontinent war ungebrochen.

Daher ist stets weniger die Rangfolge der einzelnen territorialen Revisionsziele diskutiert worden als vielmehr die Frage, welche Position des kaiserlichen Deutschland restauriert werden solle. Drei große Gruppen lassen sich, schematisch vereinfacht, unterscheiden: Auf dem gemäßigten linken Flügel standen Konservative wie General v. Seeckt, die einfach zum Sommer 1914 zurückkehren wollten und darüber zunächst nicht hinausdachten. Die Mitte bildeten innenpolitisch oft mehr liberal orientierte Anhänger eines unter der Leitung Großdeutschlands wirtschaftlich und politisch zusammengeschlossenen Mitteleuropas, das sich während des Krieges bereits abgezeichnet hatte. Und auf dem rechten Flügel sammelten sich die Verfechter einer überhaupt nicht mehr begrenzten deutschen Expansion; hier wurde nach wie vor ein Imperialismus gepredigt, der unter Parolen wie „Herrenvolk" und „Lebensraum", die von den Alldeutschen der Vorkriegszeit geprägt worden waren, nicht nur auf Führung und Hegemonie zielte, sondern auf die Unterwerfung und Germanisierung – durch Ausrottung und Ansiedlung – weitester und unterschiedlichster nichtdeutscher Territorien, namentlich in Osteuropa. Zu den Wortführern dieses prononciert antiliberalen und häufig auch antikonservativen rechten Flügels, der Verwandtschaft mit den italienischen Faschisten empfand und besaß, gehörte Oswald Spengler, der unmittelbar nach dem Kriege mit seinem Buch „Untergang des Abendlandes" Ansehen erwarb, zu Beginn der zwanziger Jahre ideologischen Einfluß auf nationalistische Organisationen gewann und enge Beziehungen zu nationalistischen Industriellen knüpfte. Im Rückblick auf das Frühjahr 1918 und auf die Möglichkeiten, die der Frieden von Brest-Litowsk – vom Deutschen Reich damals dem besiegten Rußland diktiert – ja erst angedeutet hatte, setzte Spengler schon im Dezember 1918 auf eine Diktatur, die mit dem „politischen Dilettantismus von Mehrheiten" Schluß machen werde: „Und dann hoffe ich, ... daß der Aufbau von Mitteleuropa aus uns die Stellung verschafft, die unsere Bestimmung ist und an die ich unerschütterlich glaube. Der Friede von heute ist nur ein Provisorium ... Tatsächlich tritt der Weltkrieg erst jetzt in sein zweites Stadium."[19]

[19] Spengler, Briefe 1913-1936, München 1963, S. 113.

Angesichts der Realitäten der ersten Nachkriegsjahre wirkten die Träume aller drei Gruppen recht ungereimt. Indes fühlten sich die Verfechter der Restaurationspolitik keineswegs schwach. Deutschland habe lediglich, so glaubten sie, einen Rückschlag erlebt wie Preußen 1806/7 nach Jena und Tilsit. Bereits 1919 sah Spengler den „Weg Tilsit-Leipzig" vor sich liegen. Anders als damals, war dem Zusammenbruch von 1918 überdies eine in der Tat imponierende wirtschaftliche, organisatorische und vor allem militärische Leistung vorhergegangen, die gerade im nachhinein zu einer Überschätzung der eigenen Kraft verführte. Das während des Krieges und danach gewonnene Kraftbewußtsein wurde sogar zu einer selbständigen Ursache – und mentalen Rechtfertigung – des imperialen Willens, zumal die ausschlaggebenden Ursachen der militärischen Erfolge Deutschlands – im Westen die zeitweilige Überlegenheit der defensiven Kampfform, im Osten die in jeder Hinsicht bestehende qualitative Überlegenheit über die zaristische Armee – unbegriffen blieben. Die Tatsache der am Ende eben doch erlittenen militärischen Niederlage schrieb man der inneren Zersetzung durch die Linke, dem „Dolchstoß" in den Rücken der ansonsten zum Sieg noch fähigen Kampftruppe, zu oder stempelte sie zum Zufallsergebnis einzelner Fehler und Versäumnisse. Nicht die Niederlage wurde erklärt, sondern die Verfehlung des immer wieder zum Greifen nahen Sieges[20].

Gewiß war Deutschland vorerst durch den Vertrag von Versailles gefesselt. Doch verriet gerade der häufige Gebrauch der Formel „Fesseln" oder „Ketten" von Versailles, daß eine Mehrheit der Deutschen glaubte, ihre Nation leide nicht unter einem Mangel an Kraft, sondern bloß unter einem Mangel an Bewegungsfreiheit, und die Wiedergewinnung der Handlungsfreiheit wurde als lösbare Aufgabe angesehen. Zumindest für die revisionistische Phase der Restaurationspolitik waren taktische Mittel und Wege durchaus zu entdecken, ob man nun sogleich gegen den Klub der Sieger die Partei der Revisionisten und Unzufriedenen sammelte, wie es Walther Rathenau, Chef der AEG und 1922 Außenminister, schon 1919 vorschwebte, oder ob man sich „rebus sic stantibus ... auf die demokratisch-pazifistische Seite" legte, wie im Herbst 1918 Paul v. Hintze, der Staatssekretär im Auswärtigen Amt, geraten hatte, um über den Eintritt in den Völkerbund die alte Machtposition zurückzugewinnen.

In dieser Atmosphäre begann die politische Karriere eines Mannes, der bald zu der Überzeugung kam, daß es seine Mission sei, das Eroberungs- und Herrschaftsprogramm des rechten Flügels der deutschen Restaurationsbewegung zu popularisieren, zu komplettieren und vielleicht auch zu realisieren. Als Adolf Hitler wenige Jahre später – in einem Buch, das er

---

[20] F. Freiherr Hiller von Gaertringen, „Dolchstoß"-Diskussion und „Dolchstoß-Legende" im Wandel von vier Jahrzehnten, in: Geschichte und Gegenwartsbewußtsein. Festschrift f. H. Rothfels, hrsg. v. W. Besson und F. Freiherr Hiller von Gaertringen, Göttingen 1963, S. 122-160.

„Mein Kampf" nannte – ein leidenschaftliches Plädoyer für jenes Programm der Öffentlichkeit präsentierte, hat er eine souveräne Verachtung der „Ketten von Versailles" an den Tag gelegt, wie sie aus dem Bewußtsein der ungeheuren Kräfte Deutschlands folgte, und die Erschließung ausreichender materieller wie psychischer Reserven für den kommenden Eroberungskrieg als pure Willensfrage behandelt.

Für viele Anwälte der Restauration, namentlich für preußische Konservative, lag es dabei nahe, als erstes Ziel der revisionistischen Phase Polen zu wählen und zu diesem Zweck die angesichts völlig veränderter Umstände wieder möglich gewordene Allianz zu restaurieren, die zwischen Preußen und Rußland vom Ende des 18. bis zu den achtziger Jahren des 19. Jahrhunderts bestanden hatte; daß in Rußland jetzt kommunistische Revolutionäre an der Macht waren, störte sie wenig, solange auch die Bolschewiki im Hinblick auf Polen revisionistische Neigungen zeigten. Bereits im polnisch-russischen Krieg von 1920 beobachtete Deutschland eine prorussische Neutralität, und 1921 wurde zwischen Moskau und Berlin eine – zunächst geheime – militärisch-industrielle Zusammenarbeit aufgenommen. Als schrillstes Signal des deutschen Willens zur Revisions- und Restaurationspolitik folgte dann, am 16. April 1922 mit der Sowjetunion abgeschlossen, der Vertrag von Rapallo, der auf der einen Seite eine zur Anerkennung des Status quo führende Verständigung mit den Westmächten verhindern, auf der anderen Seite das besondere deutsch-russische Verhältnis gegen Polen befestigen und die schon bestehende deutsch-sowjetische Militärallianz politisch stützen sollte[21].

In den Nachbarstaaten Deutschlands ist der Vertrag von Rapallo mit Recht als Beweis dafür genommen worden, daß von Deutschland statt der Eingliederung in die Nachkriegsordnung eine Fortsetzung expansiver Politik zu erwarten sei. Die französischen Politiker waren nach zwei deutschen Invasionen ohnehin geneigt, die aggressive Unruhe Deutschlands als chronische Erscheinung zu betrachten. Den Genfer Prinzipien weniger nahe als ihre angelsächsischen Kollegen und daher von Beginn an ohne rechtes Vertrauen in die Funktionsfähigkeit des Völkerbunds, machten sie sich bei Kriegsende sogleich daran, das System der kollektiven Sicherheit durch ein Allianzsystem alten Stils zu ergänzen. Als Frankreich eine zugesagte amerikanisch-britische Sicherheitsgarantie gegen Deutschland, für die Paris mit dem Verzicht auf eigene Annexionen und mit dem Verzicht auf die Schaffung einer politisch autonomen rheinischen „Pufferzone" bezahlt hatte, schließlich doch verlor, weil sich die USA politisch wieder aus Europa zurückzogen, glaubten sich die französischen Kabinette außerdem berechtigt, Deutschland möglichst lange im Zustand politischer und militärischer

---

[21] H. G. Linke, Deutsch-sowjetische Beziehungen bis Rapallo, Köln 1972; G. Wagner, Deutschland und der polnisch-sowjetische Krieg, Wiesbaden 1979; H. Graml, Die Rapallo-Politik im Urteil der westdeutschen Forschung, in: VfZ 18 (1970), S. 366-392; C. Fink, The Genoa Conference. European diplomacy 1921-1922, Chapel Hill 1984.

Ohnmacht zu halten und gleichzeitig ein defensives französisches Hegemonialsystem aufzubauen. Im Gefühl langfristiger Unterlegenheit nutzte daher Frankreich seine momentane Überlegenheit zunächst zur Organisierung antirevisionistischer Bündnisse. Mitte August 1920 schlossen sich die Tschechoslowakei, Jugoslawien und Rumänien unter französischem Patronat gegen Ungarn zur sogenannten „Kleinen Entente" zusammen, die Anfang März 1921 durch eine rumänisch-polnische Allianz und Anfang November 1921 durch ein polnisch-tschechoslowakisches Neutralitätsabkommen erweitert wurde. Als Frankreich im Februar 1921 ein Bündnis mit Polen einging und im Januar 1924 auch noch das längst bestehende freundschaftliche Verhältnis zur Tschechoslowakei vertraglich abstützte, erhielt das ganze System seine Verklammerung und seine Spitze[22].

Zugleich wurde Deutschland auf französische Initiative mit unerfüllbaren alliierten Reparationsansprüchen konfrontiert (132 Milliarden Goldmark), die eine Wiedergewinnung der finanziellen und damit auch der militärischen und politischen Bewegungsfreiheit Deutschlands verhindern sollten[23]. Daß überhaupt - wie das auch Deutschland für den Fall des Sieges vorgehabt hatte – hohe Reparationen verlangt wurden, lag natürlich auch am Finanzbedarf der Siegermächte, die ihre Kriegsschäden zu ersetzen und vor allem ihre von Washington unerbittlich eingeforderten amerikanischen Kredite zurückzuzahlen hatten. Daß aber die Reparationen auf eine Höhe geschraubt wurden, die offensichtlich in keiner Beziehung mehr zur deutschen Zahlungsfähigkeit stand, lag doch in erster Linie an der politischen Instrumentalisierung der Reparationen durch Frankreich. Nachdem Deutschland mit dem Vertrag von Rapallo so frühzeitig und so offen eine Kriegserklärung an den Status quo formuliert hatte, vermochten sich in Paris sogar Kräfte durchzusetzen, die den Versailler Vertrag für zu milde und in einem französischen Sinne für revisionsbedürftig hielten. Seit der Friedenskonferenz hatten sie auf die Okkupation des Ruhrgebiets hingearbeitet, mit der sie Deutschland weiter zu schwächen hofften und in deren Schatten sie zumindest die Schaffung der 1919 verpaßten rheinischen Pufferzone nachzuholen gedachten. Nach Rapallo fanden die französischen Anwälte totaler Sicherheit kaum noch Widerspruch und schließlich bekamen sie vorübergehend auch außenpolitische Handlungsfreiheit, als die deutsche Regierung einige Monate nach Rapallo ihrer Kriegserklärung an den Status quo auch noch die Einstellung barer Reparationszahlungen und die Verweigerung des Eintritts in den Völkerbund hinzufügte. Beides zusammen lief auf den Abbruch der am 31. August 1921 mit der ersten tatsächlich gezahlten Milliarde Goldmark eingeleiteten „Erfüllungspolitik" hinaus. Auf eine gleichwohl fadenscheinige juristische Begründung gestützt, rückten am 11. Januar 1923 französische und belgische Truppen ins

---

[22] P. Wandycz, France and her Eastern Allies, Minneapolis 1962.
[23] Vgl. P. Krüger, Versailles, S. 93 ff.

Ruhrgebiet ein, wo sie ein Besatzungsregime etablierten, das sich alsbald zu einer üblen Militärdiktatur mit zahllosen Ausweisungen, barbarischen Haftstrafen und sogar Erschießungen entwickelte; gleichzeitig begann die verstärkte Ermunterung und Unterstützung rheinischer Separatistengruppen. Die Reichsregierung, unfähig, sich mit Waffengewalt zur Wehr zu setzen, antwortete mit einem zunächst im gesamten besetzten Gebiet befolgten Aufruf zum passiven Widerstand. Zwischen Frankreich und Deutschland herrschte wieder eine Art Kriegszustand.

Frankreich fühlte sich von Deutschland herausgefordert und meinte daher bei seinem Vorgehen im Recht zu sein. Doch stellte die französische Aktion einen schweren Rückfall in die internationale Anarchie der Vorkriegsjahre und damit eine erste Sünde wider den Geist des Völkerbunds dar. Anfänglich schien der Bund auch scharf regieren zu wollen, doch beugte er sich am Ende dem Druck Frankreichs – immerhin eines der wichtigsten Mitglieder –, das selbst vor der Drohung mit dem Austritt nicht zurückschreckte; Frankreichs Rückkehr zum internationalen Faustrecht blieb ungeahndet und sogar ungerügt. Lasteten schon die hegemoniale Politik und Position Frankreichs steinschwer auf dem Versuch, die Idee der kollektiven Sicherheit zu einer politischen Realität zu machen, so hatte sich nun das französische Sicherheitsbedürfnis zu einem Akt hinreißen lassen, der die Restauration des Machtprinzips fast ebenso förderte und das Prinzip des Rechts fast ebenso schwächte wie die grundsätzliche Völkerbundsfeindschaft Deutschlands. Erstmals zeichnete sich die Möglichkeit ab, daß die internationale Friedensordnung und mit ihr die gesamte Neuordnung des europäischen Kontinents zwischen den Mühlsteinen der deutschen Restaurationspolitik und der französischen Sekuritätspolitik zerrieben werden könnten. Bereits das Auftauchen dieser Möglichkeit bescherte dem Völkerbund eine Stagnation, gegen die niemand ein probates Mittel einfallen wollte. Insofern reichte die Bedeutung des französischen Abenteuers an der Ruhr weit über das deutsch-französische Verhältnis hinaus, dem natürlich ebenfalls eine schwere Hypothek aufgebürdet wurde.

Daß es schließlich doch zu einem Zwischenspiel der Verständigung und zu einer vorübergehenden Stabilisierung kam, war denn auch keine Leistung des Völkerbunds. Vielmehr lag es einfach daran, daß die Situation unerträglich wurde. Die Unerträglichkeit zwang Großbritannien zu einer nachdrücklich vermittelnden Intervention in die kontinentalen Angelegenheiten und zwang sowohl Frankreich wie Deutschland zu partiellem und zeitweiligem Einlenken. Die britischen Politiker standen – auf Grund der größeren Stärke ihres in Jahrhunderten gereiften liberal-parlamentarischen Verfassungsdenkens – dem Völkerbundsgedanken näher als die französischen Kollegen. Sie hatten außerdem mit der Vernichtung der deutschen Kriegsflotte ihr wichtigstes konkretes Kriegsziel erreicht. Jetzt waren sie, von der deutschen Gefahr ohnehin weiter abgesetzt und nun vornehmlich von den wirtschaftlichen Sorgen ihres hochindustrialisierten Landes bedrängt, in erster Linie an der Erholung des Welthandels und folglich an der wirtschaftlichen Gesundung des europäischen Kontinents – einschließlich des bedeutendsten Handelspartners Deutschland – interessiert. Seit dem Ende des Krieges hatten sie den Repräsentanten Frankreichs begreiflich zu machen versucht, daß sowohl die Zukunft des Völkerbunds wie die Regeneration der europäischen Wirtschaft von der politischen Stabilisierung des Kontinents abhingen und daß die politische Stabilisierung wiederum nicht ohne die Aussöhnung Deutschlands mit der europäischen Nachkriegsordnung zu erreichen sei. Lloyd George, der damalige britische Premier, hatte sich schon auf der Friedenskonferenz bemüht, die Praktizierung dieses Grundgedankens wenigstens vorzubereiten, indem er sich in Grenzfragen nicht ohne Erfolg zum Anwalt deutscher Interessen gemacht hatte[24]. Auch in der seit Versailles erheblich veränderten Situation setzte die britische Regierung auf eine Beruhigung der Stimmung in Deutschland, die sie dann für möglich hielt – und hier geriet sie in einen schroffen Gegensatz zur französischen Konzeption –, wenn die Sieger bereit waren, die Fesseln von Versailles bald zu lösen und Deutschland seine wirtschaftliche wie seine politische Bewegungsfreiheit zurückzugeben. Selbst spätere Korrekturen der deutschen Ostgrenze schloß man in London nicht aus, wie die mehrmalige Weigerung bewies, sich für die territoriale Integrität Polens zu engagieren – bei gleichzeitiger Bereitschaft zum Engagement für die französische Ostgrenze. Konzessionen und die im Hintergrund stehende Warntafel „Entente", auf die man keinesfalls zu verzichten gedachte, sollten Deutschland während seines Wiederaufstiegs in die internationale Ordnung einzugliedern, hielten die britischen Politiker jene Herausforderung für sehr wahrscheinlich. Daß der deutsche Wiederaufstieg selbst unvermeidlich und liedern, hielten die britischen Politiker jene Herausforderung für sehr wahrscheinlich. Daß der deutsche Wiederaufstieg selbst unvermeidlich und die französische Repressionskonzeption nicht auf die Dauer durchzuhalten war, lag für die Briten auf der Hand.

Im Rahmen dieser Appeasement-Politik, wie man im Londoner Foreign Office das eigene Konzept bald zu nennen pflegte, hat die britische Regierung beharrlich versucht, Frankreichs Reparationsforderung auf ein wirtschaftlich vertretbares Maß zurückzuschrauben. Zunächst freilich erfolglos. Immerhin brachte es Lloyd George fertig, einige Jahre lang den französischen Einmarsch ins Ruhrgebiet zu verhindern, obwohl die reparationspolitische Störrigkeit der deutschen Kabinette, die bis Mitte 1921 jede Barzahlung verweigert hatten, eher der französischen Politik in die Hände arbeitete. Indes ist in London auch die diplomatische Aktivität Frankreichs mit wachsendem Unbehagen verfolgt worden. Die britischen Anhänger des Völkerbunds nahmen übel, daß die französischen Allianzen die Diplomatie der Vorkriegszeit ungehemmt fortsetzten und der Völkerbundsidee psychologisch wie faktisch schweren Schaden zufügten. Politiker wie Lloyd

[24] Vgl. Graml, Europa, S. 87 ff.

George konstatierten mit zunehmender Verbitterung, daß Frankreichs Sammlung der Status-quo-Partei lediglich dazu beitrug, die Spaltung Europas bis zum fast unvermeidlichen Gegenschlag der Revisionspartei gleichsam zu institutionalisieren. Bereits Ende 1921 konzipierte Lloyd George ein großes Projekt zur wirtschaftlichen und politischen Sanierung Europas, das – in Form einer gesamteuropäischen, auch von Deutschland mitgetragenen, wirtschaftlichen Hilfs- und Entwicklungsaktion für Sowjetrußland – sowohl Deutschland wie Rußland in den Kreis der europäischen Mächte zurückholen, eine vernünftige Regelung der Reparationsfrage ermöglichen und die Übersteigerungen der französischen Sicherheitspolitik überflüssig machen sollte[25]. Zwar mußten solche Gedanken vorerst wieder begraben werden, als im April 1922 die Konferenz von Genua statt einer produktiven Diskussion über das Projekt Lloyd Georges die deutsch-sowjetische Separatverständigung von Rapallo brachte. Angesichts der revisionspolitischen Provokation, die sich Deutschland geleistet hatte, sah sich die britische Regierung sogar zu Konzessionen an die französische Sicherheitspolitik veranlaßt: Als die französischen Truppen das Ruhrgebiet besetzten, nahm Großbritannien anfänglich eine Haltung der „surly neutrality" ein[26].

Nachdem jedoch ganz klar geworden war, in welches politische und wirtschaftliche Chaos die französische Aktion Europa stürzte, kehrte London sogleich zur Appeasement-Politik zurück. Mit der Drohung, notfalls den Versailler Vertrag zu kündigen, wurde Frankreich zunächst gezwungen, die rheinischen Separatisten fallenzulassen, die ohne französische Unterstützung eine handlungsunfähige kleine Minderheit darstellten. Sodann zeigte sich die britische Regierung entschlossen, Paris nun außerdem eine praktikable Lösung des Reparationsproblems und darüber hinaus eine generelle Annäherung an Deutschland zu oktroyieren. Poincaré, der damalige französische Regierungschef, der schon eine Torpedierung des Sanierungsprojekts Lloyd Georges vorbereitet hatte, ehe ihn Rapallo aller eigenen Mühen enthob, fand an dem britischen Vorhaben wenig Geschmack. Aber die außenpolitische Isolierung, in die er sein Land mit der Ruhraktion geführt hatte, konnte nicht lange ertragen werden, und als ihn das britische Kabinett zum Verzicht auf die rheinische Pufferzone nötigte, war der eigentliche politische Zweck der Aktion ohnehin verfehlt. Widerwillig fand sich Frankreich bereit, dem britischen Druck nachzugeben – zumal Deutschland inzwischen nachgegeben hatte[27].

Deutschland war mit seiner Politik in eine Lage geraten, in der die – zumindest scheinbare – Kapitulation nur eine Frage der Zeit sein konnte. Da

[25] Vgl. C. Fink, The Genoa Conference.

[26] Viscount d'Abernon, Memoiren, Bd. 2, S. 114.

[27] G. Bertram-Libal, Aspekte der britischen Deutschlandpolitik 1919-1922, Göppingen 1972; B. Dohrmann, Die englische Europapolitik in der Wirtschafskrise 1921-1929, München-Wien 1980; M. Trachtenberg, Reparation in world politics. France and European economic diplomacy 1916-1923, New York 1980.

das Reich nicht mehr über die Produktions- und Finanzkraft seines wichtigsten Industriegebiets verfügte und überdies den passiven Widerstand
nicht etwa durch eine entsprechende steuerliche Belastung der Bevölkerung des unbesetzten Gebiets finanzierte, sondern im wesentlichen durch
eine enorme Produktionssteigerung der Druckerpresse, war das Ende des
Widerstands sogar mit fast mathematischer Sicherheit zu bestimmen. Die
durch die Kriegsfinanzierung schwer angeschlagene und dann durch die
ebenfalls mit einer laufenden Erhöhung der schwebenden Schuld arbeitende Finanzpolitik der ersten Nachkriegskabinette endgültig ruinierte
Währung trieb in eine Inflation von phantastischen Ausmaßen, die wiederum innenpolitische Konflikte aller Art in unerträglicher Weise verschärfte. Bereits im Frühsommer 1923 blieb der Reichsregierung nichts anderes übrig, als den Alliierten mitzuteilen, daß Deutschland hinsichtlich
der Reparationen zur Erfüllungspolitik zurückkehren wolle.

Nun ist es durchaus möglich, daß sich lediglich die Entwicklung von
1921/22 wiederholt hätte. Jedoch nahm die Zügel der Berliner Außenpolitik jetzt ein Mann in die Hand, der zwar während des Krieges zu den Wortführern imperialistischer Politik und zu den parlamentarischen Vertrauens-
leuten der Obersten Heeresleitung gehört, seither aber eine Wandlung erfahren hatte, die ihn befähigte, die realitätsvernebelnde nationalistische
Egozentrik abzuschütteln, die in der politischen Führungsschicht Deutschlands Tradition geworden und sogar zur staatsbürgerlichen Tugend stilisiert
worden war[28]. Gustav Stresemann, der an der Spitze der nationalliberalen
Deutschen Volkspartei (DVP) stand, hatte sich zu einem Patriotismus bekehrt, dem nicht die Realisierung möglichst weit gespannter Herrschaftsansprüche seiner Nation, sondern die nüchterne und vor allem erfolgreiche
Wahrung ihrer konkreten Interessen und ihrer Wohlfahrt als die wahrhaft
nationale Pflicht galt. Er verlor weder die Revision der deutsch-polnischen
Grenze aus den Augen noch dachte er im späteren Sinne des Wortes „europäisch". Doch hatte er Deutschland im europäischen Zusammenhang zu
sehen begonnen, und so begriff er, daß der Wiederaufstieg und eine dauerhafte Sicherung der politischen Existenz Deutschlands niemals gegen die
Entente erreicht werden konnten, vielmehr eine Verständigung mit den
Alliierten und gerade auch mit Frankreich voraussetzten. Der in Versailles
und seit Versailles versäumte wahrhafte Friedensschluß mußte nachgeholt
werden. Hatte er im Vorjahr noch die Rapallo-Politik begrüßt und unterstützt, so war er durch die französische Ruhraktion zu der Einsicht gekommen, daß Deutschland das Ergebnis des Krieges nicht länger ignorieren
dürfe, daß der besonders im deutschen Interesse liegende Friedensschluß
nicht ohne eine deutlich bekundete Anerkennung zumindes der neuen
Westgrenzen Deutschlands zu haben sei. Und Stresemann besaß zugleich
die Entschlossenheit und das taktische Geschick, einen an realistischen

---

[28] K. Koszyk, Gustav Stresemann. Der kaisertreue Demokrat, Köln 1989.

Einsichten orientierten Kurs auch durchzusetzen. So begann ein erstaunliches Schauspiel: Ausgerechnet der Führer einer prononciert nationalistischen Rechtspartei, der die emotionsgeladene Sprache des deutschen Nationalismus meisterhaft beherrschte und intern jeden seiner Schritte weiterhin in dieser Sprache erklärte, steuerte Deutschland auf den Kurs einer konsequenten rationalen Verständigungspolitik. Nachdem er im August 1923 Reichskanzler geworden war, hielt Stresemann das noch von seinem Vorgänger gemachte Angebot einer reparationspolitischen Kapitulation aufrecht, und am 26. September brach er außerdem den passiven Widerstand ab. In den letzten Monaten des Jahres 1923 beseitigte das Kabinett Stresemann ein weiteres Hindernis, das einer brauchbaren Regelung des Reparationsproblems nach wie vor im Wege stand. Mit der Schaffung der Rentenmark und dem Ausgleich des Haushalts wurden die Grundlagen für eine stabile Währung gelegt, und mit dem Ende der Inflation zerriß jener sinnverwirrende Zahlenschleier, den Berlin bislang benutzt hatte, um eine realistische Einschätzung der deutschen Zahlungskraft und damit eine realistische Reparationskalkulation zu verhindern.

Die erfolgreiche Finanzreform schuf außerdem die Vertrauensbasis für internationale Anleihen zur Stärkung der deutschen Kapitalkraft und die Voraussetzung für die Konstruktion der finanztechnischen Mechanismen, die einen Transfer deutscher Reparationsgelder ohne Gefährdung des Kurswerts der Mark erlaubten. Gewiß hatte die Finanzierung des passiven Widerstands die Mark in so bodenlose Tiefen gesturzt, daß die lange verzögerte Sanierung der Währung schon aus wirtschaftlichen und innenpolitischen Gründen unumgänglich geworden war. Aber Stresemann betrachtete die Liquidierung der Inflation mit Recht auch als Teil jener kalkulierten außenpolitischen Kapitulation, die er als deutschen Beitrag zur Überwindung der chaotischen Zustände in Europa und damit zugleich als ersten Schritt Deutschlands zur Rückkehr in die europäische Staatengesellschaft verstand.

Nachdem die Reichsregierung im April 1924 die Vorschläge einer inzwischen unter der Leitung des Amerikaners Charles G. Dawes gebildeten Expertenkommission grundsätzlich angenommen hatte, mußte auch Poincaré in den sauren Apfel beißen und eine Regelung der Reparationsfrage akzeptieren, die seinen Versuchen, das Problem für politische Zwecke zu instrumentalisieren, den Boden entzog und außerdem der französischen Anstrengung ein Ende setzte, Deutschland im Zustand von Versailles zu halten. Der Dawes-Plan legte Deutschland fraglos eine schwere Last auf: Im ersten Zahlungsjahr hatte das Reich eine Milliarde Mark aufzubringen, und in den folgenden drei Jahren sollten die Raten von 1,22 auf 1,75 Milliarden steigen; für das fünfte Jahr war die Zahlung von 2,5 Milliarden in Aussicht genommen, wenn auch schon 1924 feststand, daß nach vier gezahlten Raten neu verhandelt werden müsse. Aber die Belastung war erträglich, zumal die erste Rate zu 80 Prozent mit einer im Ausland aufzunehmenden Anleihe gedeckt werden konnte und auch in den folgenden Jahren genügend ausländisches Kapital – namentlich aus den USA – nach Deutschland floß. Und die politische Entlastung war enorm. So formulierte der Dawes-Plan den Grundsatz, daß die wirtschaftliche und steuerliche Einheit des Reiches wiederherzustellen sei und nicht mehr angetastet werden dürfe, was auf eine Garantie der Reichseinheit hinauslief. Auf der Londoner Konferenz (16.7. – 16.8.1924), die den Dawes-Plan endgültig billigte, ist ferner vereinbart worden, daß Sanktionen – erst recht Sanktionen wie die Ruhrbesetzung – lediglich bei schweren deutschen Versäumnissen zulässig seien, und auch dann nur nach einem einstimmigen Beschluß aller Gläubiger Deutschlands.

Mit der Entgiftung des Reparationsproblems schien die politische Verständigung zwischen Deutschland und den Alliierten tatsächlich in erreichbare Nähe zu rücken. Schon auf der Londoner Konferenz hatte im Gegensatz zu früheren deutsch-alliierten Begegnungen eine Atmosphäre der Gleichberechtigung geherrscht, und in den folgenden Monaten trug das britische Bemühen, Deutschland und Frankreich einander anzunähern, erste Früchte. Vom britischen Botschafter in Berlin ermuntert, bot Stresemann – jetzt Außenminister – im Januar 1925 der Londoner Regierung die freiwillige Anerkennung der deutschen Westgrenze und einen diese Anerkennung dokumentierenden wie garantierenden Sicherheitspakt zwischen den interessierten Mächten an. Als Stresemann am 9. Februar 1925, nach einem Wink des britischen Kabinetts, das gleiche Angebot der französischen Regierung übermittelte, hatte er die Auseinandersetzung um einen deutsch-französischen Friedensschluß offiziell eröffnet[29].

Obwohl aber die beiden Länder nach ihrer gemeinsamen Niederlage im Ruhrkonflikt eigentlich keine Alternative mehr hatten, war die Auseinandersetzung nicht leicht. Als die anfänglich geheimgehaltene Offerte Stresemanns bekannt wurde, zeigte sich, daß in Deutschland die Rechte schon eine partielle Anerkennung der Kriegsergebnisse nach wie vor als unerträglich empfand und ohne Rücksicht auf die gegebene Lage Miene machte, die Politik Stresemanns zu torpedieren. In Frankreich wiederum erhielt das geringer gewordene Mißtrauen in die Absichten Deutschlands sogar neue Nahrung, als sich die deutsche Regierung beharrlich weigerte, auch die Anerkennung der deutschen Ostgrenze in Betracht zu ziehen, vielmehr erklärte, daß Deutschland am antipolnischen Bündnis mit Moskau festhalten und selbst bei einem Eintritt in den Völkerbund keine Verpflichtung im Hinblick auf Osteuropa übernehmen werde; schließlich fürchtete man in Frankreich schon seit Kriegsende, daß Deutschland eines Tages über ein „polnisches Sadowa" zu einem „neuen Sedan" strebe. Jedoch gelang es dem taktischen Geschick Stresemanns, die innenpolitischen Gegner seines Kurses auszumanövrieren oder zeitweilig zu überzeugen – freilich nur mit dem

---

[29] J. Jacobson, Locarno diplomacy. Germany and the West, Princeton 1972.

Argument, daß allein sein Weg die Rückgewinnung der außenpolitischen Bewegungsfreiheit und baldige revisionspolitische Erfolge im Osten bringen werde. Zögernd und ohne Vertrauen in die deutsche Aufrichtigkeit folgte am Ende Frankreich ebenfalls dem britischen Drängen, da Paris auf solche Weise wenigstens ein festes britisches Engagement für die französische Ostgrenze erhielt und zumindest darauf hoffen durfte, im Zuge einer allgemeinen Entspannung Deutschlands Gewöhnung auch an die territoriale Neuordnung Osteuropas zu erreichen.

So kam es im Oktober 1925 in Locarno zu einer Konferenz, die tatsächlich eine vertragliche Fixierung der Vorschläge Stresemanns brachte: Zwischen Deutschland, Großbritannien, Frankreich, Belgien und Italien wurde ein Garantiepakt ausgehandelt, mit dem sich Deutschland nun freiwillig zur Anerkennung der in Versailles gezogenen deutsch-französischen bzw. deutsch-belgischen Grenze wie zu der im Versailler Vertrag festgelegten Entmilitarisierung des Rheinlands verpflichtete. Deutschland und Belgien bzw. Deutschland und Frankreich sagten sich ferner zu, „in keinem Falle zu einem Angriff oder zu einem Einfall oder zum Kriege gegeneinander zu schreiten". Die Funktion von Garantiemächten übernahmen Großbritannien und Italien. Deutschland war gleichsam in die europäische Staatengesellschaft zurückgekehrt, und als es zur Besiegelung dieser Rückkehr im September 1926 in den Völkerbund eintrat, durfte es mit einem ständigen Sitz im Völkerbundsrat auch gleich die Wiederaufnahme in den Klub der führenden europäischen Mächte demonstrieren.

Die Konferenz von Locarno und Deutschlands Eintritt in den Völkerbund sind zunächst in der Tat vielfach als Beginn jener deutschen Gewöhnung an den Status quo verstanden worden, die von den Westmächten erhofft wurde, mithin tatsächlich als Beginn einer Ära der Stabilisierung Europas. Der damalige britische Außenminister, Sir Austen Chamberlain, bezeichnete Locarno als „Trennungslinie zwischen den Jahren des Krieges und den Jahren des Friedens"[30]. Dementsprechend sind sofort etliche Projekte zu einer kräftigenden Reform des Völkerbunds und zur Lösung des Abrüstungsproblems ernsthaft in Angriff genommen worden. In Wirklichkeit aber schied Locarno lediglich die noch unmittelbar am letzten Krieg leidende Periode von einer Zeit der oberflächlichen Entspannung, die der Zukunft mehr kriegerische als friedliche Möglichkeiten vererbte.

Daß Frankreich mit Locarno auf die Ausübung seiner temporären hegemonialen Funktion praktisch verzichtete, hätte für sich allein noch nicht viel zu bedeuten brauchen, hätte sogar einen beruhigenden Effekt haben können. Daß aber die Westmächte zugleich Deutschlands Weigerung, die osteuropäischen Grenzen anzuerkennen, stillschweigend hinnahmen, hat von Anfang an jede tiefere Wirkung von Locarno verhindert. Damit war gewissermaßen eine „Rangordnung der Grenzen" geschaffen worden, die

---

[30] Graml, Europa, S. 223.

den „weniger vornehmen" östlichen Grenzen schon jetzt die Dauer ab-
sprach. Deutschland hatte eine moralisch-politische Ausgangsbasis für die
aktive Revisionspolitik der Zukunft besetzen dürfen, und da nicht allein
Großbritannien, sondern offenbar auch Frankreich diese Basis respektierte,
lief nach Locarno ein noch schwaches, doch deutlich spürbares Zittern
durch Ost- und Südosteuropa. Namentlich die polnischen Besorgnisse wurden geweckt, und sie nahmen noch zu, als Deutschland am 24. April 1926
mit der Sowjetunion demonstrativ einen Freundschaftsvertrag schloß, der
das in Rapallo begründete Verhältnis noch festigte. Ohne daß die Westmächte erkennbar opponierten, hatte Berlin wiederum seine gegen Polen
gerichteten revisionspolitischen Ambitionen dokumentieren und auch
praktisch fördern können. Kein Wunder, daß in Warschau ängstliche Ge-
müter und weitblickende Geister bereits die Zeichen einer neuen Teilung
Polens an der Wand erscheinen sahen.

Gewiß waren das erst atmosphärische Veränderungen und vage Möglichkeiten. Aber die Entwicklung der Stimmung in Deutschland, wie sie sich
an der Presse und an den Reden der Politiker ablesen ließ, beseitigte bald
jeden Zweifel daran, daß die deutsche Führungsschicht, ohne sich durch
den Eintritt in den Völkerbund irgendwie gebunden zu fühlen, entschlossen war, nach der Wiedergewinnung auch der finanzpolitischen und der
militärischen Bewegungsfreiheit in der Tat von allen revisionspolitischen
Möglichkeiten energisch Gebrauch zu machen. Von der zahlenmäßig keineswegs schwachen und einen beträchtlichen Teil der konservativen
Deutschnationalen Volkspartei (DNVP) einschließenden äußersten Rechten abgesehen, die Locarno als Landesverrat betrachtete und weithin die
Ermordung Stresemanns propagierte, verstanden die klügeren Offiziere der
Heeresleitung, die Beamten des Auswärtigen Amts und die Führer der bür-
gerlich-nationalen Parteien das Vertragssystem von Locarno einfach als In-
strumentarium zu einer revisionspolitisch nutzbaren Machtverschiebung in
Europa und als Vorbereitung zur Isolierung Polens. Verständigungspoliti-
sche Gesichtspunkte tauchten im internen Schriftverkehr allenfalls in taktischen Zusammenhängen auf. Gerade der Eintritt in den Völkerbund und
die künftige Rolle in Genf sind lediglich als machtpolitischer Vorgang und
als machtpolitische Aufgabe interpretiert worden. Die Welt stelle die Frage,
„ob wir in den letzten ... Jahren etwas hinzugelernt bzw. umgelernt haben",
und daher müßen die deutschen Vertreter in Genf die eigentlichen Bestrebungen des Reiches durch Reden verschleiern, denen sie einen „salbungs-
vollen Ton" zu geben hätten, schrieb im Dezember 1925 der Leiter des
Völkerbundsreferats im Auswärtigen Amt[31]. In der Heeresleitung entstanden zu dieser Zeit bereits Denkschriften, die als „nächste Ziele" der deutschen Politik die Beseitigung der entmilitarisierten Zone im Westen, die
Liquidierung des sog. „Polnischen Korridors", d.h. die Wiederangliederung

---

[31] Akten zur Deutschen Auswärtigen Politik (ADAP), Serie B, Bd. I, 1, S. 70.

des 1918/19 an Polen abgetretenen westpreußischen und Posenschen Territoriums, die Rückgewinnung „Polnisch-Oberschlesiens" und den Anschluß Österreichs nannten; sei auf diese Weise die europäische Stellung Deutschlands restauriert und dann nach einer „erneuten Lösung der deutsch-französischen Frage" befestigt, werde das Reich wieder um seine „Weltgeltung" kämpfen müssen, gegen den „amerikanisch-englischen Machtkreis".

So blieb die Sonne von Locarno blaß und wärmte niemanden, wie der britische Politiker Winston Churchill, damals gerade Schatzkanzler, klagte und wie die ungarischen Revisionisten oder die italienischen Imperialisten sogleich mit Genugtuung konstatierten[32]. Die Spaltung Europas in Verteidiger und Feinde des Status quo war kaum schmäler geworden, geschweige denn überwunden. Als Folge mußten auch die von solcher Überwindung abhängigen Aufgaben ungelöst bleiben: die Reform des Völkerbunds und die Abrüstung. Die neben und nach Locarno unternommenen Anstrengungen, aus dem Prinzip der kollektiven Sicherheit im Rahmen des Völkerbunds eine politische Realität zu machen, sind in der Tat sämtlich wieder erlahmt, und die Bemühungen um eine allgemeine Abrüstung kamen keinen Schritt weiter. Niemand vermag zu sagen, ob eine derartige Abrüstung zustande gekommen wäre, wenn Revisionismus und Imperialismus nicht ihre Schatten auf die politische Landschaft Europas geworfen hätten. Die tatsächliche Entwicklung ist jedoch zweifellos von dieser am Horizont sichtbaren Bedrohung bestimmt worden. In den Ländern, die an der Erhaltung des Status quo interessiert waren, namentlich in Frankreich, erstickte nun die Angst vor den Gefahren der Zukunft alle zuvor immerhin wahrnehmbaren Ansätze zur Abrüstungsbereitschaft, und so zerfaserten die eingeleiteten Gespräche in endlose Debatten über grundsätzliche und technische Schwierigkeiten, die man im Grunde nicht mehr lösen, hinter denen man sich vielmehr verschanzen wollte.

Als Briand, Stesemanns französischer Partner von Locarno, den Vereinigten Staaten im Sommer 1927 einen Vertrag vorschlug, in dem sich Frankreich und die USA zusichern sollten, nie Krieg gegeneinander zu führen, leitete ihn keineswegs ein Optimismus, der seine Rechtfertigung aus den Erfolgen einer Ära internationaler Verständigung geschöpft hätte, sondern die Erkenntnis, daß die Periode der Beruhigung, die mit dem Dawes-Plan, mit Locarno und mit Ansätzen zur Abrüstung verheißungsvoll begonnen hatte, ein bloßes Zwischenspiel zu bleiben drohte. Von Zweifeln am Völkerbund tief beunruhigt, wollte Briand mit einem neuen Anlauf die Dinge wieder in Bewegung bringen. Es entsprach der generellen Einsicht in die Notwendigkeit und Richtigkeit solcher Schritte, daß der amerikanische Außenminister Kellogg im Dezember 1927 antwortete, der Vertrag müsse in ein multilaterales Unternehmen verwandelt werden, und daß am

---

[32] Graml, Europa, S. 228.

27. August 1928 die Repräsentanten von fünfzehn Staaten in Paris tatsächlich ihre Unterschrift unter ein Abkommen setzten, das zum Verzicht auf den Krieg als Instrument nationaler Politik verpflichtete[33]; bis 1933 traten dem Briand-Kellogg-Pakt nicht weniger als fünfundsechzig Länder bei. Der ebenso generellen Überzeugung, derartige Verträge seien im Grunde doch kein Schutz vor Konflikten und vor Angriffen, entsprach es freilich auch, daß sich die Signatarstaaten weder auf die Festlegung von friedenssichernden Zwangsmitteln noch auf neue Abrüstungsversprechen eingelassen hatten, der Pakt mithin rein deklaratorischen Charakter besaß und so die immer noch bestehende Unfähigkeit, nationale Staatsräson in eine kollektive Friedensordnung einzuschmelzen, eher unterstrich. Um die Heilung der europäischen Spaltung, in der er die entscheidende Ursache der internationalen Unruhe sah, vielleicht doch etwas zu fördern, regte Briand im Herbst 1929 schließlich an, erste organisatorische Stützen eines europäischen Staatenbundes zu schaffen: eine regelmäßig tagende Konferenz, einen permanenten politischen Ausschuß als Exekutivorgan und ein kleines Sekretariat. Die Anregung fand eine höfliche Aufnahme, ohne die Stagnation der internationalen Verhältnisse beenden zu können. Allein Stresemann, dem seit Locarno zwar nicht die Ziele des deutschen Revisionismus, doch sicherlich ein Geist, der ausschließlich revisionistische Ziele verstand, fremd geworden war, griff Briands Gedanken mit lebhafter Zustimmung auf; allerdings konnte er in dieser Frage nicht für sein Land sprechen. Kurz darauf, am 3. Oktober 1929, starb er nach einem Schlaganfall. Briands Europaplan aber versackte in den Diskussionen der Völkerbundsversammlung vom Herbst 1930 und hinterließ lediglich eine Genfer Studienkommission für europäische Vereinigung.

Verschärfung der internationalen Krisen im Niedergang der Wirtschaft

Erlebnis und Ergebnis des Krieges hatten also die zwischenstaatlichen Spannungen in Europa nicht herabgesetzt, Bereitschaft und Fähigkeit zu internationaler Zusammenarbeit nicht über das Niveau der Zeit bis 1914 gehoben. Ein Abbau der nationalen Egoismen erschien – trotz Völkerbund – bald wieder als Utopie oder bestenfalls als eine vielleicht in ferner Zukunft realisierbare Möglichkeit. Eine wesentliche Ursache dieses Mangels an Fortschritten zu einer dauerhaften Friedenssicherung lag nicht unmittelbar in den internationalen Beziehungen, sondern darin, daß die Wirtschaft des Kontinents und die Gesellschaft vieler europäischer Länder aus den

---

[33] Vgl. P. Krüger, Friedenssicherung und deutsche Revisionspolitik. Die deutsche Außenpolitik und die Verhandlungen über den Kellogg-Pakt, in: VfZ 22 (1974), S. 227-257.

vom Krieg geschaffenen oder verschärften Krisen nicht mehr herausfanden, daß deshalb die Handels- und die Außenpolitik der Staaten ständig unter einem Druck wirtschaftlicher Nöte und innenpolitischer Konflikte standen, der im nationalistischen Sinne radikalisierend wirkte. Wohl hatten nahezu rein außenpolitisch bedingte Antagonismen, vor allem der Gegensatz zwischen der französischen Sekuritätspolitik und dem zunächst die Revision von Versailles anvisierenden deutschen Imperialismus, in den ersten sechs Jahren nach Kriegsende ihrerseits einen kräftigen Beitrag zur Verhinderung der wirtschaftlichen Erholung geleistet. Doch hatten die wirtschafts- und gesellschaftspolitischen Probleme noch andere und wichtigere Wurzeln.

Schon die Einbuße der vor 1914 so profitablen zentralen Stellung im Welthandel konfrontierte die europäische Industrie mit ungewohnten und nicht sofort überwindbaren Hindernissen. Bald wurde auch deutlich, daß eine perfekte Restaurierung jener Stellung überhaupt nicht mehr zu erwarten war und daß selbst der Aufbau einer zwar nicht zentralen, so doch ähnlich stimulierenden Handelsposition auf ernste Widerstände stieß. Die internationale Struktur der Wirtschaft hatte sich in den Kriegsjahren grundlegend gewandelt. Die Produktionskraft Nordamerikas war voll mobilisiert worden, und die amerikanische Wirtschaft stand nun auch finanziell auf eigenen Füßen. In Ostasien hatte in fast vergleichbarer Weise Japan von den europäischen Streitereien profitiert. In Südamerika, in den britischen Dominions und sogar in vielen Kolonien hatten sich während des Krieges, als die europäische Produktionskapazität auf den – vornehmlich militärischen – Eigenbedarf konzentriert werden mußte, Industrien entwickelt, die zunächst als Ersatz fungierten und dann als Konkurrenz auftraten. Rußland schied als Wirtschaftspartner vorerst nahezu aus. Allenthalben waren Märkte, Anlagen und Anlagemöglichkeiten verloren worden, allenthalben traf sowohl der Export von Waren wie der Export von Kapital, der ja oft auch der eigenen Produktion Impulse gibt, auf inzwischen verschlossene Türen und auf neue – überdies nicht selten billigere – Konkurrenten.

Unter dieser Stagnation, der die europäischen Regierungen und die europäischen Unternehmer lange Zeit mit Ratlosigkeit begegneten, litt naturgemäß auch der innereuropäische Wirtschaftsverkehr, den zudem noch spezifische Beschwernisse drückten: So war der wirtschaftliche Großraum Österreich-Ungarn verschwunden, und die Nachfolgestaaten der Donaumonarchie trieben ebenso wie die neuen oder jetzt endlich politisch arrondierten Balkanländer eine Zollpolitik, die auf den internationalen Handel bremsend wirkte. Außerdem gaben sie einen erheblichen Teil ihrer relativ bescheidenen Nationaleinkommen oder von ausländischen Krediten für unverhältnismäßig große stehende Heere aus, was weder den Budgets noch den Währungen bekam und daher ebenfalls einen produktions- und handelsfeindlichen Effekt hatte. So war der Boom, den die Befriedigung des während des Krieges gestauten Bedarfs in einigen Staaten angeregt hatte,

nur von kurzer Dauer, und in den meisten Ländern Europas herrschte
Flaute, Rezession oder Krise.

Auch hatte der Krieg die internationalen Finanzbeziehungen an wichtigen Verbindungsstellen zerrissen und einzelne nationale Währungen
schwer erschüttert oder sogar – wie im Falle der besiegten Staaten – rui-
niert. Daß diese Schäden nicht rasch geheilt werden konnten, weil jetzt
auch noch das Problem der interalliierten Schulden und der alliierten Reparationsforderung an Deutschland auf dem internationalen Finanzsystem
lastete und die vom Krieg vererbte Finanzmisere noch verschlimmerte,
hätte allein schon dem wirtschaftlichen Wiederaufstieg Europas ein beacht-
liches Hindernis in den Weg gestellt. Ihre volle Bedeutung erhielten derartige negative Faktoren, die im Grunde sekundärer Natur waren, aber erst
durch die Finanzpolitik, mit der die europäischen Kabinette auf sie reagierten. Als sich die USA, die nach der Rückkehr zum politischen Isolationismus ihrer Mitverantwortung für die wirtschaftliche und politische Entwicklung in Europa nur noch sehr unvollkommen gerecht werden konnten,
entschlossen zeigten, die während des Krieges den europäischen Alliierten,
vor allem England, geliehenen Gelder als rein geschäftliche Angelegenheit
– nicht etwa als abzuschreibenden Beitrag zur gemeinsamen Kriegsanstren-
gung – zu behandeln, zog sich das Londoner Kabinett, das die britischen
Verpflichtungen im Interesse des wirtschaftlichen und politischen Anse-
hens Großbritanniens erfüllen wollte, auf eine deflatorische Politik der
Sparsamkeit und des trotz der Zahlungen an Amerika ausgeglichenen
Haushalts zurück. Das hielt zwar die Währung stabil, versagte aber dem inneren Markt die so dringend benötigten Impulse. Die deutsche Regierung
wiederum suchte sich den alliierten Reparationsansprüchen auch dadurch
zu entziehen, daß sie der von der Kriegsfinanzierung eingeleiteten Inflation
freien Lauf ließ und damit die Kalkulation der deutschen Zahlungsfähigkeit unmöglich machte. Vorübergehend gab das der deutschen Industrie,
die in der Inflation praktisch ohne Steuerbelastung und mit nahezu kosten-
losen Krediten arbeiten konnte, einen Vorteil im internationalen Wettbe-
werb und so einen gewissen Auftrieb. Indes ruinierte es bald den eigenen
Kapitalmarkt und schwächte mit der Vernichtung von Sparguthaben und
vielen sonstigen Geldanlagen auf lange Zeit die innere Kaufkraft. Die anderen europäischen Kriegsteilnehmer, die sich gleichfalls den Forderungen
der USA oder Großbritanniens – das eigene Gelder und einen Teil seiner
amerikanischen Kredite verliehen hatte – gegenübersahen, antworteten mit
einer jeweils milderen Nachahmung des britischen oder des deutschen Beispiels.

Im übrigen hat der während des Krieges mächtig angeheizte und in den
Nachkriegsjahren nicht mehr abflauende wissenschaftliche und technische
Fortschritt ebenfalls zu den wirtschaftlichen Schwierigkeiten beigetragen.
Schon die Notwendigkeiten der Kriegsorganisation hatten die europä-
ischen Industrien zur Beschleunigung ohnehin laufender Konzentrations-

und Rationalisierungsprozesse gezwungen, und die wissenschaftlich-technischen Fortschritte trieben auch nach 1918 zur Fortsetzung jener Prozesse. Die Steigerung der Arbeitsproduktivität setzte aber Arbeitskräfte frei, die angesichts schrumpfender Märkte in Übersee und in Europa selbst keinen neuen Arbeitsplatz finden konnten und nur die bereits stattlichen Arbeitslosenheere vermehrten. In einer Phase allgemeiner Stagnation wirkten Konzentration und Rationalisierung bei der Reduzierung der Kaufkraft und der inneren Märkte kräftig mit. Immerhin bot das Rationalisierungsinstrumentarium wenigstens zahlreichen einzelnen Industriebetrieben – namentlich den großen Unternehmen - die Möglichkeit, auch bei sinkenden Umsätzen mit Gewinn zu arbeiten. Die europäische Landwirtschaft hingegen, die nach der Konjunktur des Krieges und der ersten Nachkriegsjahre ebenfalls unter Absatzproblemen und Preisverfall zu leiden begann, war zu Rationalisierung und Kostensenkung weitgehend unfähig, da sie – außer in den Inflationsjahren – den generellen Kapitalmangel besonders zu spüren bekam und da die stagnierende Industrie die bei Rationalisierung frei werdenden Arbeitskräfte nicht aufnehmen konnte. Personell überbesetzt und trotz rückläufiger Nachfrage zu teuer produzierend, glitt die Landwirtschaft in eine bald für alle Betriebsgrößen fühlbare Krise.

Angesicht einer so tief eingreifenden Störung, die von einer leichten Erholung zwischen 1924 und 1928 nicht behoben wurde, verschärften sich aber im ersten Nachkriegsjahrzehnt all jene sozialen und politischen Konflikte, die bereits vor Kriegsausbruch in den europäischen Ländern aufgebrochen waren[34]. So spitzte sich in der Arbeiterschaft die zu Beginn und während des Krieges von der patriotischen Aufwallung zurückgedrängte Kritik am Kapitalismus und an einem Parlamentarismus, der auf einem kapitalistischen Wirtschafts- und Gesellschaftssystem ruhte, abermals und jetzt noch schärfer zu. In vielen Ländern erhielten folglich die neben den sozialdemokratischen Parteien existierenden anarchistischen, syndikalistischen und kommunistischen Bewegungen erneut Zulauf und politische Bedeutung. Dazu fungierte die Sowjetunion gewissermaßen als ein Kraftwerk, das ständig revolutionäre Energie produzierte, und sowohl die offiziellen Vertreter des Sowjetstaates wie die Agenten der von Moskau dirigierten Kommunistischen Internationale (Komintern) waren eifrig bemüht, die Stimmung der Arbeiter und die Wirkung des russischen Beispiels zur weiteren Ausbreitung der kommunistischen Ideologie und zur organisatorischen Sammlung revolutionär gesinnter Arbeitermassen zu nutzen.

Ebenso gefährlich und in etlichen Ländern weit gefährlicher war die politische Radikalisierung kleinbürgerlicher Schichten. Von der Entwicklung zur wirtschaftlichen Konzentration und zur Massenproduktion in ihrer materiellen Existenz und in ihrer bisherigen Lebensform bedroht, wurden sie

---

[34] K. D. Bracher, Europa in der Krise. Innengeschichte und Weltpolitik seit 1917, Frankfurt-Berlin-Wien 1979.

noch breiter und noch intensiver als vielfach schon vor 1914 – damals durch die ersten großen Wellen der Industrialisierung, Modernisierung und Urbanisierung – von einer tiefen Unzufriedenheit erfaßt, die sich als oft leidenschaftlicher Antimodernismus, vermischt mit einer starken Dosis Antikapitalismus, äußerte. Ähnliche Stimmungen regten sich, ob Bauern oder Großgrundbesitzer, auf dem Lande. Selbst im mittleren Besitz- und im Bildungsbürgertum, denen die wirtschaftlichen Kriegsfolgen ebenfalls schwer zu schaffen machten und die in den Inflationsländern überdies ihre finanziellen Reserven fast vollständig eingebüßt hatten, tauchten Zweifel an der bestehenden Ordnung auf.

Bürgerlicher und agrarischer Unmut vermochte sich allerdings auch bei stärkster Abneigung gegen das Großkapital nicht zu grundsätzlicher Kritik am herrschenden Eigentumsbegriff und an einer hierarchischen Gesellschaftsstruktur zu verdichten. Die Annahme radikaldemokratischer und sozialistischer Vorstellungen hätte dem überkommenen und von der tatsächlichen materiellen Lage bislang auch gedeckten gesellschaftlichen Bewußtsein nicht entsprochen. Der herausgehobene Platz in der Gesellschaft und die mit ihm gegebene materielle, soziale und politische Distanz zu der jeweils auf tieferer Stufe existierenden Gruppe und zur Arbeiterklasse sollten ja gerade verteidigt oder restauriert werden, und zwar selbstverständlich in erster Linie gegen die von links anrollende Nivellierungswelle. Jedoch wurde das Großkapital zunehmend als ein zweiter Urheber nivellierender – d.h. im subjektiven Verständnis zerstörerischer – Tendenzen verdächtigt und bekämpft. Und es schien nun innerhalb eines liberaldemokratischen Parlamentarismus vor dieser doppelten Gefährdung keine Zuflucht zu geben, sondern am Ende nur den Untergang. So führte die schon geschehene oder erst befürchtete wirtschaftliche und soziale Deklassierung jetzt auch größere Teile des Kleinbürgertums und des Mittelstands zu einer aggressiven Ablehnung von Liberalismus und Demokratie, andererseits zur Forderung nach einem ständisch oder korporativ verfaßten Staat, der jede Demokratisierungs- und Sozialisierungsbewegung unterdrücken und zugleich das Großkapital – ohne tiefere Eingriffe in die bestehende Besitz- und Gesellschaftsstruktur – bändigen sollte. Als Vehikel nahm sich der soziale Behauptungswille, der auf politischem Felde notwendigerweise zum Umsturzwillen wurde, den harten und imperialistisch zugeschliffenen Nationalismus, der als einziger unter den zeittypischen Emotionskomplexen so viel Bindekraft versprach, daß in seinem Zeichen der Staat erobert und dann das eigentliche Ziel, jene Unterwerfungs- und Bändigungsaufgabe, erreicht werden konnte. Da aber der imperialistische Nationalismus – von einzelnen konservativen Politikern abgesehen – nicht bewußt und zynisch gewählt, sondern instinktiv als tauglich ergriffen wurde, besaß er – wie vielfach bereits vor dem Kriege – nicht nur seine eigene Ernsthaftigkeit, sondern sogar eine geradezu religiöse Macht über Geist und Herzen der Menschen, eine Macht, die ihm vor, während und nach der Erfüllung irgendwelcher innenpolitischer Zwecke rasch eigenständige Dynamik und selbständige Gesetzmäßigkeit verlieh. Konnte er seinen Gesetzen ungebremst folgen, mußte dieser Nationalismus letztlich wieder eine mit militärischen Mitteln arbeitende imperialistische Außenpolitik erzwingen.

Oft verband sich bürgerlicher und agrarischer Rechtsextremismus auch mit Antisemitismus[35]. Nicht in der Lage, den Prozeßcharakter der als bedrohlich empfundenen wirtschaftlichen und gesellschaftlichen Vorgänge zu erkennen oder gar deren wahre Ursachen und Entwicklungsgesetze zu durchschauen, neigten die verwirrten Verteidiger einer heilen vorindustriellen Welt dazu, alle unbegriffenen Einbrüche in die gewohnte Ordnung und alle unverstandenen Verfehlungen einer ersehnten Ordnung als das Werk sichtbarer Feinde identifizierbar und bekämpfbar zu machen. Da unter den Sozialistenführern und unter den Großkapitalisten – unter sämtlichen Personengruppen, die für moderne Erscheinungen und für Modernisierungsprozesse standen – zahlreiche Juden waren, kamen so aus dem bürgerlichen und agrarischen Antisozialismus, Antikapitalismus und Antimodernismus besonders kräftige Anstöße für die Umformung des tradierten religiösen Antijudaismus in eine säkularisierte Form, in einen modern-naturwissenschaftlich definierten rassistischen Antisemitismus. Bereits vor 1914, ja schon in den letzten Jahrzehnten vor der Jahrhundertwende überaus lebendig, breitete sich dieser Antisemitismus während der Erschütterung durch den Krieg und in den Krisen der Nachkriegszeit mit der Rapidität eines Steppenbrands aus. Namentlich der ohnehin schwächer ausgeprägte und vom bürgerlich-agrarischen Gesellschaftsbild naturgemäß behinderte Antikapitalismus geriet nun häufig in ein antisemitisches Fahrwasser; nicht selten trat er nur noch als Judenfeindschaft auf. Selbst die groteske Behauptung, Sozialisten und Großkapitalisten gehorchten in Wahrheit einer gemeinsamen jüdischen Zentrale und die bürgerliche Welt sei gleichsam einem vom „Weltjudentum" raffiniert geplanten Zangenangriff ausgesetzt, ist jetzt weithin geglaubt worden: Wall Street, die Londoner „City" und in Moskau die Bolschewiki mit ihrer Komintern galten nicht nur als gleich gefährlich, sondern als gleichgeschaltete Werkzeuge der jüdischen Weltverschwörung.

Der verselbständigte Nationalismus erwies sich aber als eine mindestens ebenso wichtige Wurzel des Antisemitismus. Weil die von Existenzangst ergriffenen klein- und mittelbürgerlichen Schichten keine unverfälschte politische Emanzipation mehr wollten und keine in der Spannung zwischen Pluralismus und Integration lebende demokratische Gesellschaft, sondern einen konfliktfreien und statischen Zustand, der in einem biologischen Sinne als die natürliche und gesunde Ordnung bezeichnet wurde, war auch ihr Nationalismus losgelöst von dem sowohl zum Emanzipations-

---

[35] Vgl. H. Graml, Reichskristallnacht. Antisemitismus und Judenverfolgung im Dritten Reich, München 1988.

wie zum Integrationsinstrument tauglichen Nationalismus der Französischen Revolution. Als Ursprung und Garant der gesunden Ordnung konnte ihr Nationalismus vielmehr allein in biologischen Kategorien gedacht, definiert und erläutert werden, wurde er ausschließlich als das von einem gesunden Instinkt diktierte und von den ewig gültigen Erkenntnissen der Naturwissenschaft geforderte Bekenntnis zu dem vorgegebenen biologischen Organismus „Nation" verstanden. Nach der vergröbernden Aneignung darwinistischer Denkmuster erschien dem – allmählich zu einem national fließend begrenzten Rassismus wachsenden – Nationalismus die Geschichte als ein ununterbrochener Wachstums- und Verfallsprozeß solcher biologischen Organismen, die außerdem miteinander in einem gnadenlosen Daseinskampf stünden. Wer aber die biologisch aufgefaßte Nation in diesem Sinne zur obersten Lebens- und Geschichtsmacht erklärte, suchte sich – neben den natürlichen Feinden in der Nachbarschaft, den anderen Nationen – eine als fremdrassig zu isolierende Minderheit, die er zur sichtbaren Erscheinungsform eines bösen Gegenprinzips stempeln konnte, die er dann als Bazillus – im Wortsinne – sah, als Keim aller inneren Krankheiten, zugleich als lenkende Kraft hinter allen äußeren Gefährdungen des Organismus. Wieder lag der religiöse Antijudaismus zur verwandelnden Aufnahme bequem zur Hand, zumal ganze Scharen von Wissenschaftlern und Publizisten, von Graf Arthur de Gobineau und Edouard Drumont über Heinrich v. Treitschke und Eugen Dühring bis zu Houston Stewart Chamberlain, für eine derartige Adaption schon in der zweiten Hälfte des 19. Jahrhunderts und in den ersten zwei Jahrzehnten nach der Jahrhundertwende das ideologisch-theoretische Rüstzeug geliefert hatten.

Die traditionellen Führungsschichten in den europäischen Ländern haben Entstehung und Ausbreitung des bürgerlich-agrarischen Rechtsradikalismus – nach der ersten erfolgreichen Spielart, der italienischen, bald Faschismus genannt – sowohl mit Mißtrauen und Sorge wie mit Hoffnung beobachtet. Einerseits war unschwer zu erkennen, daß jene rechtsextremen Umstürzler, die den Großbesitz als Feind ansahen, die nach einem straff disziplinierten autoritären oder totalitären Staat verlangten und die in ihrem Nationalismus Reste des bürgerlichen Willens zur politischen Emanzipation transportierten, nivellierende Tendenzen mit großer Dynamik besaßen, die ihrer Natur nach nur antikonservativ sein konnten und oft sogar bewußt zum Angriff auf die älteren Eliten ansetzten; speziell den christlichen Kirchen mußte die biologische Vergötzung der Nation als Abfall in antichristliche Irrlehren und damit als Gefahr erscheinen. Wo freilich konservative Gruppen zur Behauptung oder Restaurierung ihrer Alleinherrschaft entschlossen waren und deshalb sowohl nach der Revision des bis 1919/20 allenthalben in Europa durchgesetzten liberaldemokratischen Parlamentarismus wie vor allem nach der Niederwerfung jeder sozialistischen Bewegung – ob anarchistisch, kommunistisch oder sozialdemokratisch – trachteten, da entdeckten sie auch eine politische Verwendbarkeit des rechtsextremistischen Antisozialismus und der rechtsextremistischen Demokratiefeindschaft, zumal dann, wenn der Entschlossenheit zu reaktionärer Politik die Kraft zur Verwirklichung fehlte. In solcher Lage wirkte es als Verlockung zum Bündnis, wenn gesehen werden konnte, daß die rechtsradikalen Organisationen zur antisozialistischen und antidemokratischen Änderung von Verfassung und Verfassungswirklichkeit allein ebenfalls zu schwach waren, daß sie mithin der – doch wohl abhängig machenden – finanziellen und politischen Unterstützung bedurften. Schließlich stellte sich auch heraus, daß die rechtsradikalen Bewegungen angesichts ihrer sozialen Basis und ihrer ideologischen Schwerpunkte zwar niemals zum Verzicht auf den Kampf gegen die Linke und gegen die Demokratie, jedoch durchaus zur zeitweiligen Zurückstellung ihrer antikonservativen Tendenzen fähig waren, daß ihnen folglich als politische Möglichkeit nur die Anlehnung an konservative Gruppen blieb.

Viele Führer faschistischer und verwandter rechtsradikaler Bewegungen haben diese Situation durchaus verstanden und diese Anlehnung tatsächlich gesucht. Daher ist das politische Verhalten konservativer Aristokraten, Industrieller, Bankiers, Generäle oder Bürokraten häufig mehr von der – allerdings nie von Argwohn freien – Hoffnung auf die politische Nützlichkeit des Rechtsextremismus bestimmt worden, und zwischen Konservatismus und Rechtsradikalismus, zwischen konservativen Führungscliquen und den revolutionär auftretenden rechtsextremen Massenorganisationen kamen in der Tat Bündnisse zustande, denen der gemeinsame Nationalismus und Imperialismus als Katalysator und Bindemittel diente, die indes im Grunde den „Ideen von 1789" und dem im Zeichen solcher Ideen agierenden inneren Feind galten. Auch den Kirchen erschien der Kampf gegen Rationalismus, Liberalismus, Demokratie und Sozialismus meist als dringlicher denn die Bekämpfung des biologistischen Nationalismus. Daß der Klerus deshalb gegenüber den rechtsradikalen Bewegungen – wenn auch nicht gegenüber rechtsextremistischen Theoremen – fast stets eine zumindest partiell wohlwollende Neutralität übte und sich gelegentlich sogar zu offenem Zusammenwirken bereit fand, hat vielen kirchlich gebundenen Bürgern und Bauern den Weg in rechtsradikale Organisationen geöffnet und mancher kirchlich beeinflußten politischen Gruppierung den Weg in ein Bündnis mit einer rechtsradikalen Organisation erleichtert.

Erst die Allianzen zwischen konservativen Kräften und den rechtsrevolutionären Bewegungen haben aber bewirkt, daß die liberale Demokratie in Europa, unmittelbar nach ihrem triumphalen Sieg von 1918/20, in eine schleichende oder galoppierende Krise geriet. Dabei kam diesen Allianzen zugute, daß die stagnierende Wirtschaft einen Teil der nach 1918 aufgelösten Millionenarmeen nicht absorbieren konnte, daß vielen Soldaten die Rückkehr in eine friedliche und zivile Existenz auch psychologisch schwer fiel oder unmöglich war. Hier fanden die Rechtsradikalen und ihre konservativen Bundesgenossen ein volles Reservoir, aus dem sich starke Heerhaufen zum militanten Austrag des großen Gesellschaftskonflikts und für eine militant nationalistische und imperialistische Außenpolitik rekrutieren ließen.

Die Krisensituation und der aus ihr stammende Rechtsextremismus waren gesamteuropäische Phänomene. Doch haben sich beide in den europäischen Ländern höchst unterschiedlich entfaltet, so unterschiedlich, daß es eigentlich keinen rechten Sinn hat, für die Produkte der Krise, die diversen rechtsextremen Bewegungen, einen Sammelbegriff wie „Faschismus" zu verwenden. Schon ein heftigerer Ausbruch der Krise und ein dementsprechend kräftiges Wachstum rechtsradikaler Organisationen waren keineswegs selbstverständlich. Daß dabei eine Grenze zwischen den Siegern und Besiegten des Weltkriegs zu verzeichnen sei, wie oft behauptet wird, daß also Niederlage und außenpolitische Bedrängnis zum Aufstieg und zum Triumph rechtsrevolutionärer Bewegungen entscheidend beigetragen hätten, wogegen die Teilhabe am militärischen Sieg Abwehrkräfte mobilisiert habe, ist freilich nicht richtig. Solchen außenpolitischen Dingen kam nur eine nebensächliche Bedeutung zu. Im Gegenteil läßt sich feststellen, daß schon stärkerer Zulauf zu einer rechtsextremen Bewegung und erst recht das für deren Erfolg unabdingbare Bündnis mit konservativen Gruppen nicht ohne eine ausreichende außenpolitische Manövrierfreiheit des jeweiligen Landes möglich waren. Wenn rechtsradikale Ziele und Parolen auf große Massen attraktiv wirken sollten, mußte der imperialistische Nationalismus plausibel und mußte die Verheißung außenpolitischer Erfolge glaubhaft sein, wenn bedächtigere und die außenpolitische Lage ihres Landes weniger sanguinisch beurteilende Konservative zu einer Allianz mit einer rechtsradikalen Organisation bereit sein sollten, mußten sie die Gewißheit außenpolitischer Gefahrlosigkeit ihres Handelns haben - schließlich war der nationalistische Imperialismus, den die Rechtsradikalen ungescheut offen predigten, eine ernste Gefahr für jeden Nachbarstaat – und dann ebenfalls Chancen für eine aggressive Außenpolitik sehen können. Dies wird vom Geschick der beiden stärksten und für Europa verhängnisvollsten rechtsextremen Bewegungen eindrucksvoll illustriert.

Der italienische Faschismus vermochte unter der Führung des ehemaligen Sozialisten Benito Mussolini schon früh das Bündnis mit konservativen Gruppen zu schließen und bereits im Oktober 1922 den Staat zu erobern, wobei die nationalistische Erregung in Italien ständig stieg und Konservative wie Faschisten das Wort vom „verstümmelten Frieden", den man den Westmächten verdanke, sowohl als Einigungsmittel wie als wirkungsvollen Werbeslogan benutzten. Dabei gehörte doch Italien zu den Siegern des Krieges mit beträchtlichen - zum Teil problematischen und schwer verdaulichen - territorialen Gewinnen. Auch erfreute sich Italien, das zu den europäischen Großmächten rechnete, gerade in jenen Jahren totaler außenpolitischer Sicherheit. Dieser faschistische Chauvinismus hatte also offensichtlich nicht das mindeste mit der realen außenpolitischen Situation des

Landes zu tun. Eben weil er aus ganz anderen Quellen gespeist wurde, durfte er auch mit völlig unsinnigen außenpolitischen Parolen erfolgreich arbeiten.

In Deutschland hingegen hat der Frieden von Versailles die Entwicklung des Rechtsextremismus nicht gefördert, sondern ernstlich behindert. Die deutschen Rechtsradikalen begannen mit zielstrebiger politischer Aktivität zur gleichen Zeit wie die italienischen Faschisten. Zwischen 1919 und 1924 herrschte in Deutschland kein Mangel an aktiven und potentiellen Rechtsradikalen, auch gab es genügend bündniswillige Konservative, und die Linke war relativ nicht stärker als in Italien. Trotzdem sind in jenen Jahren die beiden deutschen Versuche, den Staat zu erobern, kläglich gescheitert, nämlich im März 1920 der von Wolfgang Kapp inszenierte Putsch der Brigade Ehrhardt und im November 1923 der Münchner Putsch Adolf Hitlers. Erstens fehlte den Freikorps von der Art der Brigade Ehrhardt und damals auch noch der Nationalsozialistischen Deutschen Arbeiterpartei (NSDAP) Hitlers die Massenbasis, und zweitens konnten die rechtsradikalen Führer noch kein funktionierendes Bündnis mit handlungsfähigen konservativen Gruppen erreichen. Die hohe Wahrscheinlichkeit einer Intervention der Garantiemächte des Versailler Friedens bremste den Massenzulauf und hielt vor allem Konservative von einer offenkundig noch abenteuerlichen Politik ab. Es ist bezeichnend, daß in konservativen Zirkeln über eine parlamentsfeindliche Verfassungsänderung erstmals ernsthaft – wenn auch noch etwas vage – diskutiert wurde, als Stresemanns Locarno-Politik die Fesseln von Versailles zu lockern und dem Reich wieder eine gewisse außenpolitische Bewegungsfreiheit zu verschaffen begann. Kaum war dann 1930 die letzte besetzte Zone Deutschlands geräumt, da konnte Hitler den im Vergleich zu 1923 weder stärker noch schwächer gewordenen Nationalismus bei den Septemberwahlen jenes Jahres zum ersten Mal voll ausnutzen und seiner NSDAP – natürlich auch auf Grund der jäh verschärften Wirtschaftskrise – eine breite Gefolgschaft gewinnen; gleichzeitig eröffnete das Präsidialkabinett Brüning die erste Phase der Liquidierung des liberaldemokratischen Parlamentarismus. Als dieser Liquidierungsprozeß mit dem jetzt tatsächlich geschlossenen Bündnis zwischen konservativen Kräften und NSDAP um die Jahreswende 1932/33 in sein entscheidendes Stadium trat, als am 30. Januar 1933 die Ernennung Hitlers zum Reichskanzler die nationalsozialistische Bewegung an die Macht brachte, war das Reparationsproblem bereits erledigt und die militärische Gleichberechtigung Deutschlands von den europäischen Mächten grundsätzlich anerkannt. Von den territorialen Bestimmungen abgesehen, war Versailles tot.

Die große Krise der liberalen Demokratie ist von sozialen Gegensätzen und inneren Spannungen verursacht worden, und die Konflikte, die aus den Spannungen entstanden, drehten sich im Kern stets um verfassungs- und gesellschaftspolitische Streitpunkte. Die Ausbrüche der Krise, die For-

men ihres Verlaufs und ihre Resultate sind daher in erster Linie – auch
wenn der Sieg einer rechtsradikalen Partei ein Resultat von größter außenpolitischen Bedeutung war – vom jeweiligen Stand der verfassungs- und gesellschaftspolitischen Entwicklung abhängig gewesen. Wo das Bürgertum
seine politische Gleichberechtigung längst durchgesetzt, im Bunde mit Ar-
beiterorganisationen die politische Gleichberechtigung auch der Arbeiterschaft – statt sie zu fürchten – eingeleitet und mit dieser Allianz vor dem
Kriege, während des Krieges und unmittelbar nach dem Kriege wesentliche verfassungs-, gesellschafts- und sozialpolitische Fortschritte erkämpft
hatte, wo sich die traditionellen Eliten mit der Schmälerung ihrer Macht
abfinden konnten, wo nun also die politische Verantwortung breit gestreut
und das Parlament für die Repräsentanten aller Bevölkerungsschichten ein
erreichbarer Zugang zur Regierungsverantwortung war, da sind die sozialen
Konflikte weit weniger schroff aufgebrochen und die Radikalisierungsten-
denzen in allen Schichten der Bevölkerung in viel schwächerer Form auf-
getreten; auch rechtsradikale Strömungen im Bürgertum blieben Rander-
scheinungen.

So behielt in Großbritannien und in den skandinavischen Staaten die politische Organisation der Gesellschaft ihre bis Kriegsende erreichte Stabili-
tät. In den übrigen westeuropäischen Ländern, wo jene Allianz weniger fest
und weniger erfolgreich gewesen war, kriselte es schon stärker, doch erwies
sich auch hier der gesellschaftspolitische Fortschritt als so groß, daß ernsthafte Erschütterungen ausblieben und die entstandenen faschistischen Bewegungen nie in die Nähe der politischen Macht zu gelangen vermochten.
Die industrielle und kommerzielle Krise hat West- und Nordeuropa, gerade auch Großbritannien, ebenfalls hart getroffen. Aber die an liberale Traditionen gebundene und nun weitgehend demokratisierte Gesellschaft reagierte auf diese Nöte zunächst nur mit Resignation, dann allmählich mit
einer sozusagen tropfenweisen Sammlung neuen Reformeifers und mit
Entwürfen neuer Reformpläne, die der weiteren Arbeit am Wohlfahrtsstaat
galten. Da also der Demokratisierungsprozeß selbst jetzt nicht aus seiner
normalen Bahn gedrängt wurde und sich in den west- und nordeuropä-
ischen Nationen selbst jetzt keine nennenswerten Gruppen in den imperialistischen Nationalismus flüchteten, der dem Rechtsextremismus anhaftete,
nahm auch die außenpolitische Aggressivität der Staaten West- und Nord-
europas nicht zu; vielmehr sank sie praktisch auf Null, zumal sich angesichts der inneren Situation die Erfahrung des Krieges, d.h. ein allgemeiner
Abscheu vor dem Krieg, voll auswirken konnte.

Der offene Ausbruch der inneren Konflikte und als Konsequenz fast
stets der Zusammenbruch des liberaldemokratischen Systems sind Phä-
nome Mittel-, Süd- und Osteuropas gewesen. Hier gab es, etwas vereinfacht, drei Gesellschaftstypen, die in der krisenhaften wirtschaftlichen
Nachkriegsentwicklung den inneren Machtkampf in ganzer Schärfe erlebten und am Ende totalitäre Rechtsdiktaturen hervorbrachten oder zu auto-

ritären Herrschaftsformen älteren Stils zurückkehrten. Da war z.B. die Gesellschaft Italiens: Überwiegend agrarisch basiert, aber mit starken kommerziellen Zentren und auch schon mit beachtlichen industriellen Einsprengseln versehen. Auf solcher Grundlage hatten bürgerlich-liberale und sozialistische Kräfte bis 1918 zwar erhebliche verfassungs- und sozialpolitische Fortschritte erreicht, doch weder die gesellschaftspolitische Position und den Machtanspruch konservativer Herrschaftsgruppen erschüttert noch den Antisozialismus und die Demokratisierungsscheu einer Mehrheit des – überdies meist an eine ebenfalls demokratiefeindliche katholische Kirche gebundenen – Bürgertums überwunden. Eine Zuspitzung der wirtschaftlich-gesellschaftlichen Lage, die bei Passivität des rechten Lagers der Linken größere Möglichkeiten für nun auch gesellschaftspolitische Erfolge zu eröffnen schien, andererseits aber auch als Chance für die Rechte wirkte, mobilisierte daher in konservativen Zirkeln den Willen zu einem umfassenden Gegenangriff, während sich der Antisozialismus und die Demokratiefeindschaft von Teilen des Bürgertums zum gewalttätigen, d.h. innenpolitisch – der Tendenz nach – totalitären und außenpolitisch imperialistischen Faschismus verdichteten. Die Konservativen fanden sich mit den restaurativen Revolutionären in einem Bündnis, das die schwächeren linksbürgerlichen Kräfte und eine in die diversen Spielarten des Sozialismus gespaltene Arbeiterschaft niederzuwerfen vermochte. So entstand ein System, in dem die alten Gewalten – Kirche, Monarchie, Adel, Offizierkorps – und ein neuer faschistischer Machtapparat unter dem diktatorisch amtierenden Faschistenführer Mussolini in unsicherer Koexistenz lebten. Indes lösten sich hier auch die Faschisten nie völlig von den in Italien seit Jahrhunderten heimischen Traditionen des Humanismus und des Rationalismus: Sie beseitigten daher die geistige Freiheit nicht in gleichem Maße wie die politische Freiheit, ihr nationalistischer Imperialismus war – auch im Bewußtsein der relativ bescheidenen wirtschaftlichen und militärischen Ressourcen des Landes wie seiner Verwundbarkeit im Kampf gegen stärkere Seemächte – stets ebenso sehr theatralische Geste wie ernsthafter Anspruch, und Lehren wie der rassistische Antisemitismus fanden in Neapel, Rom, Florenz, Mailand oder Venedig überhaupt keinen Nährboden[36].

In Deutschland lagen die Dinge anders[37]. In der verfassungspolitischen Entwicklung weit hinter Italien zurück, hatte das Reich vor 1914 nicht einmal jenes prekäre Gleichgewicht zwischen liberaldemokratischen und sozialistischen, konservativen und potentiell rechtsradikalen Kräften gekannt, das damals die italienische Situation charakterisiert hatte. In Deutschland

---

[36] R. Pommerin, Rassenpolitische Differenzen im Verhältnis der Achse Berlin-Rom 1938-1943, in: VfZ 27 (1979), S. 646-660; E. Nolte, Der Faschismus in seiner Epoche. Die Action francaise – Der italienische Faschismus – Der Nationalsozialismus, München 1963.

[37] Vgl. hierzu K. D. Bracher, Die Auflösung der Weimarer Republik. Eine Studie zum Problem des Machtverfalls in der Demokratie, Villingen 1964.

hatte ein krasses Mißverhältnis zwischen einer bereits außerordentlich breiten industriellen Basis und einer Staatsstruktur geherrscht, die noch überwiegend von absolutistisch-bürokratischen und ständestaatlichen Elementen geprägt gewesen war; die Oberschicht, in der ein – etliche oberschlesi-
sche Familien ausgenommen – industrie- und handelsfremder Land- und
Hochadel politisch dominierte, hatte noch weitgehend in der kriegerischen
Wertwelt des Feudalismus gelebt und war zur Machtbehauptung fest entschlossen gewesen; ein quantitativ bedeutendes Bürgertum hatte seit
1848/49 und erst recht seit dem erfolgreichen Regiment Bismarcks mit ge-
brochenem politischen Rückgrat existiert, eine Demokratisierung als Weg
in den Sozialismus gefürchtet und mit Vereinigungen wie dem Alldeutschen Verband oder dem Flottenverein bereits einflußreiche Massenorganisationen zur Stützung rechtsradikaler Innen- und Außenpolitik hervorgebracht; eine starke Arbeiterschaft war zwar in Gewerkschaften und in der
Sozialdemokratischen Partei Deutschlands (SPD) schon hervorragend organisiert, hatte sich aber seit Aufhebung der Sozialistengesetze Bismarcks –
von denen durchaus zähmende Effekte ausgegangen waren – und seit der
Bismarckschen Sozialgesetzgebung durch die ständige Bedrohung mit erneuter politischer Unterdrückung wie auch durch eine spürbare Besserung
ihrer materiellen Situation auf einen reformerischen Kurs drängen lassen,
der auf politischen Quietismus hinausgelaufen war. Bei solchen Voraussetzungen war Deutschland noch während des Krieges in die Militärdiktatur
der dritten OHL unter dem Feldmarschall Paul v. Hindenburg und seinem
Generalquartiermeister Erich Ludendorff geglitten, die wesentliche Eigenschaften einer rechtsradikalen Diktatur aufwies, eine dementsprechend aus-
greifende Außenpolitik einzuleiten begann und außerdem die rechtsextremistischen Tendenzen im Bürgertum erheblich stärkte.

Als sich diese Nation in der Niederlage und von den Siegermächten zu
einem liberaldemokratischen Parlamentarismus pressen ließ, besaß die
neue Staatsstruktur lediglich in Teilen der Arbeiterschaft und in einer kleinen Minorität des Bürgertums Stützen. Versuche zur Abstreifung des als
fremd empfundenen Verfassungsnetzes wären mithin auch ohne zusätzliche Faktoren unternommen worden. Aber durch die Zuspitzung der wirtschaftlich-gesellschaftlichen Lage, die hier ebenfalls als Gefahr wie als
Chance gesehen wurde, erreichte in Deutschland die Gegenbewegung konservativer Gruppen und der rechtsradikalen agrarisch-bürgerlichen Kräfte –
den italienischen Faschismus weit übertreffend – eine ungewöhnliche
Wucht und ein ungewöhnliches Maß an ideologischer Radikalisierung. Die
Wendung gegen den politischen Wertekanon des Westens war bei den
deutschen Rechtsrevolutionären, die ihr Sammelbecken seit der zweiten
Hälfte der zwanziger Jahre mehr und mehr in der NSDAP Hitlers fanden,
weitaus heftiger als bei den italienischen Faschisten und steigerte sich zur
bewußten Lossagung von allen christlichen und humanistischen Traditionen des Abendlands. Sowohl die Tendenz zum innenpolitischen Totalita-

rismus wie die Entschlossenheit zu einer expansionistischen Außenpolitik wurden hier, in einer historisch höchst seltenen Logik der Entfaltung, bis zur äußersten Radikalität geführt, wobei der nationalistische Imperialismus von Anfang an, in einer wiederum bewußten Konsequenz, aus einem anti-modernistischen und biologistischen Gesellschaftsbild abgeleitet war: die Eroberung, Beherrschung und partielle Germanisierung neuen „Lebens-raums" sollte einerseits der biologischen Ausdehnung des Volkskörpers dienen, den Deutschen eine die Weltvorherrschaft garantierende Machtba-sis verschaffen und ihnen zugleich eine autarke, von den Fluktuationen des Welthandels befreite wirtschaftliche Existenz sichern, in gleichem Maße aber der Nation den Aufbau einer Gesellschaft ermöglichen, von der die gleichsam „ewige" Überwindung aller vermeintlichen und tatsächlichen Übel erhofft werden durfte, die Industrialisierung und Urbanisierung mit sich gebracht hatten – eine „Erlösung" von Stadt und Großindustrie, wie Goebbels 1925 in sein Tagebuch schrieb[38]. Daß Eroberungskrieg und Ge-sellschaftsaufbau die Bekämpfung und endlich das Ausscheiden aller fremdrassigen und feindlichen Elemente in Volk und Staat notwendig machten, verstand sich für diese biologistischen Nationalisten von selbst, und so banden die deutschen Rechtsextremisten ihren nationalistischen Imperialismus unauflöslich an einen bösartigen rassistischen Antisemitis-mus, dem sie mit geradezu religiöser Inbrunst anhingen. Daß freilich Vor-bereitung und Führung eines Eroberungskriegs zunächst einmal die energi-sche Fortsetzung von Industrialisierung und Modernisierung erfordern mußten, gehört zu jenen bizarren Widersprüchen, unter denen radikale Ideologien und Ideologen so oft zu leiden haben.

Die Möglichkeit westlicher Intervention hat die nach rechts drängende Grundtendenz der deutschen Nation lange Jahre ernstlich behindert und den Termin des rechtsradikalen Generalangriffs auf den liberaldemokrati-schen Parlamentarismus und auf die Sozialisten verschoben. Dies staute al-lerdings die Energien des Rechtsextremismus, den schon die Frustration durch die Niederlage von 1918 gereizt und gesteigert hatte. Als seit 1930 die außenpolitische Sicherheit Deutschlands zunahm und sich gleichzeitig die wirtschaftliche Situation – in der großen Krise der Weltwirtschaft – ra-pide verschlechterte, brach die nationalsozialistische Bewegung mit ele-mentarer Naturgewalt los, und nachdem die NSDAP Anfang 1933 mit Hilfe konservativer Gruppen an die Regierung gekommen war, vermochte sie die Linke mühelos zu überrennen. Auch im nationalsozialistischen Deutschland koexistierten dann unter dem diktatorisch herrschenden Füh-rer der NS-Bewegung die alten Herrschaftsgruppen in Wirtschaft, Armee und Verwaltung – dazu die Kirchen – mit einem neuen NS-Machtapparat in einem unsicheren und beiderseits von feindseligem Mißtrauen gekenn-zeichneten Bündnis. Da aber der deutsche Rechtsextremismus auf solch

---

[38] Tagebücher von Joseph Goebbels, Bd. 1, S. 97.

breiter Basis stand und so große politische Kraft besaß, konnte er seine konservativen Partner, die ihm für die Eroberung der Macht und für die erste Phase der Machtbefestigung unentbehrlich waren, im Lauf weniger Jahre erst zurückdrängen und dann völlig entmachten. Die Tendenzen der NSDAP und der Wille ihres Führers Adolf Hitler haben daher die Innen- und namentlich die Außenpolitik Deutschlands in einem Maße bestimmt, wie es in Italien den Faschisten und Mussolini versagt blieb.

Auch in den südeuropäischen Ländern westlich Italiens, in Osteuropa und auf dem Balkan hat sich der liberaldemokratische Parlamentarismus entweder gar nicht oder – wie schon vor dem Krieg – nur in pervertierter Form halten können. Indes ist in diesen noch weitgehend agrarischen Ländern die gesellschaftliche Basis faschistischer oder verwandter Bewegungen sehr schmal und deren politische Bedeutung entsprechend gering gewesen. Die alten Führungsschichten – Großgrundbesitzer, bürgerliche Oligarchen, Klerus – waren, meist unter monarchischer Spitze, häufig stark genug, mit den ihnen zu Gebote stehenden Machtmitteln, vor allem mit der Armee, die Ablösung des auch für sie doch zunehmend gefährlichen Parlamentarismus durch ein autoritäres System zu erreichen. Wenn sie doch mit einer kräftigeren faschistischen Bewegung (Spanien: Falange; Rumänien: Eiserne Front) oder mit faschistischen Politikern (Griechenland: General Metaxas) zu rechnen und sich deren Hilfe zu bedienen hatten, waren sie die überlegenen Partner, die ihre Faschisten in dienendem Stande zu halten und nach dem innenpolitischen Sieg in Königsdiktaturen wie in Griechenland oder in quasi-monarchische Militärdiktaturen wie in Spanien und Ungarn zu integrieren wußten.

Ob ein Land zu den Siegern oder den Verlierern des Weltkriegs gehörte, ob es neutral geblieben war, spielte dabei kaum eine Rolle. Im Juni 1923 hob in Bulgarien ein Offiziersputsch die autoritäre Regierung Zankoff in den Sattel. Im September 1923 folgte in Spanien der Militärputsch, der die Diktatur des Generals Primo de Rivera begründete; nach etlichen – auch liberalen – Zwischenspielen setzten sich dann von 1936 bis 1939 in einem furchtbaren Bürgerkrieg und mit der Hilfe der deutschen Nationalsozialisten wie der italienischen Faschisten die alten Gewalten endgültig durch und unterwarfen das Land – samt der faschistischen Falange – der Diktatur des Generals Franco. In der Türkei festigte sich 1923 das diktatorische Regiment Kemal Paschas. In Albanien errichtete Achmed Zogu im Januar 1925 eine Präsidialdiktatur. In Polen brachte im Mai 1926 ein Militärputsch Marschall Pilsudski an die Macht, und zur gleichen Zeit putschte in Portugal General Gomes da Costa, dessen Regime nach seiner Ersetzung durch General Carmona in die Diktatur Salazars überging (Juli 1932). Litauen wurde im Dezember 1926 Diktatur und im Dezember 1932 autoritärer Einparteienstaat. Jugoslawien verwandelte sich im Januar 1929 durch einen Staatsstreich Alexanders in eine Königsdiktatur, welchem Beispiel Rumänien 1938 folgte, nachdem König Carol schon seit Februar 1930 autoritär regiert hatte. In Österreich riß im März 1933 Dollfuß die Macht an sich, und dem Land wurde eine stark klerikal eingefärbte Spielart des Faschismus oktroyiert. Im März bzw. Mai 1934 kamen auch Estland und Lettland an die Reihe, und im August 1936 fielen die liberalen und demokratischen Ansätze in Griechenland dem Staatsstreich des Generals Metaxas zum Opfer. Lediglich in der Tschechoslowakei blieb das liberaldemokratische System stabil: Obwohl das Land mit der Problematik starker ethnischer Minderheiten belastet war, von denen sich die deutsche und die slowakische zunehmend in einem faschistischen Sinne radikalisierten, wurde die nach westeuropäischem Muster liberale und demokratische tschechische Gesellschaft erst dann in andere Bahnen gedrängt, als ihr der nationalsozialistische Imperialismus Deutschlands die staatliche Selbständigkeit nahm.

Fast überall haben die totalitären oder autoritären Rechtsdiktaturen auch positive Effekte gebracht. Durch Förderung der Industrialisierung, durch sozialpolitische Maßnahmen und durch den Aufbau neuer Machtapparate, die der alten Sozial- und Machtstruktur notwendigerweise feindlich begegneten und zu überfälligen Abbrucharbeiten bereit und fähig waren, sind vor allem das nationalsozialistische Regime in Deutschland und das faschistische System in Italien ungewollt in die Rolle von Entwicklungsdiktaturen geraten[39]. Selbst die angestrebte und weitgehend realisierte Militarisierung der Nation hatte positive Seiten, indem sie eine rationalere Organisation und eine höhere Mobilität der Gesellschaft erzwang, die sich günstig bemerkbar machen konnten – freilich erst später, nach dem Sturz der Diktatoren. Auf politischem Felde überwogen aber die restaurativen und bremsenden Elemente, und daß die bürgerlichen Ansprüche auf politische Gleichberechtigung zum imperialistischen Nationalismus verfälscht wurden, steigerte die außenpolitische Aggressivität der Staaten, in denen die liberale Demokratie zusammenbrach, zu solcher Schärfe, daß sich die außenpolitischen Spannungen in Europa unmöglich lösen konnten, vielmehr ein zweiter großer innereuropäischer Krieg immer drohender am Horizont erschien. Gewiß waren die meisten Länder Mittel-, Süd- und Osteuropas für eine abenteuerliche und kriegerische Außenpolitik zu schwach. Der mobilisierte Nationalismus entlud sich fast überall jahrelang nur in innerstaatlicher Aggressivität, den die politischen Gegner und die ethnischen Minderheiten zu spüren bekamen. Aber zu den Staaten, in denen der nationalistische Imperialismus triumphierte, gehörte mit Italien auch eine europäische Großmacht, und als mit Deutschland die potentiell stärkste Macht des Kontinent einen ähnlichen Weg ging, zeichnete sich die Wiederholung von 1914 – bei etwas veränderter Konstellation – bereits ab.

Zu allem Überfluß hat sich dann seit 1929/30 die zuvor immer noch in gewissen Grenzen gebliebene Dauerkrise der europäischen Wirtschaft in

---

[39] Vgl. D. Schoenbaum, Die braune Revolution. Eine Sozialgeschichte des Dritten Reiches, Köln 1968.

rasendem Tempo verschärft[40]. Aus der Schrumpfung und aus den Störungen des überseeischen wie des binneneuropäischen Marktes hatte sich eine Überproduktion ergeben, auf die alle europäischen Industrien mit einer erst allmählichen und endlich drastischen Einschränkung der Investitionen reagierten. Die Summierung solcher Reaktionen, so begründet jeder einzelne Entschluß im Rahmen der damaligen wirtschaftlichen Vorstellungen und im Rahmen des damaligen Wirtschaftssystems sein mochte, löste die letzten Bremsen des abwärts rollenden Gefährts: weitere Arbeitslose, weiterer Schwund der industriellen Nachfrage und Produktion, wiederum Arbeitslose und Rückgang der privaten Kaufkraft, abermals Reduzierung der Investitionen...! Die staatlichen und die kommunalen Haushalte sahen sich gezwungen, dem von der Schrumpfung des Sozialprodukts bescherten Steuerausfall Rechnung zu tragen, wenn sie nicht eine als Rückfall in inflationistische Praktiken verdächtigte Politik der Kredit- und Geldschöpfung verfolgen wollten. So ging überall auch die staatliche und kommunale Investitionstätigkeit – ein wichtiger Wirtschaftsfaktor – scharf zurück, die Ausgaben für soziale und sonstige Zwecke wurden gekürzt, die Gehälter und Löhne der Beamten, Angestellten und Arbeiter im öffentlichen Dienst gesenkt. Die Regierungen gaben mithin dem abwärts rollenden Gefährt noch einen kräftigen Stoß. In einigen Ländern, z.B. in Schweden, begannen die Kabinette schließlich die Unsinnigkeit einer staatlichen Finanz- und Wirtschaftspolitik einzusehen, die der Wirtschaft fortwährend lähmendes Gift injizierte, und nahmen mit Erfolg Ankurbelungsprojekte in Angriff. In den meisten Ländern versagten aber die volkswirtschaftlichen Kenntnisse und Fähigkeiten für eine erstaunlich lange Zeit. Da gleichzeitig, im Herbst 1929, die Hochkonjunktur in den Vereinigten Staaten zusammenbrach und von einer tiefen Depression gefolgt wurde, verbanden sich die beiden anfänglich voneinander unabhängigen Krisen und entwickelten sich – von der Verschmelzung erneut verschärft – zu einer alle bisherigen Erfahrungen sprengenden Katastrophe der Weltwirtschaft.

In dieser Situation fühlten sich die Regierungen sämtlicher Staaten zu der unvernünftigen – wenn auch verständlichen – und nur auf die eigene Rettung bedachten Rücksichtslosigkeit getrieben, wie sie bei einer von Panik ergriffenen Menschenmenge auftritt. In den Jahren 1927 und 1928 waren durchaus hoffnungsvolle Versuche unternommen worden, den internationalen Handel endlich von den Fesseln zu befreien, die ihn seit dem Kriege behinderten. Allein 1927 hatten unter den Auspizien des Völkerbunds vier große Expertentreffen stattgefunden, die sich mit derartigen Fragen beschäftigten. Die erste Weltwirtschaftskonferenz, im Mai 1927 in Genf eröffnet, war zu dem Schluß gekommen, daß die wirtschaftliche Erholung vornehmlich an der von den meisten Staaten noch immer getriebenen

---

[40] H. James, The German Slump, Oxford 1986; Die Staats- und Wirtschaftskrise des Deutschen Reiches 1929/33, hrsg. v. W. Conze u. H. Raupach, Stuttgart 1967.

Zollpolitik scheitere, und ein im Oktober 1927 einberufener Kongreß hatte eine Konvention ausgearbeitet, die einen umfassenden Plan zum Abbau der überall existierenden Beschränkungen von Import und Export anbot; bis Juli 1928 war die Konvention von fast dreißig Staaten unterzeichnet, freilich erst von siebzehn ratifiziert worden. Die große Krise hat alle diese Ansätze wieder zerstört. Den Anfang machten die Vereinigten Staaten. Zwischen Frühjahr und Juni 1930 schleuste Präsident Herbert C. Hoover die Hawley-Smoot-Bill durch den Kongreß, ein Gesetz, das die ohnehin schon hohen amerikanischen Zölle noch höher schraubte und die europäischen Handelspartner der USA hart traf. Nicht weniger als 1028 amerikanische Wirtschaftler – meist Wirtschaftswissenschaftler – appellierten gemeinsam an den Präsidenten, das Gesetz durch sein Veto zu blockieren, weil es den Trend zu vernünftigen Zöllen beenden, die Partner zu Gegenmaßnahmen provozieren und alles in allem die Krise verschlimmern werde. Präsident Hoover setzte sich, unter dem Druck kurzsichtiger einheimischer Interessen stehend, über die Proteste hinweg, und die Prophezeiungen der Wirtschaftsexperten erfüllten sich Punkt für Punkt. Das Beispiel, das die Vereinigten Staaten gegeben hatten, ließ den Genfer Liberalisierungsprojekten in der Tat keine Chance mehr. Der allgemeinen Flucht in den wirtschaftlichen Isolationismus, die nun einsetzte, fiel die Import-Export-Konvention ebenso zum Opfer wie ein von der britischen Regierung vorgeschlagener Waffenstillstand im Zollkrieg. Im März 1930 endete die Konferenz, die eine auf Grund der britischen Vorschläge entworfene Vereinbarung billigen sollte, mit einem völligen Mißerfolg, und die meisten Kabinette zogen jetzt um ihre Länder stattliche Zollmauern oder trafen, wie die deutsche Regierung, andere Maßnahmen, die den Import radikal reduzierten. Die simple Wahrheit, daß Handel auf Tausch beruht und daher eine generelle Drosselung der Importe eine generelle Drosselung der Exporte erzwingt, ist während der ausgebrochenen Panik gerade in den Ländern mißachtet worden, deren Wirtschaft in gleichem Maße von der Ausfuhr wie vom inneren Markt abhing. Schließlich schloß sich sogar Großbritannien, trotz langer freihändlerischer Tradition, der protektionistischen Bewegung an. Die Beschlüsse der Konferenz von Ottawa (Juli/August 1932 schufen ein handelspolitisches Präferenzsystem, das die angelsächsische Staatengemeinschaft – im Dezember hatte das Statut von Westminster die Eigenständigkeit der Dominions verankert und den Übergang vom Empire zum nur noch von der Krone zusammengehaltenen Commonwealth besiegelt – in einen geschlossenen Wirtschaftsraum verwandelte, der sich ebenfalls gegen auswärtige Konkurrenz abzusperren suchte.

Der Abfall in ökonomischen Nationalismus, der die Schrumpfung des Welthandels erheblich beschleunigt und die große Krise selbst wesentlich verschärft und verlängert hat, hätte allein schon genügt, auch die politischen Beziehungen zwischen den Staaten zu verschlechtern und die Arbeit des ohnehin gehandikapten Völkerbunds noch mehr zu erschweren. Wich-

tiger war aber, daß Faschisten, Nationalsozialisten und alle verwandten
rechtsextremistischen Geister – die ja seit langem ihren Drang zu aggressiver Außenpolitik gerne mit den Parolen eines zwischenstaatlichen Klassen-
kampfes begründeten und sich als „Habenichtse" gerierten, die gegen
glückliche Besitzende anzugehen hätten – die große Krise als schlagenden
Beweis für die Richtigkeit eines auf die Schaffung riesiger und autarker
Wirtschaftsräume zielenden Imperialismus empfanden und argumentativ
nutzen konnten, daß außerdem sie selbst und auch simple Revisionisten im
allgemeinen wirtschaftlichen Niedergang eine Chance sahen, die Liquidierung des von der Pariser Friedenskonferenz gezimmerten europäischen Systems ernsthaft in Angriff zu nehmen. Mussolini gab derartigen Neigungen
charakteristischen Ausdruck, als er in einer großen Rede, die er am 25. Oktober 1931 in Neapel hielt, ein umfassendes Programm jener Liquidierung
präsentierte, in dem neben der Streichung der Reparationen und sonstiger
Kriegsschulden auch die Herstellung der militärischen Gleichheit – also
das Gegenteil von Abrüstung – und die Bereinigung territorialer Fragen gefordert wurden[41]. Noch konnte Mussolini, der Führer einer Großmacht
zweiten Ranges, lediglich Fanfarenstöße abgeben, die Europa zwar er-
schreckten, jedoch keine unmittelbare Aktion Italiens ankündigten. Indes
begannen zur Zeit der neapolitanischen Rede zwei Voraussetzungen, die
der Duce zu seiner Handlungsfähigkeit brauchte, im Wirbel der großen
Krise bereits Wirklichkeit zu werden: der Ausbruch der zweiten und stärkeren europäischen Großmacht mit imperialistischer Tendenz, des Deutschen Reiches, aus dem Versailler System und ein fast schon totaler idealler
und politischer Bedeutungsverlust des Völkerbunds.

Seit März 1930 amtierte in Deutschland das Kabinett Brüning, und den
Zentrumsmann Brüning hinderte sein westfälischer Katholizismus nicht
daran, ein überzeugter Anhänger des preußisch-deutschen Obrigkeitsstaa-
tes, ein kritikloser Bewunderer der preußischen Militärtradition und ein
glühender Nationalist zu sein. Auch er gehörte zu jenen Politikern, die in
der wirtschaftlichen Katastrophe große Chancen für eine verfassungs- und
gesellschaftspolitische Restauration und große Möglichkeiten für eine revisionistische Außenpolitik erkannten[42]. Gewiß ist er schon von seinem fi-
nanz- und wirtschaftspolitischen Konzept, das auf die Krise mit einer Politik der Deflation und der Restriktion antwortete, auf parlamentsfeindliche
Wege geführt worden: Der Haushalt sollte ausgeglichen und die Währung
stabil gehalten werden, was bei sinkenden Steuereinnahmen eine laufende
Kürzung der staatlichen Ausgaben erforderte; der Import sollte gedrosselt,
der Export jedoch durch Verbilligung gefördert werden, was beides, da man
den Außenkurs der Mark nicht antasten wollte, nur zu erreichen war, wenn
die Löhne und Gehälter bei steigenden Verbrauchssteuern stagnierten oder

---

[41] Graml, Europa, S. 240.
[42] H. Graml, Präsidialsystem und Außenpolitik, in: VfZ 21 (1973), S. 134-154.

sogar gedrückt wurden, andererseits die Unternehmen von großen sozialen und steuerlichen Belastungen verschont blieben. Außerdem verbarg sich hinter der Sparpolitik noch der von schwerindustriellen und großagrarischen Interessenten durchgesetzte – als erholungsvorbereitend freilich weithin und auch von Brüning selbst für volkswirtschaftlich vernünftig angesehene – Entschluß, die Lasten der Depression nicht den Großproduzenten, sondern den Arbeitnehmern und den Arbeitslosen aufzubürden, dazu dem Klein- und Mittelbürgertum mit einem in der Deflation ständig an Wert verlierenden Haus- und Grundbesitz.

Eine solche Politik, die ausschließlich den Wünschen einer Minderheit gehorchte, konnte keine parlamentarische Mehrheit finden, und Brüning, der ihre Durchführung übernommen hatte, mußte sich alsbald auf die verfassungsrechtliche und persönliche Autorität des – 1925 gewählten – stockkonservativen Reichspräsidenten Paul v. Hindenburg, eben jenes Hindenburg, der im Kriege als Feldmarschall mit Ludendorff Chef der dritten OHL gewesen war, und auf die faktische Macht der Reichswehr - dank dem Versailler Vertrag eine Berufsarmee – stützen. Jedoch hat er diese Politik von Anfang an ganz bewußt auch als taktisches Mittel verstanden, mit dem er die Zurückstutzung des Reichstags auf den wilhelminischen Status und am Ende noch die Wiederherstellung der Monarchie zu erzwingen hoffte. Daneben war er entschlossen, die Lage zumindest zur Schaffung entscheidender Voraussetzungen für die Rückgewinnung der außenpolitischen Bewegungsfreiheit des Reiches auszunutzen, d.h. zur Liquidierung der Reparationen und zur Erlangung der militärischen Gleichberechtigung Deutschlands. Da er zur Abschüttelung der Reparationen äußerste finanziell-wirtschaftliche Not als Argument benötigte, da er für sonstige revisionspolitische Schritte und für seine innenpolitischen Vorhaben die Existenz einer starken nationalistischen Bewegung als sehr hilfreich ansah, hat Brüning die Ausbreitung der Krise und den Aufstieg der Nationalsozialisten nicht nur hingenommen, sondern beides gefördert. Im Grunde verstand er seine eigene Amtszeit lediglich als Vorbereitungs- und Übergangsphase. Nach ihm sollte, als Produkt und Erbe seiner Politik, ein mit monarchischer Spitze versehenes Bündnis zwischen Konservativen und Nationalsozialisten Deutschland regieren und das Reich über eine erfolgreiche territoriale Revisionspolitik zur Weltmacht zurückführen. Allerdings hat Brüning, selbst kein Nationalsozialist, sondern konservativer Nationalist, wohl nicht daran gezweifelt, daß die preußisch-deutschen Konservativen stark genug seien, in jenem Bündnis stets die dominierende Rolle zu spielen und Hitler mit seinen Nationalsozialisten auf die Funktion von Lieferanten nationaler Energie zu beschränken.

Die selbstgesetzte Aufgabe als Schrittmacher hat Brüning auf innenpolitischem Felde nur zum Teil lösen können. Wohl ist in seiner Amtszeit, in der er mit dem Notverordnungsartikel 48 der Weimarer Verfassung regierte, der Reichstag in der Tat an den Rand der politischen Entschei-

dungsebene gedrängt worden, nicht ohne Schuld der liberalen und sozialdemokratischen Kräfte, die den Verfall der Parlamentsmacht passiv hinnahmen und denen Brüning mit Appellen an ihre nationale Pflicht sogar
immer wieder die erklärte Tolerierung seiner Politik abhandeln konnte.
Der Restauration der Monarchie kam der Kanzler aber nicht einen Schritt
näher. Erfolgreicher operierte er in der Außenpolitik. Indem er Deutschland bis hart vor den totalen finanziellen und wirtschaftlichen Kollaps steuerte, indem er den pragmatischen Rationalismus – und die Interessen –
Großbritanniens geschickt benützte und indem er schließlich gemeinsam
mit England auch noch die Vereinigten Staaten auf seine Linie zog, gelang
ihm eine Isolierung Frankreichs, die am Ende tatsächlich die Erledigung
der Reparationsfrage möglich machte. Nachdem Deutschland vom Ende
des Krieges bis zum Sommer 1931, als ein vom amerikanischen Präsidenten Hoover verkündetes Moratorium alle mit dem Krieg zusammenhängenden Zahlungen bereits für ein Jahr unterbrach, in bar und in Form von
Sachlieferungen rund 23 Milliarden Mark Reparationen (etwa 20 Prozent
der alliierten Forderungen) gezahlt hatte, setzte die Konferenz von Lausanne (16. Juni bis 9. Juli 1932) ihr „Finis" unter das Reparationskapitel.
Deutschland wurde zwar das Versprechen abgerungen, eine letzte Zahlung
von 3 Milliarden Mark zu leisten, doch ist dieses Versprechen, das von keiner Seite ernsthaft gemeint war, nie mehr erfüllt worden: die Reparations-
ansprüche waren tatsächlich tot. Gleichzeitig ist auch das Problem der amerikanischen Kriegskredite begraben worden, und zwar ganz simpel dadurch, daß die europäischen Schuldner die Zahlungen einstellten; allein
Finnland kam seinen amerikanischen Verpflichtungen weiterhin nach. Brüning selbst war kurz vor Beginn der Lausanner Konferenz von Hindenburg
abgehalftert worden. Aber der reparationspolitische Erfolg kam durchaus
noch auf sein Konto. Sein Nachfolger Franz v. Papen, ein noch weiter
rechts stehender Politiker, der ein halbes Jahr später zu einer der Schlüssel-
figuren des Bündnisses zwischen Konservativen und Nationalsozialisten
werden sollte, das Hitler die Eroberung des Staates ermöglichte, brauchte
in Lausanne nur die Früchte der Vorarbeit Brünings einzusammeln[43].
    In ähnlicher Weise war es Brüning zuzuschreiben, daß Deutschland die
zweite einschneidende Fessel seiner politischen Bewegungsfreiheit ebenfalls abstreifen und damit Frankreich den zweiten großen Gewinn des Krieges aus den Händen winden konnte. Am 11. Dezember 1932 mußte die
französische Regierung mit ihrer Unterschrift eine Formel akzeptieren, die
eine grundsätzliche Anerkennung der militärischen Gleichberechtigung
Deutschlands aussprach und damit der deutschen Wiederaufrüstung ein
entscheidendes Hindernis aus dem Weg räumte. Auch dies beruhte auf der
diplomatischen Vorbereitung durch Brüning, der Deutschland wiederum
die britische und die amerikanische Unterstützung zu sichern gewußt hatte.

[43] Graml, Europa, S. 251 ff.

In welchem Sinne konservativ-nationale Gruppen die zurückgewonnene Bewegungsfreiheit zunächst zu nutzen gedachten, hatte Brüning noch selbst deutlich gemacht. Während seiner Amtszeit sind in den Reden rechtsstehender deutscher Politiker – nicht zuletzt in den Reden von Kabinettsmitgliedern – die antipolnischen Töne immer schriller geworden, und in den europäischen Hauptstädten registrierten Politiker, Diplomaten und Soldaten sorgfältig, daß Deutschland zwar seine sozialen Ausgaben laufend kürzte, aber genügend Geld für den Bau von Panzerkreuzern fand, die damals allein dann einen militärischen Sinn hatten, wenn sie in der Ostsee unmittelbar gegen Polen wirken oder durch eine Absperrung der Ostsee französische Hilfe für Polen verhindern sollten. In südöstliche Richtung wies dagegen der im Frühjahr 1931 eingeleitete und bis zum Herbst von Frankreich wieder erstickte Versuch der Regierung Brüning, mit einer österreichisch-deutschen Zollunion den ersten Schritt zum politischen Anschluß Österreichs zu tun[44].

Die sofortige Wirkung der revisionspolitischen Aktivität Brünings, der erfolgreichen wie der erfolglosen, bestand darin, daß in Frankreich der Gedanke an eine Fortsetzung der von Briand und Stresemann eingeleiteten deutsch-französischen Verständigung aufgegeben wurde. Vielmehr führte die Vergeblichkeit des französischen Widerstands sowohl gegen die Liquidierung der Reparationen wie gegen die allmähliche Wiederherstellung der militärischen Gleichberechtigung Deutschlands zu einem neuen und überaus heftigen Ausbruch des alten Sicherheitsfiebers. Wie man es in Paris sah, schafften sich die Deutschen zunächst in ihrem Budget Platz für Rüstungsausgaben, um dann, nach der internationalen Legalisierung ihrer militärischen Gleichberechtigung, tatsächlich für ein „polnisches Sadowa" aufzurüsten. Die nicht zu übersehende nationalistische Radikalisierung in Deutschland lieferte der französischen Besorgnis von Tag zu Tag mehr Nahrung. Als Stresemanns großer Partner Briand am 7. März 1932 starb, hatten die deutsch-französischen Beziehungen abermals einen Tiefpunkt erreicht.

Die praktische Konsequenz, die in Frankreich aus der deutschen Entwicklung gezogen wurde, traf aber nicht etwa Deutschland, sondern vor allem den Völkerbund. Ausgerechnet zu einem Zeitpunkt, da man in Genf wieder Abrüstungspläne ernsthaft verfolgte, kamen die französischen Politiker zu dem Schluß, daß sie sich dieser wichtigen Aufgabe des Völkerbunds jetzt erst recht versagen müßten. Selbst ein grundsätzlicher Anhänger einer allgemeinen Abrüstung wie Edouard Herriot sagte: „Ich habe keine Illusionen. Ich bin überzeugt, daß Deutschland wieder aufrüsten will ... Morgen wird es eine Politik territorialer Forderungen treiben, mit einem gewaltigen Mittel der Einschüchterung: seiner Armee... Die instinktive Reaktion darauf ist die Feststellung, daß wir nicht einen Mann, nicht eine Ka-

---

[44] Krüger, Außenpolitik von Weimar, S. 523 ff.

none abschaffen werden."[45] So beschloß die Pariser Kammer im Juni 1931 den Bau von Kriegsschiffen, mit denen die deutschen Panzerkreuzer übertroffen werden sollten, und das wiederum ließ anfangs aussichtsreiche Verhandlungen scheitern, die zwischen Paris und Rom über eine Begrenzung der Flotten Frankreichs und Italiens angeknüpft worden waren. Ebenfalls im Juni 1931, als Termin und Ort einer vom Völkerbund einberufenen Abrüstungskonferenz bereits feststanden, übermittelte die französische Regierung dem Genfer Sekretariat eine Note, in der sie unmißverständlich erklärte, daß Frankreich nicht abrüsten werde, wenn es keine neuen Sicherheitsgarantien erhalte. Konnte von Frankreich keine Modifizierung dieses Standpunkts erreicht werden, so war, da die Forderung nach zusätzlichen Sicherheitsgarantien als irreal gelten mußte, die Abrüstungskonferenz von Anfang an zum Scheitern verurteilt und damit die deutsche Aufrüstung unvermeidlich. In Paris glaubte sich die Regierung zu ihrer Obstruktionspolitik jedoch um so mehr genötigt, als gerade die Krise um das Projekt der österreichisch-deutschen Zollunion gelehrt hatte, daß sich Frankreich bei der Abwehr territorialer Forderungen Deutschlands nicht auf die europäische Solidarität – und das war schließlich die entscheidende Voraussetzung erfolgreicher Abwehr – verlassen konnte. Zwar hatte Frankreich bei seinen Manövern gegen den Unionsplan die Hilfe Großbritanniens und Italiens gefunden; daß Deutschland die außenpolitische Isolierung riskierte, wenn sein Revisionismus Grenzen in Frage stellte, war durchaus deutlich geworden. Doch hatten die französischen Politiker sehr wohl bemerkt, daß sich die britische Regierung nur für die bequemere Lösung entschieden hatte, nämlich für die Unterstützung der im Augenblick noch stärkeren Macht, daß aber London die Sache selbst, den Anschluß Österreichs an Deutschland, mit beunruhigender Gelassenheit aufgenommen hatte. Würde England, wenn ein aufgerüstetes Deutschland solche Coups wagte, womöglich die dann bequemere Lösung wählen? Selbst Italien, das – obschon ansonsten revisionistisch – an der Erhaltung der österreichischen Unabhängigkeit unmittelbar interessiert war, hatte gezögert und sich der Front gegen die Zollunion erst angeschlossen, nachdem klargeworden war, daß sich Deutschland gegen Frankreich noch nicht durchzusetzen vermochte. Wie würde sich Mussolini verhalten, wenn er mit der Opferung Österreichs die Rückendeckung eines militärisch schlagkräftig gewordenen Deutschland für eigene Abenteuer erkaufen konnte? Und aus Prag wie aus Belgrad waren nicht die Beistandsversprechen von Verbündeten zu hören gewesen, sondern die Hilferufe abhängiger Klienten. Nie zuvor hatte man in Paris, trotz der Deutschland schließlich doch zugefügten Demütigung, so stark empfunden, wie brüchig im Grunde das System war, mit dem Frankreich seine Sicherheit garantieren wollte. Unter solchen Umständen kam die Abrüstungskonferenz, die am 2. Februar 1932 in Genf eröffnet wurde, in der

---

[45] Graml, Europa, S. 263.

Tat keinen Schritt weiter. Bald bot sie das gewohnt deprimierende Schauspiel fruchtloser Debatten über Sicherheitsgarantien und technische Details einzelner Abrüstungspläne. Im Sommer 1932 fühlte sich Deutschland
bereits stark und sicher genug, mit dem Boykott der Konferenz zu drohen,
sofern nicht die militärische Gleichberechtigung des Reiches endlich anerkannt werde. Ohne Deutschland wäre die Fortsetzung der Konferenz vollends sinnlos geworden, und so rangen jetzt die Vereinigten Staaten und
Großbritannien den Franzosen in langwierigen Verhandlungen die am 11.
Dezember geleistete Unterschrift unter jene schon erwähnte Formel ab, die
das deutsche Verlangen, wenn auch noch in verklausulierter Form, erfüllte.
Die Haltung Frankreichs in der eigentlichen Abrüstungsfrage versteifte
sich nun allerdings erst recht. Wenn aber Frankreich seine Waffen behielt,
obwohl andererseits Deutschland die militärische Diskriminierung durch
den Versailler Vertrag abwarf, war der erste und im Grunde wichtigste
Schritt zur deutschen Aufrüstung bereits getan, während gleichzeitig Prestige und politische Bedeutung des Völkerbunds schweren Schaden erlit-
ten. Am 14. Dezember 1932 vertagte sich die bis dahin ergebnislose Abrüstungskonferenz auf den 31. Januar 1933, ohne daß sich für die Wiederaufnahme der Arbeit eine Überwindung der Stagnation abgezeichnet hätte[46].
Inzwischen hatte freilich die Idee der kollektiven Sicherheit, ohne deren
Verwirklichung an größere Fortschritte der Abrüstung gar nicht gedacht
werden durfte, ebenfalls einen harten, ja fast schon tödlichen Schlag erhalten. Zwar fiel der Schlag nicht in Europa selbst, doch machte er sich in Europa und für den weitgehend europäisch bestimmten Völkerbund deshalb
nicht weniger rasch und nachhaltig bemerkbar; mit und nach der industriellen und kommerziellen war auch die politische Zentralität Europas zu
Ende gegangen. Ausgerechnet zu Beginn der Abrüstungskonferenz, am 2.
Februar 1932, hatte die Eröffnungssitzung um eine Stunde verschoben werden müssen, weil der Völkerbund noch die letzten Meldungen aus Schang-
hai erörterte, das die Japaner wenige Tage zuvor unter Einsatz aller modernen Waffen angegriffen hatten. Die Attacke war Teil einer größeren Operation gegen China, die schon in der Nacht vom 18. zum 19. September 1931
begonnen hatte, als japanische Truppen, die – auf Grund eines Vertrags mit
China – zum Schutze der südmandschurischen Eisenbahn in der zu China
gehörenden Mandschurei stationiert waren, Mukden, Antung und etliche
andere Städte besetzten, nachdem die Bahnlinie von einer Explosion leicht
beschädigt worden war, die mit Sicherheit das japanische Militär selbst inszeniert hatte. Im Laufe der folgenden Tage und Wochen okkupierten die
japanischen Truppen fast die ganze Mandschurei, von nördlichen Gebieten
abgesehen, wo russischer Einfluß dominierte, und rasch wurde klar, daß es

[46] S. Nadolny, Abrüstungsdiplomatie 1932/33. Deutschland auf der Genfer Konferenz
   im Übergang von Weimar zu Hitler, München 1978; E. Bennett, German rearmament
   and the West, 1932-1933, Princeton 1979.

ihnen mitnichten um den Schutz der Bahnlinie ging, sondern um die Annexion der Mandschurei oder doch um die Eingliederung des Landes in
den japanischen Machtbereich[47]. Der japanische Imperialismus hatte die
Rücksicht auf den pazifischen und fernöstlichen Status quo, der von Großbritannien und den Vereinigten Staaten 1922 erzwungen worden war, als
sie auf der Konferenz von Washington eine maritime Abrüstung und Rü-
stungsbegrenzung der Seemächte durchgesetzt hatten, stets nur höchst widerwillig geübt. Namentlich die radikalste imperialistische Gruppe, das nationalistische Offizierkorps der Armee, das im gesellschaftlichen und politischen Gefüge Japans die Rolle einer faschistisch disponierten Schicht und
fast schon einer faschistischen Partei spielte, drängte wie bereits früher darauf, daß Nippon seiner vermeintlichen Bestimmung folgen und alle seine
wirtschaftlichen und gesellschaftspolitischen Probleme durch den Aufbau
eines – zugleich die außenpolitische Machtlust befriedigenden – großostasiatischen Imperiums lösen müsse. Zum ersten wichtigen Objekt dieses
Traums wurde die Mandschurei. Seit das exportabhängige Japan unter der
Weltwirtschaftskrise litt, waren die Pressionen der Militärs, die vorsichtige-
ren Politikern ihres Landes die Richtigkeit einer imperialistischen Politik
auch mit einer in der neueren Geschichte beispiellosen Kette von Attenta-
ten beizubringen suchten, naturgemäß noch stärker geworden, und schließlich hatte eine Bande von Offizieren die Flucht nach vorn gewählt, zumal
sie die Beute in Gefahr glaubte: Seit einiger Zeit bemühte sich die chinesi-
sche Regierung, ihre zuvor gelockerte Autorität in der Mandschurei zu restaurieren, und sie konnte solche Anstrengungen auf einen allmählich breiter fließenden Strom von Einwanderern aus dem eigentlichen China stützen. Ob die Regierung in Tokio über den mandschurischen Coup der Armee vorher informiert war, ist unklar. Jedenfalls entschloß sich das Kabinett zu sofortiger Billigung. Anfang 1932 wurden außerdem die chinesischen Verwaltungsbeamten in der Mandschurei aus ihren Ämtern entfernt
und durch Kollaborateure ersetzt, die unter straffer japanischer Kontrolle
arbeiteten. Am 18. Februar 1932 trafen sich die neuen Provinzgouverneure
in Mukden und erklärten auf japanisches Geheiß die Trennung der Mandschurei von China. Am 1. März präsentierte Tokio der Welt die „souveräne" Republik Mandschukuo und ließ die Geburt des Marionettenstaates
sogar beim Generalsekretariat des Völkerbunds anzeigen.

Mit seinem Angriff auf China – der übrigens in Japan tatsächlich wie ein
großzügiges Arbeitsbeschaffungsprogramm wirkte und dem Land die ärg-
sten Nöte der internationalen Depression fernhielt – hatte die japanische
Regierung aber gleich drei freiwillig geschlossene und freiwillig feierlich
beschworene Verträge gebrochen: die Satzung des Völkerbunds, den Bri-
and-Kellog-Pakt und das Neunmächteabkommen vom 6. Februar 1922 zur

---

[47] J. Fox, Germany and the Far Eastern Crisis 1931-1938, Oxford 1982; G. Ratenhof, Das
Deutsche Reich und die internationale Krise um die Mandschurei 1931-1933, Frank-
furt-Bern 1984.

Sicherung des Status quo im Pazifik und in Fernost. Kein Zweifel: die kollektive Sicherheit, wie sie im Völkerbund institutionalisiert worden war, hatte jetzt ihre Feuerprobe zu bestehen. Aber die Genfer Maschinerie kam nur quälend langsam in Gang. Erst sieben Wochen nach Beginn der japanischen Aggression, am 24. Oktober 1931, raffte sich der Völkerbund zu einem Appell an Tokio auf, die japanischen Truppen zurückzuziehen und dann in direkte Verhandlungen mit China einzutreten. Sonst geschah zunächst nichts. Schließlich wurde am 10. Dezember eine Untersuchungskommission gebildet, die freilich bis zum 3. Februar 1932 wartete, ehe sie, geleitet von Lord Lytton, die Reise in die Mandschurei antrat, und zwar auf der langsamsten Route, die es gab, nämlich über Amerika und Japan. Im April 1932 traf sie ein – aber nicht mehr in der Mandschurei, sondern in der Republik Mandschukuo.

Die schwächliche Reaktion des Völkerbunds hatte ihre Ursache in der Passivität aller Großmächte. Zwar ist die Handlungsweise Japans von fast sämtlichen Regierungen verurteilt worden, und in fast sämtlichen Ländern forderte die öffentliche Meinung energische Maßnahmen gegen Tokio. Aber nirgends waren die Kabinette und die Völker bereit, aus ihrer Entrüstung Konsequenzen zu ziehen, die das Risiko eines ernsthaften Konflikts eingeschlossen hätten. Nicht einmal die Vereinigten Staaten, die in der Mandschurei Interessen hatten, zudem das Prinzip der offenen Tür für ganz China bedroht sahen und zu der Zeit in Henry L. Stimson einen Außenminister besaßen, der zu den überzeugten Anhängern der kollektiven Sicherheit gehörte, vermochten zu einer harten Politik zu finden oder mitzureißen. Noch wurde die anti-japanische Stimmung durch die unerschütterte Abneigung gegen ferne und nicht als unbedingt notwendig empfundene Engagements paralysiert, das Verhältnis zum Völkerbund war nach wie vor mit den Parolen des innenpolitischen Streits von 1919/20 belastet, die Beziehungen zu den europäischen Staaten litten unter dem gerade wieder akut gewordenen Schuldenproblem, und den Tatendrang des Außenministers bremste Herbert Hoover, ein in außenpolitischen Dingen vorsichtiger und konfliktscheuer Präsident. So konnte Stimson die USA wohl näher an den Völkerbund heranführen, als man das kurz zuvor noch für möglich gehalten hätte. Doch mußte sich der Minister hüten, einen Kurs zu steuern, der Washington, allein oder zusammen mit Genf, in eine Aktion gegen Tokio gezogen hätte. Aus der engen Begrenzung seiner Handlungsfreiheit entwickelte Stimson jene Doktrin, die seither gerne benutzt wird, wenn einerseits die Ablehnung eines Zustands, andererseits aber der mangelnde Wille oder die mangelnde Fähigkeit zur Änderung umschrieben werden soll: die Doktrin der Nichtanerkennung[48].

---

[48] S. F. Bemis, A Diplomatic History of the United States, New Haven 1965; E. E. Morison, Turmoil and Tradition. A Study of the Life and Times of Henry L. Stimson, Boston 1960.

Auf diese Plattform begab sich dann auch der Völkerbund. Am 11. März 1932 verabschiedete die Vollversammlung des Bundes eine Resolution, die Stimsons Formel in Formulierungen Stimsons enthielt, und am 24. Februar 1933 nahm die Vollversammlung eine Entschließung an, die auf dem Bericht der Lytton-Kommission basierte, nämlich auf einer vernichtenden Kritik an der japanischen Politik und auf der Feststellung, daß die Regierung der Republik Mandschukuo ein Werkzeug Tokios und volksfremd sei. Wirtschaftliche oder gar militärische Sanktionen, wie sie die Satzung des Völkerbunds in Anbetracht der Sachlage und angesichts der hochmütigen japanischen Ablehnung aller Vermittlungsversuche vorschrieb, blieben jedoch aus. Japan hatte im Grunde während des ganzen Konflikts lediglich gegen rhetorische Kraftakte zu fechten. Als die japanische Regierung schon die bloße rhetorische Anprangerung ihrer Sünden unerträglich fand und auf die Resulution vom 24. Februar 1933 mit dem Austritt aus dem Völkerbund replizierte (27. März 1933), brauchte Tokio selbst bei diesem Schritt keine konkreten Nachteile zu befürchten. Üble Folgen ergaben sich aus der Affäre allein für den Völkerbund. Vom Verlust an Prestige und politischem Gewicht durch die Behandlung des Vorfalls abgesehen, stand nun neben den USA und der Sowjetunion eine dritte Großmacht außerhalb des Bunds. Hatte sich die kollektive Sicherheit in einen Schemen verwandelt, der noch oft beschworen wurde, aber kaum noch wahrgenommen werden konnte, so der Völkerbund aus einer institutionalisierten Hoffnung in eine hoffnungslose Institution.

Hitlers Machtübernahme und Deutschlands Wendung gegen den Status quo

Die Ablösung der Nachkriegsordnung durch eine neue internationale Anarchie war also bereits in vollem Gange, als die konservativ-nationalsozialistische Allianz in Deutschland am 30. Januar 1933 Adolf Hitler in den Sattel hob, den Führer der deutschen Nationalsozialisten. Mithin wäre die Zukunft – in Europa selbst wie in Übersee – auch ohne die Berliner Ereignisse spannungsreich und vielleicht gelegentlich kriegerisch geworden. Trotzdem hat Hitlers Machtübernahme eine tiefe Veränderung der Lage bedeutet. Mit ihr wurde ein abermaliger allgemeiner europäischer Krieg, der bislang nur – ähnlich der Situation in der Zeit vor 1914 – eine stets drohende Eventualität gewesen war, unausweichlich. Einerseits stand Hitler unter dem Druck einer Bewegung, die auf Grund ihrer gesellschaftspolitischen Vorstellungen und ihres Wesens auf ein totalitäres Herrschaftssystem und auf eine expansionistische Außenpolitik des zu errichtenden Systems drängte[49]. Winston Churchill hat vor wie nach der nationalsozialistischen Machtergreifung stets die Ansicht verfochten, daß die NS-Bewegung kraft ihrer Natur und kraft der inneren Konstitution ihrer Angehörigen Gewalt anwenden werde, falls sie sich des Deutschen Reiches bemächtigen könne; nach den Eindrücken einer Reise durch Deutschland sprach er am 23. November 1932 im Unterhaus von den jungen Deutschen, die er in den NS-Uniformen durch die Städte des Reiches habe marschieren sehen, „mit dem Licht der Sehnsucht in ihren Augen, für ihr Vaterland zu leiden"[50]. Auf der anderen Seite war Hitler selbst die reinste Personifizierung der nationalsozialistischen „Weltanschauung", der überzeugteste Prophet der von dieser Anschauung diktierten innen- und außenpolitischen Zielsetzung und auf dem Marsch zu den Zielen der ruheloseste und konsequenteste Antreiber der NS-Bewegung, weder durch Rationalität beeinträchtigt noch von moralischen Skrupeln oder der Scheu vor Risiken behindert. Da er ferner, nachdem er in den zwanziger Jahren mit „Mein Kampf" die Bibel der Nationalsozialisten geschrieben hatte, zum autoritativen Theoretiker des Nationalsozialismus aufstieg, da er sich seiner Bewegung überdies als ihr weitaus wirkungsvollster, ja in bestimmter Hinsicht genialer Massenapostel unentbehrlich machte und da er sich schließlich in den innerparteilichen Flügelkämpfen als der machthungrigste, rücksichtsloseste und taktisch geschickteste Fechter erwies, erreichte er in der NS-Bewegung, die ja kraft ihrer Existenz- und Entfaltungsgesetze ohnehin nach einem diktatorischen „Führer" verlangte, eine wahrhaft herrscherliche Stellung, die es ihm erlaubte und die ihn dazu zwang, auf dem Weg zu den Endzielen der Bewegung über alle Fragen der Strategie und Taktik souverän und allein zu entscheiden[51]. Reichskanzler geworden, gelang es ihm, je mehr er seine deutschnationalen Partner entmachtete, die für seine Bewegung und ihn selbst gültigen Ziele und Gesetze auf die deutsche Nation und das Deutsche Reich zu übertragen, vor allem anderen das Gesetz, das sein Verhältnis zu seiner Bewegung prägte: aus dem Schöpfer und diktatorischen Führer der NSDAP wurde nun der Schöpfer und diktatorische Führer eines totalitären Herrschaftssystems in Deutschland. Grundsätzlich konnte es im Dritten Reich keinen innenpolitischen Akt und keine außenpolitische Aktion mehr ohne seine Billigung und Zustimmung geben, bedurften – aus welcher Monokratie in einem hochentwickelten und komplizierten Industriestaat mit den vielfältigsten internationalen Kontakten und Interessen not-

---

[49] H. Graml, Wer bestimmte die Außenpolitik des Dritten Reiches, in: Demokratie und Diktatur. Geist und Gestalt politischer Herrschaft in Deutschland und Europa. Festschrift für Karl Dietrich Bracher, hrsg. v. M. Funke/H.-A. Jacobsen/H.-H. Knüller/ H.-P. Schwarz, Düsseldorf 1987, S. 223-236.

[50] Gilbert, Churchill, V, S. 451.

[51] W. Horn, Führerideologie und Parteiorganisation in der NSDAP 1919-1933, Düsseldorf 1972; A. Tyrell, Führer befiehl ... Selbstzeugnisse aus der „Kampfzeit" der NSDAP, Düsseldorf 1969; D. Orlow, The history of the Nazi party 1919-1933, Pittsburgh 1969.

wendigerweise die Polykratie genannten chaotischen Verhältnisse des nationalsozialistischen Deutschland entstanden – alle wichtigeren innen- und
außenpolitischen Handlungen seiner Entscheidung. Faktisch traf der „Führer und Reichskanzler" aber in der Tat, und zwar wiederum souverän und
allein, jede Entscheidung, die für das innere System richtungweisenden
Charakter, erst recht jede Entscheidung, die für den außenpolitischen Kurs
bestimmenden Charakter hatte[52]. Die Vorstellungswelt und die Ziele, das
Verhalten und die Entschlüsse, ja selbst das Temperament und die Stimmungen dieses einen Mannes waren so plötzlich zu Faktoren geworden, die
für die Geschicke Europas und der ganzen Welt ausschlaggebende Bedeutung besaßen.

Als einziger unter allen Akteuren auf der damaligen politischen Bühne
Europas war Hitler sowohl überzeugter wie konsequenter Sozialdarwinist[53].
Sein Wesen und sein Instinkt zwangen ihn zu einer „Weltanschauung", in
der Politik schlechthin und namentlich Außenpolitik als unerbittlicher
„Kampf ums Dasein" erschienen, und in diesem Kampf sei, so sagte er, der
„Sieg des Stärkeren" ein Naturgesetz, das man nicht anerkennen oder ver-
werfen könne, gegen das lediglich Gehorsam oder Sünde möglich sei – wer
dagegen sündige und schwach werde, gehe eben unter, und das sei gut. Daher begriff er den Krieg keineswegs als eine Erscheinung im Völkerleben,
die zwar grundsätzlich zu vermeiden sei, der aber eben gelegentlich nicht
ausgewichen werden könne, erst recht nicht im Sinne der Völkerbunds-
prinzipien als Polizeiaktion gegen Friedensstörer, sondern als eine durchaus normale Form zwischenstaatlicher Beziehungen und als ein durchaus
notwendiges Mittel zur inneren Kräftigung wie zur äußeren Machterweiterung einer Nation. Der wahre Staatsmann, so lehrte er, müsse und werde
deshalb Kriege immer wieder selbst herbeiführen. Aus seinen Schriften
und aus seinen Äußerungen in kleinem Kreise ergibt sich unwiderleglich,
daß er mithin allein in den Kategorien einer sichtbar von der Armee getragenen und schließlich von der Armee durchgesetzten aggressiven Außenpolitik zu denken vermochte, daß ihm der Frieden ein unbehaglicher Zustand war, den er sobald wie möglich mit Krieg vertauschen wollte. Es ist
von ihm kein Wort – Propagandareden ausgenommen – und keine Handlung überliefert, die seinen nach dem Beginn des Zweiten Weltkriegs gefal-
lenen Ausspruch einschränken könnten, der Wille zum Schlagen sei immer
in ihm gewesen. Eine begleitende Rolle spielte auch, daß Hitler – wie so
viele Nationalsozialisten, Faschisten oder sonstigen Rechtsextremisten – in
einem höchst fatalen Sinne von „geschichtlichem Denken" besessen war.
Er wollte – wie sie - die Teilhabe und Teilnahme an „historischen" Ereignissen und Missionen, er trachtete selbst mit brennendem Ehrgeiz danach,

[52] Graml, Wer bestimmte die Außenpolitik des Dritten Reiches.
[53] Vgl. J. C. Fest, Hitler. Eine Biographie, Frankfurt-Berlin-Wien 1973; A. Bullock, Hitler. Eine Studie über Tyrannei, Düsseldorf 1977.

„in die Geschichte einzugehen", und als „historisch" erschienen ihm allein
die großen kriegerischen Zusammenstöße der Nationen, zur „historischen"
Figur wurde man in seinen Augen allein durch den auf Schlachtfeldern er-
worbenen Ruhm. Seine Verehrung Friedrichs des Großen galt ja nicht dem
alten König, der sein Land mit Pflichtbewußtsein und Fleiß als strenger
Hausvater regierte, sondern dem Friedrich von Roßbach, Leuthen und
Zorndorf, und wenn er sich Bismarck zum Vorbild nahm, so nicht den
deutschen Kanzler, der in den siebziger und achtziger Jahren das dem jungen Deutschen Reich gegebene hegemoniale Potential behutsam im Dienste des europäischen Friedens einsetzte, sondern dem preußischen Macht-
politiker und Eroberer, der mit drei Feldzügen ein Reich geschaffen hatte.
Hitler gehört in der Tat zu jenen Gestalten in der Geschichte, die es, unabhängig von Zielen und Programmen, zum Kriege drängt.

Innenpolitik im normalen Sinne des Begriffs, als Konflikt und Ausgleich
der Anschauungs- und Interessengegensätze in einem politischen Gemein-
wesen, gar als ständiges Bemühen um die Verwirklichung von politischer
Demokratie und sozialer Gerechtigkeit, hat für Hitler nicht existiert. In seinen Augen war Innenpolitik nichts anderes als die Mobilisierung der Bevölkerung und die Präparierung des Staates für den Krieg. Hitler hat
1933/34 im Namen einer nationalsozialistischen Revolution die politische
Freiheit in Deutschland beseitigt und die „Gleichschaltung" von Gesellschaft und Wirtschaft – d.h. ihre Unterwerfung unter seinen Willen – eingeleitet. Wie immer die unbeabsichtigten oder auch die von einzelnen nationalsozialistischen Funktionären beabsichtigten Resultate dieses Prozes-
ses, der sich bis in den Krieg hineinziehen sollte, auch ausgesehen haben
mögen – Hitler selbst ging es nicht um Revolution oder Reform, er faßte
die Liquidierung der politischen Freiheit stets nur als Voraussetzung und
den Prozeß der Gleichschaltung stets nur als Vollzug einer psychologi-
schen, industriellen und militärischen Mobilmachung auf[54].

Nie ließ er sich, anders als etwa Stalin, wissentlich auf Experimente ein,
die zwar nach den Vorstellungen seiner Partei „linientreu" sein mochten,
aber eine zeitweilige Schwächung der militärischen oder wirtschaftlichen
Kraft Deutschlands verursacht hätten. So hat er die alten Eliten in Heer
und Verwaltung geschont, die Stellung der Unternehmer im Betrieb noch
gestärkt und ihr Gewinnstreben begünstigt, hingegen den revolutionären
Geist seiner Saal- und Straßenschlachtarmee, der SA, getötet, indem er am
30. Juni 1934 alle unruhigen SA-Führer einfach erschießen ließ. Allerdings
scheute er – wie er ebenfalls bereits am 30. Juni 1934 bewies – keineswegs
davor zurück, auch gegen die traditionellen deutschen Führungsschichten

---

[54] K. D. Bracher / W. Sauer / G. Schulz, Die nationalsozialistische Machtergreifung. Studien zur Errichtung des totalitären Herrschaftssystems in Deutschland 1933/34, Köln
1960; K. D. Bracher, Die deutsche Diktatur. Entstehung, Struktur, Folgen des Nationalsozialismus, Köln 1969; M. Broszat, Der Staat Hitlers. Grundlegung und Entwicklung seiner inneren Verfassung, München 1969.

mit Mordkommandos und noch bedenkenloser mit rüdester Personalpolitik oder kalkuliert nivellierenden Eingriffen zu operieren, wenn er dort Widerstände gegen seine Absichten spürte. Daß er, um stärker als seine Gegner zu sein, bei der Vorbereitung seiner Eroberungszüge die Industrialisierung und damit die Modernisierung Deutschlands wie der deutschen Gesellschaft vorerst energisch, ja rücksichtslos weitertreiben mußte, obwohl doch die NS-Bewegung und er selbst Politik zur Verwirklichung eines rückwärts gewandten feudalistisch-agrarischen Gesellschaftsbilds machen wollten, hat ihm – erleichtert durch seine naive Freude an den Produkten moderner Technik wie dem Auto – mit dem Blick auf seine Kriege erst recht kein Kopfzerbrechen bereitet; der Aufbau einer „gesunden" Gesellschaft hatte eben, abgesehen von der jetzt schon einzuleitenden Ausscheidung aller Schädlinge – in erster Linie der Juden – aus dem Volkskörper, verschoben zu werden, bis die Deutschen nach siegreichen Kriegen die Rolle der Herrenschicht eines Imperiums übernehmen konnten. Andererseits hat er z.B. wirtschaftspolitische Maßnahmen, die, wie sein inflationistisches System der Rüstungsfinanzierung, nach einiger Zeit mit Sicherheit üble Folgen erwarten ließen, unbedenklich getroffen, wenn sie zunächst einmal Energien freisetzten. Da er annahm, seine Kriege relativ bald führen zu dürfen, glaubte er sich berechtigt, Deutschlands Kraft gleichsam mit schädlichen Drogen aufzuputschen. Es kennzeichnet sein Denken, daß sich in seiner Denkschrift zu einem Vierjahrsplan für die deutsche Wirtschaft, die im August 1936 entstand, kaum ein Wort über die normalen Ziele normaler Wirtschaftspolitik findet; vielmehr faßte er seine wirtschaftspolitische Zielsetzung in dem lapidaren Satz zusammen: „Die deutsche Armee muß in vier Jahren einsatzfähig sein; die deutsche Wirtschaft muß in vier Jahren kriegsfähig sein."

Indes band Hitler seinen Drang und seinen Willen zum Krieg – diese allen Spielarten des Rechtsextremismus eigene und im tiefsten Grunde tatsächlich zielunabhängige Kampfmoral, die auch Mussolini in seinen Schriften als die Essenz politischen Handelns beschrieb – an ein klares und von ihm durchaus ernst gemeintes Programm. Verhieß Mussolini dem faschistischen Italien das mediterrane Imperium, so wollte Hitler dem nationalsozialistischen Deutschland ebenfalls ein lohnendes Ziel weisen. In den ersten Jahren seiner politischen Karriere war sein Horizont – wie der eines jeden politisch interessierten Deutschen – noch von Versailles beherrscht, und so hatte in seiner außenpolitischen Vorstellungswelt anfänglich Frankreich, als wichtigster Feind Deutschlands, die Hauptrolle gespielt. Schon vor dem mißglückten Novemberputsch des Jahres 1923 und dann endgültig in der unfreiwilligen Muße, zu der ihn nach dem Putsch die Landsberger Festungshaft verurteilte und die er zur Niederschrift seines programmatischen Buches „Mein Kampf" benützte, setzte er aber den Deutschen und sich selbst eine Aufgabe, die, wie er glaubte, dem großen und harten, dem kalten und klaren Denken eines wahren Herrenvolkes und eines wahren

Staatsmannes allein würdig sei: den Aufstieg Deutschlands zu einer Weltmacht, die ihre Kraft und ihren Rang mit der Beherrschung zunächst ganz Osteuropas fundieren und legitimieren müsse. Da er die Notwendigkeit imperialer Politik auch mit dem Argument begründete, die deutsche Nation finde wirtschaftliche Sicherheit nur in einem autarken Wirtschaftsraum und wirtschaftliche Autarkie sei eben nur in einem gewaltigen Imperium zu verwirklichen, läßt sich sagen, daß seine Wendung zum Imperialismus eines wirtschaftlichen Motivs nicht entbehrte, und dieses Motiv hat im Wirbelsturm der Weltwirtschaftskrise zweifellos noch an Bedeutung gewonnen. Drei andere Aspekte der Herrschaft über ein Imperium lagen Hitler jedoch stets mehr am Herzen: Erstens schien ihm einzig und allein ein Imperium Möglichkeiten für jene biologische Expansion des deutschen Volkskörpers zu liefern, die er als das alternativlose Heilmittel gegen die stete Schrumpfung der Nation und ihr endliches Absterben ansah; zweitens konnte einzig und allein ein Imperium den Deutschen jene Existenz als „Herrenvolk" erlauben, die sie, wie er meinte, zur Rettung vor unerträglichen sozialen Spannungen und Bürgerkrieg, vor biologischer Entartung und moralischer Versumpfung in einem von Industrien und Riesenstädten überwucherten Deutschland brauchten; drittens verschaffte einzig und allein ein Imperium dem Deutschen Reich jene Erweiterung seines Raums und jenen Zuwachs an Kraft und Macht, die Hitler in der modernen Welt für unverzichtbare Voraussetzungen erfolgreicher Kriegführung gegen andere Groß- und Weltmächte hielt[55].
Die deutsche Kriegszieldikussion des Weltkrieges hat ihn dabei ebenso beeinflußt wie dann die Bekanntschaft mit ähnlichen – und auch aus ähnlichem Gesellschaftsbild abgeleiteten – Eroberungsplänen, die vor ihm bereits deutschböhmische und deutschmährische Nationalsozialisten geschmiedet hatten, so Rudolf Jung in seinem 1919 erstmals erschienenen Buch „Der nationale Sozialismus". Seit 1923 vertrat Hitler jedenfalls beharrlich die Maxime, Deutschland müsse sich „Lebensraum" im Osten erkämpfen, und zwar „auf Kosten Rußlands". Mit ihm war also im Januar 1933 ein Vertreter jenes Flügels der deutschen Restaurationsbewegung Reichskanzler geworden, der sich keineswegs mit einer Korrektur der negativen Kriegsergebnisse begnügen, sondern abermals nach den Gewinnen greifen wollte, die sich im Frühjahr 1918 abgezeichnet hatten. Die Heere eines nationalsozialistischen Deutschland sollten die gleichen Wege ziehen, auf denen 1917 und 1918 die Soldaten Ludendorffs nach Osten marschiert und geritten waren: durch die baltischen Länder, durch die Ukraine, bis zum Kaukasus. In diesen Feldzügen suchte Hitler sein Vorbild, und als politischen Anhalts- und Ausgangspunkt nahm er, ganz im Sinne Oswald Spenglers, das Friedensdiktat von Brest – Litowsk. Hitler war, in der zeitge-

---

[55] E. Jäckel, Hitlers Weltanschauung, Stuttgart 1981; ders., Hitlers Herrschaft. Vollzug einer Weltanschauung, Stuttgart 1986; N. Rich, Hitler's War Aims. Ideology, the Nazi State and the Course of Expansion, New York 1973.

mäßen Gestalt des rechtsradikalen Massenführers, zu einem guten Teil
nichts anderes als ein Epigone der Alldeutschen und Ludendorffs. "Lebensraum im Osten" stellte freilich nur den Kern des Hitlerschen Programms
dar. So stand für ihn, obwohl er schon aus bestimmten taktischen Gründen
nicht an den baldigen Erwerb überseeischer Kolonien dachte, stets fest, daß
Deutschland, nachdem es wieder mächtig geworden war und auf dem europäischen Kontinent ein· Imperium begründet hatte, erneut in Afrika und
Asien nach Kolonien greifen müsse, und zwar nicht unter Bescheidung auf
den ehemaligen Besitz des wilhelminischen Reiches[56]. Auch schaute Hitler
in Europa nie ausschließlich nach Osten. Zunächst einmal machte er sich
von den antifranzösischen Emotionen, die sich an der Niederlage von 1918
und an der französischen Deutschlandpolitik in den ersten Nachkriegsjahren entzündet hatten, doch nicht völlig frei. Noch am 4. August 1929, auf
dem Nürnberger Parteitag, rief Hitler einer Abordnung der pfälzischen SA,
die auf Befehl der französischen Besatzungsmacht keine Braunhemden tragen durfte und daher in weißen Hemden auftrat, zu: „Es kommt einmal die
Zeit, da ziehen wir den Franzosen die Röcke aus!"[57] Im übrigen mußte immer die Eventualität im Auge behalten werden, daß die Westmächte der
deutschen Ostexpansion in den Weg traten und dann noch vor Beginn der
eigentlichen Lebensraum-Politik militärisch auszuschalten waren.
    Doch über Emotionen und mögliche situationsbedingte Züge hinaus
mischten sich in Hitlers imperiale Pläne die Effekte seines rassistischen
und abermals die Konsequenzen eines fatalen „geschichtlichen" Denkens.
Der Führer der NSDAP und all die anderen Ideologen der NS-Bewegung
hatten ja ihren rabiaten Nationalismus mit einem Rassismus verbunden, für
den die deutsche Nation lediglich den politisch stärksten Teil der höchst-
rangigen Menschenrasse darstellte, nämlich der „arischen" Rasse, die auch
als „germanische" oder „nordische" Rasse definiert wurde; dabei galten ihnen die Deutschen keineswegs als die reinsten Exemplare der germanischen Rasse, vielmehr waren die rassisch reinsten Germanen, wie es der Begriff „nordisch" bereits ausdrückte, in Nordeuropa zu finden. Wenn Hitler
am 9. April 1940, als deutsche Truppen gerade in Dänemark und Norwe-
gen einfielen, erklärte, „die beiden Länder geben wir nie mehr heraus",
wenn er einen Tag später triumphierend konstatierte: „Am Ende des 70er
Krieges stand das Deutsche, am Ende dieses Krieges wird das Germanische
Reich stehen!"[58] so äußerte er mitnichten neue Ideen, die ihm nur auf
Grund der plötzlich entstandenen militärischen Situation eingefallen waren. Den Traum, von der Machtbasis Deutschland aus ein Skandinavien
einschließendes germanisches Imperium zu errichten, hatten Hitler und
seine Gefolgsleute immer geträumt, und schon während der dreißiger Jahre

---

[56] K. Hildebrand, Vom Reich zum Weltreich. Hitler, NSDAP und koloniale Frage
1919-1945, München 1969.
[57] Tagebücher von Joseph Goebbels, Bd. 1, S. 405.
[58] Tagebücher von Joseph Goebbels, Bd. 4, S. 105.

verwandelte sich der Traum zu fester Absicht. Heinrich Himmler, Chef der gesamten deutschen Polizei und als Reichsführer SS Leiter der ideologischen und politischen Kerntruppe des Regimes, kündigte den SS-Gruppenführern am 8. November 1938 in nächtlicher Rede an, daß der „Führer" in absehbarer Zukunft „das großgermanische Reich" schaffen werde, „das größte Reich, das von dieser Menschheit errichtet wurde und das die Erde je gesehen hat"[59].

Hitlers Blick schweifte aber wieder und wieder auch nach Nordwesten, Westen und Süden. Am 3. November 1939, nach dem Feldzug in Polen und vor dem großen Angriff auf Westeuropa, brütete der „Führer" über Plänen zur Aufteilung Frankreichs und faßte dabei den Entschluß, die Bewohner Südtirols, das er dem Bündnis mit dem faschistischen Italien geopfert hatte, nach Burgund zu verpflanzen[60]. Am 24. Oktober 1939 hatte er vor den Reichs- und Gauleitern eine lange Rede gehalten, in der er die Annexion Hollands, Belgiens und der Schweiz – nach dem Sieg im Westen und nach der Niederwerfung Rußlands – als festes Ziel seiner Politik nannte[61]. Am 23. November 1939 sagte er zu Walther v. Brauchitsch, dem Oberbefehlshaber des Heeres, daß er nach der Niederlage Frankreichs die Grenze des Deutschen Reiches von 1540 durchsetzen werde[62]. Anfang Februar 1940 schwärmte er vor Goebbels: „Das alte heilige Reich war die größte staatliche Schöpfung der nachrömischen Zeit. Seinen imperialen Charakter hatte es vom römischen Imperium übernommen, wir werden sie (sic) von ihm übernehmen. Aufgrund unserer Organisation und Auslese muß uns dabei einmal automatisch die Weltherrschaft zufallen."[63] Und bei all solchen Äußerungen handelte es sich wiederum nicht um Eingebungen des Augenblicks, geweckt von dem erreichten und weiter erwarteten Zuwachs an militärischer Kraft und politischer Macht. Längst zuvor hatte Hitler die handliche Formel gefunden, in der sich die Ansprüche auf Holland, Belgien, Luxemburg, große Teile Frankreichs, die Schweiz – und übrigens auch nicht geringe italienische Territorien – summieren ließen, die Formel von der „Liquidierung des Westfälischen Friedens". Bereits 1937 ist ihm diese Formel und die darin ausgedrückte Absicht zur Restauration des „Heiligen Römischen Reiches Deutscher Nation" zur fixen Idee geworden, die gleichberechtigt neben der Lebensraum-Utopie steht[64]. In den ersten Monaten des Jahres 1940 hat dann Goebbels bereits die Inszenierung eines großen Spektakels vorbereitet, auf dem, nach einem siegreichen Westfeld-

---

[59] H. Booms, Der Ursprung des 2. Weltkrieges – Revision oder Expansion? in: Geschichte in Wissenschaft und Unterricht, 1965, Heft 6, S. 353.

[60] Tagebücher von Joseph Goebbels, Bd. 3, S. 630.

[61] H. Groscurth, Tagebücher eines Abwehroffiziers 1938-1940, hrsg. v. H. Krausnick u. H. C. Deutsch, Stuttgart 1970, S. 385.

[62] Generaloberst Halder, Kriegstagebuch, Bd. I, bearb. v. H.-A. Jacobsen, Stuttgart 1962, S. 132.

[63] Tagebücher von Joseph Goebbels, Bd. 4, S. 34.

[64] Tagebücher von Joseph Goebbels, Bd. 3, S. 55, 132.

zug, der Westfälische Frieden öffentlich und zeremoniell „ausradiert" werden sollte. Am 1. März 1940 kam Goebbels zum Lokaltermin nach Münster, wo 1648 der Westfälische Frieden unterzeichnet worden war und wo nun, so Hitler am 2. März vor den Reichs- und Gauleitern, „der neue Frieden diktiert werden wird"[65].

Indes war nicht nur Hitlers Zielsetzung – er selbst und viele seiner Gefolgsleute rechneten schon in den zwanziger Jahren damit, daß nach der Realisierung ihrer imperialen Träume der Endkampf um die „Weltvorherrschaft" oder die „Weltherrschaft" gegen die USA kommen werde – frei von allen Hemmungen, sondern auch, in Anbetracht eines solch uferlosen Expansionismus notwendigerweise, seine außenpolitische Methodik. Im übrigen ist sein biologisiertes und militarisiertes Denken nie vom Lichte europäischer Religiosität oder Philosophie erhellt worden, wenn er es auch liebte, die „Vorsehung" zu beschwören und den Verehrer Nietzsches zu spielen. So waren ihm ethische Prinzipien fremd, und moralische Bindungen kannte er nicht. Schon als Parteiführer hatte er gezeigt, daß sich Vertragstreue mit seinem Charakter und mit seinem darwinistischen Credo nicht vertrug, und nachdem er Reichskanzler geworden war, glaubte er in der Außenpolitik ebenfalls zur Praktizierung seiner grundsätzlichen und ihm wesensgemäßen Infamie berechtigt zu sein; kurz vor dem Angriff auf Frankreich sagte er zu Goebbels: „Wir haben viele Verträge gebrochen; aber mußten wir das nicht, um endlich einmal Ordnung zu schaffen. Dazu gehörte nicht nur Kraft, sondern auch List. Das war immer so."[66] Daß nichts jemals seine Überzeugung erschütterte, in den zwischenstaatlichen Beziehungen seien die Verhandlungsmethoden amerikanischer Prohibitionsgangster angebracht und sogar üblich, lag allerdings auch daran, daß ihm die historische Herkunft und die existierende Verfassung der gesellschaftlichen und politischen Verhältnisse außerhalb Deutschlands gänzlich unbekannt waren. Seine Kenntnis nichtdeutscher Länder beschränkte sich auf die Kenntnis flandrischer Schützengräben, die er sich als Soldat im Weltkrieg erworben hatte, und die Lücken hat er, obschon er sich im Laufe der Jahre eine Fülle technischen und militärischen Wissens aneignete, nicht durch Reisen oder das Studium informativer Bücher geschlossen, sondern einfach mit den Trugschlüssen besetzt, die sich aus seiner „Weltanschauung" ergaben, und mit einigen der Vorurteile über Frankreich und Großbritannien, Rußland und die Vereinigten Staaten, die im deutschen Bürgertum heimisch geworden waren. Hitlers Machtantritt verwandelte Deutschland also nicht allein in einen Staat, der unerträgliche Expansions- und ebenso unerträgliche wie absurde Herrschaftsansprüche stellte, sondern zugleich in einem Staat, der die Großmächten oft eigentümliche Rücksichtslosigkeit zur prinzipiellen Brutalität steigerte und diese Brutali-

[65] Tagebücher von Joseph Goebbels, Bd. 4, S. 57.
[66] Tagebücher von Joseph Goebbels, Bd. 4, S. 146.

tät zu allem Überfluß auch noch mit der Unzuverlässigkeit und Unberechenbarkeit verband, wie sie unter bestimmten Umständen bei einem
schwachen Land verständlich und verzeihlich sind. Wenn aber der stärkste
Staat des Kontinents ein derartiges Verhalten an den Tag legte, durfte zum
wenigsten die totale Balkanisierung der europäischen Politik erwartet werden. Anfang September 1936 besuchte David Lloyd George, der in der
zweiten Hälfte des Weltkriegs britischer Premier gewesen war, Hitler auf
dessen „Berghof", und während der alt gewordene walisische Löwe, den der
„Führer" mit geradezu devotem Respekt und mit voll entfaltetem österreichischen Charme behandelte, von Hitler positiv beeindruckt war, fand sich
Tom Jones, enger Mitarbeiter Lloyd Georges und zeitweilig stellvertretender Sekretär des britischen Kabinetts, „paralysiert vor Entsetzen", als er damals, zur Begleitung des „Elder Statesman" aus London gehörend, in längeren Gesprächen einige Blicke in die „Weltanschauung" des Gastgebers tun
konnte[67].

Der „Führer und Reichskanzler" war mithin – auch unabhängig davon,
daß er und die NS-Bewegung kraft ihres blinden und unstillbaren Aggres-
sionsdrangs ohnehin unweigerlich auf ihren Untergang zusteuerten – schon
deshalb von Anfang an zum Scheitern verurteilt, weil ihn sein barbarisch-
abstruses Weltbild, sein ununterdrückbarer Hang zu schuftigen Methoden
und ein ganz ungewöhnlicher Mangel an Kenntnissen über die Völker und
Staaten der Erde zur Leitung der außenpolitischen Geschäfte eines Landes
völlig untauglich machten. Andererseits gaben ihm die Mißachtung aller
Spielregeln und die Lust zum Krieg Mittel zur Einschüchterung und zur
Erpressung in die Hand, die ihm eine temporäre Überlegenheit verschaffen
mußten. Sein stärkster Trumpf dabei war nicht etwa eine angeborene oder
erworbene und sonstige Schwächen vielleicht für eine Weile ausgleichende
Beherrschung der richtigen Taktik wenigstens bei Erpressungsmanövern,
sondern das einfache Faktum, daß er, mit diktatorischer Macht ausgerüstet,
an der Spitze des stärksten europäischen Staates stand, mit dem, nach der
Erholung von der außenpolitischen Misere eines Jahrzehnts im Zeichen
von Versailles, niemand gerne anbinden wollte. Immerhin hat Hitler, der ja
siegreiche Kriege zu führen und Deutschland daher keineswegs in einen
Konflikt mit einer überlegenen Mächtekombination zu verwickeln gedachte, wie ihn sich die kaiserlichen Politiker 1914 auf den Hals gezogen
hatten, auch intensiv darüber nachgesonnen, wie die Risiken seiner Pläne
zu verringern seien. Im Gegensatz zu vielen anderen deutschen Politikern
und Publizisten, die Weltmachtträumen nachhingen, bemühte er sich
ernsthaft um realistische taktische Konzepte. Die alldeutschen Forderungen der Vorkriegszeit und erst recht der Kriegsjahre kritisierte er denn
auch herb als eine Wucherung der Ziele, die töricht gewesen sei, weil sie,

---

[67] J. Colville, The Fringes of Power. 10 Downing Street Diaries 1939-1955, New York-
London 1985, S. 70.

zu viele anzuvisierende Objekte gleichzeitig nennend, zwangsläufig den Zusammenschluß übermächtiger Koalitionen gegen Deutschland erzwungen habe.

Er predigte hingegen, jedenfalls für die Anfangsphase der neuen imperialen Politik des Reiches, die Konzentration auf die östliche Expansion. Darin sah er auch das richtige taktische Rezept, das die Gefahren einer Eroberungspolitik wenigstens auf ein kalkulierbares Maß reduziere. Wenn Deutschland, so schrieb er, die Herausforderung Großbritanniens, die sich das Kaiserreich geleistet habe, vermeide, vorerst auf Kolonien und stärkere Seestreitkräfte verzichte, sei es durchaus möglich, von England freie Hand in Osteuropa zu erhalten. Werde aber die britische Tolerierung erreicht, so sei auch die Passivität Frankreichs so gut wie sicher, das ja ohne britischen Beistand militärisch nicht handlungsfähig sei. Nach seiner Überzeugung war ferner die Bundesgenossenschaft des faschistischen Italien zu haben, wenn Berlin die italienischen Ambitionen im Mittelmeer und in Afrika unterstützte und öffentlich die deutschen Ansprüche auf Südtirol begrub. Sein Grundgedanke lief also darauf hinaus, die östlichen Ziele vom übrigen Europa zu isolieren. Sollte es die Isolierung der baltischen und russischen Beute erleichtern und beschleunigen, wenn Deutschland bei manchen ost- und südosteuropäischen Staaten zunächst einmal Frankreich als Schutzmacht, namentlich gegen die UdSSR, ablöste, so war er dazu durchaus bereit. Lebte im übrigen in einem Manne wie Marschall Pilsudski nicht der Traum von einem großpolnischen Reich? Konnte daher ein Staat wie Polen nicht zur politischen Abschirmung und militärischen Unterstützung einer russischen Kampagne gewonnen werden? Sollten aber die Westmächte nicht bereit sein, Deutschland freie Hand im Osten zu geben, sollte deshalb die militärische Erledigung Westeuropas noch vor dem Ausgreifen nach Osten notwendig werden, waren die Allianz mit Italien und die Anbindung Polens womöglich noch wichtiger, erstere zur Fesselung britischer und französischer Streitkräfte, letztere zur Sicherung der Rückenfreiheit Deutschlands.

Das von imperialer Baulust bestimmte und an machtpolitischen oder strategischen Gesichtspunkten orientierte Denken Hitlers ist also von den normalen Emotionen des deutschen Nationalismus und des deutschen Revisionismus, die antifranzösisch, antibritisch, mit dem Blick auf Österreich und Südtirol anti-italienisch und mit dem Blick auf Danzig, Pommerellen und Oberschlesien erst recht antipolnisch waren, kaum mehr beeinflußt gewesen. Empörung über eine tatsächliche oder vermeintliche Diskriminierung deutscher Minderheiten konnte er, wie er mit seiner Haltung in der Südtirolfrage und dann auch mit seiner Polenpolitik bewies, nach den Geboten der Strategie oder auch nur nach den taktischen Erfordernissen des jeweiligen Augenblicks ein- oder ausschalten. In den zwanziger Jahren hatte er mit dieser Kälte gegenüber „nationalen" Positionen in den Reihen der NS-Bewegung noch erhebliche Schwierigkeiten; immer wieder mußte er sich gehörig anstrengen, um in der Wolle gefärbte Nationalisten wie etwa Goebbels zur gleichen Kälte und zur gleichen Überordnung der imperialistischen Baupläne zu erziehen[68]. Ihm selbst war jedenfalls die völkische Ideologie in erster Linie Treibsatz seiner Raumpolitik, und von den Zielen des deutschen Revisionismus machte er sich zunächst nur diejenigen zu eigen, die am Wege nach Osten lagen und ohnehin vor dem Beginn der eigentlichen Raumpolitik erreicht werden mußten: Mit großdeutschen Parolen, die sich zudem auf das nationale Selbstbestimmungsrecht stützen ließen, konnte die Einbeziehung Österreichs und – über die Sudetendeutschen – der Tschechoslowakei in den deutschen Machtbereich durchgesetzt werden, womit die Ausgangsstellung für den Stoß nach Osten bezogen war, und mit der taktisch richtigen Handhabung der deutschen Ansprüche an Warschau gedachte er Polen ins deutsche Lager zu holen.

Über den Zeitpunkt und die Reihenfolge solcher Eröffnungszüge hat er sich anfänglich allerdings ebensowenig geäußert wie über Termin und Umstände des Griffs nach den baltischen und russischen Territorien. Hitler wußte gut genug, daß ein Politiker zwar Ziele haben, aber zu diesen Zielen nicht nach einem festen Fahrplan gelangen kann, und an den Realitäten sind denn auch schon die von Hitler skizzierten taktischen Konzepte – freilich ohne daß sich dadurch die Grundtendenzen seines Imperialismus verändert hätten – meist zuschanden geworden. Im übrigen war sich gerade Hitler, der ja außenpolitische Aktionsfähigkeit mit der Kraft und der Bereitschaft zu militärischen Schlägen identifizierte, sehr wohl bewußt, daß er eben einen militärisch noch schwachen Staat erobert hatte. So stand es für ihn fest, daß es in einer ersten und zeitlich sehr schwer abzuschätzenden Phase seiner Herrschaft allein darauf ankam, die für jede künftige Aktivität essentielle Aufrüstung Deutschlands einzuleiten und sie während jener unvermeidlichen Periode außenpolitisch abzuschirmen, in der das Reich noch verwundbar war, den Nachbarn jedoch bereits deutlich die künftige Herausforderung und Bedrohung signalisierte. Er hielt diese Aufgabe für überaus schwierig. Gewiß ist er in einem Augenblick an die Macht gekommen, der für ihn außerordentlich günstig war, und er hat die von seinen Vorgängern erreichte Besserung der Lage Deutschlands – durch die Abschüttelung der Reparationen und die Anerkennung der militärischen Gleichberechtigung des Reiches – ebenso registriert wie die von der großen Wirtschaftskrise bewirkte Anarchisierung der Staatengesellschaft und den von Japan verursachten Verfall der kollektiven Sicherheit. Gleichwohl fürchtete er Konsequenzen der Nachbarn, falls sie seine Absichten durchschauten. Bei seinem wölfischen Verständnis von Außenpolitik glaubte er sogar mit einer militärischen Intervention der Westmächte rechnen zu müssen. So sagte er wenige Tage nach der Machtübernahme, jetzt werde sich zeigen, ob Frank-

---

[68] Tagebücher von Joseph Goebbels, Bd. 1, S. 161, 166, 172, 174.

reich noch Staatsmänner habe; wenn ja, werde es noch im Anfangsstadium der deutschen Aufrüstung über ihn und Deutschland herfallen[69].

Daher gab er sich in den ersten Monaten nach dem 30. Januar 1933 größte Mühe, in Reden und Interviews als vernünftiger und friedfertiger Politiker zu erscheinen, der gar nicht daran denke, eine „Politik der Grenzkorrekturen auf Kosten fremder Völker" zu verfolgen[70]. Mit seinem Machtantritt schwor also Deutschland offenbar sogar den territorialen Revisionsansprüchen ab, von imperialistischen Plänen ganz zu schweigen, und auf ein Westeuropa, das aus Ruhebedürfnis glaubensbereit war, machte er mit seinen Versicherungen tiefen Eindruck. Auch präsentierte er das nationalsozialistische Deutschland, das ja gerade die linken politischen Kräfte brutal unterdrückte und ihre Führer in Konzentrationslager sperrte oder zur Emigration zwang, mit Eifer als den Schutzwall Europas gegen Bolschewismus und Sowjetrußland. Den Zweck solcher Tarnung hatte er bereits 1928 mit dem Satz umschrieben, nationalsozialistische Außenpolitik werde zunächst für Verhältnisse sorgen, „die die Wiedererstehung eines deutschen Heeres ermöglichen. Denn erst dann werden die Lebensnotwendigkeiten unseres Volkes ihre praktische Vertretung finden können."[71]

Freilich vermochte ein Mann wie Hitler nicht gänzlich passiv zu bleiben. Da er außerdem die „Wiedererstehung eines deutschen Heeres" als ein Vorhaben ansah, das sofort in Angriff zu nehmen sei, Deutschland aber formal noch die Hände durch die militärischen Bestimmungen des Versailler Vertrags gebunden waren und es zudem gerade an einer internationalen Abrüstungskonferenz teilnahm, sah er sich in dieser Frage sogar rasch zur konsequenten und riskanten Fortsetzung der Revisionspolitik seiner Vorgänger genötigt. Allerdings hat ihm Frankreich diese Schritte wesentlich erleichtert, weil die französische Regierung nach wie vor versuchte, sowohl eine deutsche Aufrüstung wie eine französische Abrüstung zu vermeiden, und damit die seit Ende Januar 1933 erneut tagende Abrüstungskonferenz immer tiefer in eine Sackgasse manövrierte. Schon am 14. Oktober 1933 konnte Hitler es sich leisten, Deutschlands endgültigen Rückzug von der Konferenz und gleichzeitig auch noch den Austritt aus dem Völkerbund zu erklären. Mit einem einzigen Schnitt hatte er sich von jenen beiden Fäden befreit, die das nationalsozialistische Deutschland noch mit der Welt der kollektiven Sicherheit verknüpft gehabt hatten, ohne daß man ihm, angesichts der französischen Intransigenz, ernstlich einen Strick daraus hätte drehen können. Zwar ist die deutsche Aktion scharf und hart kritisiert worden. Daß der Völkerbund ein halbes Jahr nach dem Ausscheiden Japans ein weiteres Mitglied verlor, und zwar die Zentralmacht des europäischen Kontinents, ließ die Zukunft der Genfer Institution in noch düstererem

---

[69] Th. Vogelsang, Neue Dokumente zur Geschichte der Reichswehr 1930-1933, in: VfZ 2 (1954), S. 435.
[70] M. Göhring, Alles oder Nichts, Bd. I, S. 185.
[71] Hitlers Zweites Buch. Ein Dokument aus dem Jahre 1928, Stuttgart 1961, S. 112

Lichte erscheinen, und daß sich Deutschland nicht mehr an der Abrüstungskonferenz beteiligte, verwandelte die zunächst noch fortgesetzten Debatten in reine Spiegelfechterei. Ein normaler Vertreter normaler deutscher Interessen hätte sich mit der Vereitelung der französischen Machenschaften und mit einem zweifellos erfolgreichen Kampf um Deutschland genehmere Resultate der Konferenz begnügen können. Hitlers Handlungsweise war im Hinblick auf vorzeigbare deutsche Ziele überflüssig, in Wirklichkeit keineswegs mit der französischen Haltung zu rechtfertigen und von übler Vorbedeutung für den Frieden in Europa. Wenngleich aber Anlaß und Reaktion in keinem vernünftigen Verhältnis standen, hatte Frankreich dem „Führer" doch jenes Quentchen Recht zugespielt, das Deutschland vor härteren Reaktionen der europäischen Staaten, namentlich Großbritanniens, schützte.

Angesichts der Passivität, mit der Europa den deutschen Akt hinnahm, hat Hitler nicht gezögert, gleich einen Schritt weiter zu gehen und nach der Abrüstungskonferenz auch noch dem Abrüstungsgedanken den Todesstoß zu versetzen. Ungeniert machte er sich nun an ein Aufrüstungsprogramm großen Stils, das die militärischen Paragraphen des Versailler Vertrags endgültig in den Papierkorb fegte. Dem Anfang 1934 veröffentlichten Reichshaushalt konnte jedermann entnehmen, daß die militärischen Ausgaben des Reiches um 90 Prozent steigen und jetzt auch Ausgaben für eine an sich noch immer strikt verbotene Luftrüstung einschließen sollten. Das hatte sofortige Folgen. Auf der einen Seite setzten zwischen den europäischen Kabinetten ungewöhnlich lebhafte und ungewöhnlich sinnlose Verhandlungen ein, die von der Vorstellung beherrscht waren, daß nach dem Begräbnis der Abrüstungskonferenz – die im Mai 1934 den im Herbst 1933 erhaltenen Wunden tatsächlich erlegen war – wenigstens eine partielle Rüstungsbeschränkung, etwa ein Luftpakt, erreicht werden müsse. Auf der anderen Seite zwang die Entwicklung in Deutschland, das offensichtlich zur Aufstellung und Ausrüstung einer hochmodernen Angriffsarmee überging, auch die übrigen Staaten nach langen Jahren der Stagnation zur Erhöhung ihrer Rüstungsbudgets. Binnen kurzem war die Idee der Abrüstung in Wahrheit von der Realität eines neuen Wettrüstens verdrängt. Die französische Regierung teilte dem britischen Kabinett bereits am 17. April 1934 mit, daß die angelaufene deutsche Aufrüstung Frankreich zu Gegenmaßnahmen nötige, und am 4. März 1935 publizierte die britische Regierung ein Weißbuch, in dem sie ankündigte, daß auch Großbritannien die Mängel seiner Rüstung beseitigen werde, weil das deutsche Vorgehen andere Alternativen abgeschnitten habe; sie wies ferner ausdrücklich darauf hin, daß „auch der Geist, in dem das deutsche Volk organisiert wird, zu dem allgemeinen Gefühl der Unsicherheit" beitrage. Duff Cooper, in den dreißiger Jahren erst Kriegs- und dann Marineminister, schrieb einmal in einem Privatbrief an Churchill: „Die Deutschen bereiten den Krieg mit mehr allgemeinem Enthusiasmus vor, als je zuvor eine ganze Nation in eine solche Vorbereitung gesteckt hat."[72] Wohl war Duff Cooper einer optischen Täuschung erlegen, als er in Deutschland einen „allgemeinen Enthusiasmus" für den Krieg zu beobachten glaubte, doch machte die generelle Uniformierung und Militarisierung der deutschen Nation, die im Frühjahr 1933 mit großer Energie eingeleitet worden war, derartige Urteile unvermeidlich.

Freilich ergab sich bald ein schreiendes Mißverhältnis zwischen den westlichen Proklamationen, man müsse, wolle, werde die deutsche Aufrüstung entsprechend beantworten, und den tatsächlich getroffenen Maßnahmen. Die westeuropäischen Länder sahen sich durch wirtschaftliche Schwierigkeiten und finanzpolitische Bedenken wie auch durch stärkste Widerstände einer schon auf den Gedanken an einen erneuten Krieg allergisch reagierenden Bevölkerung zu einem zögernden Beginn und zu einem recht gemächlichen Tempo gezwungen; gelegentlich wurden sie auch durch ein schwerfälliges militärisches Establishment, das überdies aus den Erfahrungen des Weltkriegs oft ganz irrige Schlüsse zog, zur Wahl falscher Wege verführt. Zwischen 1933 und 1938 gab jedenfalls Deutschland mehr Geld für militärische Zwecke aus als Großbritannien, Frankreich und die Vereinigten Staaten zusammen. Das britische Weißbuch aber nahm Hitler zum Anlaß, um die bereits im Papierkorb liegenden Fetzen des Versailler Vertrags herauszuholen und gleichsam mit dramatischer Geste auf den Abfallhaufen der Geschichte zu schleudern: Unter Hinweis auf die freche britische Provokation befahl er am 16. März 1935 die Wiedereinführung der allgemeinen Wehrpflicht und die beschleunigte Aufstellung einer Armee, die binnen kurzem 36 Divisionen zählen sollte. Und am 2. Mai 1935 teilte er Sir John Simon, dem damaligen britischen Außenminister, in einem Gespräch triumphierend mit, die deutsche Luftwaffe sei schon jetzt stärker als die britische.

Die deutsche Rüstungs- und Militarisierungspolitik hätte den Argwohn der Nachbarn Deutschlands und aller Verteidiger des Status quo auch dann geweckt, wenn in Berlin noch Konservative oder Deutschnationale regiert hätten. In den europäischen Hauptstädten waren sich jedoch die meisten Politiker durchaus bewußt, daß die nationalsozialistische Bewegung und ihr Führer zusätzliche und besondere Bedrohungen darstellten. Allein schon die Innenpolitik des neuen Regimes erregte ebenso viel Entsetzen und Verachtung wie Furcht. Ausgerechnet zu einem Zeitpunkt, da die antideutsche Stimmung der Kriegsjahre abgeklungen war und den Deutschen ihr Platz unter den kulturell wie politisch tonangebenden Nationen nicht mehr bestritten wurde, warf die Hälfte der deutschen Bevölkerung die politische Freiheit einfach weg, um dann beifällig oder gleichgültig zuzusehen, wie die jetzt herrschende Minderheit auch noch jede Rechtssicherheit zerstörte, einen terroristischen Polizeistaat errichtete, einem als Theorie ebenso lä-

---

[72] Gilbert, Churchill, V, S. 489.

cherlichen wie in der praktischen Anwendung schrecklichen Antisemitismus huldigte und das kulturelle Leben Deutschlands energisch von den
Einflüssen der bedeutenderen geistigen wie künstlerischen Strömungen der
europäischen Gegenwart zu „säubern" begann. Angesichts der geradezu
entgegengesetzten Entwicklung in Nord- und Westeuropa und auch angesichts der deutlich geringeren Radikalität anderer europäischer Diktaturen
geriet Deutschland alsbald in moralische, geistige und kulturelle Isolierung.
Das nationalsozialistische Deutschland zog sogar – entsprechend der Tota-
lität seiner Abwendung von den europäischen Traditionen – bereits in den
dreißiger Jahren eine tiefere Abneigung auf sich und fand weniger Verständnis als das kaiserliche Deutschland selbst während des Krieges. So
schrieb Winston Churchill im Sommer und Herbst 1935 einen Aufsatz,
der, im Novemberheft des Magazins „Strand" veröffentlicht, die Entfremdung zwischen dem europäischen Westen und dem neuen Deutschland
sehr deutlich machte. Darin hieß es:
"Die Juden, die am Ende des Großen Krieges, durch ihren illoyalen und
pazifistischen Einfluß, zum Zusammenbruch Deutschlands beigetragen haben sollen, wurden auch für die Hauptstütze des Kommunismus und für
die Urheber defaitistischer Lehren in jeder Form gehalten. Daher mußten
die Juden Deutschlands, eine Gemeinde, die nach Hunderttausenden zählt,
aller Macht beraubt, aus jeder Stellung im öffentlichen und gesellschaftlichen Leben verjagt, aus den freien Berufen ausgeschlossen, in der Presse
stumm gemacht und zu einer verdorbenen und widerwärtigen Rasse erklärt
werden. Das 20. Jahrhundert ist mit Verblüffung Zeuge geworden, wie
diese grausamen Doktrinen nicht nur verbreitet, sondern von Regierung
und Bevölkerung mit brutalem Eifer angewandt wurden. Keine vergangenen Verdienste, kein erwiesener Patriotismus, nicht einmal im Krieg emp-
fangene Wunden, konnten Menschen Immunität geben, deren einziges
Verbrechen darin bestand, daß ihre Eltern sie in die Welt gesetzt hatten.
Jede Art von Verfolgung, ob schwer oder kleinlich, ob gegen Wissenschaftler, Schriftsteller und Komponisten von Weltruf oder gegen die armseligen
kleinen jüdischen Kinder in den staatlichen Schulen, wurde praktiziert,
wurde glorifiziert und wird noch immer praktiziert und glorifiziert. Eine
ähnliche Ächtung traf Sozialisten und Kommunisten jeder Färbung. Die
Gewerkschafter und die liberale Intelligentsia sind gleichermaßen geschlagen. Die leiseste Kritik ist ein Vergehen gegen den Staat. Die Gerichtshöfe
haben, wenn sie auch in gewöhnlichen Fällen tätig sein dürfen, bei allen
Formen politischer Vergehen sogenannten Volksgerichtshöfen Platz zu
machen, die aus eifrigen Nazis zusammengesetzt sind. Neben den Übungs-
plätzen der neuen Armeen und den großen Flughäfen verunstalten die
Konzentrationslager den deutschen Boden. In diesen werden tausende von
Deutschen durch Zwang und Einschüchterung zur Unterwerfung unter die
unwiderstehliche Macht des Totalitären Staates gebracht." Zwar wäre diese
Isolierung allein noch kein außenpolitischer Faktor gewesen. Daß sich die

Deutschen plötzlich zu einem Dasein als Sklaven und Barbaren entschlossen oder sich mit einem solchen Dasein immerhin abzufinden schienen, mochte ja noch als innerdeutsche Angelegenheit gelten. Jedoch ist außerhalb des Reiches nicht unbemerkt geblieben, daß die erschreckenden Vorgänge in Deutschland nicht etwa, wie ähnliche Gewaltsamkeiten während der Französischen oder der Russischen Revolution, mit einer temporären Konzentration auf die Beseitigung unerträglich gewordener innerer Zustände und mit dem wilden Elan beim vermeintlichen Durchbruch zur Verwirklichung einer großen humanen Utopie erklärt werden konnten. Sie geschahen vielmehr im Zeichen einer „nationalen Erhebung", die sich offensichtlich fürs erste in der mentalen Militarisierung und der organisatorischen Mobilmachung der deutschen Nation erschöpfte. Mithin deutete alles auf eine Entladung nach außen.

Trotzdem hätte Hitler eine Intervention nicht zu fürchten brauchen. Von der Schwindsucht der internationalen Solidarität und der kollektiven Sicherheit abgesehen, fehlte in Frankreich, der an sich zur alleinigen oder zur Leitung einer kollektiven Intervention prädestinierten Macht, jede Bereitschaft zu interventionistischen Abenteuern. Schon im Frühjahr 1933 hatten die Pariser Politiker auf einen polnischen Vorschlag, der Herrschaft Hitlers durch einen Präventivkrieg den Garaus zu machen, mit kühler Ablehnung reagiert[73]. Zwar hat damals in Frankreich noch niemand an der eigenen militärischen Überlegenheit und Aktionsfähigkeit gezweifelt. Doch machte sich in Paris die Erinnerung an den Einfall ins Ruhrgebiet bemerkbar. 1923 war keines der französischen Ziele erreicht worden, vielmehr hatte das Vorgehen Frankreichs bis zum ebenso unvermeidlichen wie unrühmlichen Abbruch des Unternehmens den deutschen Nationalismus gekräftigt, ein wirtschaftliches und politisches Chaos in Europa angerichtet und Paris in ernste Zerwürfnisse selbst mit den Verbündeten verwickelt. Welche Wirkung mußte erst eine Politik der periodischen Okkupationen haben! Alle französischen Politiker waren mittlerweile zu der Einsicht gekommen, daß die zentrale und stärkste europäische Großmacht nicht mit den Rezepten Poincarés behandelt werden durfte und daß Europa eine solchermaßen ausgeübte Hegemonie Frankreichs auch nicht hinnehmen konnte.

So hat die französische Regierung lediglich bündnispolitische Anstrengungen unternommen, um ein aufgerüstetes und angesichts der nationalsozialistischen Herrschaft doppelt bedrohliches Deutschland mit einer derart starken Koalition zu konfrontieren, daß Hitler am Ende auf den Gebrauch des fertigen Instruments verzichten mußte. Seit Ende 1933 und besonders seit Anfang 1934, nachdem am 9. Februar der energische Louis Barthou im Kabinett Doumergue das Außenministerium übernommen hatte, arbeitete

---

[73] H. Roos, Die „Präventivkriegspläne" Pilsudskis von 1933, in: VfZ 3 (1955), S. 344-363. Dazu aber M. Wojciechowski, Die polnisch-deutschen Beziehungen 1933-1938, Leiden 1971.

die französische Diplomatie intensiv daran, zunächst einmal die inzwischen
gelockerten Fäden des französischen Allianzsystems wieder fester zu knüpfen. In der Tat ist es Barthou gelungen, Frankreichs Verhältnis zur Kleinen
Entente zu beleben und dem im Februar 1934 abgeschlossenen Balkanpakt, dem Griechenland, die Türkei und mit Rumänien und Jugoslawien
auch zwei Mitglieder der Kleinen Entente angehörten, eine gewisse politische Bedeutung zu verleihen. Jedoch gab sich Barthou keiner Täuschung
hin: Derartige Regionalpakte mochten gut genug sein, den Status quo gegen den regionalen Revisionismus potentieller Bundesgenossen Deutschlands, nämlich Ungarns und Bulgariens, zu sichern; eine Front zur Abschreckung Deutschlands bedurfte der Ergänzung durch stärkere Partner.
Daher hat das französische Außenministerium sowohl unter Barthou wie
anfänglich unter seinem Nachfolger Pierre Laval – Barthou fiel am 8. Oktober 1934 in Marseille dem Attentat auf König Alexander von Jugoslawien
zum Opfer – zielbewußt die Erneuerung der kompletten Kriegskoalition
gegen Deutschland angestrebt, d.h. die Gewinnung Rußlands und Italiens.
Hitler hat das französische Werben in Moskau und Rom unfreiwillig begünstigt, als er sich, bei aller anfänglichen Vorsicht, noch während der ersten Aufrüstungsphase zu einer antirussischen Politik gezwungen sah und
sich außerdem zur Verstimmung Italiens verleiten ließ. Das Ende der lang-
jährigen Freundschaft zwischen Bolschewiki und deutschnationalen Revisionisten hing einmal mit der innenpolitischen Rolle Hitlers zusammen. Er
hatte die Macht nicht zuletzt als Retter der deutschen Gesellschaft vor dem
Kommunismus beansprucht und erhalten. Namentlich die in der Partei
und in der SA dominierende klein- und mittelbürgerliche Anhängerschaft
hätte es – und das gilt auch für die Landwirte – nicht verstanden, wenn der
„Führer" gleich nach der Machtübernahme und ohne erkennbare Not die
ideologische und die in tausend Saal- und Straßenschlachten brutal ausge-
fochtene politische Feindschaft ignoriert und eine außenpolitische Verständigung mit der kommunistischen Vormacht gesucht hätte. In dieser An-
fangsperiode seiner Herrschaft mußte Hitler auf solche Stimmungen noch
Rücksicht nehmen. Dazu paßte eine Abkühlung der Beziehungen zu dem
künftigen Angriffsobjekt auch in seine außenpolitische Taktik. Je überzeu-
gender er den Part des Antikommunisten und des europäischen Markgra-
fen gegen die Sowjetunion spielte, um so leichter mußte nach seiner Meinung die gewünschte Annäherung an das ebenfalls sowjetfeindliche Großbritannien fallen. So zeigte er Moskau in außenpolitischen Fragen eine
kühle Schulter, der Handel mit der Sowjetunion ging zurück, und im Laufe
des Jahres 1933 schlief auch die militärische Zusammenarbeit zwischen
Reichswehr und Roter Armee ein[74]. In Moskau wiederum waren die ruß-

74 F. A. Krummacher / H. Lange, Krieg und Frieden. Geschichte der deutsch-sowjetischen Beziehungen. Von Brest-Litowsk zum Unternehmen Barbarossa, München
   1970; E. H. Carr, Berlin-Moskau. Deutschland und Rußland zwischen den beiden
   Weltkriegen, Stuttgart 1954.

landfeindlichen und antibolschewistischen Schriften und Reden der nationalsozialistischen Führer aufmerksam studiert worden. Offenbar regierten
in Berlin jetzt Männer, die nicht mehr, wie die Politiker der Weimarer Republik, auf Polen starrten, sondern ihre Blicke auf sowjetisches Territorium
richteten. So glaubte auch Stalin, der rote Diktator im Kreml, freundschaftliche Kooperation mit wachsamer Zurückhaltung vertauschen zu müssen.
Hitlers ostentative Feindseligkeit, begleitet von rüdester und giftigster anti-
sowjetischer Propaganda, konnte das Mißtrauen Stalins nur verstärken.
Nach kurzer Zeit durfte der deutsch-sowjetische Gegensatz als eine feste
Größe der europäischen Politik betrachtet werden.

Gleichzeitig gab Hitler der Versuchung nach, in Österreich aktiv zu werden, wo eine relativ starke NSDAP existierte, die organisatorisch mit der
reichsdeutschen Partei verbunden war und Hitler unterstand. Zwar scheint
Hitler damals noch nicht an eine staatsrechtliche Vereinigung Österreichs
mit Deutschland gedacht zu haben[75]. Aber der Gedanke, die vom deutschen Reichskanzler dirigierte österreichische Oppositionspartei in Wien
in den Sattel zu setzen und auf diese Weise Österreich ohne Beseitigung
der Grenzen gleichzuschalten, lag doch sehr nahe. Einige Zeit scheinen sowohl Hitler wie die Führer der österreichischen NSDAP den Sturz des
Wiener Dollfuß-Regimes für ein fast ebenso unproblematisches Unternehmen gehalten zu haben wie das im Frühjahr 1933 inszenierte Verjagen der
Regierungen in den nichtpreußischen Ländern Deutschlands, und Hitler
hat anscheinend wirklich geglaubt, mit einer solchen Gleichschaltung internationale Widerstände gegen eine reichsdeutsche Beherrschung Österreichs unterlaufen zu können. An der energischen Abwehr des Wiener Kabinetts, das die NSDAP am 19. Juni 1933 verbot, zersplitterte allerdings der
Akt der Machtergreifung in einzelne terroristische Aktionen, und die österreichische NSDAP sah sich nun in ein zähes Ringen verstrickt, das vorerst
keine Aussicht auf Erfolg hatte und das überdies den an der österreichischen Unabhängigkeit interessierten Staaten Zeit zum Eingreifen bot. Der
Versuch, einen verschleierten Anschluß zu erreichen, rief vor allem Italien
auf den Plan. Zwar hatte sich Mussolini schon mehrmals zum Anwalt des
deutschen Anspruchs auf militärische Gleichberechtigung gemacht und
immer häufiger die politische Zusammenarbeit mit Deutschland gesucht.
Anfang Juni 1933 gab er Goebbels, der nach Rom gekommen war, als
Richtschnur für die Außenpolitik des NS-Regimes die Parole: „Nur nie
Ruhe!" und er fügte hinzu: „Sagen Sie Hitler, daß er sich auf mich verlassen
kann. Ich gehe mit ihm durch dick und dünn."[76] Aber noch hatte der
„Duce" Momente, in denen ihm der „Führer" als „falscher Nachahmer"
und „gefährlicher Träumer" erschien, dem Realismus und Vorsicht fehlten.

---

[75] D. Ross, Hitler und Dollfuß. Die deutsche Österreich-Politik 1933-1934, Hamburg
    1966; J. Gehl, Austria, Germany and the Anschluß 1931-1938, London 1963.
[76] Tagebücher von Joseph Goebbels, Bd. 2, S. 426.

Die antisemitisch-rassistischen Marotten Hitlers und der übrigen Nazis, die da die naturgegebene Überlegenheit einer nordischen Rasse behaupteten, empfand der Italiener ohnehin als ebenso beleidigend wie grotesk und gefährlich. Vor allem hatte Mussolini jedoch keine Lust, Hitler mit der Gleichschaltung Österreichs einen billigen Triumph und konkreten Machtgewinn zu erlauben, solange Italien von Deutschland noch keine angemessene Gegenleistung brauchte und das Reich zu einer derartigen Leistung auch noch gar nicht in der Lage war, zumal Österreich – im Hinblick auf die Sicherung der Brennergrenze – anerkanntermaßen italienisches Interessengebiet darstellte und folglich ein deutscher Erfolg in Wien mit einer diplomatischen Niederlage Italiens gleichgesetzt werden mußte. Im übrigen wollte Mussolini der deutschen Aggressivität den Weg in den Donauraum und auf den Balkan wenigstens so lange wie möglich verlegen; der römische Imperialismus reklamierte dort ja für sich selbst Einflußzonen. So hat der Duce Ende Juli 1933 Hitler mit der Intervention Italiens – und der Westmächte – gedroht und danach das enge Einvernehmen zwischen Rom und Wien bei jeder Gelegenheit betont. Am 17. März 1934 unterzeichneten Mussolini, Dollfuß und der ungarische Ministerpräsident Julius Gömbös die „Römischen Protokolle", in denen sich die drei Staaten zur politischen Konsultation und zur wirtschaftlichen Vorzugsbehandlung verpflichteten. Die politische Bedeutung der „Protokolle" lag aber in erster Linie darin, daß sich Italien mit ihnen öffentlich als Schutzmacht Österreichs engagierte und damit Deutschland vor einer Fortsetzung des österreichischen Abenteuers ausdrücklich warnte[77].

Am 14. und 15. Juni trafen die beiden Diktatoren in Venedig erstmals persönlich zusammen, aber die Begegnung hat weder Mussolinis Urteil über Hitler noch die italienische Österreichpolitik modifiziert. Hitler mußte sich in der österreichischen Frage auf eine gewisse Wartefrist einrichten und von der revolutionären Gleichschaltung auf eine mehr evolutionäre Politik umschalten. Da er jedoch aus innenpolitischen und innerparteilichen Gründen seine Schwäche nicht offen zugeben wollte – gerade entschied sich das Problem mit Ernst Röhm und der SA –, zeigte er seinen österreichischen Gefolgsleuten nun eine vieldeutig-passive Haltung, die nicht recht begriffen und von einigen Heißspornen sogar als Ermunterung zu einem Putschversuch mißverstanden wurde. Der Putsch scheiterte kläglich, führte aber am 25. Juli 1934 zur Ermordung von Bundeskanzler Dollfuß. Mussolini rechnete nach den Eindrücken, die er in Venedig gewonnen hatte, nicht mehr mit einer offenen deutschen Einmischung in Österreich, doch benutzte er die Gelegenheit trotzdem zu einer dramatischen Demonstration und beorderte etliche italienische Divisionen an Italiens Nord-

---

[77] E. di Nolfo, Mussolini e la politica estera italiana 1919-1933, Padua 1960; J. Petersen, Hitler-Mussolini. Die Entstehung der Achse Berlin-Rom 1933-1936, Tübingen 1973.

grenze. Die deutsch-italienischen Beziehungen hatten offenbar einen Tiefpunkt erreicht.

Unter diesen Umständen war es unvermeidlich, daß Rußland und Italien
auf die französischen Avancen einzugehen und sich Frankreichs Versuchen
zur „Einkreisung" Deutschlands anzuschließen schienen. Die Sowjetunion
setzte jetzt eine Politik fort, die, von der japanischen Aggression im Fernen
Osten angestoßen, nach einer Entlastung der sowjetischen Westgrenzen
strebte und bereits vor 1933 zur Normalisierung der Beziehungen zu den
westlichen Nachbarn, Ende November 1932 auch zu einem Nichtangriffspakt mit Frankreich geführt hatte. Angesichts eines nationalsozialistischen
Deutschland konnte die gewünschte Entlastung offenbar nur mehr mit einem verstärkten - diplomatischen – Engagement erreicht werden. In der
zweiten Hälfte des Jahres 1933 schlug der sowjetische Außenminister Litwinow ein russisch-französisches Bündnis vor, und nachdem Barthou das
französische Außenministerium übernommen hatte, wurden bald Fortschritte erzielt. Die anfänglichen Bemühungen Barthous und Litwinows,
eine französisch-sowjetische Allianz mit regionalen Garantiepakten aller
osteuropäischen Staaten und aller Mittelmeerländer zu koppeln oder in
derartigen Pakten zu verstecken, blieben fruchtlos, und so kehrten beide
zum Gedanken der offenen Allianz zurück. Am 18. September 1934 trat
die Sowjetunion, um eine Bedingung zu erfüllen, die Frankreich auf Grund
seiner sonstigen internationalen Verpflichtungen stellen mußte, sogar in
den verachteten Völkerbund ein, und der Weg zum formellen Bündnis war
frei. Gleichzeitig kam eine französisch-italienische Annäherung zustande.
Anfang 1935 fuhr Barthous Nachfolger Laval nach Rom und vereinbarte
ein koordiniertes militärisches Vorgehen, falls Deutschland die Unabhängigkeit Österreichs antasten oder eine Remilitarisierung des Rheinlands
wagen sollte. Wenig später schien Frankreichs Einkreisungspolitik auf ihrem Höhepunkt angelangt. Nachdem Hitler im März 1935 die Wiedereinführung der allgemeinen Wehrpflicht verkündet und die Aufstellung einer
starken Armee befohlen hatte, konterten Frankreich, Italien und Großbritannien mit einer am 14. April 1935 in Stresa formulierten „Entschließung",
in der sie ihre Entschlossenheit bekräftigten, die Unabhängigkeit Österreichs zu schützen und das Rheinland entmilitarisiert zu halten. Am 2. Mai
1935 folgte der Abschluß der französisch-sowjetischen Allianz, die dem
Anschein nach Osteuropa mit der „Front von Stresa" verknüpfte, zumal
sich am 16. Mai die Unterzeichnung eines sowjetisch-tschechoslowaki-
schen Beistandspakts anschloß, der allerdings an den französisch-tschecho-
slowakischen Bündnisfall gebunden wurde.

So hatte also Hitlers Außenpolitik, die den Revisionismus seiner Vorgänger mit der Ankündigung eines nationalsozialistischen Expansionismus
mischte, das Deutsche Reich anscheinend in eine zumindest höchst unbequeme Isolierung gesteuert. Die tatsächliche Lage war für Berlin indes weniger düster. Schon die diversen Vertragssysteme, die im gemeinsamen Be-

zugspunkt Paris scheinbar ein Zentrum und sogar eine Zentrale erhalten hatten, zeigten Schwächen, die sie selbst für einen defensiven Zweck – und sie waren defensiv gedacht – untauglich machten. Die französisch-sowjetische Allianz etwa war in Wirklichkeit eine leere Geste. Paris und Moskau waren ja nur dann zu politischer und militärischer Zusammenarbeit fähig, wenn Frankreichs ost- und südosteuropäische Bundesgenossen ebenfalls in ein Bündnisverhältnis zur Sowjetunion traten. Von der Tschechoslowakei abgesehen, die Deutschland mehr fürchtete als die Sowjetunion, ließen sich jedoch die französischen Klientelstaaten nicht zu einem solchen Schritt bewegen. Im Gegenteil! Der von Frankreich patronisierte Balkanpakt richtete sich nach den Intentionen seiner Mitglieder nicht zuletzt gegen die UdSSR, und Polen versagte sich jeder Abmachung, die für Warschau die Möglichkeit heraufbeschwor, eine als gefährlich empfundene russische Hilfe annehmen zu müssen. Die als Ergebnis des Krieges eingetretene Veränderung der politischen Geographie Europas erwies sich als unüberwindliches Hindernis einer einfachen Restaurierung der antideutschen Kriegskoalition. Die Arbeit der Pariser Friedenskonferenz und die Bolschewisierung Rußlands hatten, wie sich nun herausstellte, die äußere Sicherheit Deutschlands merklich erhöht. Laval nahm denn auch, anders als Barthou, das Bündnis mit Moskau, das er als Geste gegen Hitlers Rüstungspolitik selbst abgeschlossen hatte, nie ernst. In erster Linie benutzte er die Allianz als Instrument seiner Innenpolitik, nämlich zur Zähmung der moskaufreundlichen französischen Linken, während er ihren außenpolitischen Wert vornehmlich von ihrer Brauchbarkeit als Tauschobjekt erblickte: für Frankreichs Verzicht auf das Bündnis mochte Berlin zu einer Gegenleistung bereit sein. Laval machte kein Hehl daraus, daß er eine direkte Verständigung mit Deutschland anstrebte. Ein solches Ziel nötigte ihn zur Schonung der Gefühle Hitlers, und so hütete er sich geradezu davor, Frankreichs östlichen Bündnissen politische Effektivität zu geben. Statt in Warschau und Bukarest auf eine Annäherung an die Sowjetunion zu dringen, verbot er auch noch den Tschechoslowaken jede militärische Kooperation mit Rußland, die in Berlin Mißfallen erregt hätte. Während er offiziell an der traditionellen Pariser Bündnispolitik festhielt, schwenkte er unter der Oberfläche auf einen Kurs ein, der, wenn er nicht revidiert wurde, nur mit Frankreichs Rückzug aus Osteuropa enden konnte[78].

Das französisch-italienische Verhältnis wiederum blieb stets durch die Tatsache belastet, daß Frankreich und Italien als die dominierenden Mächte zweier verfeindeter Staatengruppierungen auftraten. War Mussolinis Intensivierung der italienisch-österreichisch-ungarischen Zusammenarbeit einerseits gewiß als diplomatisches Manöver gegen Deutschland gemeint, so richtete sie sich faktisch doch zugleich gegen Jugoslawien und

---

[78] G. Warner, Pierre Laval and the eclipse of France, London 1968; A. Adamthwaite, France and the Coming of the Second World War 1936-1939, London 1977.

Rumänien, also gegen die von Frankreich dirigierte Kleine Entente. Selbst im Hinblick auf Deutschland und Österreich durfte die Interessengemeinschaft zwischen Rom und Paris nicht als sicherer Faktor betrachtet werden. Im Frühjahr 1933 hatte Mussolini einen Viermächtepakt zwischen Großbritannien, Frankreich, Italien und Deutschland vorgeschlagen, der Europa dem Diktat dieser vier Großmächte unterwerfen und zugleich die Tür zu einer großzügigen Revision des Status quo aufstoßen sollte. Zwar hatte die französische Regierung den Pakt durch eine geschickte Anpassung des Vertragstextes an die Satzung des Völkerbunds elegant entwertet, und Mussolini gab sich schließlich mit dieser französischen Fassung zufrieden, die am 15. Juli 1933 in Rom von den Vertretern der vier Staaten unterschrieben wurde; Hitler nahm den Viererpakt ohnehin lediglich als eine Geste, die, als erster internationaler Vertrag des nationalsozialistischen Deutschland, mithalf, dem NS-Regime in der gefährlichen Anfangsphase „Ruhe und Luft" zu verschaffen[79]. Aber wenn der Viermächtepakt auch keine praktische politische Bedeutung erlangte, so hatte die Episode doch gelehrt, daß Mussolini nach wie vor darauf brannte, im Interesse des faschistischen Imperialismus die Reste der kollektiven Sicherheit zu liquidieren, und daß er nach wie vor auf dem Sprung stand, seinen eigenen Imperialismus mit deutschem Expansionismus zu koordinieren, sofern sich die deutsche Aggressivität Ziele außerhalb der italienischen Interessenzonen wählte. Bald sollte sich außerdem herausstellen, daß gerade die demonstrative Protektion Österreichs mitnichten der Erhaltung des Status quo, sondern ganz im Gegenteil der Förderung des faschistischen Imperialismus galt. Vom japanischen Beispiel und vom offenkundigen Verfall der kollektiven Sicherheit ermuntert, begann nämlich Mussolini, wobei er ältere koloniale Ambitionen Italiens aufgriff, afrikanische Eroberungspläne zu schmieden, und er glaubte, durch seine Haltung in der österreichischen Frage könne er Frankreich und Großbritannien so sehr verpflichten, daß beide Mächte italienischen Aktionen in Afrika, d.h. gegen Äthiopien, nichts in den Weg legen würden. Sollte diese taktische Funktion seiner Österreichpolitik überflüssig werden, entweder durch die Erfüllung seiner Wünsche oder durch unerwartete Opposition der Westmächte, sollte er andererseits für neue Pläne oder gegen die Westmächte den Beistand Deutschlands brauchen, konnte es ihm durchaus einfallen, seinen Kurs radikal zu ändern und Österreich zu opfern.

Im übrigen schlugen in jenen frühen Stadien der Hitlerschen Außenpolitik ausgerechnet die bereits aufgedeckten spezifisch nationalsozialistischen Elemente eine erste Bresche in das französische Alliazsystem. Waren die Warschauer Politiker nach der französischen Ablehnung von Pilsudskis Präventivkriegsplänen recht enttäuscht und plötzlich von Zweifeln an der Bündnistreue Frankreichs befallen, so bemerkten sie andererseits

---

[79] Tagebücher von Joseph Goebbels, Bd. 2, S. 430.

bald, daß der nationalsozialistische Reichskanzler in Berlin von der Polen-
feindschaft weitgehend unabhängig war, wie sie der preußisch bestimmte
deutsche Nationalismus pflegte, daß er die preußische Vorliebe für eine –
stets antipolnische - Allianz mit Rußland nicht teilte, sondern von der Eroberung russischen Territoriums träumte. Sie wußten gut genug, daß die
polnische Unabhängigkeit ebenfalls verlorengehen mußte, wenn Hitler sich
tatsächlich russisches Territorium aneignete. Doch hielten die polnischen
Politiker das nationalsozialistische Eroberungsprogramm eben nur für einen Traum, während sie die sofortige diplomatisch-politische Konsequenz
des Traums, die Entfremdung zwischen Deutschland und Rußland, als eine
für Polen sehr nützliche und unmittelbar auswertbare Realität registrierten.
So setzte sich in Warschau allmählich die Auffassung durch, daß erstmals
seit 1919 eine direkte deutsch-polnische Verständigung möglich sei und
gesucht werden müsse[80]. Hitler kam Polen bereitwillig entgegen. Das
brachte ihm zwar die verständnislose und herbe Kritik deutschnationaler
und preußisch-konservativer Kreise ein, die sich, mit Recht von der Notwendigkeit eines Minimums an Geschäftsmoral in den zwischenstaatlichen
Beziehungen überzeugt, die totale Skrupellosigkeit Hitlers im Umgang mit
feierlich beschworenen internationalen Vereinbarungen noch nicht vorzustellen vermochten und daher die Annäherung an Polen ganz ernsthaft als
Verzicht auf wichtigste Forderungen des deutschen Revisionismus verstanden. Aber Hitler ließ sich die Chance nicht entgehen, zur Abschirmung der
Aufrüstung Deutschlands als friedfertiger Antirevisionist dazustehen und
dabei zugleich die Verbindung zwischen Warschau und Paris anzusägen,
vielleicht schon Polens Eingliederung in den deutschen Machtbereich an-
zubahnen.

Am 26. Januar 1934 wurde in Berlin ein deutsch-polnischer Nichtangriffsvertrag unterzeichnet, der den beiden Staaten die Verpflichtung aufer-
legte, sich mindestens zehn Jahre lang „in den ihre gegenseitigen Beziehungen betreffenden Fragen, welcher Art sie auch sein mögen, unmittelbar
zu verständigen" und bei Streitfragen „unter keinen Umständen ... zur Anwendung von Gewalt zu schreiten". Etliche polnische Politiker glaubten
tatsächlich, die deutsche Anerkennung des Status quo erhalten und Polens
Westgrenze gesichert zu haben, doch blieb bei vielen Mißtrauen lebendig,
und Pilsudski selbst sprach zweifelnd von „ungesunden Romanzen mit den
Deutschen", die wohl doch kein gutes Ende finden könnten[81]. In der Tat
hatte die polnische Regierung lediglich das polnisch-französische Bündnis
halb entwertet und die französisch-sowjetische Allianz, an der sie sich jetzt
ebensowenig beteiligen durfte wie an anderen antideutschen Kombinatio-
nen, von Anfang an zur Ineffektivität verurteilt. Nebenbei hatten die Warschauer Politiker auch noch das Verhältnis zwischen Paris und Prag be-

---

[80] Vgl. Wojciechowski, Die polnisch-deutschen Beziehungen.
[81] Jozef Beck an Boleslaw Wieniawa-Dlugoszewski, AAN Warschau, 24, R. 306-309.

schädigt, da nun fraglich wurde, ob die Tschechoslowakei ein militärisches Vorgehen gegen Deutschland – etwa bei einer Remilitarisierung des Rheinlands oder bei einem Anschluß Österreichs – aktiv unterstützen konnte, wenn sie nicht im Norden durch die Mitwirkung Polens gedeckt war. Kein Wunder, daß Goebbels den polnischen Außenminister Oberst Jozef Beck als „klugen Kopf" bezeichnete und die deutsch-polnische Verständigung als „einen ruhenden Pol in den fließenden Erscheinungen der Weltpolitik"[82].

Vor allem aber hätte jede Mächtegruppierung, die dazu bestimmt war, Hitler in Schach zu halten, der führenden Teilnahme Großbritanniens bedurft, und in London war niemand zu einer solchen Teilnahme bereit. Naturgemäß begegneten Hitler und das nationalsozialistische Deutschland gerade auch in England stärkstem Mißtrauen und einer aus Widerwillen und Verachtung gemischten Abneigung. Mit Recht konstatierte Churchill am 23. Juli 1936, daß lediglich etliche Angehörige der „smart society", ein paar reiche Finanziers und sonstige Elemente, die zur Niederhaltung der Arbeiterklasse mit der Idee eines starken Staates liebäugelten, Verständnis für das NS-System aufbrächten, während dieses System einem Labour-Mann als ebenso unerträglich erscheine wie „dem durchschnittlichen britischen Tory"[83]. Doch entschloß sich die Londoner Regierung schon früh, ihre Deutschlandpolitik nicht auf ihr Mißtrauen zu gründen und das oft taktlose und arrogante Gehabe der neuen deutschen Machthaber zu ignorieren. Dem britischen Pragmatismus fiel es schwer, den Reichskanzler Hitler als den Verfasser der in „Mein Kampf" zu Papier gebrachten – und von den britischen Politikern und Diplomaten sehr wohl aufmerksam studierten – ausschweifenden Pläne zu behandeln. Auch scheute man in London die Konsequenz, die sich aufdrängte, wenn man Hitlers Buch als Leitfaden der Außenpolitik des nationalsozialistischen Deutschland verstand: den Präventivkrieg. Die öffentliche Meinung, die jede kriegerische Verwicklung noch kategorisch ablehnte, hätte einen Präventivkrieg gar nicht zugelassen; sie widersetzte sich ja sogar jener zusätzlichen Rüstungsanstrengung, wie sie die britische Regierung für notwendig hielt, wenn sich Großbritannien an einer Koalition beteiligen sollte, die einen Krieg mit Deutschland immerhin in den Bereich des Möglichen rückte. Ferner galten in London noch immer die Grundsätze Lloyd Georges und Sir Austen Chamberlains, nach denen eine britische Verpflichtung zugunsten ost- und südosteuropäischer Grenzen nicht von entsprechenden britischen Interessen gedeckt und daher unerwünscht sei. Solange im übrigen die deutsche Ostexpansion lediglich eine in ferner Zukunft liegende Eventualität zu sein schien, die außerdem vermutlich der Verwirklichung nie näher kommen konnte, dünkte es dem einen oder anderen britischen Politiker sogar eine nützliche Sache, wenn sich die in Deutschland offenbar vorhandene Aggressivität

[82] Tagebücher von Joseph Goebbels, Bd. 2, S. 490.
[83] Gilbert, Churchill, V, S. 768.

nach Osten entlud und wenigstens Westeuropa verschonte. Am 29. Juli
1936 sagte Stanley Baldwin, ein Jahr zuvor Premierminister geworden, zu
einer Abordnung konservativer Parlamentarier, die von der Regierung eine
stärkere Beachtung der wachsenden deutschen Gefahr forderte, es werde
ihm „nicht das Herz brechen", wenn sich Hitler „nach Osten wenden"
sollte. Die erhabene Ignoranz, die so manchen britischen Politiker in nicht-
insularen und außenpolitischen Angelegenheiten auszeichnete, ließ den
Premier sogar hinzufügen, daß doch wohl niemand in der Abordnung
meine, Großbritannien sei zur Unterstützung Frankreichs verpflichtet, sollten die Franzosen im Falle eines deutsch-russischen Kriegs auf der Seite
Rußlands intervenieren, „dank dieses schrecklichen Pakts, den sie abgeschlossen haben"! „Wenn in Europa schon gekämpft werden muß, dann
möchte ich doch gerne, daß das Kämpfen von den Bolschis und Nazis besorgt wird."[84]

In solcher Lage blieb als einzige Alternative die Fortsetzung der traditionellen Appeasement-Politik. Konkret hieß das jetzt: daß sich London mit
der deutschen Aufrüstung abfand, daß sich England von allen französischen
Einkreisungsversuchen fernhielt, was mit lauten Bekenntnissen zur kollektiven Sicherheit wie mit den unverbindlichen Unterschriften unter Drei-
mächte-Deklarationen zur österreichischen Frage kaschiert werden sollte,
und daß die britische Regierung jede Gelegenheit zu separaten Abmachungen mit Hitler wahrnahm, zu Abmachungen, die zwar Konzessionen kosten,
den deutschen Diktator jedoch binden und domestizieren mochten. So hat
das britische Kabinett, während die deutsche Aufrüstung bereits auf vollen
Touren lief, mit Berlin hartnäckig über partielle Vereinbarungen, etwa einen Luftpakt, verhandelt und damit der bündnispolitischen Aktivität
Frankreichs viel von ihrer Gefährlichkeit für Hitler genommen. Am 18.
Juni 1935 kam dann der deutsch-britische Flottenvertrag zustande, der
Deutschland eine Hochseeflotte zubilligte, die 35 Prozent der gesamten
Commonwealth-Flotte erreichen durfte (bei U-Booten sogar 100 Prozent).
Mit diesem Vertrag, der Hitler gar nichts kostete, weil er vorerst an ein grö-
ßeres maritimes Rüstungsprogramm weder dachte noch denken konnte,
hatte die britische Regierung nicht allein die vertragswidrige bisherige Auf-
rüstung Deutschlands – einschließlich der Einführung der allgemeinen
Wehrpflicht – nachträglich gesegnet und ihrerseits den Versailler Vertrag
gebrochen, sondern überdies die Beteiligung Englands an der kurz zuvor in
Stresa formulierten Politik öffentlich desavouiert und der „Front von
Stresa" damit die politische Seriosität weitgehend genommen. Hitler aber,
dem im Januar 1935 gerade der Versailler Vertrag einen psychologisch wie
politisch wertvollen Erfolg beschert hatte, als das Saarland nach der im Vertrag vorgesehenen Volksabstimmung wieder Reichsgebiet geworden war,
Hitler durfte sich sagen, daß das Gespenst der Isolierung endgültig gebannt

[84] Ebenda, S. 777.

war, und er sagte sich ferner, daß er jene Verständigung mit Großbritannien, die ihm eines Tages freie Hand im Osten geben würde, nun eingeleitet habe.

Die Formierung der expansionistischen Mächte

Trotzdem herrschte in Berlin noch immer Unsicherheit. Ob sich der Völkerbund nicht doch zu wirksamer Aktivität aufraffte, wenn eine europäische Macht das Gleichgewicht in Eurpa gefährden sollte, ob die Pariser Bündnisse nicht doch funktionierten, wenn einer der Partner Frankreichs tatsächlich in Bedrängnis geraten oder gar die französische Sicherheit unmittelbar bedroht sein sollte, wußte niemand mit Bestimmtheit zu sagen; beide Fälle waren noch nicht getestet worden. Die Erinnerung an die militärische Leistung der Westmächte während des großen Krieges saß noch fest im Gedächtnis der deutschen Führer, ebenso die harte französische Nachkriegspolitik und die stets gegebene Funktionsfähigkeit der nach wie vor bestehenden britisch-französischen Entente. Daß Großbritannien und Frankreich größere Abenteuer des faschistischen Italien bislang unterbunden hatten, mahnte ebenfalls zur Vorsicht. Im Grunde war die konkrete außenpolitische Lage Deutschlands Mitte 1935 noch immer so beengt, daß ein Durchbruch zu expansionistischer Politik fast unmöglich schien. Zwar wuchs die militärische Stärke Deutschlands von Monat zu Monat, und eine auch an außenpolitischen Gesichtspunkten orientierte Handelspolitik sorgte dafür, daß der deutsche Einfluß auf dem Balkan ständig zunahm und dort – auch in den Staaten der Kleinen Entente – mit dem französischen Einfluß zu konkurrieren begann, zumal die französischen Versuche, das kommunistische Rußland wieder ins europäische Kräftespiel zu ziehen, bei der Kleinen Entente beunruhigend wirkten; in Ansätzen verrieten die autoritären Balkanregime außerdem das Bedürfnis, sich ideologisch und gesellschaftspolitisch an Deutschland anzulehnen. Aber noch war die Vereinbarung von Locarno in Kraft, die Berlin zur Entmilitarisierung des Rheinlands verpflichtete, und solange Deutschland im Rheinland weder Truppen stationieren noch Befestigungen bauen durfte, konnte Frankreich aggressive Aktionen des Deutschen Reiches sofort mit der Besetzung deutschen Territoriums und mit einem praktisch nicht zu bremsenden Feldzug beantworten. Wie dieser Zustand geändert werden sollte, war nicht recht zu sehen. Solange Italien mit Frankreich in der österreichischen Frage liiert war, mußte angenommen werden, daß es auch seine Rolle als Garantiemacht von Locarno ernst nahm, und im Mai 1935 hatte sich Hitler selbst, um die internationale Erregung über die Einführung der allgemeinen Wehrpflicht zu dämpfen, dazu hinreißen lassen, in öffentlicher Rede feierlich die Respektierung von Locarno zu versprechen. Im übrigen hatte er Großbritannien und Polen wohl von einem eindeutig antideutschen Kurs weggelockt, aber mitnichten für seine Politik gewonnen. Die britische Regierung gab durch nichts zu erkennen, daß sie bereit sei, im Sinne der Hitlerschen Konzeption als Spießgesellin deutscher Expansionspläne zu fungieren, und in Warschau waren Andeutungen, daß man gemeinsam gegen die Sowjetunion vorgehen könne, ohne Echo geblieben.

Erst zwei Ereignisse, zu denen es ganz ohne deutsches Zutun kam, brachten dann plötzlich alle dem nationalsozialistischen Deutschland günstigen Tendenzen voll zur Geltung und öffneten Hitler eine Gasse, die ihm doch den Ausbruch aus dem diplomatischen Stellungskrieg, in dem er feststeckte, erlaubte: der Angriff Mussolinis auf Abessinien und der Bürgerkrieg in Spanien.

Als sich im Laufe des Jahres 1935 immer klarer abzeichnete, daß Mussolini, von der Straflosigkeit des japanischen Angriffs auf China ermuntert und auf Grund der Funktion Italiens in der gegen Hitler gerichteten diplomatischen Front von der Passivität der Westmächte überzeugt, tatsächlich mit der Errichtung eines faschistischen Imperiums beginnen werde, und zwar durch die Annexion des afrikanischen Kaiserreichs Abessinien, breitete sich denn auch in Berlin alsbald Erleichterung und frohe Erwartung aus. Hitler rechnete, anders als Mussolini, durchaus mit einer harten Reaktion Frankreichs und namentlich Großbritanniens, und daß im Konflikt Italiens mit den Westmächten eine große Chance für seine Pläne lag, erkannte er sofort. Bereits im August 1935 notierte Goebbels in seinem Tagebuch: „Nun wird Krieg in Abessinien unvermeidlich sein. Der Führer ist glücklich.“[85] Denn, so schrieb der Propagandaminister einige Wochen später: „Nur ordentlich streiten. Unterdeß streifen wir die Ketten ab.“[86] In der Tat brachte der Duce, als er nach längerer politischer und militärischer Vorbereitung seine Armeen am 3. Oktober 1935 wirklich in Marsch setzte, die Dinge in Europa wieder in Bewegung, und zwar in eine Bewegung, die im Lauf weniger Monate die Kräfteverhältnisse völlig veränderte.

An sich bot Mussolinis Aktion die große Möglichkeit zu einer Renaissance der kollektiven Sicherheit und zu einem friedenssichernden Erfolg der Verteidiger des Status quo. Wenn Frankreich und England – Abessinien war ja Mitglied des Völkerbunds - sich auf die Genfer Prinzipien berufen und mit einer sowohl raschen wie energischen Intervention des Bunds unter ihrer Führung gedroht hätten, wie sie angesichts der zunächst eindeutig anti-italienischen Haltung fast aller europäischen Länder wohl zu erreichen gewesen wäre, dann wäre Mussolini wahrscheinlich rechtzeitig zurückgewichen, und hätte er sich halsstarrig gezeigt, wäre es kein Problem gewesen, ihn mit all den wirtschaftlichen und militärischen Mitteln, die das Genfer Verfahren vorsah, zum Rückzug zu zwingen. Solche Niederlagen

---

[85] Tagebücher von Joseph Goebbels, Bd. 2, S. 504.
[86] Ebenda, S. 510.

des faschistischen Italien hätten ihren Eindruck auf Berlin bestimmt nicht verfehlt. Jedoch stellte sich heraus, daß Mussolinis Spekulation auf die Passivität der Westmächte nicht unbegründet war. Im Hinblick auf Hitler und das nationalsozialistische Deutschland rechnete die französische Regierung ihre Kooperation mit Italien inzwischen in der Tat zu den wichtigsten Elementen der Pariser Außenpolitik, und so beschloß sie, auch im abessinischen Konflikt alles zu vermeiden, „was die derzeitigen französisch-italienischen Beziehungen belasten oder trüben könnte".[87] Daß man den europäischen Status quo und damit auch die europäische Stellung Frankreichs endgültig einem freien Spiel der Kräfte auslieferte, wenn man sich auf Grund einer bündnispolitischen Überlegung praktisch zum Komplicen eines europäischen Aggressors machte, blieb in Paris unberücksichtigt, obwohl die Unterstützung Italiens angesichts der seit langem notorischen Unzuverlässigkeit des Duce nicht das geringste über die künftige Bundesgenossenschaft Roms besagte. Wie so oft seit dem Weltkrieg ließ sich Frankreich von der Furcht vor Deutschland zu einer Politik verleiten, die sowohl der moralischen wie der taktischen Qualitäten ermangelte.

Die britische Regierung teilte die französische Auffassung, daß Italien nicht in die Arme Deutschlands getrieben werden dürfe, und ließ sich daher weitgehend auf die Pariser Linie ziehen. Andererseits dachten einflußreiche britische Politiker noch immer in den Kategorien der kollektiven Sicherheit, und auch die öffentliche Meinung forderte Maßnahmen gegen Mussolini. Daraus resultierte eine überaus seltsame Politik. Einerseits sollte der Duce mit drohenden Gesten von seinem Vorhaben abgebracht oder wenigstens zu einem Kompromiß genötigt werden, der London eine klare Option zwischen Rom und Genf ersparte. Auf der anderen Seite sollte jedoch jede Drohung von Beteuerungen der Freundschaft und von Bekundungen des Verständnisses für den italienischen Standpunkt begleitet werden. Ließ sich Mussolini dadurch aber nicht von seinem Ziel abdrängen, sollte die dann unvermeidliche Option für Genf in einer Form geschehen, die zwar der Völkerbundssatzung formal Genüge tat und die britische Öffentlichkeit zufriedenstellte, doch wiederum Mussolini keinen Anlaß zu einem Wechsel seiner politischen Freundschaften gab. Schritte, die in die Nähe eines Krieges mit Italien führen mochten, schieden von vornherein aus[88].

Auf Grund der französisch-britischen Haltung reagierte der Völkerbund auf den italienischen Angriff wohl mit Sanktionen, aber nur mit wirtschaftlichen Sanktionen relativ harmloser Art. Der Überfall auf ein Mitglied des Bundes wurde praktisch widerstandslos hingenommen, und Genf erlitt eine vernichtende Niederlage, die das Ende der politischen Funktion des Völ-

---

[87] A. Eden, Earl of Avon, Angesichts der Diktatoren. Memoiren 1923-1938, Köln 1964, S. 279.
[88] M. Funke, Sanktionen und Kanonen. Hitler, Mussolini und der internationale Abessinienkonflikt 1934/36, Düsseldorf 1970.

kerbunds bedeutete. Als die Delegierten der Vollversammlung am 4. Juli 1936 die Einstellung der Sanktionen beschlossen, begruben sie auch den Gedanken der kollektiven Sicherheit: Europa trat unwiderruflich in eine neue Ära des internationalen Faustrechts ein. Einige Wochen vor dem Beginn des Feldzugs in Abessinien hatte Winston Churchill einer Bekannten, von der er auf einer privaten Gesellschaft gefragt worden war, warum ihn die – bereits klar erkennbaren – Pläne Mussolinis so besorgt stimmten, die Bedeutung des Vorgangs in wenigen Sätzen präzise erläutert:

"Wir haben uns bemüht, es den Nationen heutzutage, durch den Völkerbund und das ganze Geflecht des Völkerrechts, unmöglich zu machen, einander Unrecht zuzufügen. Indem er das Kaiserreich Äthiopien niederzuwerfen sucht, unternimmt Mussolini einen überaus gefährlichen und wahnwitzigen Angriff auf das ganze geschaffene Gebilde, und die Folgen eines solchen Angriffs sind noch gar nicht abzuschätzen. Wer vermag zu sagen, was daraus in einem Jahr, in zwei oder drei Jahren werden wird? Mit einem Deutschland, das in halsbrecherischem Tempo rüstet, mit einem England, das in einen pazifistischen Traum verloren ist, mit einem korrupten und im Innern zerrissenen Frankreich, mit einem distanzierten und indifferenten Amerika - Madame, meine Liebe, zittern Sie da nicht um Ihre Kinder?"[89]

Zu allem Überfluß hatten sich die Westmächte mit der Opferung des Völkerbunds keineswegs die Freundschaft Italiens erkauft. Angesichts der wirtschaftlichen Schwächen Italiens und angesichts der militärischen Rückschläge, die das italienische Heer in der ersten Phase des Feldzugs hinnehmen mußte, hatten schon die harmlosen Sanktionen, die der Völkerbund tatsächlich verhängte, Mussolini in Schwierigkeiten gebracht. Er vergaß weder diese Schwierigkeiten noch die moralische Isolierung, in die er sich durch seine räuberische Politik selbst manövriert hatte, für die er aber die Opposition der Westmächte, so schwächlich und unernst sie gewesen war, verantwortlich machte. Als Paris, London und Genf endgültig vor Mussolini kapitulierten, da kapitulierten sie vor einem inzwischen gründlich verärgerten Duce. Außerdem war Mussolini nun überzeugt davon, daß jeder weitere Zug italienischer Eroberungspolitik auf die Gegnerschaft der Westmächte treffen werde, daß der Westen jedoch keinen stärkeren Widerstandswillen mehr besitze und zur Hinnahme neuer annexionistischer Aktionen gezwungen werden könne, sofern sich Italien mit einem starken Bundesgenossen liiere. Mussolini blickte also nun erst recht nach Deutschland, dem er schon während des abessinischen Abenteuers nähergerückt war.

Bereits im Januar 1936 unternahm er einen Schritt, der die außenpolitische Konstellation in Europa völlig veränderte. Er ließ die deutsche Regierung wissen, daß er seinen seit 1933 vertretenen Standpunkt in der österreichischen Frage revidiert habe: zwar sei er noch an der Erhaltung der for-

---

[89] Gilbert, Churchill, V, S. 666.

mellen Selbständigkeit Österreichs interessiert, werde aber nichts dagegen einwenden, wenn Deutschland den Nachbarstaat in einen Satelliten verwandle. Am 11. Juli 1936 konnte Hitler mit der Wiener Regierung in der Tat ein Abkommen schließen, das die Konsequenz aus Mussolinis Schwenkung zog; Österreich mußte sich sowohl zu einer „deutschen" Außenpolitik wie zur Beteiligung der österreichischen NSDAP an der Regierungsverantwortung verpflichten und war damit schon beinahe gleichgeschaltet. Zuvor hatte Mussolini praktisch bereits als Verbündeter Hitlers gehandelt, indem er dem deutschen Diktator bei der Liquidierung von Locarno und bei der Remilitarisierung des Rheinlands Flankenschutz gab[90]. Hitler hatte sich in den ersten Monaten des abessinischen Konflikts noch vorsichtig zurückgehalten. Die nationalsozialistischen Führer besaßen von den Motiven der französisch-britischen Italienpolitik nur eine verschwommene Vorstellung und glaubten daher zunächst – auch ihrer eigenen Denkungsart entsprechend – an eine von imperialen Interessen diktierte harte Reaktion vor allem Großbritanniens. So hat sich die Reichsregierung einem gegen Italien verhängten Waffenembargo sogleich angeschlossen und die deutschen Exporte nach Italien anfänglich gar nicht, später nicht wesentlich erhöht. Hitler hat in Genf sogar mitteilen lassen, daß sich Deutschland in diesem Sinne an der Sanktionspolitik des Völkerbunds beteilige. Jedoch begriff Hitler bald, daß Paris und London der italienischen Aktion nicht so energisch entgegentraten, wie er erwartet hatte. Als sich ihm dann auch noch Mussolini in der österreichischen Frage zu nähern begann, witterte er, daß sich im Schatten der abessinischen Krise plötzlich die langersehnte Chance zur Erledigung von Locarno und damit zum Ausbruch aus dem frustrierenden diplomatischen Stellungskrieg bot. So ging er jetzt auf die italienischen Avancen ein, und nach vorheriger Verständigung mit Mussolini erklärte er am 7. März 1936 den Vertrag von Locarno für erledigt und ließ rund 30 000 Mann in das bislang entmilitarisierte Rheinland einmarschieren – nicht ohne, aus Furcht vor einem westlichen Gegenschlag, seinen Vertragsbruch mit Versprechungen künftigen Wohlverhaltens und mit dem Hinweis auf die nun durchaus mögliche Rückkehr Deutschlands in den Völkerbund zu garnieren.

Da er – seiner oft langen strategischen und taktischen Argumentationstiraden ungeachtet – mehr instinktiv als kalkuliert handelte und sich von der jeweiligen Situation stets nur ein von seiner „Weltanschauung" und von seinem Charakter bestimmtes Zerrbild zu machen vermochte, hat Hitler den Einmarsch ins Rheinland damals wie später als sein riskantestes außenpolitisches Unternehmen angesehen. Ein Jahr später erzählte er beim Mittagessen im Kreise seiner Paladine, daß er die Rheinlandbesetzung beinahe

---

[90] E. M. Robertson, Zur Wiederbesetzung des Rheinlandes 1936, in: VfZ 10 (1962), S. 178-205; ders., Hitler und die Sanktionen des Völkerbundes. Mussolini und die Besetzung des Rheinlands, in: VfZ 26 (1978), S. 237-264.

noch im letzten Augenblick rückgängig gemacht hätte, als sich die Botschafter Frankreichs und Großbritanniens bei ihm anmeldeten; doch seien die Unterredungen mit André Francois-Poncet und Sir Eric Phipps dann ganz harmlos verlaufen[91]. In Wirklichkeit waren seine Besorgnisse völlig unbegründet. Die Westmächte hatten durch ihre eigene Italienpolitik in der abessinischen Krise und durch die neue Deutschlandpolitik des Duce sowohl die moralische wie die politische Basis verloren, die sie für ein Vorgehen gegen Deutschland gebraucht hätten. Sie mußten – wobei sich die verantwortlichen Politiker zusätzlich noch auf die in der Tat verbreitete Abneigung der öffentlichen Meinung gegen eine Intervention und erstmals auch auf noch keineswegs gegebene militärische Schwächen beriefen – Hitlers Vertragsbruch tatenlos hinnehmen, zumal die deutsche Sünde moralisch, rechtlich und namentlich in der Sache doch geringer wog als die so leicht bestrafte italienische Sünde; schließlich waren die deutschen Truppen nicht in ein anderes Land eingefallen, sondern lediglich, in einem immerhin verständlich erscheinenden Akt der Wiederherstellung von Souveränität, in deutsche Städte eingerückt.

Die Folgen der westlichen Passivität waren allerdings groß. Die französische Regierung hatte die Möglichkeit aus der Hand gegeben, bei östlichen Aggressionen Deutschlands rasch und relativ gefahrlos zu intervenieren. Sie hatte damit praktisch auch schon bekundet, daß Frankreich nicht länger, wie seit Kriegsende beansprucht und versprochen, als unerbittlicher Wächter des Status quo auftreten, vielmehr seine Interessen künftig enger definieren und nur noch bei einer unmittelbaren Bedrohung der französischen Sicherheit militärisch in Aktion treten werde. Die letzte Stütze der französischen Führungsposition war zerbrochen. In Warschau, Belgrad, Bukarest und selbst in Prag wurde logischerweise der Schluß gezogen, ein Arrangement mit Deutschland und folglich eine gewisse Anlehnung an Deutschland seien nun unvermeidlich geworden. Vom wachsenden wirtschaftlichen Einfluß unterstützt und angesichts der französischen Schwäche auch als Protektor gegen Sowjetrußland mißtrauisch willkommen geheißen, begann Deutschland zumindest auf dem Balkan Frankreich abzulösen. Im übrigen hatte auch Großbritannien eine Haltung an den Tag gelegt, die deutlich zu verstehen gab, daß London gegen den Aufstieg Deutschlands zur führenden Macht des Kontinents nichts unternehmen wolle, sofern Berlin die anderen Mächte nicht zur Abwehr einer Eroberungspolitik zwinge, die eben nicht den deutschen Einflußbereich, sondern das deutsche Herrschaftsgebiet erweitern werde.

Hitler hingegen fühlte sich endlich frei. Mit der Liquidierung von Locarno waren die Fesseln des letzten multilateralen internationalen Systems abgestreift, dem Deutschland noch angehört hatte. Nach der Remilitarisierung des Rheinlands konnte in absehbarer Zeit – durch die Stationierung

---

[91] Tagebücher von Joseph Goebbels, Bd. 3, S. 72.

stärkerer Kräfte und die Anlage moderner Befestigungen – eine militärische Rückendeckung gegen Frankreich geschaffen werden, und da es sich hierbei um eine handgreifliche Veränderung der Machtlage handelte, begriff Hitler auch, daß er der Trennung Osteuropas von den Westmächten in der Tat ein gutes Stück nähergekommen war. Aus der Londoner Passivität wiederum las er heraus, daß Großbritannien eine deutsche Ostexpansion vermutlich tatsächlich tolerieren werde, wobei ihm erste Zweifel kamen, ob das enge und „ewige Bündnis" mit London, das er bislang als notwendige Voraussetzung angesehen und von dem er noch im Vorjahr gesprochen hatte, wirklich erforderlich sei. Daß England, entgegen seinen Erwartungen, Mussolinis Annexion Abessiniens hinnahm, hatte ihm tiefen Eindruck gemacht, und so begann sich in ihm keimhaft die Vorstellung zu formen, daß er freie Hand im Osten auch schon dann bekommen könne, wenn er den Briten mit politischen Pressionen und militärischen Drohungen genügend einheize. „England ist schwach", so hieß es nun in Berlin. „Keine Weltmacht mehr. Schlappe Führung. Man weiß also in Zukunft, was davon zu halten ist."[92] Mit Mussolini hingegen hatte er in einer Weise zusammengearbeitet, die er als Vorstufe zu einer festen Allianz verstand. Wenn Hitler vor seinem Coup den Druck auf Berlin und die westliche Interventionsbereitschaft überschätzt hatte, so verfiel er nun in eine noch weniger realistische Überschätzung des eigenen Handlungsspielraums und der westlichen Konzessionsbereitschaft. Da er den Coup sowohl gegen den Rat des Generalstabs wie gegen die Bedenken des Auswärtigen Amts riskiert hatte und sich folglich den Durchbruch des Dritten Reiches zu der nun gegebenen internationalen Stellung aufs eigene Konto schrieb, stieg überdies sein ohnehin abnorm entwickeltes Sendungs- und Selbstbewußtsein. Die Beherrschung der schon bisher sehr ausgeprägten Neigung, Wunschbilder und die eigene Intuition dem Votum der Experten vorzuziehen, wurde ihm vollends unmöglich. Seiner Ansicht nach kam es jetzt nur noch darauf an, militärisch stärker zu werden.

Zunächst blieb ihm das Glück freilich gewogen. Alle Tendenzen, die in der abessinischen Krise und in der Rheinland-Affäre hervorgetreten waren, der Rückzug des Westens in einen ratlosen Quietismus, die Aktivitätssteigerung der beiden expansionistischen Mächte und die Anziehungskraft, die Rom und Berlin aufeinander ausübten, wurden noch verstärkt, als im Juli 1936 ein von General Franco geführter Rechtsputsch gegen die legale Madrider Regierung einen offenen Bürgerkrieg in Spanien auslöste. Frankreich und Großbritannien konnten nicht intervenieren, da jede klare Parteinahme schwere innere Konflikte zwischen den eigenen linken und rechten Gruppen zur Folge gehabt hätte. Hingegen griffen Mussolini und Hitler sofort mit Material und Truppen zugunsten der Putschisten ein, allerdings ohne daß dabei die politische Verwandtschaft mit Franco und mit der

---

[92] Tagebücher von Joseph Goebbels, Bd. 2, S. 601.

auf Seiten der Generäle kämpfenden spanischen Faschisten eine größere Rolle gespielt hätte. Mussolini wollte sich die Gelegenheit nicht entgehen lassen, Spanien in eine gewisse Abhängigkeit von Italien zu bringen und dem faschistischen Imperialismus eine bessere strategische Position im westlichen Mittelmeer – durch Franco abgepreßte militärische Stützpunkte – zu verschaffen. So rückte auch Tunis in Reichweite, zumal italienische Stützpunkte in Spanien eine generelle Verschlechterung der strategischen Lage Frankreichs zu bedeuten schienen, weil sie die Chance eröffneten, im Kriegsfall Frankreich vom französischen Nordafrika abzuschneiden. An solchen Ambitionen zerbrach aber notwendigerweise auch noch der Rest der italienisch-französischen Freundschaft, die Pariser Politiker wie Laval so mühsam durch den abessinischen Konflikt zu retten gesucht hatten, und die Kampfansage an Frankreich manövrierte Mussolini außerdem in eine Situation, in der sich das Bündnis mit Berlin aus einer verlockenden und bislang erst zum Flirt gediehenen Möglichkeit in eine bare Notwendigkeit verwandelte, wenn die völlige Isolierung Italiens und ein schmachvoller Abbruch der Intervention verhindert werden sollte.

Eben deshalb war Hitler am italienischen Engagement in Spanien brennend interessiert[93]. Sein Hauptgrund für eine deutsche Intervention war gewiß die Überzeugung, daß ein Fehlschlag des rechten Aufstands den linken Kräften in ganz Europa – womöglich auch in Deutschland – enormen Auftrieb geben würde. Hitler rechnete sogar damit, daß den im Regierungslager stehenden spanischen Kommunisten bei einer Niederwerfung der Rebellion die Macht zufallen müsse und daß dann die kommunistische Welle sogleich über die Pyrenäen schlagen werde, Frankreich ebenfalls die Bolschewisierung bescherend; er glaubte tatsächlich, daß es sich bei dem französischen Sozialistenführer Leon Blum, damals in Frankreich Ministerpräsident einer Volksfrontregierung, um einen „bewußten Agenten der Sowjets" handle, um einen „Zionisten und Weltzerstörer"[94]. Nun hatte der „Führer" gegen eine geschehene oder unmittelbar drohende Bolschewisierung Frankreichs grundsätzlich gar nichts einzuwenden; gerade Mitte der dreißiger Jahre erhoffte er sich ja von einer solchen Krise im westlichen Nachbarstaat den großen Anlaß für das umfassend „ordnungstiftende" Eingreifen Deutschlands auf dem europäischen Kontinent. Doch erst in ein paar Jahren. Im Augenblick war das Reich dafür militärisch noch zu schwach, weshalb man, wie er am 2. Dezember 1936 in einer Kabinettssitzung sagte, nur wünschen könne, „daß Krise vertagt wird, bis wir fertig sind". Derzeit komme es in erster Linie auf die Aufrüstung an, bei der Geld keine Rolle spielen dürfe: „Denn in der Krise entscheiden die Waffen,

[93] W. Schieder / Ch. Dipper (Hrsg.), Der Spanische Bürgerkrieg in der internationalen Politik 1936-1939, München 1976; H.-H. Abendroth, Die deutsche Intervention im Spanischen Bürgerkrieg. Ein Diskussionsbeitrag, in: VfZ 30 (1982), S. 117-129.

[94] Tagebücher von Joseph Goebbels, Bd. 2, S. 743.

nicht gedeckte oder ungedeckte Wechsel."[95] Daneben aber diente die deutsche Unterstützung Francos in Hitlers Augen nicht zuletzt dem Zweck, einen Krieg zu fördern, der ihm Italien in die Arme treiben mußte.

Bald durfte er auch den Gewinn seiner Spekulation einstreichen. Am 20. Oktober 1936 kam Graf Ciano, Schwiegersohn Mussolinis und italienischer Außenminister, nach Berlin, wo er mit Hitler, der jetzt auch die italienische Herrschaft in Abessinien offiziell anerkannte, eine enge politische Zusammenarbeit vereinbarte, die jeweiligen Expansionsräume – Mittelmeer und Osteuropa – absteckte und dem deutschen Diktator versicherte, Italien werde auch bei der Vorbereitung eines Krieges an seiner Seite stehen. Mussolini selbst verkündete am 1. November 1936 die Existenz einer „Achse" Rom-Berlin. Diese neue Partnerschaft ist nicht als Bündnis alten Stils, sondern als Ausdruck ideologisch-politischer Solidarität präsentiert worden. Tatsächlich lief sie auf eine gemeinsame Kriegserklärung an den Status quo hinaus, die das gestiegene Selbstvertrauen von „Duce" und „Führer" deutlich genug dokumentierte. Die Regierungen der Westmächte konnten aber nicht einmal gegen die italienisch-deutsche Intervention in Spanien etwas unternehmen, da auch dies eine Parteinahme im Bürgerkrieg bedeutet und daher in den westlichen Ländern innenpolitische Krisen heraufbeschworen hätte; auch wäre die Gefahr eines großen europäischen Konflikts größer geworden. Im übrigen schlug sich das stalinistische Rußland, das gerade in die Ära der jeder rationalen Erklärung spottenden „Säuberungen" eintrat und dem europäischen Bürgertum wie auch einem erheblichen Teil der europäischen Arbeiterschaft mehr denn je als unheimliche Bedrohung erschien, auf die Seite der Madrider Regierung und sicherte damit auch in den westeuropäischen Ländern der italienisch-deutschen Hilfe für Franco eine gewisse und manchmal zum Wohlwollen gesteigerte Toleranz.

Die Wandlung der internationalen Lage ermunterte die nationalsozialistischen Führer Deutschlands alsbald auch zu einer ersten Übung in „Weltpolitik", worunter sie aber, anders als der klassische und ordinäre Imperialismus deutschnationaler Gruppen, zunächst nicht den Versuch verstanden, mit dem Erwerb von Kolonien in Übersee Fuß zu fassen, sondern vorerst nur eine weltweite Bündnispolitik, die Deutschlands Stellung in Europa stärken und den Übergang zur Expansion auf dem europäischen Kontinent erleichtern sollte. So schlossen sie am 25. November 1936 einen Vertrag mit Japan, der in seinem veröffentlichten Teil Tokio und Berlin zur Bekämpfung der Komintern verpflichtete und deshalb Antikominternpakt getauft wurde, der jedoch in einem geheimen Zusatzprotokoll wohlwollende Neutralität vorschrieb, falls einer der Vertragspartner mit Rußland zusammenstoßen sollte, und den beiden Mächten freundschaftliche Vereinbarungen mit Moskau praktisch verbot. Das Abkommen war auf deutscher Seite fast ohne Mitwirkung des Auswärtigen Amts zustande gekommen und im we-

---

[95] Ebenda.

sentlichen – natürlich unter dem wachsamen Auge des „Führers" – das Werk Joachim v. Ribbentrops, der seit 1932, als er sich der NSDAP angeschlossen und sich Hitler durch gesellschaftliche Beziehungen nützlich gemacht hatte, zum Spezialisten für spezifisch nationalsozialistische Außenpolitik aufgestiegen war; als Leiter der NSDAP-offiziellen „Dienststelle Ribbentrop" hatte er maßgeblichen Anteil am deutsch-britischen Flottenabkommen gehabt, und im Sommer 1936 war er zum Botschafter des Reiches in London ernannt worden, ohne jedoch auf die Leitung der „Dienststelle" und auf seine Sonderrolle als „nationalsozialistischer" Außenpolitiker in der Umgebung des „Führers" zu verzichten[96]. Seine Partner auf japanischer Seite waren Repräsentanten jener quasi-faschistischen Heeresoffiziere, die seit Jahren einen großostasiatischen – keineswegs auf die Mandschurei beschränkten – Imperialismus Japans forderten. Der Pakt mit der nach „Italien und Deutschland dritten faschistischen Großmacht der Welt", wie Karl Haushofer im „Völkischen Beobachter" schrieb, hatte denn auch den Sinn, neben den Territorien am Mittelmeer und neben Osteuropa einen weiteren Großraum, eben Ostasien, für Expansion abzustecken und eine gewisse Koordination der japanischen Aggressivität mit den europäischen Imperialismen zu erreichen. Allerdings sollte es nie zu einer planmäßigen Zusammenarbeit kommen. Aber die Proklamierung der deutsch-japanischen Solidarität machte doch auf die interkontinentale Wechselwirkung aufmerksam, die allein schon von der Existenz eines europäischen und eines asiatischen Zentrums expansionistischer Aktivität ausging. Der Pakt wirkte zudem als ausdrückliche Erklärung, daß Deutschaland und Japan diese Ergänzungsfunktion, die das gegnerische Lager zur Zersplitterung der Mittel und zu einer unentschlossen – nachgiebigen Politik verleiten mußte, künftig bewußt zu benutzen gedachten. Drückte Japan, durch die deutsche Rückendeckung ermutigt, noch stärker als bisher auf die asiatischen Interessen Rußlands und Großbritanniens, so mochte, wie Hitler hoffte, die Sowjetunion in Europa angreifbarer und England den deutschen Wünschen gefügiger werden[97].

In der politischen Realität erhielt das Abkommen freilich einen ausgesprochen antibritischen Effekt. Die japanischen Imperialisten nahmen die Entlastung, die sie nach der nun anscheinend gegebenen Einschränkung der sowjetischen Handlungsfreiheit zu spüren meinten, zum Anlaß, Vorstöße in jene Richtung zu unternehmen, wo ihre eigentlichen Ziele lagen, China und praktisch ganz Südostasien, wo sie aber sogleich auf britische, holländische und amerikanische Interessen trafen, wo erst recht ihre weiteren Ambitionen als unerträgliche Herausforderung des Commonwealth

[96] W. Michalka, Ribbentrop und die deutsche Weltpolitik 1933-1940. Außenpolitische Konzeptionen und Entscheidungsprozesse im Dritten Reich, München 1980.

[97] L. Presseisen, Germany and Japan. A Study in Totalitarian Diplomacy 1933-1941, Den Haag 1958; Th. Sommer, Deutschland und Japan zwischen den Mächten 1935–1940, Tübingen 1962.

und der USA erschienen. Nachdem japanische Truppen am 7. Juli 1937 in China selbst eingefallen waren und sich bald in offensichtlich langwierige Kämpfe verstrickt hatten, stand fest, daß Japan einen Expansionskurs ge- wählt hatte, der geradewegs zum Zusammenstoß mit den großen Seemäch- ten führen, dem japanisch-sowjetischen Gegensatz hingegen einen wesent- lichen Teil seiner Schärfe nehmen mußte; seit der Bindung in China war die japanische Armee zu einem großen Konflikt mit einer anderen bedeu- tenden Landmacht ohnehin nicht mehr fähig. Daß der Antikominternpakt also in Wirklichkeit die außenpolitische Gesamtlage der Sowjetunion ver- besserte und namentlich den Druck auf Großbritannien erhöhte, ist aber in Berlin gar nicht ungern gesehen worden. Hitler war der Meinung, daß man in London überseeischen Interessen größere Bedeutung beimesse als Vor- gängen auf dem europäischen Kontinent, und so hielt er die Aufstachelung Japans für besonders geeignet, England anderweitig zu binden und der bri- tischen Bereitschaft zur Tolerierung der deutschen Expansion nachzuhel- fen. Der korrespondierende Bedeutungsverlust des japanisch-sowjetischen Gegensatzes ist ihm offenbar nie bewußt geworden, und daß eine Zusam- menarbeit mit Japan neben der Feindschaft Englands die Mobilisierung der USA auch gegen Deutschland als Zukunftsmöglichkeit heraufbeschwor, hat er erst recht nicht erkannt. So ist es von der nationalsozialistischen Führung sogar als Erfolg gewertet worden, daß sich die antibritischen Aspekte der Verbindung mit Japan noch deutlicher abzeichneten, als am 6. November 1937 das „weltpolitische Dreieck" Berlin-Rom-Tokio entstand und mit Italien dem Antikominternpakt ein Staat beitrat, den außer der ideologischen Differenz keine konkrete politische Streitfrage von der So- wjetunion trennte, den jedoch Mussolinis mediterraner Ehrgeiz auf anti- französische und antibritische Wege gebracht hatte. „Theoretisch antikom- munistisch, doch tatsächlich unmißverständlich antibritisch", charakteri- sierte Graf Ciano den Sinn des „Dreiecks", und er hat auch festgehalten, daß der Antikominternpakt, wie schon die Achse Berlin-Rom, über engere diplomatische Zwecke hinaus vor allem eine grundsätzliche Kampfansage an den Status quo darstellte. „Die Nationen", so notierte er zum italieni- schen Beitritt in seinem Tagebuch, „betreten gemeinsam den Pfad, der sie vielleicht zum Kriege führt. Zu einem Kriege, der notwendig ist, um die Kruste zu durchbrechen, die die Energie und die Bestrebungen der jungen Nationen erstickt."[98] Am 11. Dezember 1937 verließ auch Italien den Völ- kerbund.

Mit alledem geriet Hitler rasch in eine Stimmung, die ihn Abkürzungs- wege zum Krieg suchen ließ. Bereits im November 1936 begann er davon zu träumen, daß die Aufrüstung, in die er „märchenhafte.Summen" hinein- stecke, schneller die gewünschten Resultate zeitigen und ihn früher zum Handeln instand setzen werde als noch vor ein oder zwei Jahren erwartet:

---

[98] Graf G. Ciano, Tagebücher 1937/38, Hamburg 1949, S. 39.

„1938 sind wir ganz fertig."[99] Im Lauf des Jahres 1937 sprach er immer
häufiger davon, daß in absehbarer Zukunft eine große Auseinandersetzung
– ein „Weltkampf" – kommen werde, die ihm dann die Liquidierung des
Westfälischen Friedens erlaube[100]. Zugleich beschwor er wieder des öfteren
die deutsche „Raumnot", die es zu beheben gelte, und zwar tat er das auch
in aller Öffentlichkeit, so Anfang Oktober 1937 auf dem Bückeburger Bau-
erntag. „Die Bauern sind begeistert", kommentierte Goebbels[101]. Im Kreise
seiner Vertrauten machte der „Führer" in solchen Zusammenhängen kein
Hehl mehr daraus, daß ihn nun die Frage bewege, ob die zur Realisierung
seines Programms erforderliche Zwischenphase, in der Deutschlands Grenzen und Deutschlands politischer Einfluß unmittelbar an die baltische und
russische Beute heranzuschieben waren, nicht schon demnächst eingeleitet
werden dürfe: Die Gegensätze zwischen Italien und den Westmächten, die
wachsende Abhängigkeit Italiens von Deutschland, Japans Konflikte mit
der Sowjetunion und mit den Seemächten, die Koordinierung der beiden
europäischen Imperialismen mit dem ostasiatischen Imperialismus,
schließlich die inneren Krisen, unter denen Verteidiger des Status quo wie
Frankreich litten – in einer politischen Landschaft, aus der die kollektive
Sicherheit wieder eliminiert war und an deren Rand der Völkerbund nur
noch ein Schattendasein fristete, mochten das Faktoren sein, die es
Deutschland trotz einer gewiß immer noch mangelhaften Rüstung gestatte-
ten, einige Rußland vorgelagerte Staaten bereits jetzt „so oder so fest in unsere Hand" zu nehmen, wie eine interne Interpretation besagte. Konkret
bedeutete das: Hitler warf von Monat zu Monat begehrlichere Blicke auf
die Tschechoslowakei und auf Österreich. „Beide müssen wir haben", hieß
es im März 1937[102], und Goebbels notierte damals: „Diese Tschechen haben mit Recht eine Judenjungenangst."[103] Wenige Monate später prophezeite Hitler, daß er „in Österreich ... tabula rasa machen" werde, und zwar
„mit Gewalt", daß ferner „die Tschechei ... überrannt" werden müsse. Mit
höhnischer Befriedigung schrieb Goebbels in sein Tagebuch: „Arme Tschechei. Sie wird in näherer und weiterer Zukunft nichts zu lachen haben."[104]
In einer Besprechung, die am 5. November 1937 in der Reichskanzlei stattfand, hat der „Führer" dann seinen engsten außenpolitischen und militärischen Gehilfen in aller Deutlichkeit gesagt, daß er als erste Objekte seiner
„Raumpolitik" die Tschechoslowakei und Österreich einzuverleiben gedenke – vielleicht bereits 1938[105].

---

99 Tagebücher von Joseph Goebbels, Bd. 2, S. 726 f.
100 Tagebücher von Joseph Goebbels, Bd. 3, S. 45, 55.
101 Ebenda, S. 138, 288.
102 Ebenda, S. 79.
103 Ebenda, S. 65, 223, 266.
104 Ebenda, S. 307.
105 B. J. Wendt, Großdeutschland. Außenpolitik und Kriegsvorbereitung des Hitler-Regimes, München 1987, S. 11 ff.

Daß Hitler ebenfalls ein Abessinien fordern werde und daß darunter
mindestens die bekannten Ansprüche des deutschen Revisionismus zu verstehen seien, ist denn auch überall in Europa erwartet worden. Aber anders
als 1914 wäre Europa diesmal tatsächlich bereit gewesen, die Realisierung
begrenzter territorialer Wünsche Berlins und eine weitgehende Ausbreitung der wirtschaftlich-politischen Einflüsse Deutschlands auf dem Kontinent zu tolerieren. Entscheidend war dafür die Haltung Großbritanniens,
das selbst angesichts steigender deutscher Forderungen darauf beharrte,
eine Verständigung mit Hitler zu suchen. Allerdings besaß Großbritannien,
wenn es nicht von der Macht der USA gestützt wurde, in der Tat nicht
mehr die Kraft, sowohl Japan wie den aggressiven Staaten Europas entgegenzutreten, und in den USA dominierte noch immer die Abneigung gegen eine Verstrickung in ferne Händel. Kurz vor dem Höhepunkt der abessinischen Krise, am 31. August 1935, nahm der amerikanische Kongreß
sogar eine Neutralitäts-Akte an, die es dem Präsidenten unmöglich machte,
im Kriegsfall einen angegriffenen Staat wirtschaftlich und politisch zu be-
vorzugen oder den Angreifer zu benachteiligen. Nicht einmal der japanische Vormarsch in China rüttelte die öffentliche Meinung genügend auf.
Der amerikanische Isolationismus lieferte mithin England einen gewichtigen Grund, in Europa mit Italien und Deutschland wenigstens einen Mo-
dus vivendi finden zu wollen.

Allerdings hatten die meisten Briten – auch die Politiker der Dominions
– die amerikanische Selbstgenügsamkeit als Grund ihrer Neigung zum europäischen Appeasement gar nicht nötig und benutzten sie allenfalls als
plausible Rechtfertigung der eigenen Haltung. Nach wie vor weigerte sich
die überwältigende Mehrheit der britischen Bevölkerung, einen neuen
Krieg ins Auge zu fassen und einer den Krieg immerhin nicht mehr ganz
ausschließenden Politik zu folgen; anders als in Deutschland und Italien,
wo beträchtliche Teile der Nationen, national bis nationalistisch empfin-
dend, doch wesentlich kriegsbereiter waren als die entsprechenden französischen und britischen Schichten, wo weitere Gruppen sich von der Propaganda der Regime wenigstens betäuben ließen und oppositionelle Reste
sich politisch völlig ausgeschaltet sahen, zog in England die Abneigung gegen den Krieg dem außenpolitischen Spielraum der Regierung in der Tat
enge Grenzen. Überdies amtierte seit Mai 1937 ein Premierminister, der
geradezu die Personifizierung des britischen Friedenswillens war. Neville
Chamberlain, ein Stiefbruder Sir Austen Chamberlains, des Außenministers der Locarno-Periode, hatte weder für Diktaturen noch für Diktatoren
etwas übrig[106]. Jedoch betrachtete er die Verhinderung eines abermaligen
europäischen Krieges als eine Aufgabe, die allem anderen vorangehen
müsse, im wahrsten Sinne des Wortes als eine Mission, und er betrachtete
diese Aufgabe außerdem als eine von Gott ihm persönlich aufgetragene

[106] K. Feiling, The Life of Neville Chamberlain, London 1946.

Mission, in deren Dienst er sein ganzes – zuletzt als erfolgreicher Schatz-kanzler erworbenes – politisches Prestige ebenso stellte wie seine beträcht-liche Energie und einen gegen Zweifel oder kritische Argumente weitge-hend immunen Starrsinn. Da er Sendungs- und Selbstbewußtsein mit ei-nem starken Machtwillen verband und genau im Schnittpunkt der Wün-sche einer klaren Majorität sowohl der Bevölkerung wie ihrer politischen Repräsentanten stand, gelang es ihm auch, während seiner missionarischen Aktivität die von ihm geführte Konservative Partei einer fast schon auto-kratischen Herrschaft zu unterwerfen und lange Zeit exakt auf der von ihm verfolgten Linie zu halten. Voraussetzungen des Chamberlainschen Appea-sement waren die Überzeugung, daß im Grunde doch auch Hitler und Mussolini rationale Staatsmänner seien, die saturiert werden könnten, und die Entschlossenheit, bei der Saturierung der beiden Diktatoren auch schwerste Opfer zu bringen. Chamberlain ließ sich nicht einmal durch die Erkenntnis abschrecken, daß die passive Toleranz der britischen Regierung keinesfalls genügen werde, eine friedliche Erfüllung der deutschen und ita-lienischen Ansprüche zu sichern. Vielmehr war klar, daß Frankreich zur gleichen Toleranz veranlaßt werden mußte und daß dies wiederum nur möglich war, wenn die diversen französischen Bündnisverpflichtungen nicht in Kraft zu treten brauchten, wenn mithin London und Paris die ost-europäischen Klientelstaaten Frankreichs, an die sich deutsche Forderun-gen richteten, zur Konzessionsbereitschaft zwangen.

Vier Faktoren erleichterten es Chamberlain, seiner unbezweifelbaren Friedensliebe nachzugeben. Er vermochte – in der Tradition Lloyd Georges und Austen Chamberlains stehend – kein besonderes britisches Interesse an Ost- und Südosteuropa zu erkennen. Ferner hinderte ihn eine tief einge-wurzelte Abneigung gegen den Kommunismus wie gegen die Sowjetunion vorerst daran, ein Bündnis mit Moskau zu suchen, das den Ausfall der USA hätte ersetzen können; die Abneigung verführte ihn sogar zu der Erwar-tung, die Zusammenarbeit mit dem immerhin antikommunistischen Drit-ten Reich werde dazu beitragen, bolschewistischen Expansionsgelüsten ei-nen Riegel vorzuschieben; als Resultat seiner Politik erhoffte er sich ohne-hin ein Kollegium der europäischen Großmächte England, Italien, Frank-reich und Deutschland, das nach dem Zerfall der kollektiven Sicherheit Europa führen, den Frieden garantieren und die Sowjetunion aussperren sollte. Drittens war er – wie ein beträchtlicher Teil der britischen Füh-rungsschicht – von der Sorge beeinflußt, die Anstrengung eines neuen Krieges werde die britische Gesellschaft unweigerlich zu einer sozialisti-schen Umgestaltung führen. Schließlich kam ihm, wenn er Mussolini und Hitler als rationale Männer und bloße Revisionspolitiker einschätzte, wenn er dazu noch die Befriedigung der Revisionswünsche als für Großbritan-nien unbedenklich ansah, zugute, daß seine Kenntnis der kontinentaleuro-päischen Verhältnisse bescheiden war und er sowohl von der Natur wie vor allem auch von den Folgen außenpolitischen Handelns und außenpolitischer Prozesse keine zulängliche Vorstellung besaß. Hingegen war Chamberlain frei von der Absicht, Deutschland gegen die Sowjetunion zu lenken oder Hitler wenigstens freie Hand im Osten zu geben. Er wollte dem nationalsozialistischen Deutschland die Revision der einen oder anderen territorialen Bestimmung des Versailler Vertrags zugestehen und verschaffen, nicht etwa eine uferlose Eroberungspolitik erlauben, bei der ja Großbritannien selbst die Abhängigkeit vom Dritten Reich drohen mußte.

Die Konzeption Chamberlains, der natürlich die militärische Schwäche Englands ebenfalls berücksichtigte und gegen seine zunächst wenig zahlreichen Kritiker gerne als Argument benützte, war gewiß von Anfang an zum Scheitern verurteilt, da Hitlers Kriegslust und Expansionsdrang eben nicht saturiert werden konnten, vielmehr durch jeden Erfolg und auch durch die permanente Aggressivität der NS-Bewegung ständig angeheizt wurden. Mehr noch: die Appeasement-Politik mußte Hitler eine Weile lang Gewinne bescheren, aus denen das Dritte Reich laufend Zunahmen seiner wirtschaftlichen, politischen und militärischen Kraft zog. Wer also der Meinung war, daß der Waffengang mit dem nationalsozialistischen Deutschland unvermeidlich sei, verfolgte naturgemäß mit wachsendem Horror eine Politik, die den künftigen Feind zunächst immer noch formidabler machte. Auf der anderen Seite ging die Appeasement-Politik von einer überzeugenden moralischen Motivation aus, anfänglich auch von einem immerhin vertretbaren politischen Kalkül. Auch vollbrachte die Chamberlainsche Politik eine wichtige – freilich gänzlich unbeabsichtigte – Leistung: sie entlarvte Hitler. Ohne eine Periode der Konzessionen wäre der Welt für den unausweichlichen Konflikt nie die Gewißheit gegeben worden, daß es Hitler eben nicht um Revision ging, sondern zumindest um die Verwirklichung des in „Mein Kampf" formulierten Programms und offenbar noch darüber hinaus um eine nicht mehr geographisch bestimmbare Machterweiterung. Jahre später, im August 1940, als Großbritannien dem in Frankreich siegreichen Hitler allein gegenüberstand, hat John Colville, Sekretär erst Chamberlains und dann Churchills, die Bemerkung eines Kollegen festgehalten, erst die Appeasement-Politik und ihr Scheitern hätten das Land gegen Hitler und das nationalsozialistische Deutschland geeint; ohne diese Voraussetzung wäre sicherlich eine starke Antikriegspartei entstanden[107]. In solcher Sicht konnte es in Kauf genommen werden, daß Chamberlain dem deutschen Diktator für den Versuch, Europa zu unterwerfen, zu einer günstigeren Ausgangsposition verhalf.

Zunächst fiel Hitler Österreich zu, allerdings auf eine Weise, die kaum Rückschlüsse auf seine wahren Ziele erlaubte und daher die Appeasement-Politik noch nicht ernstlich auf die Probe stellte[108]. Das autoritäre Regime Kurt v. Schuschniggs, der dem 1934 ermordeten Dollfuß gefolgt war, hatte,

---

[107] Colville, The Fringes of Power, S. 232.
[108] J. Gehl, Austria, Germany and the Anschluß.

obschon strukturell zur Teilung der Macht unfähig, nach dem im Juli 1936 mit Hitler geschlossenen Abkommen den österreichischen Nationalsozialisten größeren Spielraum geben müssen, einer Bewegung also, die ihrer Natur nach ebenfalls die ganze Macht beanspruchte. Die Folge war ein permanenter Konflikt, der lediglich Waffenstillstände zuließ, die von beiden Seiten wenig respektiert wurden, und um die Jahreswende 1937/38 entwickelte sich eine Situation, die der von 1933/34 glich. Hitler stand vor der Wahl, entweder zu intervenieren oder seine Anhänger ein zweites Mal im Stich zu lassen. Angesichts der völlig veränderten Gesamtlage kam für ihn ein neuerlicher Rückzug nicht mehr in Frage. Nach Verlautbarungen britischer Politiker durfte er außerdem auf die Inaktivität Englands rechnen, und Mussolini hatte, als er im September 1937 Deutschland besuchte, erklärt, daß er nun auch zur Billigung einer deutschen Intervention in Österreich bereit sei. Im übrigen war Hitler klar geworden, daß ein rascher Erfolg gegen die Tschechoslowakei – gegen das in seinen Augen strategisch wichtigere Ziel – durch die Verfügbarkeit Österreichs wesentlich erleichtert werden mußte, weil dies die Umgehung des tschechischen Befestigungsgürtels gestattete, der lediglich die Grenzen nach Deutschland deckte. Trotzdem hat sich Hitler anfänglich noch für ein paar Monate offenbar damit begnügen wollen, der österreichischen NSDAP mit massivem politisch-militärischen Druck – so am 12. Februar 1938 durch die brutale Einschüchterung Schuschniggs, als der österreichische Regierungschef mit dem „Führer" auf dem Obersalzberg zusammentraf – zur Macht zu verhelfen und ihr die Gleichschaltung Österreichs zu ermöglichen. Als Schuschnigg während des erfolgreich eingeleiteten Gleichschaltungsprozesses doch wenigstens insofern Widerstand zu leisten suchte, als er eine Volksabstimmung ansetzte, die durch ein entsprechendes Bekenntnis einer Mehrheit der Österreicher immerhin die formale staatliche Selbständigkeit Österreichs sichern sollte, entschloß sich Hitler aber rasch zur militärischen Besetzung des Landes, die in der Nacht vom 11. zum 12. März 1938 begann und Österreich am 13. März in eine Provinz Deutschlands verwandelte. Von einem beträchtlichen Teil der österreichischen Bevölkerung, der einen lange gehegten Traum der deutschen Nationalbewegung erfüllt sah, jubelnd begrüßt, schafften die einrückenden Truppen freilich auch jenen Organen des NS-Staates freie Bahn, die sogleich, von den österreichischen Nationalsozialisten eifrig unterstützt, ein wahres Schreckensregiment gegen alle politisch Mißliebigen, von den Sozialisten bis zu den Katholiken, errichteten und eine beispiellos brutale Judenverfolgung inszenierten; Kurt v. Schuschnigg verschwand ebenfalls in den Haftanstalten des Regimes.

Wenn Hitler über Außenpolitik sprach, gebrauchte er bezeichnend häufig Wendungen aus dem Jargon des Glücksspiels. Anfang Februar 1934 hatte er in einer Rede vor den Spitzenfunktionären seiner Partei sogar verlangt, daß der ganzen deutschen Nation jene „Spielerleidenschaft" eingeimpft werden müsse, die er als notwendige Eigenschaft eines Außenpolitikers von Geblüt ansah[109]. Auch nach dem österreichischen Erfolg verhielt er sich wie ein Spieler, der den Einsatz und den gesamten Gewinn sogleich auf den nächsten Becherwurf setzt. Er dachte gar nicht daran, nun erst die österreichische Beute zu verdauen und das zwar nicht überraschte, aber indignierte und vor allem ängstlich gewordene – doch erwartungsgemäß völlig passiv bleibende – Europa wieder etwas zur Ruhe kommen zu lassen. Er wollte keinen Grund dafür erkennen, das zusammen mit Österreich längst ins Visier genommene zweite Opfer, die Tschechoslowakische Republik, noch eine Weile zu verschonen. Allerdings war die Zeit der fast blinden Wagnisse (Rheinlandbesetzung) und der fast zufälligen Triumphe (Österreich) vorbei. Deutschland nahm jetzt eine Stellung ein, die im Grunde bereits stärker war als 1914 die Position des Deutschen Reiches und der Donaumonarchie zusammen, da die Staaten Ost- und Südosteuropas nicht mehr, wie damals, die Freiheit hatten, durch gelegentliche Anlehnung an Rußland eine Schaukelpolitik zwischen der östlichen Großmacht und Mitteleuropa zu treiben; das bolschewisierte Rußland war doch ein viel gefährlicherer Freund als das zaristische. Die ost- und südosteuropäischen Politiker mußten, wie immer sie über Hitler und Deutschland denken mochten, ihren außenpolitischen Orientierungspunkt in Berlin suchen. Auch Ungarn, wo lange Zeit das Wort Mussolinis größtes Gewicht gehabt hatte, befand sich jetzt im deutschen Machtbereich und geriet – trotz des aus Stolz wie aus Vorsicht resultierenden Widerstrebens der Budapester Führer – zunehmend unter deutsche Vormundschaft; im übrigen wußten die ungarischen Politiker sehr genau, daß Hitler nun in einer Lage war, in der er, anders als bisher Mussolini, die Erfüllung der revisionistischen Ansprüche Ungarns tatsächlich verheißen konnte. Im vollen Bewußtsein dieser beinahe schon hegemonialen Stellung war Hitler nicht mehr geneigt, auf eine irgendwann einmal auftauchende günstige Gelegenheit zur Improvisierung seines nächsten Coups zu warten, vielmehr sollte dieser im Rahmen eines genau kalkulierten Zeitplans sorgfältig inszeniert werden[110].

Drei „operative" Grundgedanken für das Vorgehen gegen die Tschechoslowakei hatte sich Hitler noch vor der österreichischen Krise einfallen lassen und gleich auch die Verwirklichung in die Wege geleitet. Von Mussolini, der 1935 der Welt einzureden versucht hatte, daß in Abessinien finsterste Barbarei herrsche und Italien einfach gezwungen sei, dem Land die Zivilisation zu bringen, übernahm er die Technik, das Opfer in den Augen Europas zu diskreditieren. Bereits im Herbst 1937 erhielten Presse, Rundfunk und Diplomatie den Auftrag, die europäische Öffentlichkeit – und damit zugleich die Deutschen selbst – davon zu überzeugen, daß Prags bündnispolitische Verbindung mit Paris, mit Moskau und mit der Kleinen Entente eine dreiste, ja unerträgliche Bedrohung des Deutschen Reiches dar-

---

[109] Akten des Hauptarchivs der NSDAP, Hoover Instituion, Reel 54, folder 1290.
[110] T. Taylor, Munich, S. 377 ff.

stelle, daß die CSR angesichts ihrer bunten Nationalitätenkarte ohnehin eine Fehlleistung der Pariser Friedensmacher gewesen sei und sich auf Grund der – unbestreitbaren – Versäumnisse ihrer Nationalitätenpolitik auch seither nicht die Berechtigung zur staatlichen Existenz erworben habe, daß insbesondere die Lage der deutschen Bürger dieses Landes an Knechtschaft grenze und häufig genug sogar durch brutale Verfolgung charakterisiert werde. Bereits im Oktober 1937 notierte Goebbels befriedigt: „Kampagne gegen Prag geht unentwegt weiter. Nun horchen London und Paris schon auf."[111] Ferner glaubte Hitler, die Lokalisierung einer Aktion gegen die CSR nicht allein durch die moralisch-politische Isolierung Prags sichern zu müssen, sondern auch noch durch die Internationalisierung der kommenden Krise, d.h. durch das Anheuern von Komplicen. Noch im November und Dezember 1937 setzten Versuche ein, Polen gegen die CSR zu gewinnen, und im Januar 1938 warb Hitler selbst um Jugoslawien, also um ein Mitglied der „Kleinen Entente"; entsprechende Winke gingen erst recht an Ungarn. Zum Höhepunkt einer Tschechen-Krise schließlich, der dann den Anlaß zur deutschen und internationalen Intervention und Invasion zu liefern hatte, sollte die allmähliche Zuspitzung einer innenpolitischen Krise der Republik führen, und dafür gedachte Hitler die Sudetendeutschen in einer ähnlichen Rolle agieren zu lassen, wie sie in Österreich die dortige NSDAP gespielt hatte. Tatsächlich hatte sich von 1933 bis 1938 die Mehrheit der Sudetendeutschen in einer Partei organisiert, die zwar – bei ihrer Gründung Sudetendeutsche Heimatfront getauft und 1935 in Sudetendeutsche Partei umbenannt – ursprünglich eine am Ziel der Autonomie orientierte nationale Sammlungsbewegung gewesen war, aber im Lauf weniger Jahre so viele faschistische und nationalsozialistische Elemente an sich gezogen und hervorgebracht hatte, daß sie nun durchaus zum Instrument für die Pläne Hitlers taugte; die Gründe lagen – von den Faktoren abgesehen, die in allen Gliedern der deutschen Nation zum Rechtsextremismus geführt hatten – im harten und seit 1918 von Prag oft kleinlich und rücksichtslos ausgefochtenen deutsch-tschechischen Nationalitätenkonflikt, in den Nöten der auf den Sudetengebieten besonders schwer lastenden Wirtschaftskrise, im Beispiel der reichsdeutschen Entwicklung und in zielbewußter reichsdeutscher Einwirkung auf die SdP. Konrad Henlein – an der Spitze der SdP die in der Realität auch mögliche hausbacken-biedere Spielart des faschistischen Massenführers – geriet jedenfalls seit 1935 mehr und mehr in ideologische, politische und finanzielle Abhängigkeit von Berlin, und im Dezember 1937 war die Gleichschaltung der SdP praktisch vollendet.

Kaum von den lärmenden Wiener Anschlußfeiern zurückgekehrt, machte sich dann Hitler – nun auch die Verbesserung der strategischen Lage vor Augen, die ihm die Annexion Österreichs gegenüber der CSR

---

[111] Tagebücher von Joseph Goebbels, Bd. 3, S. 308.

verschafft hatte – energisch daran, die internationale Spannung um Prag
und den innenpolitischen Konflikt in der CSR zu forcieren und die Mani-
pulation beider Krisen so zu kalkulieren, daß ihr Höhepunkt und der Termin des deutschen Angriffs schon für den Frühherbst 1938 vorgesehen
werden konnten. Dem diente eine abermalige Intensivierung der antitsche-
chischen Propaganda, dem diente die am 28. März 1938 Henlein erteilte
Weisung Hitlers, von der Prager Regierung „immer so viel zu fordern, daß
wir nicht zufrieden gestellt werden können"[112], dem diente eine zunehmend deutlichere deutsche Sprache in Warschau wie in Budapest und dem
diente zumal die jetzt ebenfalls konkretisierte militärische Planung. Seit
dem 7. Dezember 1937 im Besitz eines militärpolitisch und operativ offensiven Aufmarschplans für den Krieg gegen die Tschechoslowakei („Fall
Grün"), nachdem das Reichskriegsministerium die bislang defensive Weisung an die Wehrmacht auf Grund der Hitlerschen Darlegungen vom 5.
November entsprechend bearbeitet hatte, begann sich Hitler im Frühjahr
1938 intensiv mit den militärischen Details zu beschäftigen. Wohl sagte er
kurz nach der Erledigung des österreichischen Problems, daß es ihm mit
der Lösung der tschechoslowakischen Frage „nicht eilig" sei[113], doch war er
ja ein Mann, bei dem „nicht eilig" meist mit „erst in ein paar Monaten"
übersetzt werden mußte. Am 21. April konferierte er jedenfalls mit General
Keitel, dem Chef des Oberkommandos der Wehrmacht (OKW) – so hieß
das Kriegsministerium, seit Hitler am 4. Februar Minister Werner v. Blomberg verabschiedet und persönlich den Oberbefehl über die Wehrmacht
übernommen hatte –, bereits über den Anlaß eines Angriffs, wobei er dem
Militär auseinandersetzen zu müssen glaubte, daß ein „strategischer Überfall aus heiterem Himmel ohne ... Rechtfertigungsmöglichkeit" nicht an-
gängig sei; ein solches Vorgehen sei „nur zur Beseitigung des letzten Geg-
ners auf dem Festland berechtigt"[114]. Indes verriet er bei dieser Besprechung, daß er sich auch den Kopf darüber zerbrach, wie operiert werden
könne, falls die SdP aus irgendeinem Grunde versagen sollte; als geeigneter
Anlaß zu „blitzartigem Handeln", so überlegte er, könne ja auch „die Ermordung des deutschen Gesandten" dienen. Am 20. Mai legte das OKW
eine neue Weisung für den „Fall Grün" vor, in der Hitlers Intentionen in
die wiederum für ihn sehr typische Formel gefaßt war, er habe nicht die
Absicht, die Tschechoslowakei „schon in nächster Zeit durch eine militärische Aktion zu zerschlagen", es sei denn, daß sich eine günstige Gelegenheit biete[115]. Wenige Tage danach befand er denn auch die vom Heer für
September angesetzten Übungen „im überraschenden Einnehmen von Befestigungen" als „zu spät", und zugleich befahl er eine Änderung des

---

[112] ADAP, D, II, Nr. 167.
[113] Booms, Der Ursprung des 2. Weltkriegs, S. 351 f.
[114] Ebenda, S. 339.
[115] Wendt, Großdeutschland, S. 145.

OKW-Entwurfs, dessen neue Fassung, am 30. Mai präsentiert, mit den Worten begann: „Es ist mein unabänderlicher Entschluß, die Tschechoslowakei in absehbarer Zeit durch eine militärische Aktion zu zerschlagen." „Spätestens ab 1.10.38", so hieß es weiter, müsse der militärische Angriff möglich sein[116]. Ferner ließ er – seit Juni – entlang der deutsch-französischen Grenze in einem höllischen Tempo Befestigungswerke anlegen, die, unter der recht hochtrabenden Bezeichnung „Westwall", Frankreich beeindrucken und von einer militärischen Intervention zugunsten der CSR abschrecken sollten.

Hitlers Plan hat weder eine friedliche Beilegung der inszenierten Krise noch eine Abtretung der sudetendeutschen Gebiete je in Betracht gezogen. Seine Taktik bezweckte die Isolierung der CSR für einen kurzen und lokalisierten Krieg, denn nur ein solcher Krieg erlaubte die sofortige Unterwerfung der ganzen Tschechoslowakei, die er für die Fortsetzung der Ostexpansion brauchte; auch wollte er, wie er zu Konrad Henlein sagte, der „jungen Wehrmacht" Gelegenheit zu einer „Bewährungsprobe" geben[117]. Indes hielt er die Eroberung der CSR nicht allein aus strategischen, machtpolitischen und auch – angesichts der Rohstoffe des Landes und seiner agrarischen wie industriellen Leistungsfähigkeit – wirtschaftlichen Gründen für unverzichtbar. Nie verlor Hitler den „volkspolitischen" Gesichtspunkt der biologischen Expansion der deutschen Nation aus den Augen, und unter solchem Gesichtspunkt waren Böhmen und Mähren auch als Germanisierungsobjekte wichtig. Kurz vor dem Höhepunkt der Sudetenkrise sagte er intern: „Wir dürfen diese Völker, vor allem die Tschechen und ähnliches Gelichter nicht hochpäppeln, wir werden sie vielmehr einmal herausdrücken. Wir wollen nicht diese Völker, wir wollen ihr Land."[118]

Chamberlain hat dem „Führer" dieses Konzept freilich vorerst verdorben. Im Bunde mit der französischen Regierung, der inzwischen die Appeasement-Politik ebenfalls als der zunächst einzig gangbare Weg erschien und die sich daher trotz der Pariser Allianz mit Prag von Chamberlain gerne auf die britische Linie ziehen ließ, setzte der Premier die tschechoslowakische Regierung unter massivsten Druck. Anfang September erzwang er von Prag die Annahme aller halbwegs vertretbaren sudetendeutschen Forderungen, also jener Forderungen, die noch auf eine Autonomie für die Sudetendeutschen und nicht schon auf die Auflösung des Staates hinausliefen. Als Hitler nun seine Ansprüche höher schraubte und die Abtretung der Sudetengebiete verlangte, nahmen London und Paris das tschechoslowakische Kabinett derart in die Zange, daß es schließlich am 21. September auch in die Abtretung einwilligte. Fast hätte die Appeasement-Politik schon in diesem Stadium die Wirkung gehabt, Hitlers Kriegs- und Erobe-

---

[116] Ebenda, S. 146.
[117] Mitteilung F. Bürger (Vertreter Henleins in Berlin) an den Verf., 24.9.1956.
[118] Tagebücher von Joseph Goebbels, Bd. 3, S. 515.

rungswillen vor aller Welt zu demaskieren. Über die tschechischen Konzessionen böse enttäuscht, stellte nämlich der „Führer" jetzt, um irgendeinen Kriegsgrund zu behalten, ultimativ Forderungen zum Termin der Besetzung des Abtretungsgebiets und zu den Formen der Annexion, die so
unsinnig rigoros waren, daß man an ihrem provokatorischen Zweck nicht
mehr zweifeln konnte. Beinahe wäre so in den letzten Septembertagen
doch noch ein Krieg ausgebrochen, an dem sich die Westmächte beteiligt
hätten; am 26. September machte die britische Flotte mobil. Unter dem
Eindruck der plötzlich drohenden westlichen Haltung und unter dem Eindruck einer Erklärung Mussolinis, Italien sei nicht kriegsbereit, wich Hitler
noch einmal zurück und fand sich bereit, am 29. September in München
ein drittes Mal mit Chamberlain, der bereits am 15. September in Berchtesgaden und am 22. September in Bad Godesberg mit ihm persönlich verhandelt hatte, und mit den Regierungschefs Frankreichs und Italiens zu-
sammenzutreffen. In München aber wanden die westlichen Politiker Hitler
auch noch den letzten und mehr als fadenscheinigen Kriegsgrund aus der
Hand, indem sie nun selbst die deutschen Terminwünsche nahezu vollständig akzeptierten. Da Chamberlain außerdem mit seinen drei Deutsch-
landreisen und mit seinem Verhalten auf der Münchner Konferenz den
Friedenswillen der Westmächte bis zur Demütigung deutlich und nicht zuletzt auch für die deutsche Bevölkerung erkennbar gemacht hatte, mußte
Hitler endgültig nachgeben und sich damit begnügen, daß das noch am 29.
September unterzeichnete Münchner Abkommen lediglich die Sudetengebiete einbrachte.

Um Krieg und die totale Eroberung der CSR betrogen, unterschrieb Hit-
ler außerdem ein weiteres Dokument, das ihm Chamberlain am Ende der
Konferenz vorlegte und das britisch-deutsche Konsultationen vorsah, falls
künftig wieder Fragen auftauchen sollten, die beide Länder berührten.
Chamberlain verließ sich nicht zuletzt auf Hitlers Namenszug unter dieser
Konsultationsvereinbarung, als er, nach London zurückgekehrt, am Abend
des 30. September sagte: „Ich glaube, das ist der Frieden für unsere Zeit."
Der britische Premier glaubte tatsächlich, Hitler nun abgefangen zu haben,
der während der Krise mehrmals in aller Öffentlichkeit die Sudetengebiete
als seine „letzte territoriale Forderung in Europa" bezeichnet, eine deutsche
Herrschaft über Tschechen indigniert als nationalsozialistischem Empfin-
den völlig fremd abgelehnt und dann in München die Verpflichtung übernommen hatte, die neuen Grenzen der verstümmelten CSR zusammen mit
den drei anderen Mächten von München zu garantieren. Mit der Münchner
Konferenz sei mithin, so meinte Chamberlain, endlich jenes Kollegium der
vier europäischen Großmächte – unter Ausschluß der Sowjetunion - begründet, das an die Stelle des zusammengebrochenen Genfer Systems der
kollektiven Sicherheit treten müsse.

II.
Herbst 1938 – Herbst 1939:
Europas Weg in den Krieg

Hitlers Bruch des Münchner Abkommens

Nichts hätte von den kontinentaleuropäischen Realitäten weiter entfernt sein können als die Erwartung, die Neville Chamberlain mit Erlebnis und Ergebnis der Münchner Konferenz verband. Sein Gegenspieler Adolf Hitler, nach der Annexion Österreichs und der Sudetengebiete „Führer" nicht mehr des Deutschen, sondern des „Großdeutschen" Reiches, dachte gar nicht daran, einen Part in einem Quartett europäischer Großmächte zu übernehmen und Deutschland dadurch abermals in das Geflecht eines multilateralen internationalen Systems einbinden zu lassen, das ständig Abstimmung mit den Partnern erfordert und mithin bestenfalls nur kleine oder halbe Schritte einer in seinem Sinne aktiven Außenpolitik erlaubt hätte. Die Erfahrung von München war ihm in dieser Hinsicht eine so bittere Lehre, daß er gegen jede multilaterale internationale Konferenz eine unüberwindliche Abneigung faßte, von der Institution häufiger und womöglich mit einer gewissen Regelmäßigkeit stattfindender Konferenzen ganz zu schweigen. Aber Hitler reagierte auf München ohnehin ganz anders als der britische Premier, und zwar reagierte der „Führer" auf eine Weise, die nun in der Tat, wie das Beobachter mit den scharfen Augen eines Harold Nicolson jetzt mit Recht befürchteten, einen erneuten großen europäischen Krieg zur Gewißheit, ja die sogar den baldigen Beginn eines solchen Krieges unausweichlich machte. Neville Chamberlain gehörte einer Familie an, die seit mehr als einem Jahrhundert im Wirtschaftsleben und in der Kommunalpolitik Birminghams eine prominente Rolle spielte, seit Generationen auch im Londoner Unterhaus und in den Regierungen des Landes; Neville war, wie sein Vater Joseph Chamberlain, nicht allein einer der Führer der britischen Konservativen und Minister gewesen, sondern auch, von sieben Jahren als Farmer auf den Bahamas abgesehen, Fabrikant und Bürgermeister von Birmingham. Er lebte in einer Tradition, die, auf dem Boden einer eigentümlich englischen Mischung aus christlicher Religiosität, Geschäftssinn und Engagement für das Gemeinwohl, von Werten geprägt war wie Vernunft und Nüchternheit, wie Redlichkeit und Kompromißbereitschaft, wie Verantwortung und Fairness; die Phantasmagorien, die den „Führer" im Herbst 1938 bewegten, hätte Chamberlain sicherlich mit fassungs- und ratlosem Entsetzen aufgenommen, wären sie ihm bekannt geworden.

Hitler sah zunächst einmal, daß ihm das Münchner Abkommen ein lediglich „halberledigtes machtpolitisches und strategisches Problem" hinterlassen habe, das er, um dem „geschlossenen Aufmarschraum" gegen die östlichen Eroberungsziele näher zu kommen, bald endgültig bereinigen zu müssen glaubte[119]. In dieser Hinsicht verstand er München als überaus lästigen Aufenthalt auf der Bahn zu wahrhaft expansionistischer Politik. Da er sich während der Sudetenkrise und in München mehrmals in den taktischen Zwang manövriert hatte, öffentlich allen Ansprüchen auf Herrschaft über fremde Völker ausdrücklich abzuschwören, empfand er das Münchner Abkommen auch, wie Staatssekretär v. Weizsäcker die Stimmung in der Reichskanzlei beschrieb, als zusätzliche Schwierigkeit beim Übergang von der revisionistischen Politik, die noch irgendwie mit dem Nationalstaatsprinzip und dem Selbstbestimmungsrecht der Völker gerechtfertigt werden konnte, zum schieren und offenen Imperialismus[120]; namentlich der eigenen Nation gegenüber durfte man keinesfalls zum „Gefangenen des Volkstumsprinzips" werden[121]. Andererseits hatte ihm selbst und dem Deutschen Reich doch auch die halbe Lösung von München einen enormen Gewinn an Prestige und einen beträchtlichen Zuwachs an realer Macht und Kraft eingebracht: Frankreichs mitteleuropäischer Bündnispartner war nicht nur als potentieller Feind ausgeschaltet, sondern hatte praktisch bereits die Fähigkeit zu jeglichem eigenständigen außenpolitischen Handeln verloren; nach der Annexion Österreichs und der Sudetengebiete zählte das Reich rund 10 Millionen mehr Einwohner, was eine fühlbare und auch sofort eingeleitete Verstärkung der Armee erlaubte; die agrarische und industrielle Basis der deutschen Produktivkräfte war deutlich breiter geworden. Hitler fand sich so auf einen Punkt gehoben, der ihm einen berauschenden Rundblick bot, und zwar wirkten die diversen Eroberungsziele, die er sich gesetzt hatte, jetzt nicht nur noch verlockender als bisher, sondern auch schon zum Greifen nah. Mehr denn je war er entschlossen, zur „Überwindung der Raumnot" über die „ethnographischen Grenzen des Deutschtums" hinauszugehen, und klarer denn je dachte er nun an einen baldigen Beginn der Eroberung. Gewiß gab es, so flüsterten sich nach Hitlers Rede vom 10. November die Auguren der Partei zu, „keine festliegende Speisekarte", deren „erste Gänge Österreich und die Tschechoslowakei waren und auf der nach festliegender Reihenfolge noch andere Gerichte stehen", aber „die räumliche Tendenz als solche" lag erkennbar fest[122]. Für

[119] Booms, Der Ursprung des 2. Weltkriegs, S. 340.
[120] L. Hill (Hrsg.), Die Weizsäcker-Papiere 1933–1950, Frankfurt–Berlin–Wien 1974, S. 150f..
[121] H. Booms, Der Ursprung des 2. Weltkriegs, S. 341.
[122] Ebenda, S. 341, 353.

Hitler selbst stellte sich in diesem Zusammenhang vor allem die Frage, ob
er bei der Verwirklichung seines imperialistischen Programms die in früheren
Jahren für die Stoßrichtung ins Auge gefaßten Prioritäten und die drei
Jahre zuvor noch so erreichbar scheinenden alten Bündniskonzepte beibehalten
könne oder ob er nicht vielmehr, nach den Eindrücken von der britischen
Grundhaltung in deutschen und europäischen Problemen, wie sie
während der Sudetenkrise und auf der Münchner Konferenz zu gewinnen
waren, zu einer radikalen Korrektur der – um es militärisch auszudrücken
– operativen Planung seiner Eroberungspolitik gezwungen sei. Seine Unterschriften
auf dem Münchner Abkommen und auf der deutsch-britischen
Konsultationsvereinbarung waren noch nicht recht trocken, da traf der
„Führer" denn auch bereits Anstalten, das Abkommen möglichst rasch zu
überwinden und dabei aus der in seinem Verständnis eigentlichen Lehre
von München möglichst rasch die praktische Nutzanwendung zu ziehen.

Daß er die halbe Lösung von München ehebaldigst komplettieren werde,
hat Hitler schon in den ersten Tagen und Wochen nach der Unterzeichnung
des Abkommens häufig genug und vor den unterschiedlichsten Zuhörern
erklärt. Nach einer Unterredung mit Hitler wußte z.B. General v.
Reichenau, Oberbefehlshaber der gerade in die CSR einmarschierten 10.
Armee, bereits am 3. Oktober, als er in einem Karlsbader Hotel in abendlicher
Runde ein Glas Sekt nach dem anderen leerte und hochgestimmt die
Spielerqualitäten des „Führers" rühmte, zu berichten, daß dieser „entschlossen
sei, in absehbarer Zeit die Lösung der Gesamt-Tschechei herbeizuführen.
Es sei nur das erste Stadium jetzt erreicht worden."[123] Als Voraussetzung
mußte zunächst einmal den Westmächten klargemacht werden,
daß die CSR nun in einem Hinterhof des Großdeutschen Reiches liege und
daß von einem westlichen Mitspracherecht in den Angelegenheiten dieses
Hinterhofs, an das man in London und Paris offenbar noch immer glaube,
natürlich keine Rede mehr sein könne.

Auf Grund der Münchner Vereinbarung war aus Staatssekretär v. Weizsäcker
und den Berliner Botschaftern Italiens, Frankreichs und Großbritanniens
ein Internationaler Ausschuß gebildet worden, der, unter Beteiligung
Vojtech Mastnys, des Berliner Gesandten der CSR, die neue Grenze zwischen
Deutschland und der restlichen Tschechoslowakei festzulegen hatte;
ein Unterausschuß, bestehend aus den Berliner Militärattachés der drei
Münchner Partner von Deutschland, tschechoslowakischen Offizieren und
Vertretern von OKH und OKW, war für den Transfer und die Besetzung
der abgetretenen Zonen zuständig. Daß sich einige der deutschen Militärs
wie „Sieger nach einer gewonnenen Schlacht" – so das tadelnde Urteil
Weizsäckers[124] - benahmen und daß auch Weizsäcker selbst sowohl Mastny
wie vor allem den drei Botschaftern mit Schärfe und oft ultimativer Rück-

---

[123] Groscurth, Tagebücher eines Abwehroffiziers, S. 133 f.
[124] E. v. Weizsäcker, Erinnerungen, München-Leipzig-Freiburg 1950, S. 194.

sichtslosigkeit entgegentrat, war keineswegs allein – und bei Weizsäcker
überhaupt nicht – als Ausbruch teutonischen Siegestaumels zu verstehen,
sondern, auf Weisung Hitlers, als ein Akt der Politik[125]: Den Tschechen
wie den Westmächten sollte demonstriert werden, daß in diesem Teil Europas nur noch Deutschland politische Entscheidungen treffe. Tatsächlich er-
matteten die drei Botschafter, und die definitive Grenzziehung wurde einem Deutsch-Tschechoslowakischen Ausschuß überlassen, in dem die
deutschen Repräsentanten – offenbar ohne sich dabei an die eigenen Kla-
gelieder über das „Diktat von Versailles" zu erinnern – nahezu ausschließlich mit Ultimaten arbeiteten. Die Tschechen wagten es bereits nicht mehr,
offen an die Westmächte oder Italien zu appellieren; „streng vertraulich"
unterrichtete Mastny am 17. November 1938 den britischen Geschäftsträger, Sir George Ogilvie-Forbes, über deutsche Forderungen, die über die
Münchener Vereinbarung hinausgingen und eine beträchtliche Anzahl von
Tschechen unter deutsche Herrschaft brächten. Am 21. November kam
Karl Ritter, früher Botschafter in Rio de Janeiro, jetzt zur besondern Ver-
wendung im Auswärtigen Amt und in Abwesenheit Weizsäckers Vorsit-
zender des Internationalen Ausschusses, zu Sir George und teilte ihm mit,
daß der Ausschuß noch am selben Abend zusammentrete und die „zwischen Tschechen und Deutschen vereinbarte" – d.h. die den Tschechen ultimativ abgepreßte – Grenze sanktionieren müsse; er fügte hinzu, daß die
Sitzung des Ausschusses „kurz und natürlich reine Formsache" sein werde.
Und so geschah es denn auch. Am folgenden Tag charakterisierte selbst
Chamberlain das Resultat dieser „direkten deutsch-tschechischen Verständigung" als einen „Kompromiß, bei dem die Tschechen alles konzediert
und nichts gewonnen" hätten. „Das Resultat ist beklagenswert", setzte er
seinen Kabinettskollegen auseinander, „doch konnten wir in der Sache
nicht mehr tun." Der Schlußsatz zeigt, wie gut die deutsche Rechnung auf-
gegangen war.

In ähnlichem Stil und mit gleichem Zweck behandelte Hitler auch die
Ansprüche Ungarns an die CSR. In München war vereinbart worden, daß
die vier Vertragsmächte die Garantie der neuen deutsch-tschechoslowakischen Grenze aussprechen müßten, sobald die Forderungen befriedigt
seien, die neben Deutschland auch Polen und Ungarn an die CSR stellten.
Polen, das in den Wochen und Tagen vor München sogar zu einer Beteiligung an einem deutschen Feldzug bereit gewesen war, hatte sich schon
selbst bedient und mit einem Ultimatum vom 1. Oktober Prag das Tesche-
ner Gebiet abgepreßt. Ungarn hingegen, bis zum Münchner Abkommen
doch zu vorsichtig, um sich offen als Verbündeter Deutschlands gegen die
CSR zu deklarieren und dadurch womöglich in einen großen europäischen
Krieg verwickelt zu werden, verlangte die Erfüllung seiner territorialen Ansprüche an die CSR, nämlich die Karpatho-Ukraine und im Grunde auch

---

[125] Taylor, Munich, S. 899 ff.

die Slowakei, erst nach der Münchner Konferenz, jetzt aber um so hartnäk-
kiger. Hitler, der die weise ungarische Zurückhaltung zu den Faktoren
rechnete, die ihn um seine böhmische Kampagne gebracht hatten, und der
folglich bei jeder Erwähnung der Magyaren Gift und Galle spuckte, hätte
Budapest am liebsten nicht einen Quadratmeter überlassen. Doch erstens
war auch von ihm grundsätzlich anerkannt worden, daß Ungarn Forderungen stellen dürfe, und zweitens ließ die Budapester Regierung nicht locker.
So nützte Hitler, statt von den Magyaren am Ende wieder die Westmächte
ins Spiel ziehen zu lassen, die Gelegenheit, um ganz im Gegenteil abermals
die alleinige Zuständigkeit des Großdeutschen Reiches in dieser Region
darzutun. Ohne die Westmächte auch nur zu informieren, zwang Hitler –
im Bunde allein mit Italien, das er jetzt schon praktisch zur Preisgabe seiner traditionellen Rolle als Protektor Ungarns und zur Übernahme einer
Rolle als Werkzeug der Berliner Politik nötigen konnte – die ungarische
Regierung dazu, auf die Karpatho-Ukraine vorerst zu verzichten und sich
mit relativ bescheidenen slowakischen Territorien zu begnügen, die ein
deutsch-italienischer Schiedsspruch, am 2. November in Wien gefällt, zu-
teilte. Wiederum war es Hitler gelungen, die Westmächte zu bloßen Zu-
schauern zu machen. Es versteht sich, daß er sich auch nach dem „Wiener
Schiedsspruch", obwohl nun die in München postulierte Voraussetzung für
die Garantierung der Rumpf-Tschechoslowakei gegeben war, beharrlich
weigerte, öffentlich die Unverletzlichkeit des verstümmelten Staates zu erklären, womit er die Vier-Mächte-Garantie ebenfalls blockierte und so auch
in dieser Frage die beiden Westmächte – wie Italien – aus den tschechoslowakischen Angelegenheiten aussperrte.

Daß Hitler den Ungarn die Karpatho-Ukraine und den größten Teil der
Slowakei vorenthielt, hatte indes noch andere Gründe. So entschlossen der
„Führer" war, die Rumpf-Tschechoslowakei möglichst bald deutscher
Herrschaft zu unterwerfen, so sah er auf der anderen Seite doch ein, daß er
das Münchner Abkommen wenigstens etliche Monate alt werden lassen
mußte, ehe er zum entscheidenden Coup gegen Prag ausholte. Konnte aber
erst in vier oder sechs Monaten wieder gehandelt werden, dann war es doch
wohl, wie er dachte, erneut notwendig, dem Überschreiten der tschechoslowakischen Grenze jenen Schein von Plausibilität zu geben, der geeignet
sein mochte, die internationale Kritik zu dämpfen und anderen Mächten
die Neigung zum Eingreifen zu nehmen, der es also der Welt erleichtern
sollte, sich abermals mit einem deutschen Streich abzufinden: Wie 1938
wurde sowohl eine zur Intervention einladende innere Krise der CSR gebraucht wie eine der richtigen „Internationalisierung" dienende Begleitung
der ordnungstiftenden deutschen Aktion durch den einen oder anderen befreundeten Staat. Für diese beiden Zwecke waren die Karpatho-Ukraine
und die Slowakei unentbehrlich[126]. Angesichts der veränderten Machtlage

[126] G. Weinberg, The Foreign Policy of Hitler's Germany. Starting World War II
1937-1939, Chicago-London 1980, S. 470 ff.

konnte den Ungarn die Mitwirkung an der Liquidierung der CSR jetzt sicherlich einfach befohlen werden, doch natürlich nur dann, wenn bei Gehorsam eine genügend fette Beute winkte, und so hatte die Karpatho-
Ukraine aufgespart zu werden und bis zum endgültigen Schlag gegen Prag
im tschechoslowakischen Staatsverband zu verbleiben, dabei seit dem 17.
November mit Autonomie ausgestattet. Die Slowakei hingegen – ebenfalls
seit dem 17. November autonom, weshalb im deutschen Sprachgebrauch
nun statt Tschechoslowakei die Bezeichnung Tschecho-Slowakei benutzt
wurde – durfte auch später nicht den Magyaren überlassen werden. Hitler
wollte nämlich den slowakischen Nationalismus und die tschechisch-slowa-
kischen Spannungen als Sprengsatz zur Zerstörung der CSR benutzen. Wie
Anfang 1938 die österreichische NSDAP und dann Konrad Henleins Sudetendeutsche Partei sollten nun die Führer der slowakischen Autonomie-
bewegung, die kräftige faschistische Elemente aufwies, dazu gebracht werden, zum gewünschten Zeitpunkt jene innere Krise in dem ins Visier genommenen Staat auszulösen, die zur Begründung der Grenzüberschreitung
deutscher – und ungarischer – Truppen für erforderlich gehalten wurde.
So begann schon in den ersten Tagen und Wochen nach der Münchner
Konferenz die Arbeit an der Anknüpfung und Festigung engerer Beziehungen zu etlichen slowakischen Politikern, und bereits am 16. Oktober
gipfelte die Arbeit in einer Unterhaltung zwischen einem der seit München
amtierenden neuen slowakischen Minister, Dr. Ferdinand Durcansky, und
Generalfeldmarschall Hermann Göring, dem nach Hitler zweiten Mann
des NS-Regimes und in dieser Funktion wie als Oberbefehlshaber der Luftwaffe und als Beauftragter für den Vierjahresplan mit weitreichenden –
auch außenpolitischen – Exekutivkompetenzen ausgerüstet. Wie sein Be-
gleiter Sano Mach, Propagandachef der jungen slowakischen Regierung, gehörte Durcansky zum faschistischen rechten Flügel der slowakischen Bewegung, und mit großer Geste – doch nur für eine kleine Minderheit
sprechend – versicherte er Göring, die Slowaken strebten nach der – natürlich vom Deutschen Reich zu schützenden – vollen Selbständigkeit. Göring gab danach die Parole aus: „Bestrebungen der Slowaken auf Selbständigkeit in geeigneter Weise unterstützen."[127] Tatsächlich fiel in jenen Tagen ein Schwarm deutscher Emissäre in der Slowakei ein, die nun alle, vom
Diplomaten über den Vertreter der NSDAP bis zum Agenten des SD, des
Sicherheitsdienstes der SS, eifrig daran wirkten, möglichst viele slowakische
Politiker gegen Prag „einzustellen" und für die Politik des Reiches verfügbar zu machen. Gleichzeitig wurde den Magyaren mehrmals bedeutet, daß
sie sich die Slowakei aus dem Kopf schlagen sollten, und mehrmals, so
vom 18. bis zum 20. November, wurde ihnen auch die beabsichtige Besetzung der Karpatho-Ukraine als verfrüht strikt untersagt, wobei sich Mussolini von Berlin abermals die wenig ruhmvolle Aufgabe zuteilen ließ, seinen

---

[127] ADAP, D, 4, Nr. 68.

ungarischen Schützlingen klarzumachen, daß sie den Willen des „Führers"
nicht ignorieren dürften[128].

Angesichts der eindeutigen Absichten Hitlers und angesichts des ebenso
eindeutigen Charakters der politischen Akte, die schon unmittelbar nach
München die Verwirklichung der Absichten vorbereiteten, wirken selbst
jene Überlegungen mittlerer deutscher Funktionäre noch rührend, die der
reduzierten Tschechoslowakei zwar die absolute Unterordnung unter die
politische Vormundschaft des Deutschen Reiches zumuten, ihr aber immerhin auf Dauer die formale staatliche Selbständigkeit belassen wollten.
Am 25. November legte Ministerialdirektor Gaus, Leiter der Rechtsabteilung im Auswärtigen Amt, den Entwurf eines „Freundschaftsvertrages"
zwischen Berlin und Prag vor, in dessen Artikel 1 es sogar hieß: „Das Deutsche Reich übernimmt die Garantie für die Integrität und Unverletzlichkeit
des tschechoslowakischen Staatsgebiets und wird, falls diese Integrität und
Unverletzlichkeit von dritten Mächten gefährdet werden sollte, der Tschechoslowakischen Republik seinen Beistand gewähren."[129] Am 9. Dezember
folgte Karl Ritter, im Auswärtigen Amt jetzt kommissarisch für wirtschaftliche Fragen zuständig, mit dem zum Gaus-Papier passenden Entwurf für
eine deutsch-tschechoslowakische „Wirtschaftsunion"[130]. Hitler hatte für
derlei Versuche, den Schein zu wahren und den Geschlagenen auch tatsächlich Atemraum zu lassen, keinen Sinn. Sein Wesen, sein Verständnis
von Politik und seine Zielsetzung machten es ihm unmöglich, sich mit
Einfluß, und sei er noch so groß, zu begnügen, er mußte nach Herrschaft
trachten. Weit davon entfernt, den im Auswärtigen Amt ersonnenen Rezepten für die künftige Behandlung der CSR Beachtung zu schenken, gaben sich der „Führer" und Ribbentrop vielmehr Mühe, noch ein weiteres
Element des taktischen Konzepts der Sudetenkrise im Spiel zu halten: die
Diskreditierung der CSR, die Stilisierung des in Wahrheit schwachen Opfers zum gefährlichen Feind.

František Chvalkovský, zuvor tschechoslowakischer Gesandter in Rom
und nach München zum Außenminister der CSR ernannt, hatte am 6. Oktober, kurz vor seiner Abreise aus der italienischen Hauptstadt, dem dortigen deutschen Botschafter Hans Georg v. Mackensen gesagt, daß er so bald
wie möglich von Hitler und Ribbentrop empfangen werden wolle, um sich
von ihnen „gleichsam die Richtschnur seines Handelns" zu holen[131], und
als er am 14. Oktober tatsächlich mit Hitler sprechen konnte, hat er in der
Tat die vollständige Unterwerfung seiner Republik unter die deutsche Füh-

---

[128] Weinberg, The Foreign Policy of Hitler's Germany, S. 477; J. Hoensch, Der ungarische Revisionismus und die Zerschlagung der Tschechoslowakei, Tübingen 1967.

[129] H. Bodensieck, Der Plan eines „Freundschaftsvertrages" zwischen dem Reich und der
Tschecho-Slowakei im Jahre 1938, in: Zeitschrift für Ostforschung 10 (1961), S.
464 ff.

[130] Ebenda.

[131] ADAP, D, 4, Nr. 37.

rung zugesichert, sowohl hinsichtlich der internationalen Orientierung wie hinsichtlich der Wirtschaftspolitik, und gleich auch noch die Anpassung des politischen Systems und der Innenpolitik angekündigt; er gelobte sogar die Übernahme des reichsdeutschen Antisemitismus[132]. Andere Prager Politiker äußerten in Gesprächen mit Deutschen die gleiche Kollaborationsbereitschaft, und solchen Worten folgten in der CSR durchaus Taten. Es symbolisierte die Entwicklung, daß Dr. Eduard Beneš, der Staatspräsident, am 5. Oktober von seinem Amt zurücktrat und von Emil Hacha abgelöst wurde, seit 1925 Präsident des Obersten Verwaltungsgerichts in Prag. Beneš hatte zusammen mit T.G. Masaryk zu den Gründervätern der CSR gehört und von 1918 bis 1935, als er an die Stelle des am 14. Dezember 1935 aus dem Amt des Staatspräsidenten geschiedenen Masaryk trat, ununterbrochen als Außenminister fungiert. Nachdem Masaryk am 14. September 1937 gestorben war, durfte Beneš als die Personifizierung der tschechoslowakischen Staatsidee gelten, und abgesehen davon, daß er zeitlebens für den Völkerbundsgedanken und das Prinzip der kollektiven Sicherheit gestanden hatte, war er auch einer der Architekten der Kleinen Entente gewesen. Daß er das Feld räumen mußte, und zwar einem im Grunde gänzlich unpolitischen Verwaltungsrichter, stellte eine Geste des Abschieds von der tschechoslowakischen Selbständigkeit und einen Akt der Unterwerfung dar.

Die Deutschen, von Hitler angefangen, nahmen aber solche Zeichen und die Gehorsamsschwüre der neuen Vertreter Prags keineswegs mit Befriedigung oder gar Wohlwollen auf, schoben vielmehr derlei Bekundungen und Beteuerungen ungeduldig beiseite, um dann mit großer Eindringlichkeit das Risiko zu beschwören, das die tschechischen Politiker eingingen, wenn sie die Fortdauer oder das Wiederaufleben des „Beneš-Geistes" zuließen. Als Chvalkovsky am 21. Januar 1939 erneut nach Berlin kam, machte ihm Hitler bereits recht ominös klingende Vorwürfe: „Es habe in der Tschechoslowakei bis jetzt noch keine gründliche Säuberung der Vertreter der Benesch-Tendenzen stattgefunden. Diese wirkten weiter und hätten ihre Position eigentlich in der letzten Zeit verstärkt." Er benutzte Wendungen wie „Vernichtung der Tschechoslowakei" und sagte dann, „wenn die Tschechoslowakei immer noch glaube, einmal ein Instrument gegen Deutschland sein zu können, so sei das katastrophal, und zwar nicht für Deutschland, sondern für die Tschechoslowakei"[133]. Die behauptete Mühelosigkeit der „Vernichtung der Tschechoslowakei" und die demgemäß behauptete Hilflosigkeit der CSR gegen eine deutsche Aktion stimmten ja wenig zu der ebenfalls stets wiederholten Behauptung, eine ungehorsame und deutschfeindliche Tschechoslowakei sei für das Deutsche Reich eine unerträgliche Gefahr, doch derartige Widersprüche störten Hitler nicht.

---

[132] Ebenda, Nr. 61.
[133] Ebenda, Nr. 158, 159.

Schon in der Unterredung vom 14. Oktober hatte er Chvalkovsky gedroht, falls die CSR wieder zu einer Bedrohung Deutschlands werden sollte, „mache ich in 24 Stunden – nein in 8 Stunden – Schluß". Dem entsprach exakt seine militärische Planung. Am 21. Oktober befahl er der Wehrmacht, Vorbereitungen zu treffen, um „die Rest-Tschechei jederzeit zerschlagen zu können", und in dieser „Führer-Weisung" war festgelegt, daß der Schlag gegen die „Rest-Tschechei „überfallartig" zu erfolgen und eine „rasche Besetzung" des Landes zu gewährleisten habe[134]. In einem Nachtrag vom 17. Dezember wurde die Verzahnung mit der politischen Taktik noch deutlicher gemacht. Im Auftrag Hitlers untersagte darin der Chef des OKW, General Keitel, jede vorbereitende Mobilmachungsmaßnahme, da „nach außen klar in Erscheinung treten" müsse, „daß es sich nur um eine Befriedungsaktion und nicht um eine kriegerische Unternehmung handelt"[135].

In Hitlers Augen war die „Rest-Tschechei" freilich nur ein Randproblem, das nach einer gewissen Anstandsfrist und bei leidlicher politischer Inszenierung des notwendigen Coups ohne sonderliche Schwierigkeiten erledigt werden konnte. Zu General v. Reichenau hatte er kurz nach München gesagt, er werde auch „an anderen Stellen weiterarbeiten und aktiv sein", und tatsächlich beschäftigte er sich seit dem bitteren Triumph von München vornehmlich – so wie Staatssekretär v. Weizsäcker dann im Dezember gegenüber Ulrich v. Hassell klagte – mit der Frage, in welche Richtung er den Expansionismus des nationalsozialistischen Deutschland zuerst lenken solle: Nach Osten oder vielleicht doch nach Westen? Mit Recht ging er dabei, ohne an das Problem seiner Autorität einen einzigen Gedanken zu verschwenden, davon aus, daß es allein seine Sache sei, die Antwort auf die gestellte Frage zu finden. Es wäre nun überaus merkwürdig gewesen, hätte er dem Osten, bislang als wichtigeres Angriffsobjekt angesehen, dem auch im zeitlichen Ablauf Priorität zukomme, abrupt den Rücken gekehrt und seinen Blick ganz nach Westen gerichtet. So setzte denn auch im Herbst 1938 eine lebhafte Tätigkeit deutscher Emissäre in der Karpatho-Ukraine ein, die dort und von dort aus – zur Vorbereitung größerer Operationen im Osten – den ukrainischen Nationalismus zu stimulieren suchten. In etlichen Gesprächen mit polnischen Diplomaten und dem polnischen Außenminister Beck machten Ribbentrop und Göring außerdem klar, daß neben sowjetischen Territorien auch schon die baltischen Länder – weit über das ohnehin bald fällige Memelgebiet hinaus – ins Visier geraten waren[136].

[134] Ebenda, Nr. 81; Documents on British Foreign Policy (DBFP), Serie III, Bd. 3, Nr. 251.

[135] ADAP, D, 4, Nr. 152.

[136] APA, Poln. Botschaft Berlin, Mappe 18, Lipski-Göring, 10.8.1938, Mappe 19, Lipski-Ribbentrop, 27.9.1938; Josef Lipski, Diplomat in Berlin 1933-1939, New York-London 1968, S. 453 ff.

Dennoch und obwohl Hitler bis tief ins Jahr 1939 hinein offensichtlich zu keiner rechten Klarheit kam, ergab sich doch zumindest eine andere Präferenz. Aus internen Erklärungen des „Führers", so am 23. Mai 1939 vor den Spitzen des OKW wie der drei Wehrmachtteile[137] und am 22. August 1939 vor einer größeren Anzahl von Generälen und Admirälen[138], geht zweifelsfrei hervor, daß er zu der Ansicht gekommen war, den Zug nach Osten noch etwas aufschieben und zunächst klare Verhältnisse im Westen schaffen, d.h. das kontinentale Westeuropa deutscher Herrschaft unterwerfen und die politische Mitsprache Großbritanniens in kontinentaleuropäischen Angelegenheiten mit militärischer Gewalt liquidieren zu müssen. Am 22. August sagte er zum Beispiel, daß er noch im Frühjahr geglaubt habe, sich „erst gegen den Westen wenden" zu sollen, das Reich „zunächst gegen den Westen zu kämpfen" habe. Reichsaußenminister v. Ribbentrop hatte Admiral Wilhelm Canaris, dem Chef der Abwehr, bereits im Dezember 1938 eröffnet, daß der nächste Stoß gegen die Westmächte geführt werde[139].

Der Grund für eine solche – immerhin doch radikale – Korrektur der operativen Expansionsplanung ist deutlich zu erkennen. Hitler hatte den Glauben daran verloren, den Marsch nach Osten ohne politische und militärische Einmischungsversuche der Westmächte antreten zu können. Vor allem meinte er mit dem Widerstand Großbritanniens rechnen zu müssen. Noch im Sommer 1935 hatte er auf das „ewige Bündnis" mit England gehofft[140], worunter er freilich immer nur die beiderseitige temporäre Anerkennung einer Grenze zwischen zwei Machtsphären verstand: dem nationalsozialistischen Deutschland war für eine Weile lang erst der Osten und anschließend der Westen des europäischen Kontinents zuzuschlagen, während Großbritannien für eine Weile lang noch die Weltmeere behalten sollte, dazu Indien, Kanada, Australien usw., Gibraltar, Malta, Ägypten etc. Im Herbst 1936 beklagte er sich aber bereits bitter über England: „Es will und will nicht. Seine Führung hat keinen Instinkt."[141] Immerhin spekulierte er noch einige Zeit darauf, daß er von London „freie Hand" bekommen werde, wenn er – worauf er ja jahrelang baute – die Ausdehnung deutscher Herrschaft auf dem Kontinent als ordnungstiftende Intervention gegen offene Ausbrüche des Bolschewismus, etwa in Frankreich, deklarieren könne. Während der Sudetenkrise gewann er jedoch ein ganz anderes Bild von der britischen Politik. Von Anfang bis Ende hatte er es weit mehr mit den Briten zu tun gehabt als mit den Tschechen, und die Hartnäckigkeit, mit der ihn Chamberlain gezwungen hatte, Europas Wunsch nach Frieden zu respektieren und sich mit einem relativ bescheidenen territorialen Ge-

---

[137] ADAP, D, 6, Nr. 433.
[138] ADAP, D, 7, Nr. 192, 193.
[139] Groscurth, Tagebücher eines Abwehroffiziers, S. 159.
[140] Tagebücher von Joseph Goebbels, Bd. 2, S. 504.
[141] Ebenda, S. 724.

winn zu begnügen, ließ für die Zukunft Böses ahnen. Als die Krise ihrem Höhepunkt zuging, am 21. August 1938, erklärte Hitler intern – mit all der naiven und deshalb manchmal fast entwaffnenden Verlogenheit und Realitätsverfälschung, die für ihn typisch waren –, wie „gerne er mit England in ein gutes Verhältnis kommen möchte" und daß er „auch alles dafür" tue: „Aber England steht unserem expansiven Drang im Wege."[142] Zehn Tage später notierte Goebbels, seit Ende der zwanziger Jahre in außenpolitischen Dingen ein getreues Echo seines „Führers": „London steht immer dem deutschen Interessenanspruch im Wege. So auch hier und diesmal. Es ist eine Schande, wie die Engländer immer germanische Interessen verraten und sich deutschem Ausdehnungszwang entgegenstellen."[143]

Gewiß: In den Monaten der Krise und in den persönlichen Begegnungen mit Chamberlain und Daladier steigerte Hitler die Geringschätzung der westlichen Politiker, die er seit der schwächlichen Reaktion der Westmächte auf Mussolinis abessinisches Abenteuer empfunden hatte, zu offener Verachtung. „Chamberlain sei ein alter Mann, den er glatt in die Tasche stecke", höhnte er kurz nach der Münchner Konferenz, und Daladier sei „ein kleiner Bäckermeister"[144]; gelegentlich nannte er seine Münchner Partner auch „kleine Würmchen"[145]. Auf der anderen Seite setzte sich bei ihm der Eindruck fest, daß, von der Verwirklichung des Gesamtprogramms ganz zu schweigen, auch schon die Expansion nach Osten auf britisch-französische Gegnerschaft treffen werde; dazu schloß er nicht mehr aus, daß Briten und Franzosen ein kriegerisches Engagement des Reiches im Osten zu einem militärischen Überfall nutzen könnten, um das zu mächtig gewordene Deutschland wieder niederzuwerfen und das verhaßte NS-Regime zu stürzen. Für beide Fälle hatte der Rücken frei zu sein. Ein erzwungener Abschied von Lieblingsideen verdrießt und verärgert. Hitler war daher im Herbst 1938 „auf die Engländer geladen"[146], und diese Stimmung hat dann wiederum jene „staatsmännischen" Überlegungen plausibler erscheinen lassen und gefestigt, die in seinen Augen dafür sprachen, vor dem Aufbruch nach Osten die Verhältnisse im Westen zu bereinigen; daß dabei gleich auch die im Westen liegenden Ziele zu erreichen waren, die er dem Imperialismus des nationalsozialistischen Deutschland gesteckt hatte, stellte sicherlich einen zusätzlichen Reiz dar.

Im übrigen hat ihn sein Außenminister in seinem antiwestlichen und namentlich antibritischen Denken noch zu bestärken gesucht. Joachim v. Ribbentrop war wohl die unseligste Figur, die je irgendwo in das Amt des Außenministers gelangt ist[147]. Durch die Umstände und die Gunst eines

---

142 Tagebücher von Joseph Goebbels, Bd. 3, S. 514.
143 Ebenda, S. 524.
144 Groscurth, Tagebücher eines Abwehroffiziers, S. 134.
145 ADAP, D, 7, Nr. 192, 193.
146 Tagebücher von Joseph Goebbels, Bd. 3, S. 536.
147 Vgl. dagegen W. Michalka, Ribbentrop und die deutsche Weltpolitik.

mit diktatorischer Gewalt ausgestatteten Parteihäuptlings und Regierungschefs im Deutschen Reich an die Spitze des Auswärtigen Amts gestellt, betrachtete Ribbentrop die internationalen Beziehungen insgesamt und die
einzelnen Fragen der Außenpolitik im Geiste und mit den Kategorien eines nationalistischen Stammtisch-Philisters. Er glich seinem Herrn und
Meister auch insofern, als er in der praktischen Außenpolitik selbst auf das
bescheidenste Minimum an Geschäftsmoral verzichten zu können glaubte
und zu äußerster Brutalität ebenso bereit war wie zu törichtester Treulosig-
keit oder zu stupidesten Täuschungsmanövern, falls er sich davon einen
momentanen Nutzen versprach. Doch fehlten ihm Hitlers Verstand, Hitlers taktische Talente und erst recht der Charme, den der „Führer" ein-
schalten konnte, wenn er ihn brauchte. Ohne eine einzige der Eigenschaften, die ein Diplomat haben sollte, auch nur ansatzweise zu besitzen, wurde
seine Borniertheit vielmehr noch von einer eisigen und starren Arroganz
übertroffen, die ihn sowohl für seine ausländischen Mit- und Gegenspieler
wie für seine Gefährten in der Umgebung des „Führers" zu einer Ziel-
scheibe des Spotts und mehr noch zu einer Quelle ununterbrochener Irritationen machte, die ihm meist dauerhafte Feindschaften eintrugen. Mit
Hitler gemeinsam waren ihm wiederum brennender Ehrgeiz, unstillbarer
Machthunger und der Drang zum Krieg, dazu der glühende Wunsch, ge-
staltend an „historischen" Ereignissen teilzunehmen und so „in die Geschichte einzugehen"; die Gewißheit, daß sich letzterer Wunsch gerade er-
fülle, verleitete ihn dann zu allem Überfluß noch zu einem Gefühl der
eigenen Bedeutung, das sich unweigerlich in Aufgeblasenheit und Wichtig-
tuerei äußerte. Als deutscher Botschafter in Großbritannien war er, durch
sein humorloses, tölpelhaftes und taktloses Benehmen, ein gesellschaftli-
cher und politischer Mißerfolg gewesen, wie ihn die englische Hauptstadt
seit langem nicht mehr erlebt hatte, und die Stars der gesellschaftlichen
und der politischen Bühne Londons, etwa der gebildete, musische, elegante
Anthony Eden, der, dekorierter Frontoffizier des Weltkriegs und gleichwohl leidenschaftlicher Anhänger des Völkerbunds, von 1935 bis 1938 Außenminister gewesen war, haben ihre Geringschätzung dieses Repräsentanten des Deutschen Reiches nicht immer zu verbergen vermocht[148]; die
Aufmerksamkeiten etlicher „Appeaser" glichen das nicht aus.

So brachte Ribbentrop, als ihn der „Führer" am 4. Februar 1938 zum
Reichsaußenminister ernannte, aus England keineswegs das von Hitler be-
gehrte deutsch-britische Bündnis mit, sondern tief eingefressene anti-engli-
sche Ressentiments und die feste Ueerzeugung, daß Großbritannien stets
der Feind Deutschlands sei, und zwar der gefährlichste Feind, der sich den
deutschen Ambitionen in den Weg stelle[149]. Unermüdlich predigte er seit-

---

[148] R. Rh. James, Anthony Eden, London 1986.
[149] W. Michalka, Joachim v. Ribbentrop und die deutsche Englandpolitik 1933-1940,
Mannheim 1976.

her seinem „Führer" schriftlich und mündlich, daß die Versuche, England zu gewinnen, zum Scheitern verurteilt seien, daß sich die Reichspolitik vielmehr darauf konzentrieren müsse, Großbritannien mit allen erreichbaren Mitteln unter Druck zu setzen, damit es wenigstens – in seinem derzeitigen Zustand militärischer Schwäche – einigen der kleineren Forderungen Deutschlands nachgebe, und daß sich die Führung des Reiches im übrigen besser auf die Notwendigkeit einstellen sollte, einen so unversöhnlichen Gegner des deutschen Aufstiegs zur Weltmacht eines Tages gewaltsam auszuschalten. Ob er bei dem Hitler des Jahres 1938 mit seinen Diagnosen und Prognosen nur noch offene Türen einrannte oder ob er, über die verstärkende Wirkung, die mit der Lieferung willkommener Bestätigungen verbunden sein kann, doch auch einen gewissen Einfluß ausübte, ist nicht zu erkennen. Jedenfalls begannen sich die Meinungen Hitlers und Ribbentrops zu decken. Als der „Führer" am 23. Mai 1939 vor seinen engsten militärischen Mitarbeitern sprach, war seine Rede bereits ein einziger Versuch, die Soldaten auf einen Krieg gegen die Westmächte einzustimmen. Er wußte sehr wohl, wie sehr seine Zuhörer einen solchen Krieg fürchteten. Um so eindringlicher suchte er ihnen einzuhämmern, daß Deutschland „um ihn" nicht „herum kommen" könne: „England sieht in unserer Entwicklung die Fundierung einer Hegemonie, die England entkräften würde. England ist daher unser Feind, und die Auseinandersetzung mit England geht auf Leben und Tod."[150]

Die diplomatischen Aktivitäten der deutschen Führung galten denn auch seit München weit mehr der Vorbereitung antiwestlicher Züge als der Inszenierung des zweiten Akts auf der tschechoslowakischen Bühne und der Einleitung noch größerer östlicher Unternehmungen. Im Zentrum solcher Vorbereitung standen energische und beharrliche Versuche, den Antikominternpakt zu einem deutsch-italienisch-japanischen Militärpakt auszubauen. In den Beziehungen zwischen den beiden europäischen Großmächten und dem japanischen Kaiserreich hatte der Proklamierung des „weltpolitischen Dreiecks" bislang ja überhaupt keine Substanz gegeben werden können; ihr war weder eine Abstimmung des politischen Handelns gefolgt noch ein bindendes Versprechen gegenseitigen Beistands im Kriegsfall, und wenn auch die gemeinsame Kriegserklärung an den Status quo nicht ohne Einfluß auf die Politik der Westmächte und der Sowjetunion geblieben war, so gab es in Berlin, Rom und Tokio doch etliche Politiker und Soldaten, die im Hinblick auf die jeweils eigenen Interessen ohnehin nicht bei einer bloßen Solidaritätsadresse der expansionistischen Staaten stehenbleiben wollten. Auch die „Achse Berlin-Rom" war immer noch wenig ansehnlich, war nur Stückwerk. Vom Zusammenwirken in Spanien abgesehen, hatte sich das mit schmetternder Fanfarenbegleitung verkündete Freundschaftsverhältnis zwischen dem nationalsozialistischen Deutschland

---

[150] ADAP, D, 6, Nr. 433.

und dem faschistischen Italien in wechselseitiger Tolerierung aggressiver Aktionen erschöpft, des Kriegs in Abessinien, der Remilitarisierung des Rheinlands, der Annexion Österreichs und des Vorgehens gegen die Tschechoslowakei. Bei italienischen Besuchen in Deutschland – wo sich Mussolini vom 25. bis zum 29. September 1937 umjubeln ließ – und bei deutschen Besuchen in Italien – wo sich Hitler vom 3. bis zum 9. Mai 1938 aufhielt – schwelgten beide Seiten stets in flammenden Bekundungen der geistigen und ideologischen Übereinstimmung zwischen den zwei „totalitären" Staaten und in feierlichen Bekundungen der Identität ihrer Interessen. Aber Rhetorik und Gestik konnten den Mangel an politischem Gehalt nicht verbergen, und wiederum formierten sich in Berlin und Rom Gruppen radikaler Imperialisten, die sich ohnehin für eine politisch noch besser nutzbare Ausgestaltung der Achse einsetzten. In Deutschland verlieh indes die Erfahrung der Sudetenkrise derartigen Tendenzen eine solche Wichtigkeit und Dringlichkeit, daß sie in der politischen Prioritätenskala ganz nach oben stiegen. Wenn vermutlich als nächste die Westmächte zu erledigen waren, mußte ein handfestes Bündnis mit Italien geschlossen werden, um französische und britische Kräfte an der italienisch-französischen Grenze und im Mittelmeerraum zu fesseln, mußte ferner die deutsch-italienische Allianz durch einen Militärpakt mit Japan ergänzt werden, der nicht allein – durch den Druck auf die asiatischen, indischen und pazifischen Glieder und Interessen des Commonwealth – eine zusätzlich schwächende Ablenkung Großbritanniens bewirken, sondern vor allem die USA an einem militärischen Engagement in Europa hindern sollte.

Bereits im Juni 1938 hatte Ribbentrop die Notwendigkeit einer militärischen Dreierallianz erst General Hiroshi Oshima, dem japanischen Militärattaché in Berlin, der dann im November zum Botschafter ernannt wurde, klarzumachen versucht, danach Bernardo Attolico, dem italienischen Botschafter. Die Divergenzen zwischen den „autoritären Staaten" und den „Demokratien" würden notwendigerweise ständig wachsen, erklärte er Attolico, und deshalb müßten die autoritären Staaten einen festen Block bilden. Um den Italienern die Furcht zu nehmen, bei einer engeren Verbindung mit Deutschland womöglich schon in wenigen Monaten in einen Krieg mit den Westmächten verwickelt zu werden, versicherte Ribbentrop, daß man, wie er auch vom „Führer" wisse, die CSR „schon im Sack" habe und daß Deutschland die Liquidierung der CSR ohnehin „allein auf seine Schultern" nehme und auch bei einem größeren Konflikt jetzt noch keine militärische Hilfe von Italien erwarte; falls dies der Duce wünsche, werde sich Deutschland verpflichten, bei Abschluß einer Allianz den „Fall CSR" ausdrücklich auszunehmen[151]. Die Deutschen dachten also bereits an die Zukunft und wären für den Augenblick offenbar schon mit der Aufnahme

---

[151] Akten des Italienischen Außenministeriums (AIA), Ap Germania, Bericht Attolico, 23.6.1938.

von Bündnisgesprächen zufrieden gewesen, die den Demokratien wenigstens den Eindruck vermittelt hätten, „daß der Block fest ist", wie sich Göring einige Wochen später, am 16. Juli, zu General Alberto Pariani äußerte, Stabschef des italienischen Heeres und Staatssekretär im italienischen Kriegsministerium[152]. Göring setzte freilich hinzu, ein deutsch-italienisches Abkommen müsse die gegenseitige Unterstützung auch für den Fall sichern, „daß sich einer der Partner irrt". Da damit nur eine falsche Einschätzung von Kriegsrisiken gemeint sein konnte, klangen Görings Worte in italienischen Ohren natürlich beunruhigend, und es dürften derartige Beunruhigungen gewesen sein, die Mussolini und Graf Ciano wieder abschreckten, nachdem beide die erste Initiative Ribbentrops positiv aufgenommen hatten und Attolico von Ciano ermächtigt worden war, zu einer „ernsthaften Besprechung der Frage Militärallianz" eine Zusammenkunft der Außenminister zu verabreden[153]. Die Italiener reagierten außerdem mit Skepsis auf Ribbentrops prahlerische Behauptung, er stehe „in Japan mit jenen in Verbindung, die zählen", und das Kaiserreich werde einem Militärpakt ebenso beitreten wie dem Antikominternpakt[154]; sie schätzten die Widerstände, die es in Japan gegen allzu englandfeindliche Liaisons noch gab, realistischer ein, und wie sie über Ribbentrops japanische Freunde dachten, zeigt die boshafte Bemerkung Attolicos, in Japan habe es nicht gerade positiv gewirkt, daß ein Mann wie Oshima für den Dreierpakt eintrete[155]. Jedenfalls kam es bis zum Ende der Sudetenkrise nicht zu einer „ernsthaften Besprechung", obwohl Hitler im Juli auch noch konkrete Vorschläge für den Auszug der Deutschen aus Südtirol ankündigte. Mussolini hat im Gegenteil, obschon er monatelang in Berlin, Paris und London den Eindruck zu erwecken suchte, ein treuer und auch durchaus kriegsbereiter Freund seines Achsenpartners zu sein, am Ende eine Politik gemacht, die wesentlich zum Zustandekommen der Münchener Konferenz beitrug, und er hat dabei mit der Berliner Friedenspartei um Staatssekretär v. Weizsäker und mit Chamberlain kollaboriert, nicht mit Hitler und Ribbentrop.

Daß das faschistische Italien einem Krieg an der Seite des nationalsozialistischen Deutschland auswich, aller Achsen-Rhetorik und aller imperialistisch-kriegerischen Gestik zum Trotz, ist vom „Führer" und seinem Außenminister aber nur als ein zusätzlicher Grund empfunden worden, Italien für den künftigen Ernstfall vertraglich fest zu binden, so wunderlich es sich, angesichts ihrer eigenen Vorstellung von Vertragstreue, ausnimmt, daß sie offenbar annahmen, einen Mann wie den Duce mit einem Papier an sich fesseln zu können. Noch in München wurde den italienischen Gästen ein Entwurf für einen Dreierpakt ausgehändigt[156], und vier Wochen später, am

---

[152] AIA, Ap Germania, Bericht Pariani, 15. u. 16.7.1938.
[153] Ebenda, Ciano an Attolico, 27.6.1938.
[154] Ebenda, Attolico an Ciano, 23.6.1938.
[155] Ebenda, Attolico an Ciano, 2.7.1938.
[156] M. Toscano, The Origins of the Pact of Steel, Baltimore 1964.

27. Oktober, erschien Ribbentrop in Rom, um den Duce und Ciano endlich auf den rechten Weg zum Militärpakt zu bringen. Er trug seinen Gastgebern – als Meinung des „Führers" – vor, daß der Krieg gegen die Westmächte in einigen Jahren kommen werde und daß es für Deutschland, Italien und Japan nun an der Zeit sei, den politischen und militärischen Aufmarsch gegen die bereits bestehende Kombination England-Frankreich umgesäumt einzuleiten. Habe der „Führer" bislang geglaubt, ein Militärpakt werde die Aufrüstung der Westmächte beschleunigen, die Stellung der Achsenfreunde in Paris und London erschüttern und die USA zu einer Allianz mit Großbritannien veranlassen, so meine er jetzt, daß die Westmächte ohnehin zu großen Anstrengungen auf dem Felde der Rüstung entschlossen seien, während die Vereinigten Staaten offensichtlich gar nicht daran dächten, sich in einen Konflikt zwischen der „Achse" und den Demokratien einzumischen, „erst recht nicht, wenn Japan beteiligt ist". Seit der Münchner Konferenz und ihren Resultaten seien die Achsenmächte unangreifbar und die Herren der Situation; bei ihnen liege die Initiative, und das müsse rücksichtslos ausgenutzt werden, zumal der Rücken im Osten und Südosten frei sei: die Freundschaftspolitik mit Polen werde fortgesetzt und ausgebaut, Staaten wie Rumänien, Jugoslawien und Ungarn lehnten sich mehr und mehr an die „Achse" an, Rußland sei schwach[157]. Daß Ribbentrop den politischen Überblick mit militärischem Bramarbasieren vermischte, daß er mit den „98 Divisionen" prahlte, die Deutschland im vergangenen September bei einem allgemeinen Krieg ins Feld geschickt hätte, daß er mit noch größerem Enthusiasmus von der Verbesserung der militärischen Lage schwärmte, die München bewirkt habe, und daß er daran die triumphierende Feststellung knüpfte: „Jetzt können wir einen großen Krieg mit den Demokratien ins Auge fassen!" war in einer bestimmten Hinsicht freilich höchst verdächtig. Dies konnte als ein Indiz dafür aufgefaßt werden, daß Hitler und Ribbentrop, wenige Wochen zuvor nur mühsam von einem kriegerischen Abenteuer abgehalten, schon wieder unruhig zu werden begannen und den Beginn des militärischen Konflikts mit den Westmächten nicht erst „in einigen Jahren", wie der Reichsaußenminister betont hatte, erwarteten, sondern bereits wesentlich früher herbeizuführen gedachten.

Wie sich bald zeigen sollte, waren die Italiener in der Tat sogleich mißtrauisch geworden. Zunächst reagierten Mussolini und Ciano, zum Erstaunen und zur Enttäuschung ihres Gastes, aber ohnehin ausweichend. Zwar schloß sich Mussolini der Meinung Hitlers an, daß Deutschland und Italien „in wenigen Jahren" gegen die Westmächte Krieg führen müßten; das liege, angesichts des „unheilbaren Bruchs zwischen zwei Welten", in der „historischen Dynamik". Aber dann erklärte er, daß es für einen Militärpakt

---

[157] AIA, Ap Germania, Aufzeichnung über Gespräche Ribbentrop-Ciano-Mussolini, 28.10.1938.

noch zu früh sei. Ein Defensivbündnis, wie es zwischen Großbritannien und Frankreich existiere, sei nicht notwendig, da niemand daran denke oder daran denken könne, die „totalitären Staaten" anzugreifen. Bei dem Bündnis, das selbstverständlich in absehbarer Zeit kommen werde, müsse es sich vielmehr um ein Offensivbündnis handeln: „Wir wollen einen Pakt machen, um die Landkarte der Welt zu verändern!" Und abgesehen davon, daß eine derartige Allianz der sorgfältigen Vorbereitung und der genauen Definition und Abstimmung der beiderseitigen Eroberungsziele bedürfe, sei die Zeit noch nicht reif. In Italien sei wohl die Luftwaffe für den Abschluß eines Militärpakts, und auch in der Marine gebe es Zustimmung, doch im Offizierskorps des Heeres, namentlich in den mittleren und höheren Rängen, sei noch breiter Widerstand anzutreffen. Das katholische Bürgertum betrachte das nationalsozialistische Deutschland leider noch mit Kühle, da die Kirchenpolitik des Regimes rundweg abgelehnt werde; bei einer Entspannung zwischen Staat und Kirche könnte das deutsch-italienische Bündnis viel populärer sein. Alles in allem habe das italienische Volk in der Entwicklung seiner politischen Gefühle erst die „Phase der Achse" erreicht und sei noch nicht bei der „Phase Militärallianz" angekommen. Mussolini suchte Ribbentrop mit dem Hinweis auf die Solidarität der Regime in Deutschland und Italien, die sowieso gegenseitige Hilfe verbürge, zu trösten; auch ohne Militärpakt enthalte doch die „Achse" bereits „eine Vorstellung militärischer Solidarität"[158].

Ribbentrop hatte sich mit solchen Phrasen, die man ihm auch noch in einer schriftlichen Note zukommen ließ, und mit Mussolinis Versicherung, daß Berlin bis zum unausweichlichen Abschluß einer Militärallianz keine italienischen Techtelmechtel mit den Westmächten zu fürchten brauche, fürs erste zufriedenzugeben. Einige Wochen lang herrschte Stagnation. Indes hatten die Italiener ihre Zurückhaltung nur mit recht oberflächlichen oder sogar bloß vorgeschützten Argumenten begründet. Ihre wahren Motive sahen ganz anders aus. Mussolini war, bei aller Lust an imperialistischer Expansion, ein Mann, der von Ratio und Realismus nie völlig Abschied nahm, und sein Schwiegersohn Graf Galeazzo Ciano besaß, obschon der elegante Genießer auch Politik in einer Art Playboy-Haltung betrieb und von den sozusagen ästhetischen Reizen der imperialistischen Projekte des Faschismus tatsächlich fasziniert war, eine gehörige Portion Vernunft und selbst eine gewisse Portion patriotischen Verantwortungsgefühls. Wenn ihnen nicht gerade imperialistische Phantasien den Verstand verwirrten und wenn ihnen nicht gerade der Rausch faschistischer Rhetorik und Theatralik die Urteilsfähigkeit minderte, wußten beide sehr genau, daß ihr Land aus geographischen und strategischen Gründen zu verwundbar und aus wirtschaftlichen, politischen und militärischen Gründen viel zu schwach war, um gegen die Westmächte Krieg führen zu können. Einen Pakt abzu-

---

158 Ebenda.

schließen, der einen solchen Krieg nicht nur zur Eventualität erklärte, sondern zum Vertragsziel erhob, war mithin in den Augen des Duce und seines Außenministers eine sehr bedenkliche Sache. Die von den Deutschen gewünschte Allianz kam durchaus in Frage, aber nur dann, wenn es gelang, den zum Bündniszweck deklarierten Krieg so weit in die Zukunft zu verlagern, daß man über seinen Ausbruch noch nicht ernsthaft nachzudenken brauchte, wenn also die praktische Bedeutung des Pakts in der Gegenwart auf seine Verwendbarkeit als politisches Druckmittel reduziert werden konnte. War das mit Partnern möglich, wie sie in Berlin saßen? Daß hier reiflich überlegt werden mußte, hatte Attolico schon im Juni gemahnt[159].

Näher noch als die künftigen kriegerischen Möglichkeiten lag zudem eine bei Abschluß des Pakts unmittelbar drohende Gefahr. Seit dem Krieg in Abessinien und der ersten Annäherung an Deutschland war die außenpolitische Handlungsfreiheit Italiens ständig geringer geworden, und die Gesetzmäßigkeit, mit der die Verfolgung eigener imperialistischer Ziele und die Anlehnung an ein laufend stärker werdendes Deutschland die internationalen Optionen des Landes verringerten, ist den italienischen Politikern nicht entgangen; mit dem Blick auf die bevorstehende Annexion Österreichs hatte Graf Ciano schon im Februar 1938 an Dino Grandi, den italienischen Botschafter in London, geschrieben, Italien werde, falls die Annexion tatsächlich komme und dann der solchermaßen erstarkte deutsche Nachbar auf die italienische Grenze drücke, „keine Alternative mehr bleiben und wir werden unsere Politik endgültig auf eine klare, offene und umwandelbare Feindschaft zu den Westmächten ausrichten"[160]. Stand aber jetzt, wenn man die definitive Entscheidung traf und sich durch einen Militärpakt auf Gedeih und Verderb an Deutschland band, nicht zu befürchten, daß ein optionslos gewordenes Italien in eine zumindest äußerst unangenehme Abhängigkeit von dem in jeder Hinsicht überlegenen Deutschen Reich geriet? Außerdem: Wie gedachten es die Deutschen, die fortwährend beteuerten, daß die Ziele ihres Imperialismus im Osten lägen und den Italienern das Mittelmeer gehöre, eigentlich mit den italienischen Interessenzonen in Südosteuropa und an der Adria zu halten? Wie gedachten sie es zum Beispiel, nachdem sie gerade schon im Begriff waren, die italienische Position in Ungarn zu liquidieren, im italienischen Einflußgebiet Jugoslawien mit Kroatien zu halten? Schließlich gab es im Oktober 1938 noch ein weniger grundsätzliches Problem, das ebenfalls ein gewisses Verzögern der Paktfrage geraten erscheinen ließ. Ostern 1938 hatte Mussolini die Appeasement-Neigung Chamberlains noch einmal ausnutzen und mit den Briten ein Abkommen schließen können, das gegen den Abbau des militärischen Engagements Italiens in Spanien die britische Anerkennung des Erwerbs Abessiniens vorsah. Das Abkommen war im Oktober noch nicht

---

[159] Wie Anm. 151.
[160] AIA, Ap Germania, Ciano an Grandi, 16.2.1938.

in Kraft gesetzt, doch stand dies kurz bevor – am 16. November war es dann so weit –, und Mussolini lag doch einiges daran, den offiziellen britischen Segen für das bisher wichtigste imperialistische Unternehmen des faschistischen Italien zu erhalten. Nun mochten die Briten zwei Augen zudrücken, wenn Italien die Verpflichtung zum Rückzug aus Spanien nahezu ignorierte. Ein deutsch-italienischer Militärpakt hingegen, der sich eindeutig gegen die Westmächte richtete, konnte nicht einmal von Chamberlain mit Stillschweigen übergangen werden und mußte das Ostern-Abkommen ernstlich gefährden.

Indes brauchte die Enttäuschung in Berlin nicht lange zu währen. Da der Neid auf den Münchner Erfolg des nationalsozialistischen Deutschland fortwährend an ihrem faschistischen Selbstgefühl fraß, träumten Mussolini und Ciano alsbald von neuen italienischen Beutezügen, und da sie dafür den Militärpakt mit Deutschland nötig zu haben glaubten, leisteten sie sich doch ein weiteres Mal einen ihrer periodischen Verzichte auf Klugheit und Vorsicht und begannen sich einzureden, daß es ihnen sehr wohl gelingen werde, die deutschen Partner zu kontrollieren und einen Militärpakt ausschließlich als politisches Druckmittel zu handhaben. Die nächsten Ziele des italienischen Imperialismus waren französischer Besitz, und der Duce versprach sich von einer deutsch-italienischen Militärallianz in erster Linie die notwendige Einschüchterung Frankreichs, während die Gefahr, die Deutschland auch für Großbritannien darstellte, England daran hindern sollte, Frankreich gegen die italienischen Forderungen den Rücken zu stärken; vielleicht, so spekulierte man in Rom, brachte der Pakt die friedenssüchtigen Briten sogar dazu, in Paris als Fürsprecher der römischen Ansprüche aufzutreten. Nachdem außerdem das italienisch-britische Ostern-Abkommen am 16. November in Kraft gesetzt worden war und nachdem man wenige Tage später in Rom überdies den Eindruck gewonnen hatte, England und Frankreich seien gerade dabei, ihre Entente in eine Militärallianz umzuwandeln, hielten nun wiederum Mussolini und Ciano Eile für geboten. Am 24. November wurde Attolico von Ciano beauftragt, Ribbentrop – falls sich die Gerüchte über die britisch-französischen Gespräche bestätigen sollten – wissen zu lassen, daß die Formulierungen, die Mussolini während des Ribbentropschen Aufenthalts in Rom gebraucht habe, überholt seien und Italien jetzt auf das militärische Bündnisprojekt eingehen wolle[161].

Attolico, der am Militärpakt ohnehin noch keine attraktiven Züge fand, konnte keine Bestätigungen der Gerüchte über eine britisch-französische Militärallianz entdecken und führte daher die Instruktion Cianos zunächst nicht aus[162]. Da die Gerüchte auch danach bloße Gerüchte blieben, wurde man in Rom wieder etwas ruhiger. Doch gab man das Bündnisprojekt nicht

---

[161] Ebenda, Ciano an Attolico, 24.11.1938.
[162] Ebenda, Attolico an Ciano, 29.11.1938.

mehr völlig auf. Daß Ribbentrop, um der deutsch-britischen Konsultationsvereinbarung, die Hitler und Chamberlain noch in München unterzeichnet
hatten, eine deutsch-französische Entsprechung zu geben, am 6. Dezember
nach Paris kam und dort eine solche Vereinbarung unterschrieb, stimmte
die Italiener mißtrauisch. Wohl war die Reise des Reichsaußenministers
ohne jede politische Bedeutung, und das galt erst recht, wie Weizsäcker
wahrheitsgemäß Attolico mitteilte, für die Konsultationsverpflichtung[163];
tatsächlich hat Ribbentrop seine Pariser Gesprächspartner in souveräner
Mißachtung der eben formulierten gemeinsamen Erklärung belehrt, daß
die Reichsregierung in osteuropäischen Fragen Frankreich gerade nicht
mehr konsultieren werde, weil Frankreich in Osteuropa nichts mehr zu suchen habe[164]. Aber in Rom sah man derartige deutsch-französische Extra-
touren trotzdem nicht gerne, zumal sich gerade die italienisch-französischen Beziehungen verschlechterten, und der Militärpakt erschien als probates Mittel, die Deutschen auf dem Pfade der Achsen-Tugend zu halten.
Die Verschlechterung des Verhältnisses zwischen Rom und Paris war in
der Tat dramatisch, allerdings durch die Schuld der Italiener, die den Augenblick für opportun hielten, ein antifranzösisches Erpressungsmanöver
einzuleiten und Frankreich in aller Öffentlichkeit mit der ganzen Skala der
italienischen Ansprüche zu konfrontieren. Am 30. November hielt Graf Ciano eine außenpolitische Rede im Faschistischen Großrat, und als er zum
Schluß sagte, Italien werde nicht auf die Verfechtung seiner „natürlichen
Ansprüche" verzichten, skandierten auf dieses verabredete Signal hin zahlreiche Ratsmitglieder in Anwesenheit des Duce: „Tunis, Korsika, Nizza,
Savoyen!"[165] Die französische Reaktion war vernichtend, und Mussolini
mußte abermals erfahren, daß zur Einschüchterung und zur Erpressung
Frankreichs mehr gehörte als ein italienischer Anspruch. Am 23. Dezem-
ber unterrichtete er Ciano, daß er sich entschlossen habe, Ribbentrops Vorschläge anzunehmen[166], und am 2. Januar 1939 schrieb der italienische Außenminister an Ribbentrop, der Duce sei jetzt bereit, der Umwandlung des
Antikominternpakts in einen Militärpakt zuzustimmen; als Termin für die
Unterzeichnung schlage er Ende Januar vor[167].
    Aber mit ihrer antiwestlichen Bündnispolitik hatten die Berliner wenig
Glück. Kaum waren die Italiener auf die deutsche Linie eingeschwenkt, da
stellte sich nämlich etwas heraus, wofür es in den Monaten zuvor schon
zahlreiche Indizien gegeben hatte: Ribbentrop hatte – wohl etwas anders
als der in dieser Frage realistischere Hitler – die japanische Bündnisbereit-
schaft weit überschätzt bzw. in einem entscheidenden Punkt völlig falsch

---

[163] Ebenda, Attolico an Ciano, 8.11.1938.
[164] ADAP, D, 4, Nr. 369, 370.
[165] F. Siebert, Der deutsch-italienische Stahlpakt, in: VfZ 7 (1959), S. 372-395; M. Tos-
    cano, Le origine diplomatiche del patto d'Acciaio, Florenz 1956.
[166] Weinberg, The Foreign Policy of Hitler's Germany, S. 509.
[167] Ebenda; ADAP, D, 4, Nr. 421.

eingeschätzt. Energischer noch als bisher und jetzt unmißverständlich machte die Regierung in Tokio wieder klar, daß Japan allenfalls dann für den Ausbau des Antikominternpakts in eine Militärallianz zu haben sei, wenn sich der neue Pakt nach den internen Bekundungen der Partner und nach dem Vertragstext eindeutig gegen die Sowjetunion richte. Da die japanisch-sowjetische Spannung in der Mandschurei, in der Mongolei und in Nordchina immerhin noch andauerte und gelegentlich auch gefährlich wirkende Formen annahm – ab Mai 1939 sollte es in der Mongolei sogar, ohne daß ein Krieg erklärt worden wäre, zu monatelangen größeren Kampfhandlungen kommen –, hätte die japanische Regierung nichts dagegen gehabt, Stalin mit einer militärischen Verbindung zwischen Berlin und Tokio zu beeindrucken und von ernsthafteren Operationen im Fernen Osten abzuhalten. Auf der anderen Seite dominierten in Japan, solange es die Konflikte mit der Sowjetunion gab und solange ein beträchtlicher Teil der militärischen Energie des Landes nach China abgesogen wurde, jene Kräfte – Hof, Marine, Teile der Wirtschaft, hohe Bürokratie, liberale Gruppen in den gesellschaftlichen und politischen Eliten –, die sich jeder offenen Herausforderung Großbritanniens und der USA strikt widersetzten. Ihrer Meinung nach wäre aber ein antibritischer Militärpakt mit Deutschland und Italien eine solche Herausforderung gewesen, und so ließ die japanische Regierung keinen Zweifel daran, daß Nippon einer Dreierallianz mit der von Berlin und Rom gewünschten Ausrichtung nicht beitreten werde.

Es ist nun ein schlagender Beweis für die im Augenblick gegebene Westwendung der Hitlerschen Expansions- und Kriegsplanung, daß sich nicht nur die Italiener, sondern auch die Deutschen an einem Vertrag, dessen Spitze auf Moskau zielte, gänzlich desinteressiert zeigten und auf einer eindeutig antiwestlichen Zielsetzung des Militärpakts bestanden.

Da Ribbentrop, bestärkt von General Oshima, die Interessenlage Japans nicht wahrhaben und die Weigerung der japanischen Regierung nicht ernst nehmen wollte, unternahm er eine lange Serie von Versuchen, die Japaner von ihrer, wie er sagte, „lächerlichen" Haltung abzubringen[168]. Zeitweise kam es dabei zu einem Belauern der Vorgänge in Tokio, das der Komik nicht entbehrte: Schien die Paktpartei in einer Kabinettssitzung oder in einer Besprechung zwischen Heer und Marine einen Millimeter gewonnen zu haben, brach in Berlin unmäßiger Optimismus aus, erfuhr man einen Tag später, daß die Paktgegner ihren Kurs doch behauptet hatten, entweder schon gegen Ende der Kabinettssitzung oder kurz danach etwa durch eine Intervention der anglophilen Hofkreise, herrschten Verärgerung und grimmiger Zorn. Gelegentlich schickte Ribbentrop auch General Oshima nach Tokio, damit er die japanische Regierung endlich zur Vernunft bringe, und stellte dem Botschafter für die Reise sogar ein deutsches Flugzeug zur Verfügung. Süffisant bemerkte einmal der italienische Botschafter Attolico, als

---

[168] AIA, Ap Germania, Attolico an Ciano, 4.3.1939.

er Graf Ciano über eine derartige Mission Oshimas berichtete, Ribbentrop sei. „so aufgeregt, daß er am liebsten selber fliegen würde"[169]; die Italiener schätzten die Situation in Tokio richtiger ein und wären ohnehin, da sie den Militärpakt ja nur als diplomatischen Knüppel zu verwenden gedachten, schon früh mit einem Zweiervertrag zwischen Berlin und Rom zufrieden gewesen. Indes blieben alle Bemühungen, die japanische Regierung umzustimmen, notwendigerweise vergeblich. Fürs erste bestand die tatsächliche Wirkung der deutsch-japanischen Verhandlungen darin, daß sie Berlin einen doppelten Nachteil bescherten: Sie blockierten den Abschluß eines deutsch-italienischen Militärpakts und sie gaben den britischen Politikern – die Londoner Regierung war über den Gang der Dinge zwischen Berlin und Tokio ganz gut unterrichtet – die Gewißheit, daß von Japan vorerst nichts Ernstes zu befürchten war und Großbritannien sich auf die in Europa drohenden Gefahren konzentrieren durfte.

Auch ein anderes Manöver im Aufmarsch gegen den Westen kam nicht recht vom Fleck, obgleich Hitler und Ribbentrop eine Weile lang gerade dieses Manöver offensichtlich für ein simples und problemloses Unternehmen hielten. Für den Stoß nach Westen mußte, wie Ribbentrop ja bereits bei seinen Oktobergesprächen mit Mussolini und Ciano zu verstehen gegeben hatte, die Ruhe im Rücken garantiert sein, und zwar durch eine Anbindung der ost- und südosteuropäischen Nachbarstaaten an Deutschland und Italien, die der Unterordnung unter zwei Führungsmächte gleichkam. Bei Ungarn machte das auch nicht die geringsten Schwierigkeiten. Nach etlichen deutschen Winken trug Ungarn, das seit München in außenpolitischen Fragen faktisch zum Befehlsempfänger Berlins geworden war, der veränderten Machtlage auch äußerlich Rechnung, indem es zur Besiegelung der Anerkennung des deutschen Führungsanspruchs am 24. Februar 1939 in den Antikominternpakt ein – und am 11. April aus dem Völkerbund austrat. Wichtiger noch als Ungarn war aber Polen. Am 22. August 1939, als die Dinge schon völlig anders lagen, hat Hitler noch einmal klar ausgesprochen, daß er, um Rückendeckung gegen den Westen zu haben, vom Spätsommer 1938 bis zum Frühjahr 1939 an der Ruhigstellung Polens gearbeitet hatte. Unter anderem sagte er: „Ich wollte zunächst mit Polen ein tragbares Verhältnis herstellen, um zunächst gegen den Westen zu kämpfen."[170] Doch die polnische Regierung verhielt sich nicht so wie die Budapester Politiker, obschon Ribbentrop in Rom den Fall Polen ebenfalls als praktisch bereits erledigt hingestellt hatte. Allerdings gab es auch einen wesentlichen Unterschied im Verfahren. Während Hitler und Ribbentrop den Ungarn wenigstens keine konkreten Opfer zumuteten, den Kotau vor Deutschland vielmehr mit weiteren territorialen Gewinnen zu belohnen verhießen, suchten sie die Polen mit einer Kombination aus Lockung und Forderung ins Lager der Achsenmächte zu ziehen.

[169] Ebenda.
[170] Vgl. Anm. 138.

Noch während der Sudetenkrise, am 10. August 1938, hatte Göring dem polnischen Botschafter in Berlin, Jozef Lipski, auseinandergesetzt, daß der Prozeß der deutsch-polnischen Annäherung nicht bei dem bisher erreichten und durch das Zusammenwirken gegen die CSR weiter zu erreichenden Stand stehenbleiben dürfe. Nach dem tschechischen Problem werde die russische Frage aktuell werden, hatte der Generalfeldmarschall hinzugefügt und für diesen Fall deutlich eine gewinnbringende deutsch-polnische Zusammenarbeit angeboten: an der Ukraine etwa sei das Deutsche Reich nicht selbst interessiert[171]. Das war nicht Görings erster Versuch, die „großpolnische" Begehrlichkeit zu wecken, wie sie sich während des polnisch-sowjetischen Krieges von 1919/20 in Marschall Pilsudskis Zug nach Kiew gezeigt hatte. Schon Ende Januar 1935, als er zum ersten Mal nach Polen gekommen war, hatte er bei seinen polnischen Gesprächspartnern sondiert[172], um im Februar 1937 in einer Unterhaltung mit Marschall Edward Rydz-Smigly, dem Generalinspekteur der polnischen Streitkräfte, bereits offener[173] und bei einem erneuten Polen-Besuch in der zweiten Februarhälfte 1938 ganz offen zu sprechen[174]. Solche Offerten hatten auch Substanz. Hitler war durchaus bereit, polnische Bundesgenossenschaft bei der deutschen Ostexpansion territorial zu belohnen, zumal der Bundesgenosse im Laufe des gemeinsamen Unternehmens unweigerlich zu einem abhängigen Satellitenstaat werden mußte, über dessen endgültiges Schicksal im deutschen Machtbereich später nach Belieben entschieden werden konnte. Am Vorabend der Münchner Konferenz hatte sich dann Ribbentrop den polnischen Botschafter zu einer nächtlichen Unterredung geholt, und als der Reichsaußenminister seinen Gast bat, über den Beitritt Polens zum Antikominternpakt nachzudenken, verstand Lipski das mit Recht als eine Bestätigung der Göringschen Hinweise vom August[175].

Nach München erfuhr die deutsche Haltung jedoch eine bezeichnende Veränderung. Am 24. Oktober lud Ribbentrop den polnischen Botschafter nach Berchtesgaden ein, und im Laufe einer dreistündigen Unterhaltung schlug er Lipski eine „Generalbereinigung" der zwischen Deutschland und Polen schwebenden Fragen vor: Der Freistaat Danzig müsse zum Deutschen Reich zurückkehren und Deutschland eine aus Autobahn und Bahnlinie bestehende exterritoriale Verbindung von Pommern nach Ostpreußen – durch den sog. „Polnischen Korridor" – bekommen; dazu habe Polen dem Antikominternpakt beizutreten. Unter solchen Voraussetzungen sei

---

[171] APA, Botschaft Berlin, Mappe 18, Lipski an Beck, 11.8.1938.
[172] A. Kube, Pour le mérite und Hakenkreuz – Hermann Göring im Dritten Reich, München 1986, S. 105 ff.
[173] Weißbuch der Polnischen Regierung über die polnisch-deutschen und die polnisch-sowjetrussischen Beziehungen im Zeitraum von 1933 bis 1939, Basel 1940, Nr. 29.
[174] Lipski, Diplomat in Berlin, S. 345 ff. -St. Schimitzek, Drogi ibez droża minioney epoki, Warschau 1976, S. 420.
[175] APA, Botschaft Berlin, Mappe 19, Lipski an Beck, 28.9.1939.

wiederum das Reich bereit, die derzeitige deutsch-polnische Grenze anzuerkennen, Polen eine ebenfalls exterritoriale Verbindung im Danziger Gebiet einzuräumen und den deutsch-polnischen Nichtangriffsvertrag von
1934 – der noch mehr als fünf Jahre Laufzeit hatte – "um zehn bis fünfund-
zwanzig Jahre" zu verlängern[176]. Neben den Köder – im Begriff Antikominternpakt steckte noch immer die Verheißung eines gemeinsamen Beu-
tezugs gegen die Sowjetunion – hatte also Ribbentrop nun etliche Forderungen placiert. Abgesehen davon, daß darin auch eine durch den Triumph
von München bewirkte Zunahme der nationalsozialistischen Arroganz zum
Ausdruck kam, war die Addition indes eine logische Folge der neuen Berliner Prioritätensetzung. Wenn zuerst die Lage im Westen bereinigt und für
diesen Fall polnische Passivität gesichert werden sollte, hatte Polen eben
ohne und vor einer östlichen Unternehmung diszipliniert zu werden. Als
geeignete Mittel erschienen Hitler und Ribbentrop einmal die Durchsetzung einiger Ansprüche des deutschen Revisionismus, die dem Reich überdies eine weitgehende Kontrolle des polnischen Zugangs zur Ostsee und
die Festsetzung auf polnischem Territorium bringen würde, vor allem aber
der Beitritt Polens zum Antikominternpakt, der – so bedeutungslos die derart bekundete Anerkennung der deutschen Führungsrolle unter Umständen sein mochte – Polen schon jetzt mit der Sowjetunion verfeinden und
Warschau außerdem die letzten Reste französisch-britischer Unterstützungsbereitschaft kosten, dem Land mithin jede außenpolitische Möglichkeit außer der Anlehnung an Deutschland nehmen mußte. Fraglos rechneten der „Führer" und sein Außenminister mit der Annahme ihrer Forderungen. Schließlich war Polen schwächer und durfte sich daher glücklich
schätzen, im Moment noch so billig davonzukommen und nach wie vor
eine Einladung zur Komplicenschaft gegen Rußland in Händen zu halten.
Auch glaubten sie sich Mühe gegeben zu haben, daß die Pille, die sie den
Polen reichten, nicht zu bitter schmeckte. Ribbentrop hatte die in man-
cherlei Hinsicht benachteiligte deutsche Minderheit in Polen mit keiner
Silbe erwähnt, und neun Tage vor dem Berchtesgadener Gespräch, am 13.
Oktober, hatte Hitler eine Weisung an die deutsche Presse gehen lassen,
wie bisher kein Wort der Kritik über die – durchaus kritikwürdige – polni-
sche Minderheitenpolitik zu bringen[177].

Lipski, in Breslau geboren, zweisprachig aufgewachsen und aus einer
prominenten Familie stammend, die in den geographischen und politischen deutsch-polnischen Kontaktzonen seit langem eine hervorragende
Rolle spielte – sein Vater hatte in der Opposition gegen die ebenfalls rup-
pige Polenpolitik des wilhelminischen Deutschland seinen Mann gestanden[178] –, Lipski nahm die Eröffnungen Ribbentrops sogleich todernst; er

---

[176] ADAP, D, 5, S. 87 ff.
[177] Politisches Archiv Auswärtiges Amt (PAA), Büro Staatssekretär, Polen, 1, 34468.
[178] Lipski, Diplomat in Berlin, S. XIII ff.

war bestürzt und sah pessimistisch in die Zukunft. Sicherlich könne man die Deutschen, so sagte er am 29. Oktober zum Grafen Jan Szembek, Staatssekretär im polnischen Außenministerium, jetzt noch einmal „wegschieben", doch würden sie wiederkommen[179]. In Warschau aber reagierten Außenminister Jozef Beck, sein Kabinettschef Graf Michal Lubienski und Graf Szembek zunächst weder besorgt noch mit leichtherziger oder grimmiger Entschlossenheit, sie reagierten vielmehr mit ungläubigem Erstaunen. Danzig? Hatte der „Führer" nicht am 6. November 1937 – am Tag zuvor war in Berlin eine freundschaftliche deutsch-polnische Grundsatzerklärung zur künftig wohlwollenden Behandlung der deutschen Minderheit in Polen und zum rücksichtsvollen Umgang mit der gleichfalls arg geplagten polnischen Minderheit in Deutschland unterzeichnet worden – Lipski offiziell versichert, daß „er nicht beabsichtige, das Danziger Statut zu ändern"? Hatte der „Führer" nicht am 14. Januar 1938 Außenminister Beck erneut offiziell versichert, „daß er keine Änderung des Danziger Statuts unterstützen werde"[180]? Hatte schließlich der „Führer" nicht erst am 20. Februar 1938 – seither war noch kein Dreivierteljahr vergangen – in öffentlicher Rede im Reichstag versichert, daß die polnische Respektierung der nationalen Verhältnisse in Danzig und die deutsche Respektierung der polnischen Rechte in Danzig einen „Weg zur Verständigung" geebnet hätten, „die, von Danzig ausgehend, trotz der Anstrengungen einiger Friedensstörer die Beziehungen zwischen Polen und Deutschland endgültig zu entgiften und in eine aufrichtige und freundschaftliche Zusammenarbeit zu verwandeln vermochte"? Hatte sich nicht Generalfeldmarschall Göring zur gleichen Zeit im gleichen Sinne geäußert[181]? Gewiß waren ab und zu wilde Reden des Danziger Gauleiters Albert Forster und anderer lokaler NSDAP-Funktionäre zu registrieren gewesen, in denen diese Heißsporne den Anschluß Danzigs an das nationalsozialistische Deutschland nicht nur gefordert, sondern – als unausweichlich und bald bevorstehend – auch prophezeit hatten[182]. Derartige Vorfälle hatte man mit den deutschen Freunden in Berlin besprochen, und dabei waren sich beide Seiten stets einig gewesen, daß es sich nur um lokale Entgleisungen handle und auch künftig nur um lokale Entgleisungen handeln werde. Gab es im übrigen zwischen dem Polen Pilsudskis, national, sozial und vor allem autoritär, und dem nationalsozialistischen Deutschland nicht auch Elemente der ideologischen und politischen Verwandtschaft? Hatte man nicht gerade mit den deutschen Freunden gegen die Prager Bauern- und Kleinbürgerrepublik so gut

[179] Diariusz i Teki Jana Szembeka (1935-1945),Tom IV 1938/39, hrsg. v. Jozef Zaránsi, London 1972 (Szembek-Tagebuch), S. 334.
[180] PAA, Pol. V 7617/37.
[181] Zit. im polnischen Memorandum v. 5.5.1939, PAA, Büro Staatssekretär, Polen 1, 34728 ff.
[182] L. Denne, Das Danzig-Problem in der deutschen Außenpolitik 1934-1939, Bonn 1959.

zusammengewirkt? War nicht das polnische Ultimatum an die tschechoslowakische Regierung als „Ausdruck großer Tatkraft und selbständigen Handelns" von Göring wärmstens belobigt worden[183]? Die deutschen Freunde, so redeten sich die Warschauer Politiker zu, konnten unmöglich Miene machen, das gleiche Spiel wie gegen die CSR jetzt gegen Polen zu inszenieren: „Wir sind doch keine Tschechen!"[184]

Doch schienen auch handfeste politische Argumente dafür zu sprechen, daß Hitler keine ernstlichen Schwierigkeiten mit Polen wollen konnte. Da Beck und seine Mitarbeiter seit der deutsch-polnischen Annäherung von 1933/34 den Blick für die wahre Natur ihrer Berliner Partner verloren hatten, waren von ihnen die expansionistischen Tendenzen der nationalsozialistischen Führer und der NS-Bewegung – auch in Form der rußlandfeindlichen Winke an die eigene Adresse in Warschau – nicht mehr ernst genug genommen worden; im Grunde vermochten sie sich nicht vorzustellen, daß Hitler wirklich auf Krieg aus war und die europäische Normalität völlig zu überrennen gedachte. Selbst München hatte ihnen nicht die Augen geöffnet, obwohl ihnen nicht verborgen geblieben, ja ihnen in Berlin ausdrücklich gesagt worden war, daß Hitlers Pläne eigentlich auf die Eroberung der ganzen Tschechoslowakei zielten. So waren sie nach wie vor überzeugt davon, daß das nationalsozialistische Deutschland kein Interesse daran haben könne, Polen zu schwächen, das schließlich als Bollwerk Europas und Deutschlands gegen den Bolschewismus und das bolschewistische Rußland fungiere; noch am 20. September 1938 hatte Hitler im Gespräch mit Lipski betont, daß er Polen in dieser Hinsicht als „erstrangigen Faktor" schätze[185]. Sollte es gar zu einem militärischen Konflikt zwischen dem Deutschen Reich und Polen kommen, würde Polen natürlich geschlagen werden, und eine dann vermutlich entstehende gemeinsame deutsch-russische Grenze mußten die Deutschen doch, wie manche Warschauer Politiker und Diplomaten in einer groben Verkennung der Hitlerschen Politik annahmen, fürchten. Die Münchner Konferenz hatte um den Preis einer Stärkung Deutschlands, so glaubten Beck und seine Umgebung, die lange währende Aussperrung der Sowjetunion aus Europa gebracht, und obwohl ihnen ein französischer Freund wie Reně Massigli, Leiter der Politischen Abteilung im Pariser Außenministerium, mehrmals im Lauf des Jahres 1938 vorhergesagt hatte, daß in einem solchen „äußerst gefährlichen" Fall Polen das nächste Opfer nationalsozialistischer Aggression sein werde, hielten polnische Diplomaten die Verdrängung der UdSSR unbeirrt für „einen besonders glücklichen Aspekt" Münchens[186]. Sicherlich hatten die Deutschen nicht vor, dies teilweise oder ganz auszulöschen, indem sie Polens Boll-

---

[183] APA, Botschaft Berlin, Mappe 19, Lipski an Beck, 1.10.1938.
[184] Szembek-Tagebuch, S. 339, 484, 488.
[185] APA, Botschaft Berlin, Mappe 18, Lipski an Beck, 20.9.1938.
[186] Ebenda, Frankiewski an Beck, 21.9.1938.

werk-Funktion erschwerten oder gar zerstörten. Daß die Deutschen plötzlich so ominöse Forderungen anmeldeten, schrieben Beck und andere Warschauer Politiker einem temporären Anfall von Übermut zu, der nach dem
Erfolg von München verständlich sein mochte und sich bei hinhaltender
Behandlung der Ribbentropschen Vorschläge ohne Zweifel bald wieder legen werde. Gewiß habe München, so erklärte Beck am 4. November seinen
Kabinettskollegen, die Lage verändert, da nun der Völkerbund definitiv erledigt und das französische System in Osteuropa bis fast zur Bedeutungslo-
sigkeit kompromittiert sei. „Andererseits", so fuhr er beruhigend fort, „hat
sich gezeigt, daß die Löwen, wenn man eng mit ihnen zusammenlebt, gar
nicht so gefährlich sind."[187]

Als ersten Zug hinhaltender Taktik übermittelte Beck dem Reichsaußenminister eine Antwort, in der er zunächst sagte, daß nach seiner Meinung das deutsch-polnische Verhältnis während der tschechischen Krise
seine Bewährungsprobe bestanden habe, und dann daran erinnerte, „daß
die geradlinige polnische Politik für Deutschland bei der Gewinnung des
Sudetengebietes von Nutzen gewesen sei und wesentlich dazu beigetragen
habe, diese Frage einer glatten Lösung im deutschen Sinne zuzuführen".
Die polnische Regierung „habe während dieser kritischen Tage alle Sire-
nenklänge, die von gewisser Seite ertönt seien, unbeachtet gelassen". Anschließend ließ er – die Antwort überbrachte am 19. November Botschafter
Lipski – darlegen, daß Polen einer Eingliederung Danzigs in das Reich aus
wirtschaftlichen und politischen, vor allem auch innenpolitischen, Gründen nicht zustimmen könne, doch sei es wohl angezeigt, das derzeitige
Danziger Völkerbundsstatut durch einen deutsch-polnischen Vertrag über
Danzig zu ersetzen, in dem „man einmal Danzig als rein deutsche Stadt anerkenne mit allen Rechten, die hieraus resultieren, andererseits aber Polen
und der polnischen Minderheit alle wirtschaftlichen Rechte gleichfalls si-
cherstelle, wobei der Charakter Danzigs als Freistaat und die Zollunion mit
Polen erhalten bleibe". Zur Forderung nach einer exterritorialen Verbindung zwischen Pommern und Ostpreußen vermied Beck eine klare Stellungnahme, doch deutete Lipski, „persönlich" sprechend, an, daß man bei
diesem Problem über Kompromisse nachdenken könne[188]. Die Reaktion
Ribbentrops faßte Lipski in einem schwer erklärlichen Mißverständnis als
deutschen Rückzieher auf, und er gewann überdies den ganz unberechtig-
ten Eindruck, daß der deutsche Vorstoß allein das Werk Ribbentrops gewesen sei, unternommen ohne Wissen Hitlers[189]. In solchem Sinne berichtete
er Beck, und der polnische Außenminister durfte sich in seiner Politik erst
recht bestätigt fühlen, als ihm der deutsche Botschafter in Warschau, Adolf
v. Moltke, am 22. November vertraulich mitteilte, er, Moltke, habe Ribben-

---

[187] Szembek-Tagebuch, S. 339.
[188] ADAP, D, 5, S. 106 ff.
[189] Szembek-Tagebuch, S. 359.

trop gleich gewarnt, daß die polnische Haltung in der Danziger Frage negativ sein müsse, und er freue sich, jetzt sagen zu können, daß der Reichsaußenminister das nach dem Gespräch mit Lipski gebührend verstanden habe: „Berlin stand zuvor unter dem Eindruck falscher Informationen."[190]

Aber eine gewisse Unruhe brachte Beck doch nicht mehr los. Von Anfang an stand fest, daß die deutschen Forderungen unerfüllbar waren. Beck verfolgte, als getreuer Schüler des von ihm verehrten Marschalls Pilsudski, des „Kommandanten", eine strikte Politik des „Gleichgewichts" zwischen den Großmächten Deutschland und Rußland[191]. Eine engere Anlehnung an einen der beiden Nachbarn, die überdies mit einer politischen Feindschaftserklärung an den anderen Nachbarn verbunden war, hätte Polen zum Vasallen des stärkeren „Freundes" gemacht und alsbald – zumal bei dem politischen Charakter der Nachbarn – neben der äußeren auch die innere Freiheit gekostet. Beck war nicht bereit, in solche Richtung auch nur einen Schritt zu gehen. Also konnte Polen wohl über eine verkehrstechnisch bessere und auch zollfreie Verbindung zwischen Pommern und Ostpreußen mit sich reden lassen, jedoch nicht über die Exterritorialität der Verbindung, nicht über Danzigs Anschluß an das Deutsche Reich und vor allem nicht über den Beitritt zum Antikominternpakt. Sollten es die Deutschen mit ihren Forderungen doch ernster meinen, mußten mithin zumindest schwierige Zeiten erwartet werden.

Beck, der Anfang November 1937 im Palais Brühl in einer kleinen Rede zur Feier seines ersten Jahrfünfts als Außenminister bekannt hatte, daß er sich auch in jeder konkreten Situation die Frage stelle: „Was hätte der Kommandant in dieser Lage getan?"[192] begann daher immerhin einige Vorkehrungen zu treffen. So sorgte er dafür, daß die Gespräche zwischen Ribbentrop und Lipski vorerst nur einem ganz kleinen Personenkreis im Außenministerium bekannt wurden[193]. Damit sollte vor allem verhindert werden, daß eine dann unweigerlich öffentliche Erörterung in Frankreich und namentlich in Großbritannien, wo das Prestige Polens angesichts der deutsch-polnischen Kollaboration gegen die CSR auf einen Tiefpunkt gesunken war, womöglich Zustimmung für die eine oder andere deutsche Forderung und vielleicht sogar ähnlichen Druck auf Warschau wie zuvor auf Prag provozierte[194]. Ferner bemühte sich Beck um eine Verbesserung der Beziehungen zur Sowjetunion. Gleich nach München hatte er den polnischen Botschafter in Moskau, Waclaw Grzybowski, beauftragt, in diesem Sinne mit Vladimir Potemkin zu sprechen, dem Stellvertreter des sowjetischen Außenministers Maxim Litwinow[195]. War es dabei noch einfach um

---

[190] APA, Botschaft Berlin, Mappe 804, Aufzeichnung Beck-Moltke, 22.11.1938.
[191] Wojciechowski, Die polnisch-deutschen Beziehungen.
[192] Schimitzek, S. 414.
[193] Ebenda, S. 441, 443.
[194] Weinberg, The Foreign Policy of Hitler's Germany, S. 500.
[195] H. Batowski, Europa zmierz ku przepaści, Posen 1977, S. 125 ff.

Normalisierung gegangen, nachdem Polens Vorgehen gegen die CSR das
polnisch-sowjetische Verhältnis ziemlich belastet hatte, so bekamen die
polnischen Initiativen nach dem 24. Oktober noch einen zusätzlichen Sinn.
Als nach etlichen Unterhaltungen zwischen Grzybowski und Litwinow am
27. November 1938 ein polnisch-sowjetisches Kommuniqué veröffentlicht
wurde, in dem beide Seiten, von sonstigen Freundlichkeiten abgesehen, bekräftigten, daß der zwischen ihnen am 25. Juli 1932 abgeschlossene und am
5. Mai 1934 bis zum 31. Dezember 1945 verlängerte Nichtangriffspakt
nach wie vor die Grundlage ihrer Beziehungen darstelle, hatte Beck damit
Moskau versichert und Berlin signalisiert, daß sich Polen keiner antirussischen Kombination anschließen werde. Wie Graf Szembek notierte, handelte es sich bei dem Kommuniqué nur um eine Geste[196]; mehr wollte und
konnte Beck den Sowjets nicht geben, wenn er nicht wiederum den Zorn
der Deutschen – der nun gefährlicher war, als er noch ein Jahr zuvor gewesen wäre – auf sich ziehen wollte. Doch mochte die Geste genügend Entlastung im Osten bringen, um die Konzentration auf die im Westen aufge-
tauchten Probleme zu erlauben.

Vor allem aber verfolgte Beck mit vermehrtem Eifer eine Lieblingsidee,
die ihm so ans Herz gewachsen war, daß er die bei ihrer Verwirklichung gegebene praktische Bedeutung maßlos überschätzte, zumal in der jetzt entstandenen Situation, in der er etwas im Gesicht gespürt hatte, das vielleicht
die erste Bö eines gegen Warschau heranziehenden Wirbelsturms war. Von
der Ostsee bis zur Adria sollte, so träumte er seit langem, durch einen engeren Zusammenschluß Polens, Ungarns und Jugoslawiens – unter Beteiligung Italiens – zwischen den Großmächten ein „Drittes Europa" entstehen
und sich gegen die wirtschaftlich und politisch Stärkeren unabhängiger halten können als jedes einzelne Land allein[197]. Von der Rolle als Organisator
und Lenker, nach der er dabei trachtete, versprach er sich für Polen eine
Konsolidierung des sowieso beanspruchten Großmachtstatus und in erster
Linie mehr Sicherheit. Im Rahmen seiner Konzeption schrieb er der Schaffung einer gemeinsamen polnisch-ungarischen Grenze große Bedeutung
zu, und daher setzte er sich nach dem Münchner Abkommen sowohl in
Budapest wie in Berlin energisch für den Erwerb der Karpatho-Ukraine
durch Ungarn ein; zugleich erhoffte er sich davon, daß die notorisch harte
Minderheitspolitik der Magyaren mit der für Polen – wo ja eine stattliche
Anzahl Ukrainer lebte – nicht ungefährlichen großukrainischen Agitation
kurzen Prozeß machen werde, die in der Karpatho-Ukraine von deutschen
Agenten – worüber sich Beck in Berlin denn auch lebhaft beklagte – seit
München entfaltet wurde. Noch Ende Februar 1939, als sich Graf Ciano für
einige Tage in Polen aufhielt, suchte Beck den Außenminister des südli-
chen Achsenpartners für seine Pläne zu erwärmen. Ciano hütete sich frei-

---

[196] Ebenda.
[197] Weinberg, The Foreign Policy of Hitler's Germany, S. 193, 204 f., 323, 405, 499.

lich, sich auf osteuropäische Manöver einzulassen, die deutsches Stirnrun-
zeln hervorrufen konnten; „dieser Mensch", spottete Beck wenig später voll
Ingrimm in einem Brief an einen Freund, „fürchtet sich vor seinem eigenen Schatten, wenn er von Deutschlandpolitik in Osteuropa spricht"[198].
Auch sonst zeitigten Becks Anstrengungen kaum Resultate, doch hätte der
von ihm erstrebte Verbund relativ schwacher Länder für die erhoffte Funktion als Block ohnehin nie die notwendige Stärke gewonnen.

Die Hilfsmittel, die Polen gegen eine etwaige Bedrohung zu Gebote
standen, konnten also, alles in allem, wenig Vertrauen erwecken. Kein
Wunder, daß Becks Unruhe nicht verschwand, sondern zunahm. Im Laufe
des Dezember 1938 verriet er zwar noch nicht gerade Furcht oder Nervosität, aber doch eine gewisse Beunruhigung. Intern sprach er nun davon, daß
die deutsch-polnischen Beziehungen einen „toten Punkt" erreicht hätten,
wofür er jedoch noch nicht Hitler verantwortlich machte, sondern den
schrecklichen Ribbentrop[199]; es war erst zehn Monate her, daß Beck den
Wechsel von Baron Neurath zu Ribbentrop begrüßt hatte, weil er annahm,
daß die Ablösung eines polenfeindlichen Deutschnationalen durch einen
unbefangenen Nationalsozialisten für Polen vorteilhaft sei[200], doch waren
ihm inzwischen die gefährlichen Eigenschaften und die bedenklichen politischen Tendenzen des neuen Reichsaußenministers von Lipski sehr deutlich geschildert worden. An Ribbentrop war nicht zuletzt zu fürchten, daß
er, wie Lipski darlegte, antibritisch empfand und daher in einer grotesken
Unterschätzung Großbritanniens daran arbeitete, Hitler und das Deutsche
Reich in einen Krieg mit den Westmächten zu hetzen[201]. Für Polen mußte
das in jedem Falle bedrohlich sein: Selbst wenn die Deutschen nicht verlei-
tet wurden, vor der Wendung gegen den Westen Polen in einem raschen
Feldzug niederzuwerfen, war dann die Unterwerfung des Landes durch
Deutschland kaum mehr abzuwenden, da die polnische öffentliche Meinung ein Eingreifen auf der Seite Deutschlands niemals dulden und ein
siegreiches Deutschland die Neutralität Polens nicht ungerächt lassen
würde[202]. Das Bedürfnis Becks nach einer Klärung der Lage wurde immer
dringlicher, d.h. sein Bedürfnis, mit den maßgebenden Leuten in Berlin
persönlich zu reden. Am 14. Dezember bat er den deutschen Botschafter
zu sich, und nachdem er von „einer gewissen Spannung" im deutsch-polnischen Verhältnis gesprochen hatte, die doch eine „Absurdität" sei, teilte er
Moltke mit, daß er Lipski angewiesen habe, ein Gespräch Becks mit Ribbentrop vorzuschlagen[203]. Beck hätte die Unterredung gerne nach War-

---

[198] Vgl. Anm. 81.
[199] Szembek-Tagebuch, S. 376.
[200] Schimetzki, S. 419.
[201] Szembek-Tagebuch, S. 359.
[202] Ebenda, S. 367 f.
[203] Moltke an AA, 15.12.1938, PAA, Büro Staatssekretär, Polen 1, 34498 ff.

schau gelegt, doch wurde schließlich vereinbart, daß er Anfang Januar 1939
mit Hitler und Ribbentrop in Deutschland zusammentreffen werde.

Von einem Aufenthalt an der Riviera zurückkehrend, machte also Beck
am 5. und 6. Januar in Bayern Station, wo er in Berchtesgaden zuerst mit
Hitler und dann in München mit Ribbentrop konferierte[204]. Beide Gespräche verliefen alles andere als beruhigend. Zwar schlugen sowohl der „Führer" wie sein Außenminister einen durchaus freundschaftlichen Ton an,
und beide versicherten ihrem polnischen Gast, daß sie gewillt seien, das bestehende gute Verhältnis zwischen dem Reich und Polen zu konsolidieren
und weiter zu verbessern. Auch Beck tat so, als sei in den deutsch-polnischen Beziehungen grundsätzlich alles in bester Ordnung, als gebe es lediglich etliche kleinere Schwierigkeiten, die gewiß leicht ausgeräumt werden
könnten. Aber Becks Hoffnung, er werde eine Bestätigung der positiven
Eindrücke mit nach Warschau nehmen dürfen, die Lipski am 19. November gehabt hatte, wurde bitter enttäuscht. Wie sich die beiden Deutschen
die „Konsolidierung" vorstellten und was sie zu den „kleinen Schwierigkeiten" zu sagen hatten, ließ nicht den mindesten Zweifel daran, daß aus dem
Katalog, den Ribbentrop am 24. Oktober präsentiert hatte, nicht eine einzige Forderung herausgenommen oder wenigstens abgeschwächt worden
war und daß es sich bei dem Katalog selbst keineswegs nur um ein Werk
Ribbentrops, sondern sehr wohl um das Werk des „Führers" handelte. Tatsächlich hörte sich der Anspruch auf Danzig noch bestimmter an als zuvor,
und auch im Hinblick auf Rußland wurden die Deutschen drängender.
Ribbentrop kam auf den Beitritt Polens zum Antikominternpakt zurück,
und nachdem er für die Zukunft die lockendsten Bilder deutsch-polnischer
Partnerschaft gegen die Sowjetunion und speziell in der ukrainischen Frage
gemalt hatte, erklärte er, dies setze natürlich „eine immer klarere antirussi-
sche Einstellung Polens voraus".

Becks Beunruhigung wandelte sich zu tiefer Besorgnis. Er hatte sich ge-
nötigt gefühlt, Hitler und Ribbentrop auseinanderzusetzen, daß Polen der
Annexion Danzigs durch das Reich nicht zustimmen könne. Dabei hatte er
Hitler klarzumachen versucht, daß er in der Danziger Frage nicht auf jene
nationalistischen Oppositionellen Rücksicht nehme, die in Warschauer
Kaffeehäusern politisierten; um diese Leute habe er sich noch nie gekümmert und sei trotzdem noch immer im Amt. Vielmehr sei in der Danziger
Frage die ganze polnische Gesellschaft äußerst reizbar, und zwar in den
tiefsten Schichten ihrer Gefühle[205]. Als am 18. Februar der ReichsführerSS
Heinrich Himmler Warschau besuchte, bekam er von einem der Stellvertreter Becks, Mieroslaw Arcziszewski, Ähnliches zu hören, und als Himmler auf der Eingliederung Danzigs beharrte, sagte Arcziszewski, Polen
werde sich mit der „Gleichschaltung" des ja ohnehin nationalsozialistisch

[204] ADAP, D, 5, S. 127 ff., 132 ff.; Polnisches Weißbuch, Nr. 48, 49.
[205] Szembek-Tagebuch, S. 464.

regierten Freistaats abfinden, aber nicht mit dessen Anschluß[206]. Zweitens war Beck erst recht gezwungen gewesen, die deutschen Avancen im Hinblick auf Rußland deutlich zurückzuweisen. Wohl hatte er auf Ribbentrops Frage, ob man denn in Polen die Aspirationen Pilsudskis auf die Ukraine tatsächlich völlig aufgegeben habe, lachend geantwortet, er sei schließlich selber mit dem Marschall in Kiew gewesen, und die Aspirationen von damals gebe es zweifellos auch noch heute. Auf der anderen Seite hatte er jedoch den Beitritt zum Antikominternpakt glatt abgelehnt, da ein derartiger politischer Vertrag mit Deutschland jene „friedliche Nachbarschaft mit Rußland, die Polen zu seiner Ruhe brauche", unmöglich mache. Angesichts einer so tiefen und bereits unüberbrückbar scheinenden Diskrepanz der Standpunkte war es kein Wunder, daß Beck am Ende der Unterhaltung mit Ribbentrop sagte, wenn er bisher nach Gesprächen mit Deutschen immer optimistisch gewesen sei, so sehe er jetzt zum ersten Mal pessimistisch in die Zukunft – er bitte Ribbentrop, dies auch dem „Führer" mitzuteilen[207].

Nach Warschau zurückgekehrt, berichtete Beck am 8. Januar Staatspräsident Ignacy Moscicki, Marschall Smigly-Rydz, Ministerpräsident Skladkowski und dessen Stellvertreter Eugeniusz Kwiatkowski, daß er nun doch „beunruhigende Erscheinungen" konstatieren müsse, „die zum Krieg führen können"[208]. Und man gab sich in Warschau durchaus Rechenschaft darüber, daß, von Danzig und der Korridorfrage ganz abgesehen, allein schon die Weigerung Polens, an einem deutschen Eroberungszug gegen Rußland teilzunehmen, Hitler veranlassen mochte, Polen militärisch anzugreifen. Wie sollten die Deutschen denn, falls sie in der Tat Ziele in der Sowjetunion im Visier hatten, zu diesen Zielen gelangen – so fragten sich z.B. am 3. Januar Lipski und Graf Szembek –, ohne in der einen oder anderen Form Polen zur Verfügung zu haben[209]? Vereinzelt meldeten sich auch Stimmen, die sagten, daß es wohl nicht möglich sei, bei der Weigerung zu bleiben. Anatol Mühlstein etwa, bis 1936, zuletzt als Botschaftsrat in Paris, Diplomat und in den politischen Kreisen der polnischen Hauptstadt nicht ohne Einfluß, wenn er auch gerade eben gänzlich erfolglos – und ganz allein – die Tschechenpolitik der polnischen Regierung scharf kritisiert hatte, Mühlstein prophezeite ein großes deutsches Ausgreifen nach Osten, das die Hemisphäre vom Rhein bis zum Pazifik in eine Katastrophe stürzen und von der Ausrottung der Juden begleitet sein werde, und er meinte, Polen werde gezwungen sein, an der Seite Deutschlands zu gehen[210]. Doch Mühlstein stand, wie einige Monate zuvor im Falle der CSR, allein. In der Besprechung vom 8. Januar waren sich alle Anwesenden nach Becks Bericht einig: Hielten die Deutschen ihren Druck in Fragen aufrecht, die für

---

[206] APA, Botschaft Berlin, Mappe 804, Aufzeichnung Graf Potocki, 20.2.1939.
[207] Szembek-Tagebuch, S. 467.
[208] J. Krasuski, Miedzy Wojnami, Warschau 1985, S. 183.
[209] Szembek-Tagebuch, S. 458.
[210] Ebenda, S. 400.

sie so zweitrangig waren wie Danzig und die Autobahn von Pommern nach
Ostpreußen, dann drohte, da waren keine Illusionen erlaubt, ein Konflikt
großen Ausmaßes, dann mußten die Forderungen als bloße Vorwände verstanden werden. Jedenfalls kam aber, wie dem auch sein mochte, eine
schwankende Haltung Polens nicht in Frage; sie konnte nur auf „eine
schiefe Ebene führen" und bei dem Verlust der Unabhängigkeit des Landes
enden[211].

Indes fiel Beck rasch wieder auf die Überzeugung zurück, daß Festigkeit
ohne irgendeine Änderung der Grundlinie der polnischen Politik aus der
Krise herausführen werde, weil Hitler lediglich ein Erpressungsmanöver
eingeleitet habe, das er bei härterem Widerstand abbrechen werde[212]. Nach
wie vor redeten sowohl er wie andere polnische Politiker und Diplomaten
sich ein, daß sie es doch unmöglich mit einem grundlegenden Wandel der
deutschen Polenpolitik zu tun haben könnten, zumal sich vom 25. bis zum
27. Januar, als Ribbentrop in Erwiderung der Besuche Becks in Deutschland zu zweitägigen Besprechungen nach Warschau kam, einfach die Ge-
sprächsabläufe vom 5. und 6. Januar wiederholten. Ribbentrop zählte abermals die deutschen Vorschläge auf, dabei sowohl die Forderungen wie die
Lockungen nur eine Spur schärfer und drängender formulierend, während
Beck erneut die Forderungen ablehnte und die Lockungen – als allzu große
Gefährdungen Polens – nicht annahm[213]; zu den Forderungen durfte er
unwidersprochen anmerken: „Wir sind doch keine Tschechen!"[214] Beide
Seiten behielten einen freundlichen Ton bei, und am Schluß waren die
Gastgeber wohl nicht beruhigter, doch auch nicht sonderlich besorgter gestimmt. Noch ein paar Wochen später, am 17. Februar, konnte Graf Szembek in Rom zu Pater Ledochowski, dem General der Jesuiten, sagen, daß es
in den deutsch-polnischen Beziehungen gewiß Probleme gebe, die Schwierigkeiten verursachten, aber diese Schwierigkeiten seien noch keine Beweise für unredliche Absichten der deutschen Regierung; Hitler wolle sicherlich noch immer die deutsch-polnische Entspannung[215].

Wollten die Polen nicht wahrhaben, daß nach Ansicht Hitlers nun für sie
das Stündlein geschlagen hatte, so vermochten andererseits die Deutschen
nicht zu begreifen, wieso man in Warschau den deutschen Signalen nicht
einfach Folge leistete. Vor dem Gespräch Beck-Ribbentrop in München
hatte das Auswärtige Amt für den Reichsaußenminister Unterlagen zusammengestellt, in denen Fürst Bismarck, stellvertretender Leiter der Politischen Abteilung, Ribbentrop empfahl, „Herrn Beck darauf hinzuweisen,
daß die Deutsche Regierung erwarten dürfe, daß die Polnische Regierung
der durch die Wiedererstarkung Deutschlands, insbesondere aber durch die

---

[211] Krasuski, S. 183.
[212] Schimetzki, S. 444.
[213] ADAP, D, 5, S. 139 f.
[214] Szembek-Tagebuch, S. 484.
[215] Ebenda, S. 500.

Ereignisse des Jahres 1938 völlig veränderten europäischen Lage Rechnung trage. Polen werde sich gewiß darüber klar sein, daß Deutschland heute die einzige Macht in Europa sei, an die es sich anlehnen könne... Die deutsche Regierung habe mit Interesse die kürzlichen Bemühungen Polnischer Regierung, das polnisch-russische Verhältnis zu verbessern, verfolgt. Deutscherseits sei gegen eine Normalisierung russisch-polnischer Beziehungen nichts einzuwenden, wobei wir allerdings der Meinung seien, daß die Sowjet-Union zurzeit weder als Freund von besonderem Wert noch als Feind besonders zu fürchten sei. Auch bezüglich des polnisch-französischen Verhältnisses sei sich Polen gewiß darüber klar, daß Frankreichs Freundschaft eine platonische sei, seitdem der westdeutsche Limes stehe und Frankreich die für ihr europäisches Bündnissystem wesentlich wichtigere Tschecho-Slowakei kurzerhand ihrem Schicksal überlassen habe."[216] Wenn schon Beamte des Auswärtigen Amts das deutsch-polnische Verhältnis nur mehr in solch machtpolitischen Kategorien sahen und von der polnischen Regierung mit Selbstverständlichkeit den Wechsel ins deutsche Lager – samt der daraus entstehenden Pflicht zu loyalem Gehorsam – erwarteten, so erst recht und noch gröber Hitler und Ribbentrop. Auch Führer der deutschen Minderheit in Polen rechneten, nachdem sie von den bislang gegen die Öffentlichkeit ja streng abgeschirmten deutsch-polnischen Gesprächen vage gehört hatten, bezeichnenderweise sofort damit, daß sich Polen an einer deutschen Rußland-Kampagne beteiligen werde. So beeilten sie sich, in Berlin vorsorglich gegen eine Honorierung der polnischen Waffenbrüderschaft mit der Anerkennung der deutsch-polnischen Grenzen zu protestieren, es sei denn, daß zuvor Danzig und der „Korridor" zum Reich geschlagen werden könnten; andernfalls müßten sich die dort lebenden Deutschen zwischen Polonisierung und Auswanderung entscheiden[217]. Ebenso bezeichnend war, daß angesichts der unvermeidlichen Gerüchte über deutsche Forderungen an Polen viele Deutsche im Lande und naturgemäß nicht zuletzt in Danzig bereits den Marschtritt deutscher Regimenter zu ahnen und ein entsprechend herausforderndes Benehmen an den Tag zu legen begannen. Studenten, wie so oft in der Geschichte zu politischer Radikalität nur allzu geneigt, zeichneten sich besonders aus. In Danzig, wo an der Technischen Hochschule seit 1922 ein Beschluß der deutschen Studentenschaft existierte, demzufolge polnische Studenten beleidigt werden durften, ohne Anspruch auf Entschuldigung zu haben[218], erschienen jetzt z.B. an deutschen Studentenkneipen Tafeln, auf denen so geschmackvolle Inschriften zu lesen waren wie: „Hunden und Polen Zutritt verboten!"[219]
Auch solche deutsche Herausforderungen weckten, wie die auf höherer politischer Ebene, polnische Widerstände, wobei allerdings in diesen Fällen

---

[216] Aufzeichnung Bismarck, 2.1.1939. PAA, Büro Staatssekretär, Polen 1, 34505 f.
[217] Aufzeichnung Schliep, 30.12.1938, PAA, Büro Staatssekretär, Polen 1, 34517 f.
[218] PAA, Büro Staatssekretär, Polen 1, 34547 ff.
[219] Ebenda.

die polnischen Reaktionen, anders als auf dem Feld der Regierungspolitik, den deutschen Provokationen weder an Dummheit noch an Grobheit nachstanden. Die polnische Gesellschaft und zumal die polnische Studentenschaft besaßen, da gab es durchaus Parallelen zu deutschen Zuständen, ihr gerüttelt Maß an Rechtsradikalen. Vornehmlich diese Rechtsradikalen fühlten sich nun zur Beantwortung der deutschen Aktionen berufen, und wieder einmal bestätigte sich ein politisches Naturgesetz, wonach die Interessen eines Landes von niemand so eifrig und kräftig mit Füßen getreten werden wie von nationalistischen Rechtsradikalen, die das Land besonders zu lieben behaupten. In Anbetracht der Umstände war es gewiß unvermeidlich, daß polnische Studenten in Danzig ihr Recht auf Zutritt zu allen Lokalen und zur Hochschule demonstrieren und durchsetzen wollten, woraus sich am 22. und 23. Februar wüste Massenschlägereien zwischen deutschen Studenten und ihren polnischen Kommilitonen entwickelten. Während der Demonstrationen tauchten jedoch auch Redner und Plakate auf, die nicht allein zur Annexion Danzigs aufriefen, sondern gleich auch noch Ostpreußen und in einigen Fällen sogar ganz Ostdeutschland bis zur Elbe für Polen verlangten. Dazu wurden entsprechend wilde Resolutionen verabschiedet[220]. Am 24. Februar kam es zu ähnlichen Schauspielen in Posen und Warschau, wobei in Posen Fensterscheiben der deutschen „Evangelischen Vereinsbuchhandlung" und der deutschen „Kosmos" – Buchhandlung zu Bruch gingen, in Warschau auch Fenster der deutschen Botschaft[221]. Die Demonstranten in der Hauptstadt, ebenfalls jugendliche Rechtsextremisten, brüllten auch Parolen wie „Nieder mit Hitler", „Es lebe das polnische Danzig", „Nieder mit der deutschfreundlichen Politik", „Fort mit den deutschen Hunden", und rund hundert zogen vor das Palais des Marschalls Smigly-Rydz und riefen: „Marschall, führe uns nach Danzig!"[222]

Mit dem offiziellen Polen und mit der Mehrheitsstimmung in der polnischen Bevölkerung hatten derartige Vorfälle indes nicht das geringste zu tun. Auch von der deutschen Propaganda wurden sie erst später verwendet, dann aber, noch aufgebauscht und vor allem als repräsentativ für die ganze polnische Nation ausgegeben, nicht ohne Wirkung. Im Augenblick herrschte jedoch auf beiden Seiten die Überzeugung, daß man sich doch noch verständigen werde. Die polnische Regierung entschuldigte sich beim deutschen Botschafter feierlich und aufrichtig für die Danziger, Posener und Warschauer Zwischenfälle[223]. Aus Deutschland war z.B. eine Frontkämpfer-Delegation nach Polen gekommen, die allenthalben von polnischen Frontkämpfer-Organisationen und den Spitzen der Armee wie der regionalen Verwaltung herzlich aufgenommen wurde. Am Tag der War-

---

[220] Ebenda.
[221] Ebenda.
[222] Ebenda.
[223] Moltke an AA, 25.2.1939, PAA, Büro Staatssekretär, Polen 1, 34557, 34559.

schauer Krawalle wechselten die Mitglieder der deutschen Delegation bei
einem Frühstück in Krakau kameradschaftliche Trinksprüche mit polnischen Generälen und dem Krakauer Wojewoden Dr. Tyminski; nachdem
der Leiter der deutschen Delegation, der Herzog v. Coburg, General der Infanterie und NSKK-Obergruppenführer, am Grab Pilsudskis einen Kranz
niedergelegt hatte, wurden die deutschen Gäste mit allen militärischen Eh-
ren verabschiedet[224]. Hitler und Ribbentrop nahmen die antideutschen
Kundgebungen noch kaum wahr, geschweige denn ernst. Seit Anfang Januar fragten sie sich, wie das polnische Zögern zu erklären und wie es zu
beenden sei. Vielleicht war es nützlich, unterhalb der Spitzengespräche
Stimmung für die deutsch-polnische Partnerschaft zu machen. So schickte
Ribbentrop den Gesandten Gottfried Aschmann, den Leiter der Nachrich-
ten- und Presseabteilung im Auswärtigen Amt, nach Warschau, der dort
mit dem Leiter der Westabteilung im polnischen Außenministerium, mit
dem Starosten von Warschau und mit einem der einflußreichsten polnischen Journalisten sprach, um ihren Appetit auf die Ukraine anzustacheln.
Als er am 30. Januar Ribbentrop über das Ergebnis seiner Reise unterrichtete, mußte er freilich resignierend schreiben: „Die Idee, die sowjetrussi-
sche Ukraine für Polen zu gewinnen, sagte allen Dreien nichts." Allerdings
hatte er noch tiefe Verehrung für Marschall Pilsudski angetroffen, und das
brachte ihn auf eine Idee: „Ich habe das Institut Berber gebeten, alle Äußerungen Pilsudskis zur ukrainischen Frage zusammenzustellen. Vielleicht
findet man dabei Argumente, mit denen die laue Haltung der Polen mobilisiert werden kann."[225]
Hitlers Denken kreiste in jenen Tagen und Wochen fast ausschließlich
um seine nächsten außenpolitischen Schritte. Am 3. Februar 1939 notierte
Goebbels nach einem Mittagessen beim „Führer": „Er wälzt wieder neue
Pläne." Und die Pläne veranlaßten den Reichspropagandaminister zu dem
Kommentar: „Eine napoleonische Natur."[226] Allerdings konnte sich Hitler,
wenn er aus dem Reich der großen Entwürfe zur Erde zurückkehrte und
die politischen Realitäten in Europa ins Auge faßte, nicht verhehlen, daß er
im Morast der Verhältnisse stecken zu bleiben drohte, daß er jedenfalls keineswegs so schnell vom Fleck kam, wie er das in den ersten Monaten nach
München gehofft hatte. Mit besonderem Mißmut blickte er nach England.
Noch Anfang Oktober hatten er und Ribbentrop eine Taktik zur Beeinflussung der Meinungsbildung in Großbritannien ausgeheckt, die für beider
Wesensart sehr charakteristisch war. Statt eine Kampagne zum Lobe und
zur Stützung Chamberlains zu führen, sollten die deutschen Medien, Presse
und Rundfunk, britische Kritiker von München wie Churchill, Eden, Duff
Cooper und Archibald Sinclair, den Führer der Liberalen, unter Dauerbe-
schuß nehmen. Hitler gab selbst das Startsignal, als er am 9. Oktober in

---

[224] DNB, 24.2.1939.
[225] Aufzeichnung Aschmann, 30.1.1939, PAA, Büro Staatssekretär, Polen 1, 34537f.
[226] Tagebücher von Joseph Goebbels, Bd. 3, S. 567.

Saarbrücken eine Rede hielt, die von Beschimpfungen der britischen Opposition nur so strotzte[227]. Den speziellen Sinn dieser „nach genauen Instruktionen des Herrn Reichsministers" eröffneten Kampagne erläuterte Staatssekretär v. Weizsäcker am 17. Oktober, nachdem der deutsche Botschafter in London, Herbert v. Dirksen, lauthals protestiert hatte[228]: Ziel sei, „die öffentliche Meinung in England zu spalten, d.h. zu erreichen, daß sich das Lager, das keinesfalls einen Krieg mit Deutschland will, von demjenigen trennt, das von dem Standpunkt ausgehend, England sei in München vor Deutschland zurückgewichen, eine Steigerung und Beschleunigung der Rüstung wünscht, um Deutschland 'das nächste Mal' energisch und ohne Rücksicht auf die Konsequenzen entgegenzutreten". Weizsäcker fügte vielsagend hinzu: „Die Entwicklung geht hier weiter in einem schnellen Tempo. Einer deutsch-englischen Annäherung wendet sie sich aber z.Zt. nicht zu."[229] Trotz weiteren Widerspruchs aus der Londoner Botschaft waren Hitler und Ribbentrop bei ihrem Rezept geblieben, und fünf Monate später mußte konstatiert werden, daß die Kampagne ihren Zweck völlig verfehlt hatte: sie wirkte in England – weil einfach als antibritisch und als böses Entgelt für das Entgegenkommen von München empfunden – als Zeichen fortdauernder Aggressionslust und stärkte mithin die Position der Angegriffenen, die mit ihrer Einschätzung der deutschen Führer offenbar recht hatten; schon gar nicht war die britische Rüstung, so schwerfällig sie sich auch noch immer entwickelte, von Attacken auf Politiker gebremst worden, die allesamt kein Amt hatten.

War es schon ägerlich genug, daß sich das künftige Opfer weigerte, auf Zuwachs an Stärke zu verzichten oder gar schwächer zu werden, so war noch frustrierender, daß die eigene Rüstungsanstrengung fortwährend auf Schwierigkeiten stieß und hinter den Erwartungen zurückblieb. Allerdings wurden die Erwartungen in schwindelnde Höhen geschraubt. Zwei Wochen nach München, als viele Menschen innerhalb und außerhalb Deutschlands glaubten, der Friede sei durch die Erfüllung der deutschen Ansprüche für lange Zeit gesichert, eröffnete Göring einer Versammlung von Wirtschaftlern, daß er vom „Führer" den Auftrag erhalten habe, „die Rüstung abnorm zu steigern". An erster Stelle stehe die Luftwaffe, die „schnellstens zu verfünffachen" sei. Doch „auch die Marine müsse schneller rüsten, und das Heer müsse schneller große Mengen von Angriffswaffen schaffen, in Sonderheit schwere Artillerie und schwere Tanks". Ferner sei die „fabrikatorische Rüstung" weiterzutreiben, „wobei in Sonderheit Treibstoffe, Gummi, Pulver- und Sprengstoffe in den Vordergrund zu rücken" seien. „Daneben muß gehen der beschleunigte Straßenbau, Kanalausbau und in Sonderheit der Eisenbahnausbau."[230] Görings Darlegungen, die er

---

[227] Monatshefte für Auswärtige Politik 5 (1938), S. 1106 ff.
[228] ADAP, D, 4, Nr. 253.
[229] Ebenda.
[230] IMT, Bd. XXVII, S. 160 ff.

dem Sinne nach am 19. November auf einer Sitzung des sog. Reichsvertei-
digungsrates wiederholte[231], liefen darauf hinaus, Gesellschaft und Wirtschaft noch im Frieden auf Kriegsfuß zu bringen, und Göring sagte denn
auch, die Schwierigkeiten, die diesem Vorhaben entgegenstünden, seien
fast unüberwindlich. Doch werde er, um das Ziel zu erreichen, die Wirtschaft notfalls „mit brutalen Mitteln umdrehen". Sogar mit Sozialisierung
drohte er: „Es sei jetzt der Moment da, wo die Privatwirtschaft zeigen
könne, ob sie noch eine Daseinsberechtigung hätte. Wenn sie versagt,
ginge er rücksichtslos zur Staatswirtschaft über."

Am 1. November wies Hitler das Oberkommando der Marine an, die
Flottenrüstung erheblich zu steigern[232], und bereits am 17. Januar 1939
konnte der „Z-Plan" verabschiedet werden, der eine beträchtliche Vermehrung der deutschen Hochseeflotte vorsah[233]. Schon am 10. Dezember 1938
hatte aber Botschafter v. Dirksen dem britischen Außenminister Lord Halifax ein Schreiben der Reichsregierung überreicht, in dem mitgeteilt wurde,
daß Deutschland seine U-Boot-Waffe von 45 Prozent auf 100 Prozent der
U-Boot-Waffe des britischen Commonwealth bringen werde[234]. Das
deutsch-britische Flottenabkommen beschränkte an sich die deutsche U-
Boot-Waffe auf 45 Prozent der britischen, doch erlaubte eine Klausel die
jetzt angekündigte Steigerung, falls eine Situation entstand, in der sich die
deutsche Regierung zu einem solchen Schritt gezwungen glaubte. In der
deutschen Note war denn auch – noch kein Vierteljahr nach München –
gesagt, daß es notwendig geworden sei, für den Fall kriegerischer Verwick-
lungen die deutschen Seeverbindungen besser zu schützen. Abgesehen davon, daß die gegebene Begründung militärisch unsinnig war, weil mit U-
Booten nur die britischen Verbindungen gefährdet, doch keine deutschen
Verbindungen geschützt werden konnten, brachte die deutsche Mitteilung
die britischen Empfänger auch deshalb in Harnisch, weil das deutsche Vorhaben – als handfest antibritisch wirkend - geeignet war, Chamberlains
Verständigungspolitik lächerlich zu machen, und weil der Bau von deutschen U-Booten zum Bau britischer Zerstörer nötigte. In deutsch-britischen Marinegesprächen suchte Admiral Cunningham zunächst eine gerin-
gere Vermehrung der deutschen U-Boote zu erreichen, und als das an der
Berufung der deutschen Offiziere auf einen „Führer-Befehl" scheiterte, bat
er – zur Schonung der öffentlichen Meinung in England – darum, bei der
öffentlichen Verkündung des doch ohnehin mehrere Jahre beanspruchen-
den deutschen Plans wenigstens nur die vorgesehenen jährlichen Zuwachs-
raten – und nicht gleich die angestrebten 100 Prozent – zu nennen. Auch

---

[231] IMT, Bd. XXXII, S. 411 ff.
[232] Vgl. Taylor, Munich, S. 940 f.; Weinberg, The Foreign Policy of Hitler's Germany, S.
514.
[233] Ebenda.
[234] Taylor, Munich, S. 940.

das hatte die deutsche Delegation unter Admiral Otto Schniewind abzulehnen[235].

Auf der anderen Seite mußten sich Hitler, Göring und Ribbentrop eingestehen, daß ihr Rüstungsprogramm – mit den Schwerpunkten auf Luftwaffe und Marine eine unmittelbare Konsequenz des Wandels in der außenpolitischen Prioritätensetzung – zwar auf dem Papier „gigantisch" aussah, doch in der Realität zahlreichen Hindernissen begegnen und sich durch etliche bremsende Engpässe zu quälen haben werde. Rhetorische Peitschenhiebe und Drohungen mit der Sozialisierung, wie sie Göring so liebte, behoben weder den Mangel an Arbeitskräften noch den Mangel an Rohstoffen und Devisen. Hielt sich Hitler außerdem vor Augen, daß sich die Verhandlungen über einen deutsch-italienisch-japanischen Militärpakt vorerst im Tokioter Gestrüpp verfangen hatten und daß sich Polen in einer Weise zierte, die nicht nur unverständlich, sondern geradezu unschicklich zu nennen war, wenn man bedachte, wer da den Warschauern die Hand zum Bunde bot, dann fand der „Führer" in der Tat genügend Anlaß, mit der Entwicklung oder doch mit ihrem Tempo unzufrieden zu sein. Nicht deshalb, weil er den Abschluß der bündnispolitischen Bemühungen und einen Höchststand der Rüstungsanstrengung unbedingt schon im Jahr 1939 zu brauchen geglaubt hätte. Im Februar 1939 war ihm keineswegs klar, daß er noch im Laufe dieses Jahres Krieg führen werde, ob einen großen oder einen kleinen Krieg. Zu jenem Zeitpunkt sah er dafür weder außenpolitische noch militärisch-strategische oder gar wirtschaftliche Gründe, die ihm als zwingend erschienen wären. Die antiwestliche Bündnispolitik und notwendigerweise erst recht die antiwestliche Rüstungspolitik mußten ohnehin so kalkuliert werden, daß der Termin zum Losschlagen erst in zwei bis drei Jahren zu erwarten stand; wenn die Deutschen seit November 1938 ihre italienischen Freunde mehrmals davor warnten, durch eine allzu hitzige Verfechtung ihrer antifranzösischen Ziele einen verfrühten Krieg mit den Westmächten vom Zaun zu brechen, so war das noch nicht unaufrichtig[236]. Die krisenhaften Erscheinungen, die sich, als Folge der wahrhaft wahnwitzigen Ausweitung und Beschleunigung der Rüstung, in der Wirtschaft des Großdeutschen Reiches tatsächlich zeigten, wären schon durch eine gewisse Drosselung oder doch durch den Verzicht auf ständige Forcierung der Rüstung zu dämpfen gewesen. Aber Hitler nahm sie ja überhaupt nicht als Störungen des Wirtschaftslebens wahr, sondern als die unvermeidlichen Reibungen der bisherigen wirtschaftlichen Mobilmachung und als die irgendwie auszuschaltenden Hindernisse der noch zu leistenden Rüstung. Jedenfalls entdeckte er hier keine Zwänge für außenpolitische oder militärische Aktionen, auch nicht für deren zeitliche Festsetzung. Es war ihm durchaus bewußt, daß die Konzentration der personellen, finanziellen

[235] Ebenda, S. 941.
[236] AIA, Ap Germania, Pariani an Ciano, 17.4.1939, mit Aufzeichnung Maras für Pariani.

und materiellen Ressourcen auf den geplanten Krieg, die wohl für eine Weile Vollbeschäftigung garantierte, doch die normalen Handelsbeziehungen des Landes ebenso ruinierte wie die Währung und mit einschneidenden Konsumverzichten verbunden war, Deutschland und der deutschen Bevölkerung nicht auf unbegrenzte Zeit zugemutet werden konnte. Da ihn aber die Belastung des Volkskörpers für eine Frist, nach deren Ablauf er sowieso losschlagen wollte, zumutbar dünkte, hat er jener Einsicht, die er des öfteren als Argument anführte, um darzutun, daß der große Krieg nicht später als 1942/43 begonnen werden dürfe, nicht schon im Jahr 1939 irgendeinen Einfluß auf seine Kalkulationen und Entschlüsse eingeräumt.

Daß seine Ungeduld wuchs, als er in den ersten Monaten des Jahres 1939 über die Grundfragen und die nächsten Züge seiner Expansionspolitik grübelte, lag auch nicht an Pressionen, die aus der NS-Bewegung gekommen wären oder sich aus der Struktur von Bewegung und Herrschaftssystem ergeben hätten; der Triumph von München reichte aus, um hier jahrelang für Zufriedenheit und Ruhe zu sorgen. Erst recht gab es keinen Druck von Interessentengruppen, etwa aus Wirtschaftskreisen; Industrielle und Bankiers hatten längst jeden eigenständigen politischen Einfluß verloren, und während sie sich in Anpassung an das Regime und seine Politik übten, hätten sie sich nur allzu gern mit gewinnbringenden Aktivitäten im jetzt erreichten Rahmen begnügt. Hitler war der Souverän und in seinen Entscheidungen frei von situationsbedingten oder systemimmanenten Zwängen. Die Unruhe kam allein aus ihm selbst. Wie 1937 und 1938 begann er außenpolitische und kriegerische Expansionsmöglichkeiten, die er mit rationalen Gründen in eine noch etwas weiter entfernte Zukunft placiert hatte, näher heranzuziehen und sich wie seiner engsten Umgebung als unter Umständen viel früher – vielleicht schon demnächst – erreichbar hinzustellen. Die Unfähigkeit, über längere Fristen passiv zu bleiben – die Ulrich v. Hassell, damals noch Botschafter in Rom, bereits bei der Remilitarisierung des Rheinlands als einen der mächtigsten Antriebe der praktischen Politik Hitlers diagnostiziert hatte [237], machte sich von Woche zu Woche stärker bemerkbar, und so empfand er mehr und mehr das Bedürfnis, ein Mittel zur Beschleunigung der diversen Manöver zu finden, die zur Vorbereitung der größeren Unternehmungen eingeleitet worden waren. Bei seiner Sinnesart lag der Gedanke nahe, daß dazu eine weitere Demonstration deutscher Kraft und ein erneuter Machtzuwachs des Reiches am besten taugten, und danach war es nur logisch, sich zunächst einmal zur ohnehin anstehenden definitiven Bewältigung des von München hinterlassenen „halberledigten machtpolitischen Problems" CSR zu entschließen. Die Ausdehnung offener deutscher Herrschaft auf Böhmen, Mähren und die Slowakei, ein international völlig gefahrloser Akt, wie er meinte, erschien

---

237 E. M. Robertson, Zur Wiederbesetzung des Rheinlandes 1936, in: VfZ 10 (1962), S. 204 f.

ihm als geeignet, Freund und Feind gebührend zu beeindrucken. So konnte es nicht ausbleiben, daß dadurch der Militärpakt-Partei in Tokio der Rücken gestärkt wurde, und noch wichtiger war, jedenfalls im Augenblick, daß es die störrischen Polen zur Räson bringen mußte, wenn deutsche Regimenter plötzlich an der bisherigen tschechisch-polnischen Grenze und sogar an der slowakisch-polnischen Grenze aufmarschierten; dies brachte für Polen eine ähnlich einschüchternde Verschlechterung der strategischen Lage wie im Frühjahr 1938 die Annexion Österreichs für die Tschechoslowakei. Als Hitler dann in der ersten Februarhälfte noch bemerkte, daß auch die monatelang gelungene Abschottung der CSR gegen nichtdeutsche Einflüsse ernstlich in Frage gestellt zu werden drohte, weil Großbritannien, Frankreich und selbst Italien – von der Prager Regierung zu schweigen – die in München vereinbarte Garantierung der Rumpf-Tschechoslowakei anmahnten[238], fiel die Entscheidung. Mitte Februar beschloß Hitler, in etwa vier Wochen der Tschechoslowakei „den Todesstoß" zu versetzen[239].

Am 12. Februar leitete er die Inszenierung der inneren Krise ein, die der deutschen Intervention den Vorwand zu liefern hatte, indem er Professor Vojtěch Tuka, einen der radikalen Slowakenführer, kommen ließ und ihm klar machte, daß die Slowaken von Prag nicht bloß Autonomie, sondern die volle Selbständigkeit fordern müßten[240]. Die seit Herbst 1938 in der Slowakei tätigen Agenten des SD arbeiteten in den folgenden Wochen energisch daran, auch die anderen Preßburger Politiker auf Separationskurs zu drängen. Parallel dazu setzten in den deutschen Medien – fortlaufend massiver werdende – Angriffe auf Prag ein, weil angeblich in der tschechischen Hälfte der Republik ein unerträgliches „Wiederaufleben des Beneš-Geistes" zu verzeichnen sei; Emissäre des SD bemühten sich zugleich eifrig – wenn auch erfolglos – darum, in Böhmen und Mähren wenigstens ein paar ausschlachtbare deutschfeindliche Kundgebungen zu provozieren. Nach einigen Tagen aufs höchste alarmiert, schickte Außenminister Chvalkovsky seinen Kabinettschef, den Gesandten Hubert Masařik, nach Berlin, um dort, vom Verzicht auf die formale staatliche Souveränität abgesehen, die vollständige Unterwerfung unter deutsche Vormundschaft anzubieten; doch drang Masařik nur bis zum Vortragenden Legationsrat Günther Altenburg vor, dem Referenten des Auswärtigen Amts für die „Tschecho-Slowakei", der ihm versprach, den Wunsch nach einer Unterredung mit dem Staatssekretär „höheren Orts weiterzuleiten"[241]. Daneben begann Berlin Ungarn auf eine baldige Aktion gegen die Karpatho-Ukraine hinzulenken.

In der hegemonialen Position, die er jetzt einnahm, gelang es Hitler tatsächlich, eine halbwegs brauchbare innere Krise der Republik zu provozie-

---

[238] ADAP, D, 4, Nr. 164.
[239] L. Hill, Weizsäcker-Papiere, S. 150..
[240] ADAP, D, 4, Nr. 168.
[241] Ebenda, Nr. 177.

ren und diese Krise bis zu einem gewissen Grade zu internationalisieren. Zwar blieb die Aufstachelung des slowakischen Nationalismus gerade bei den seriöseren und einflußreicheren slowakischen Politikern ohne rechte Wirkung; sie hätten eine weitgehende Autonomie im Rahmen des bestehenden Staates allemal einer von Deutschland kontrollierten Pseudo-Unabhängigkeit vorgezogen. Die Ungarn wiederum hätten sich nur allzu gern auch die Slowakei genommen. Aber Hitler war nun stark genug, widerspenstigen Gehilfen seinen Willen aufzuzwingen. Als selbst ein ernstes Zerwürfnis zwischen Prag und Preßburg, das in der Nacht vom 9. zum 10. März die Regierung der CSR zur Absetzung des slowakischen Kabinetts Tiso veranlaßte, keine Lossagung der Slowaken vom tschechoslowakischen Staat brachte, obwohl die Agenten Berlins, die schon am Zerwürfnis gewichtigen Anteil gehabt hatten, große Anstrengungen unternahmen, Tiso zur Proklamierung der slowakischen Selbständigkeit und zur Anforderung deutscher Hilfe zu bewegen, da griff Hitler mit harter Hand ein. Am 13. März wurde Josef Tiso nach Berlin zitiert, und Hitler eröffnete ihm, daß er nur die Wahl habe zwischen der sofortigen Verkündung eines unabhängigen slowakischen Staates und der Annexion der Slowakei durch Ungarn[242]. Tiso fügte sich, und auf Grund seines Berichts proklamierte der slowakische Landtag am 14. März die slowakische Selbständigkeit. Am gleichen Tag marschierten ungarische Truppen in die Karpatho-Ukraine ein, nachdem Hitler am 13. März Ungarn den „Rat" gegeben hatte, „blitzartig" dort einzufallen; der Rat war mit der strikten Weisung verbunden, die Finger von der Slowakei zu lassen[243].

Unter Berufung auf diese Ereignisse und auf einen mit Tiso verabredeten telegrafischen Hilferuf, der in Berlin allerdings erst am 16. März eintraf – die Handhabung derart bestellter Appelle scheint nur selten zu funktionieren –, setzte Hitler am 14. März die ersten deutschen Truppen gegen die „Tschechei" in Bewegung. Der tschechoslowakische Staatspräsident Emil Hacha und der Prager Außenminister Chvalkovsky, die dem deutschen Gesandten in Prag bereits ihre Bereitschaft mitgeteilt hatten, auch noch der Abtrennung der Slowakei zuzustimmen[244], unternahmen jetzt einen letzten verzweifelten Versuch, durch eine Reise nach Berlin und eine Aussprache mit Hitler vielleicht doch noch einen Rest tschechischer Unabhängigkeit zu retten. Indes spielten sie damit Hitler nur die Möglichkeit zu, seinen Gewaltakt völkerrechtlich etwas zu verbrämen. Hacha traf Hitler am 15. März um 1.15 Uhr morgens. Drei Stunden später war der Präsident, der zwischendurch einen Schwächeanfall erlitt, durch brutale Drohungen – z.B. durch Görings Androhung vernichtender Bombenangriffe auf Prag – so eingeschüchtert, daß er ein Schriftstück unterschrieb, in dem es hieß, er

[242] Ebenda, Nr. 202.
[243] Vgl. Hoensch, Der ungarische Revisionismus.
[244] Graml, Europa, S. 382.

lege „das Schicksal des tschechischen Volkes und Landes vertrauensvoll in die Hände des Führers des Deutschen Reiches"[245]. Am Vormittag des 15. besetzten deutsche Truppen Prag, und am 16. März wurde die Öffentlichkeit über die Errichtung eines „Protektorats Böhmen und Mähren" unterrichtet. Die Slowakei stellte sich am 23. März unter den Schutz Hitlers, und Deutschland erhielt das Recht, dort Militär zu stationieren. „Göring teilt schon die Slowakei auf", notierte Goebbels leicht übertreibend am 20. März: „Er ist prachtvoll."[246] Hitler selbst war am 15. März um 19 Uhr abends auf dem Prager Hradschin eingetroffen. Der „Führer" hatte – vor aller Welt und ohne der Welt einen plausiblen Grund weisen zu können – das Münchner Abkommen zerrissen und überdies, seine eindeutigsten Versprechen als Lügen entlarvend, mit dem nationalsozialistischen Deutschland den Übergang zum nackten Imperialismus vollzogen.

Europas Abkehr vom Appeasement Deutschlands

Nachdem Hacha in den frühen Morgenstunden des 15. März unterschrieben hatte, war Hitler zu seinen Sekretärinnen gelaufen, um Gratulationsküsse zu verlangen; er gehe als „der größte Deutsche" in die Geschichte ein, rief er ihnen strahlend zu[247]. Als die Regierungen Großbritanniens und Frankreichs gegen die unverfrorene Liquidierung des Münchner Abkommens protestierten, als ebenso empörte wie für die Zukunft besorgte Politiker der Westmächte kritische und mit warnenden Untertönen vermischte Reden hielten, erntete das bei den nationalsozialistischen Herren Deutschlands lediglich Hohn. „Chamberlain hält in Birmingham eine ziemlich madige Rede", schrieb Goebbels am 19. März in sein Tagebuch. „Dieser good old man wird frech, wie eben die Engländer frech sind. Quatscht von Bruch von Versprechungen u.ä. ... Am Nachmittag kommt eine scharfe amtliche Erklärung aus London. Das Münchner Abkommen sei gebrochen. England erkenne die Neuordnung in Böhmen und Mähren nicht an. Aber das ist wohl nur Theaterdonner. Was wollen denn diese Demokraten noch außer protestieren. Das ist nur hysterisches Geschrei post festum, das uns ganz kalt läßt ... Verachtung ist hier am Platze."[248] Einen Tag später notierte er: „Der Führer nimmt die Proteste in Paris und London mit Recht garnicht ernst."[249]
So übermütig war nun die Stimmung in Berlin, daß man der Erledigung des tschechoslowakischen Staates ungeniert sogleich zwei weitere Akte fol-

---

[245] ADAP, D, 4, Nr. 228.
[246] Tagebücher von Joseph Goebbels, Bd. 3, S. 557.
[247] H. G. Rönnefahrt, Die Sudetenkrise in der internationalen Politik, Teil I, Wiesbaden 1961, S. 746.
[248] Tagebücher von Joseph Goebbels, Bd. 3, S. 576.
[249] Ebenda, S. 577.

gen ließ, die ebenfalls die Gewichte zugunsten des Deutschen Reiches verschoben und bei den Nachbarn zusätzliche Ängste provozierten. Am 20.
März bestellte Ribbentrop den litauischen Außenminister Juozas Urbsys
nach Berlin, und in einer amtlichen litauischen Erklärung, die in der Nacht
vom 22. zum 23. März veröffentlicht wurde, nachdem der zurückgekehrte
Urbsys in Kowno Bericht erstattet hatte, hieß es zu diesem Besuch, „daß
der Reichsaußenminister im Namen der Reichsregierung der litauischen
Regierung den Vorschlag der Rückgabe des Memelgebiets an Deutschland
gemacht und dies als für die Befriedung einzig zweckmäßige Lösung bezeichnet hat"[250]. Der Ministerrat diskutierte den deutschen „Vorschlag",
gab seine Zustimmung, und noch am 22. März traf eine litauische Delegation in Berlin ein, die um 23 Uhr nachts ein entsprechendes Dokument
unterschrieb. Hitler war bereits am Nachmittag des 22. nach Swinemünde
gefahren und dort an Bord des Panzerkreuzers „Deutschland" gegangen.
Auf der Fahrt nach Memel – begleitet von zwei weiteren Panzerkreuzern,
drei Kreuzern, zwei Zerstörerdivisionen und drei Torpedobootsflottillen –
bekam er um Mitternacht ein Telegramm Ribbentrops: „Mein Führer! Ich
melde die vollzogene Unterzeichnung des Vertrages mit Litauen über die
Wiedervereinigung des Memellandes mit dem Reich." Noch an Bord der
„Deutschland" erließ Hitler ein Gesetz über die Wiedervereinigung, das
verfassungswidrig war, da weder der Reichsinnenminister Wilhelm Frick
und Ribbentrop noch Göring und der Chef der Reichskanzlei Hans Heinrich Lammers, allesamt im Reichsgesetzblatt als Gegenzeichner aufgeführt,
Hitler begleiteten und folglich auch nicht gegenzeichnen konnten[251]. Un-
terdessen war am 22. März als erster Reichsdeutscher bezeichnenderweise
der ReichsführerSS und Chef der deutschen Polizei Heinrich Himmler, gefolgt von Polizei- und SS-Kommandos, nach Memel gekommen. Infante-
rie- und Panzereinheiten des I. Armeekorps rückten am Morgen des 23.
März ins Memelgebiet ein, gleichzeitig landeten Staffeln der Luftwaffe, und
am Nachmittag, kurz nach 14 Uhr, rief Hitler den Memelern, die sich auf
dem Theaterplatz versammelt hatten, vom Balkon des Stadttheaters aus zu,
sie seien in ein „gewaltiges, neues Deutschland" zurückgekehrt, das „bereit
und entschlossen ist, sein Schicksal selbst zu meistern und zu gestalten,
auch wenn dies einer anderen Welt nicht gefällt"[252]. Während aber im
nördlichen Europa die deutsche Wehrmacht mit weithin hallendem Ge-
lärme 2658 Quadratkilometer in Besitz nahm, hatte im südöstlichen Europa am 23. März die Bukarester Regierung einen Wirtschaftsvertrag mit
Deutschland zu unterzeichnen, der Rumänien in ökonomische Abhängigkeit vom Reich und damit Deutschland der wirtschaftlich-politischen Vorherrschaft auf dem Balkan einen großen Schritt näher brachte.

---

[250] Völkischer Beobachter, 23.3.1939.
[251] M. Domarus, Hitler. Reden und Proklamationen 1932-1945, II, Würzburg 1963, S.
       1109 ff.
[252] Ebenda, S. 1112 f.

Zugleich machten sich Hitler und Ribbentrop daran, ungesäumt eine jener politischen Früchte zu pflücken, die nach der Aktion gegen die CSR, wie man sich ja vorher ausgerechnet hatte, leichter zu ernten sein mußten. Sie hielten die Zeit für reif, den Druck auf Polen wieder aufzunehmen, und zwar in stärkerer Dosierung als bisher. Eine Woche nach Hachas fatalem Besuch in Berlin und eine knappe Woche nach Hitlers Reise zum Prager Hradschin ließ Ribbentrop am 21. März den polnischen Botschafter kommen[253]. Der Reichsaußenminister setzte Lipski zunächst die Berliner Propagandaversion von den Gründen der deutschen Operation gegen die CSR vor. Ribbentrop hatte tatsächlich die Stirn, einem ausgezeichnet informierten Diplomaten, der zudem einen noch als befreundet geltenden Staat in Deutschland vertrat, zu sagen, daß „sich in der Rest-Tschecho-Slowakei der Benesch-Geist wieder geregt habe. Alle Warnungen des Führers an Chvalkovsky seien ungehört verhallt." Mit Empörung konstatierte der Repräsentant einer üblen Diktatur, daß die Prager Regierung „in der letzten Zeit" versucht habe, „diktatorisch in der Karpatho-Ukraine und in der Tschecho-Slowakei vorzugehen". Selbst die „Drangsalierung der Deutschen in den Sprachinseln", die erneut begonnen habe, fehlte nicht. Anschließend aber servierte Ribbentrop seinem polnischen Gast Vorwürfe an die Adresse Warschaus, die eine beunruhigende Ähnlichkeit mit der gerade gegebenen Begründung des Handstreichs gegen Prag hatten. So sprach er davon, daß Polen in der „Minoritätenkommission" – einer aus deutschen und polnischen Beamten bestehenden Kommission zur Erörterung der beiderseitigen Minderheitenpolitik, die vom 27. Februar bis zum 3. März ergebnislos in Berlin konferiert hatte – eine „merkwürdige Haltung eingenommen" habe. Er beschwerte sich über die Danziger, Posener und Warschauer Studentenkrawalle, und er beklagte sich über Kritik der polnischen Presse an den Verhältnissen in Deutschland und an deutscher Politik. In Berlin mißfiel es naturgemäß, daß im katholischen Polen bestimmte Zeitungen, die von der Regierung nicht kontrolliert wurden, immer wieder die nationalsozialistische Kirchenpolitik und die antichristlichen Elemente der NS-Ideologie angegriffen, die totalitären Züge des NS-Regimes und die brutale Verfolgung der Juden angeprangert, die Behandlung der polnischen Minderheit in Deutschland gegeißelt und eben jetzt die Schaffung eines unter deutschem Schutz stehenden slowakischen Staates als Bedrohung Polens charakterisiert hatten. Doch waren derlei Dinge bislang großzügig behandelt worden. Daß sie von Ribbentrop nun in ernsthaften politischen Gesprächen auf so hoher Ebene aufgetischt wurden, mußte als böses Zeichen erscheinen. Aber es kam noch schlimmer. Der Minister klärte Lipski darüber auf, daß Deutschland 1917/18 an der Entstehung eines polnischen Staates „nicht unbeteiligt" gewesen sei und auch seither als Protektor der staatlichen Existenz Polens fungiert habe. Während er dann offensichtlich

---

[253] ADAP, D, 6, Nr. 61.

zu implizieren suchte, daß Deutschland seine Beschützerrolle ja auch aufgeben könne, falls sich Polen nicht vernünftig verhalte, erklomm er einen
Höhepunkt konfuser Argumentation: „Auch während der Schleicher-Re-
gierung", so bemerkte Ribbentrop dem deutschen Protokoll der Unterredung zufolge, „habe die Möglichkeit bestanden, daß sich ein marxistisches
Deutschland mit der Sowjetunion verbündet hätte. Auch dann würde Polen heute kaum mehr existieren."

Nach solchen politischen und historischen Tiraden legte der Reichsaußenminister erneut – und wieder mit dem Vorschlag eines gemeinsamen
Zuges gegen die Sowjetunion verbunden – die deutschen Forderungen
vom Oktober 1938 und vom Januar 1939 auf den Tisch. Mit jener Mischung aus Stumpfheit und Chuzpe, die zu einer der hervorstechendsten
Eigenschaften der nationalsozialistischen Führer geworden war, lud Ribbentrop dabei – eine Woche nach der nächtlichen Erpressung Hachas in
Berlin – den polnischen Außenminister Beck zur Erörterung, d.h. zur Annahme, der deutschen Forderungen in die Reichshauptstadt ein. Lipski
solle sofort nach Warschau fahren, um Beck die Einladung zu überbringen.
Während der Unterredung hatte Ribbentrop einmal gesagt, der „Führer"
strebe noch immer einen Ausgleich mit Polen an, „sei aber in zunehmen-
dem Maße ... über die polnische Haltung verwundert". Am Ende des Gesprächs gab er Lipski den Satz mit auf den Weg, bisher sei der „Führer"
über „die merkwürdige Haltung Polens in einer Reihe von Fragen nur verwundert; es käme darauf an, daß er nicht den Eindruck erhalte, daß Polen
einfach nicht wolle".

In Wahrheit hatten die Schläge zur Zertrümmerung der Tschechoslowakei – dazu die Annexion des Memelgebiets und der deutsch-rumänische
Wirtschaftsvertrag – auf die europäische Situation ganz anders eingewirkt,
als der triumphierende Hitler und seine Umgebung glaubten. Um ein – lediglich lästiges und auch auf mildere Weise zu lösendes – diplomatisches
Detailproblem zu eliminieren, nämlich das Verlangen nach Garantierung
der im Anschluß an München gezogenen tschechoslowakischen Grenzen,
und um die Entschärfung eines – lediglich potentiellen – taktischen Gefah-
renmoments seiner operativen Expansionsplanung zu erleichtern, nämlich
durch die Beseitigung der Gefahr im Rücken, die ein noch nicht diszipli-
niertes Polen darstellen mochte, hatte der „Führer" einen Schritt getan, der
das politische Klima in Europa radikal und unkorrigierbar zu seinen Un-
gunsten veränderte. Es kennzeichnet nicht allein die Brutalität und die
Amoralität, sondern vor allem auch den Dilettantismus Hitlers und seiner
Gefolgschaft, daß sie die Veränderung zunächst überhaupt nicht bemerkten. Tatsächlich war die Fortsetzung der Appeasement-Politik, wie sie
Chamberlain bislang praktiziert hatte, unmöglich geworden. Indem er der
Tschechoslowakei „den Todesstoß" versetzte, hatte Hitler zugleich die Appeasement-Politik tödlich getroffen: Die Wertlosigkeit seines Wortes und
seiner Unterschrift, der expansionistische Charakter der nationalsozialisti-

schen Politik und die Uferlosigkeit des Berliner Imperialismus waren nun vollständig demaskiert und auch für diejenigen in den Staaten Europas sichtbar geworden, die sich bisher – aus Mangel an Vorstellungskraft, aus Friedensliebe, aus Furchtsamkeit – geweigert hatten, die wahre Natur des NS-Regimes und seines Führers zur Kenntnis zu nehmen und den bei richtiger Diagnose unabweisbaren Gedanken an Krieg zu fassen. Jetzt war es soweit. Ohne jede Spur von Enthusiasmus, doch mit fatalistischer Entschlossenheit begannen sich in den von Deutschland und Italien noch unabhängigen europäischen Regionen Politiker, Militärs und die breiten Massen der Bevölkerung – faschistische und bald auch kommunistische Randgruppen ausgenommen – darauf einzurichten, daß Hitler gestoppt werden mußte, unter Umständen mit den Waffen.

Doch stand nach der Prager Erfahrung nicht nur fest, daß es Krieg geben werde, falls deutsche Regimenter erneut die Grenzen eines europäischen Staates überschreiten sollten. Die Appeasement-Politik war auch in dem Sinne tot, daß sich allenthalben die Bereitschaft verflüchtigt hatte, ein weiteres Mal die Kombination von Methoden hinzunehmen, mit der Hitler 1938 so erfolgreich operiert hatte: Larmoyante Klagen über deutsche Leiden – Diskriminierung und Isolierung des gewählten Opfers – Androhung von Waffengewalt – Versprechungen künftigen Wohlverhaltens. Daher hatte sich Hitler durch die Unterwerfung der Tschechoslowakei gerade auch die Bewältigung jener kleinen taktischen Schwierigkeit endgültig unmöglich gemacht, deren leichtere Bewältigung ja zu den Zielen seines Unternehmens gehört hatte. Zwar verfügte er nun in der Tat über die „strategische Zange" gegen Polen, die er mit der Eingliederung der Slowakei in den deutschen Aufmarschraum hatte schmieden wollen[254]. Doch taugten solche Positionsgewinne nicht länger zu Mitteln politischer Erpressungsmanöver. In Polen sah man nicht mehr die kleinste Möglichkeit, bei deutschem Druck dem Land durch eine Politik der Nachgiebigkeit zu nutzen, wie immer die Konsequenzen von Widerstand ausfallen mochten, und nirgends in Europa gab es noch jemand, der auf den Gedanken kommen konnte, den Polen eine andere Haltung anzuraten. Gerade in Frankreich und Großbritannien war die Bereitschaft geschwunden, irgendwelche weitere Opfer deutscher Pressionen zum Nachgeben zu bewegen.

In den Westmächten, namentlich in Großbritannien, wirkten die Ereignisse vom März 1939 allerdings auch deshalb so stark und so nachhaltig, weil die Fundamente der Appeasement-Politik dort schon vor Hitlers Fahrt auf den Hradschin recht mürbe geworden waren. Noch während die meisten Briten, von der Kriegsfurcht befreit, Chamberlain begeistert Beifall zollten, setzte gerade in den Reihen der Londoner Regierungsparteien doch auch Kritik an einer Politik ein, die Großbritannien zur Mitwirkung am Münchner Abkommen und also zu einer Kapitulation vor Hitler ge-

[254] H. Booms, Der Ursprung des 2.Weltkriegs, S. 347.

führt hatte, der man sogar den Charakter der Komplicenschaft mit den Nationalsozialisten zuschreiben konnte, und wer die Richtigkeit von Appeasement bereits vor München bezweifelt oder bestritten hatte, verschärfte jetzt noch sein Urteil. Nachdem die Erleichterung über die Vermeidung des Krieges wieder etwas abgeklungen und Nüchternheit eingekehrt war, fand die Fronde gegen Appeasement und München allmählich auch mehr Gehör, zumal sie über formidable Führer und Sprecher verfügte. Duff Cooper, ein geistvoller Redner und glänzender Schriftsteller, der 1932 eine zum Kunstwerk geratene Biographie Talleyrands veröffentlicht hatte, war aus Protest gegen die Kapitulation von München als Marineminister zurückgetreten. Er stand jetzt neben so angesehenen und einflußreichen Mitgliedern des Unterhauses wie Harold Nicolson, wie Anthony Eden - der Anfang 1938 das Foreign Office verlassen hatte, nachdem vom Premier einer der periodischen Versuche zum Appeasement Mussolinis unternommen und außerdem ein Angebot des amerikanischen Präsidenten Roosevelt zur politischen Unterstützung der europäischen Westmächte ignoriert worden war - und wie Winston Churchill.

Wenn auch zu diesem Zeitpunkt viele Kritiker der Appeasement-Politik noch eher in Anthony Eden, nüchterner und weniger der Kandidatur für das Amt des Regierungschefs verdächtig, ihre Zentralfigur sahen, so war doch Churchill der charakteristischste, der potentiell wichtigste und gewiß der bedeutendste Gegenspieler Chamberlains. Ein Sproß des englischen Hochadels - sein Vater, Lord Randolph Churchill, war ein jüngerer Sohn des 7. Herzogs von Marlborough - und der Tochter eines amerikanischen Unternehmers, wie er für das New York des späteren 19. Jahrhunderts typisch war, konnte der 1874 geborene Winston Churchill 1938/39 bereits auf eine lange Karriere als Politiker, Journalist und Historiker zurückblicken, wobei sich seine politische Laufbahn freilich auch durch eine ungewöhnliche Wechselhaftigkeit auszeichnete[255]. Zwar gab es niemand, der ihm seinen Rang als Parlamentarier bestritten hätte. Ein ehrgeiziger Mann, war Churchill doch stets weit mehr an den jeweils umkämpften politischen oder militärischen Fragen interessiert als an seiner eigenen Person; auch fehlten ihm sowohl Neigung wie Begabung zur Intrige. Mit einem scharfen Verstand und einer zuweilen allzu lebhaften Vorstellungskraft ausgerüstet, verband er die Fähigkeit zu logischem und selbständigem Denken mit Humor und Witz, mit einer brillanten Formulierungskunst und einer legendären Schlagfertigkeit. So war er in Jahrzehnten zu einer der ganz großen Gestalten der britischen Parlamentsgeschichte geworden.

Der Minister Churchill hatte eine weniger glückhafte Fahrt gehabt. Auf der einen Seite standen große Erfolge und Verdienste: So zwischen 1906 und 1914 in den liberalen Kabinetten Campbell-Bannerman und Asquith als einer der wichtigsten Kampfgefährten Lloyd Georges bei bedeutenden

---

[255] Vgl. R. Rh. James, Churchill: A Study in Failure 1900-1939, London 1970.

innen- und sozialpolitischen Reformen; in den letzten Friedensjahren als Marineminister bei der Vorbereitung der britischen Flotte auf den Krieg mit dem wilhelminischen Deutschland; 1917/18 als Rüstungsminister vor allem bei der Einleitung einer Tankproduktion größeren Stils; in den ersten Jahren nach dem Weltkrieg als Kriegs-, Luftfahrt- und Kolonialminister bei der Demobilisierung der britischen Armee, bei der Entschärfung der irischen Frage und bei dem vorübergehend durchaus gelungenen Versuch, die Erschließung Palästinas für jüdische Einwanderung im Rahmen einer gemeinsamen britisch-zionistisch-arabischen Politik zu bewältigen. Auf der Sollseite fanden sich jedoch auch bittere Niederlagen: So 1915/16, als man den Marineminister Churchill für die Erfolglosigkeit des Gallipoli-Unternehmens gegen die mit Deutschland verbündete Türkei verantwortlich machte, obschon die politisch und militärisch sehr wohl richtig angesetzte Operation, die in der Tat zu Churchills Lieblingsprojekten zählte, von den militärischen Befehlshabern an Ort und Stelle verpfuscht worden war; im Grunde war der Marineminister auch weniger einem Fehler zum Opfer gefallen – er ging für einige Zeit als Bataillonskommandeur an die Front in Frankreich – als der Koalitionsbildung zwischen Liberalen und Konservativen, weil ihm letztere damals weder seinen 1905 erfolgten Wechsel von ihnen zu den Liberalen noch seine anschließende Aktivität als Reformpolitiker verziehen hatten. Ähnlich erging es ihm zwischen 1918 und 1920, als in erster Linie er es war, der die Alliierten dazu bewog, in den russischen Bürgerkrieg militärisch gegen die Bolschewiki einzugreifen, die Interventionspolitik jedoch völlig Schiffbruch erlitt. Derartige Fehlschläge hatten ihm den Ruf eingebracht, als Kabinettsmitglied auch seine gefährlichen Seiten zu haben, vornehmlich die Eigenschaft, sich das Urteilsvermögen gelegentlich durch hitziges Temperament und Wunschdenken trüben zu lassen. Daneben galt er manchen seiner Kollegen als allzu rastlos, allzu umtriebig und allzu sorglos im Umgang mit Ressortgrenzen. Wenn auch ein gut Teil der Kritik einfach darauf zurückgeführt werden durfte, daß sich die selbstzufriedene Bequemlichkeit, die vielen konservativen und liberalen Politikern eignete, von Churchills Einfallsreichtum, Energie und Tatendrang belästigt fühlte, so steckte in den Vorwürfen schon auch ein wahrer Kern.

In den Jahren vor München hatte er sogar seine Stellung im Unterhaus geschwächt und die Distanz zu einem Sitz im Kabinett erheblich vergrößert; seit 1929, seit dem Wechsel von der konservativen Regierung Baldwin, der er als Schatzkanzler angehört hatte, zur Labour-Regierung MacDonald, war er ja ohne Amt. Das lag einmal daran, daß er, als altmodischer Empire-Anhänger, der sein Berufsleben als Kavallerieoffizier in Indien begonnen hatte, ohne Zögern gegen eine von der Unterhaus-Mehrheit gestützte Reformpolitik auftrat, die Indien auf den Weg zur Unabhängigkeit bringen mußte. Und es lag ferner daran, daß er während der innenpolitischen Krise, die 1936 ausbrach, weil der junge König Edward VIII. an der

Absicht festhielt, die zweimal geschiedene Amerikanerin Mrs. Simpson zu heiraten, in einer Weise für den späteren Herzog von Windsor Partei nahm, daß sein Anfall von feudalistischer Lehnstreue – Stoff für einen Cervantes – die unvermeidliche und am 10. Dezember 1936 vollzogene Abdankung des Königs zu verzögern und eine dem ganzen Commonwealth höchst unangenehme Affäre ungebührlich zu verlängern drohte. Indes handelte es sich dabei nur um temporäre Rückschläge, von denen er sich wieder erholte, und bis 1938/39 war er überdies zu einem weithin anerkannten Experten in deutschlandpolitischen und in den mit der deutschen Gefahr zusammenhängenden rüstungspolitischen Fragen geworden. Sein Urteil über München hatte Gewicht, und er nannte die Konferenz von München am 5. Oktober 1938 in einer großen Unterhausdebatte eine „totale, durch nichts gemilderte Niederlage". Er setzte hinzu: „Das ist nur der Beginn ..., der erste Vorgeschmack eines bitteren Tranks, der uns Jahr für Jahr kredenzt werden wird."[256]

Ende der zwanziger und Anfang der dreißiger Jahre war Winston Churchill noch ein sozusagen „radikaler" Appeaser gewesen. Damals hatte er mehrmals – so als 1931 das von Reichskanzler Brüning und seinem Außenminister Curtius zur Vorbereitung des „Anschlusses" lancierte Projekt einer Zollunion zwischen Deutschland und Österreich zur Debatte stand – dafür plädiert, die einigermaßen vertretbaren deutschen Wünsche zur Revision der Pariser Vorortsverträge jetzt zu erfüllen[257]. Er hatte sich dabei vornehmlich von drei Überlegungen leiten lassen: Erstens müsse – so der alte Feind des Kommunismus und des kommunistischen Rußland – das Deutsche Reich zu einem festen Bollwerk gegen Bolschewismus und Sowjetunion gemacht werden, wofür das Land auch außenpolitische Erfolge brauche; zweitens wären die Sieger gut beraten, wenn sie die deutschen Ansprüche befriedigten, solange sie noch eindeutig stärker seien als die Geschlagenen des Krieges und folglich den Revisionsprozeß noch unter Kontrolle halten könnten; drittens gelte es, der Weimarer Republik den Rükken gegen die Nationalsozialisten zu stärken, die uferlose Pläne hätten und entschlossen seien, Krieg zu führen, und auch für diesen Zweck komme es darauf an, der Republik außenpolitische Erfolge zu verschaffen[258]. Sein Urteil über die Nationalsozialisten stand früh fest, und so hat er seine bisherige Auffassung von richtiger britischer – und überhaupt westlicher – Deutschlandpolitik sofort aufgegeben, nachdem Hitler deutscher Reichskanzler geworden war und sein Regime stabilisiert hatte. Von nun an mußte, wie Churchill die Dinge sah, alles darauf konzentriert werden, Europa gegen die nationalsozialistische Gefahr zusammenzuschließen.

Zunächst setzte er dabei seine Hoffnung auf eine Sammlung im Rahmen des Völkerbunds und auf die Aktivierung des Systems der kollektiven Si-

---

[256] Taylor, Munich, S. 903; Gilbert, Churchill, V, S. 1000.
[257] Gilbert, Churchill, V, S. 451 f.
[258] Ebenda.

cherheit. „In der Zahl liegt Sicherheit", schrieb er am 8. März 1935 an seine
Frau. „Nur in der Zahl liegt Sicherheit."[259] Jedoch stellte sich bald die
Ohnmacht des Bundes heraus, und Churchill wandte sich mit Eifer Projek-
ten einer Allianzpolitik alten Stils zu, die der kollektiven Sicherheit durch
die Zusammenarbeit der europäischen Großmächte mehr Substanz geben
sollten. Dabei war er durchaus bereit, alten und ans Herz gewachsenen
Feindschaften abzuschwören. „Angesichts der Gefahr aus Deutschland", so
konstatierte am 19. April 1936 Sir Maurice Hankey, Sekretär des Committee for Imperial Defence und des Kabinetts, „hat er seinen heftigen antirussischen Komplex früherer Tage begraben und ist nun offenbar ein Busen-
freund von Mr. Maisky [dem Londoner Botschafter der Sowjetunion]."[260]
Aber ein Bündnissystem allein konnte nicht genügen. Die dazu fähigen
Großmächte hatten vielmehr ihre militärische Kraft erheblich zu steigern,
um es mit dem Jahr für Jahr militärisch stärker werdenden Deutschland
notfalls auch aufnehmen zu können. Nur von Verträgen allein würde sich
ein Hitler sicherlich nicht beeindrucken lassen. Gelang es aber, eine erfolgreiche Bündnispolitik mit der erforderlichen Rüstungsanstrengung zu verbinden, so mußte eine Phalanx von Staaten entstehen, die in der Lage war,
das nationalsozialistische Deutschland in Schach zu halten und von kriegerischen Abenteuern abzuschrecken. Ein Krieg gegen Deutschland wurde,
sofern dies alles rechtzeitig geschah, überflüssig. Naturgemäß hielt es Churchill für einen Gipfel der Narrheit, den gefährlichen Leuten in Berlin auch
noch Machtgewinne zu ermöglichen und sogar förmlich zuzuschanzen.
Was der Weimarer Republik hätte gegeben werden sollen, hatte Hitler
selbstverständlich verweigert zu werden. In einer Unterhaltung mit dem
Führer der Sudetendeutschen Partei, die geraume Zeit vor München stattfand, setzte er Konrad Henlein auseinander, daß er nicht grundsätzlich gegen die Erfüllung der sudetendeutschen Forderungen sei, daß man jedoch
die Sudetengebiete unter keinen Umständen einem Hitler überlassen
dürfe, der solche Erfolge lediglich als Sprungbrett für sehr viel weiter zielende expansionistische Absichten nützen werde. So entwickelte sich
Churchill zum beredtesten Anwalt einer zielbewußten britischen Bündnispolitik, zum leidenschaftlichsten Apostel einer energischen britischen Rüstungspolitik und zum überzeugtesten Verfechter einer britischen Außenpolitik, die sich Ansprüchen des nationalsozialistischen Deutschland in den
Weg stellte. Da die Kabinette Baldwin und Chamberlain eine Außenpolitik
verfolgten, die seiner Auffassung genau entgegengesetzt war, und da die
beiden Kabinette nach seiner Meinung vor allem auf den Feldern der
Bündnis- und der Rüstungspolitik nichts oder doch viel zu wenig taten,
wuchs er notwendigerweise auch in die Rolle des schärfsten und des be-
harrlichsten Kritikers der offiziellen Politik der Londoner Regierung.

---

[259] Ebenda, S. 626.
[260] Ebenda, S. 723.

Churchill dachte dabei nicht nur in machtpolitischen Kategorien und keineswegs allein an politische oder wirtschaftliche Interessen Großbritanniens und des Commonwealth; die Erhaltung des europäischen Kräftegleichgewichts verstand er nicht bloß als eine Notwendigkeit für die äußere Sicherheit Englands. Von 1932 bis 1938 legte er – der sich ohne Amt wieder der Geschichtsschreibung zuwandte – eine mehrbändige Biographie seines großen Ahnen John Churchill vor, des ersten Herzogs von Marlborough, der viele Jahre lang zusammen mit dem Prinzen Eugen gegen die Hegemonialpolitik des Frankreichs Ludwigs XIV. gekämpft hatte. So hatte sich in sein Bewußtsein eine Vorstellung von der gesamteuropäischen Wächterrolle Großbritanniens tief eingebrannt, die er einmal in einem Brief an Lord Rothermere mit der Reihung illustrierte: „Elizabeth – Philip II/ William III, Marlborough – Louis XIV/Pitt-Napoleon/We-Wilhelm II!"[261] In all diesen großen Konflikten der europäischen Geschichte war aber Großbritannien, in Winston Churchills Verständnis, nicht einfach – als Haupt einer Staatenkoalition – zu Felde gezogen, um auf dem europäischen Kontinent die Vorherrschaft einer bestimmten Macht zu verhindern, vielmehr war es in jedem Falle vor allem darum gegangen, die hegemonialen Tendenzen einer Macht abzuwehren, die – vom katholischen Spanien der Inquisition über das absolutistische Frankreich bis zum wilhelminischen Deutschland – Europa mit einer freiheitsfeindlichen Ideologie und mit einem freiheitsfeindlichen politischen System bedroht hatte. Erst recht schrieb er in der Auseinandersetzung mit dem nationalsozialistischen Deutschland dem Gegensatz zwischen zwei grundverschiedenen Systemen ethischer, geistiger und politischer Werte die entscheidende Bedeutung zu. Einmal hat er gesagt: „Sozialismus ist schlecht, Chauvinismus ist noch schlimmer, und die beiden vereint, in einer Art verderbtem italienischen Faschismus, sind das übelste Credo, das je von Menschen ersonnen wurde."[262] Wenn das Deutschland Hitlers den europäischen Kontinent unterwerfen sollte, mußte nicht nur die staatliche Selbständigkeit der europäischen Länder ausgelöscht werden, diese barbarische, ja inhumane Diktatur, abstrusen und menschenverachtenden Doktrinen huldigend, mußte vielmehr auch „die parlamentarische Demokratie und die liberale Zivilisation" vernichten, wie er am 24. September 1936 in einer Rede ausrief.[263] Churchill empfand das Dritte Reich und seine Politik stets als eine äußerste Gefährdung der politischen Kultur Westeuropas und namentlich Großbritanniens, deren Wesen er im übrigen gerade tief in sich einsog. Kaum war die Biographie Marlboroughs abgeschlossen, hatte er nämlich eine wiederum auf mehrere Bände angelegte – dann allerdings erst nach dem Zweiten Weltkrieg erscheinende – „Geschichte der englischsprechenden Völker" in

[261] Ebenda, S. 648 f.
[262] Colville, The Fringes of Power, S. 332.
[263] Gilbert, Churchill, V, S. 788.

Angriff genommen, und obwohl er darin, wie schon in seinen bisherigen Werken, mit Lust und Sachverstand die Dramatik politischer Konflikte lebendig werden ließ oder grandiose literarische Schlachtenbilder malte, geriet ihm die Arbeit doch, ihrer inneren Konzeption nach, zur Erzählung der Herkunft und der Entfaltung einer politischen Kultur, ihrer trotz aller verschlungenen Umwege stetigen Verbesserung und Verfeinerung, zur Erzählung der geschichtlichen Verwirklichung von Freiheit und Humanität. Es gehört zu den bemerkenswertesten Elementen jener Jahre, daß sich als der wichtigste Widersacher Chamberlains und dann für lange Zeit auch Hitlers nicht irgendein ordinärer Politiker herausschälte, lediglich mit den ordinären Eigenschaften eines erfolgreichen Politikers begabt, mit Energie, Zähigkeit, Geschick, sondern ein Mann, der sich im Laufe seiner Karriere zum profunden Kenner und zum liebenden Hüter – fast durfte man sagen: zur Personifizierung – der Tradition britischer Außenpolitik und der Essenz des politischen Geistes Englands entwickelt hatte.

In der ungewissen Stimmung, die nach München in Großbritannien herrschte, trug allein schon die Besonderheit seiner politischen Persönlichkeit dazu bei, Churchill besondere Aufmerksamkeit, besonderen Respekt und – bei weiterer Verschärfung der internationalen Krise oder bei Krieg – eine besondere Anwartschaft auf die Führung des Landes zu sichern. Daß seine Warnungen – nachträglich auch jene, mit denen er vor München der Regierung jahrelang so lästig gefallen war – jetzt große Beachtung fanden, lag aber nicht zuletzt daran, daß allenthalben, selbst im eigentlichen Regierungslager, zu dem ja der Frondeur Churchill, obwohl er seit 1924 wieder zu den Konservativen gehörte, nicht zu zählen war, ein Stimmungsumschwung einsetzte, der auf eine Annäherung an den Standpunkt Churchills hinauslief. Vielen, die bis zum September 1938 an die Richtigkeit oder an die Unvermeidbarkeit der Chamberlainschen Appeasement-Politik geglaubt hatten, versetzte die Realität von München einen bösen Stoß. Sie empfanden genau das, was Churchill aussprach: Großbritannien hatte vor einer politischen Erpressung kapituliert und dabei ein Land mit liberaldemokratischer Verfassung im Stich gelassen, es einer üblen Tyrannei zum Fraße vorgeworfen. Und da war die peinigende Frage, ob man sich mit einem politischen Akt, der Bitterkeit und Scham weckte, tatsächlich für längere Zeit Ruhe erkauft habe. Den Zwiespalt der Gefühle, den die Anhänger Chamberlains nun erlebten, hat Harold Nicolson in einen treffenden Satz gefaßt. „Es ist wirklich schwierig", so schrieb er, „zu sagen: ‚Dies ist die bedeutendste diplomatische Großtat in der Geschichte; deshalb müssen wir unsere Rüstung verdoppeln, um nie wieder einer solchen Demütigung ausgesetzt zu sein!'"[264] Wer die Niederlage spürte und besorgt in die Zukunft sah, stand jedoch bereits, auch wenn das noch nicht offen zum Ausdruck kam, zwischen Chamberlain und Churchill; er räumte, wenn er etwa die

---

264 Nicolson, Diaries and Letters, S. 374.

Forderung erhob, Großbritannien müsse mehr rüsten, ein, daß Chamberlains Kritiker die Ziele Hitlers und die Natur des nationalsozialistischen Deutschland womöglich richtiger einschätzten als der Premier.

Sogar Kabinettsmitglieder konnten sich dem Trend zu Churchillschen Auffassungen nicht entziehen, so Handelsminister Oliver Stanley, Erziehungsminister Lord de la Warr und Luftfahrtminister Lord Swinton. Auch Chamberlains Außenminister gesellte sich zu den Zweiflern. Lord Halifax, ein Aristokrat, der Bildung und Gelehrsamkeit mit der Liebe zur Fuchsjagd verband, hatte vor und nach seiner von 1926 bis 1931 währenden Amtszeit als Vizekönig in Indien mehreren Kabinetten angehört, als Erziehungsminister, Landwirtschaftsminister, Kriegsminister und Lordsiegelbewahrer; nachdem ihn Chamberlain im Februar 1938 an die Spitze des Foreign Office gestellt hatte, wo er Anthony Eden ablöste, war er, was Hitler und Deutschland anlangte, stets dem Urteil des Premiers gefolgt und gleichfalls der Ansicht gewesen, daß der Friede um fast jeden Preis bewahrt werden müsse. Aber das Erlebnis von München und der Art und Weise, in der Hitler in den Wochen vor München agiert hatte, verstörte Lord Halifax, der auch ein tief religiöses Mitglied der Anglikanischen Kirche war, und schreckte ihn auf. Als er den aus München zurückkehrenden Chamberlain am Londoner Flughafen abholte, riet er dem davon überraschten Premier noch während der Autofahrt, sofort eine Koalitionsregierung unter Einschluß der Labour-Partei zu bilden und in ein neues Kabinett auch Eden und Churchill aufzunehmen[265]. Gewiß sind aus den Zweifeln vorerst kaum Konsequenzen gezogen worden, und auf dem Felde der Rüstungspolitik wurde zunächst lediglich beschlossen, die Luftabwehr Großbritanniens zu verstärken und zu diesem Zweck auch mehr Jagdflugzeuge zu bauen und mehr Jagdflieger auszubilden. Doch abgesehen davon, daß die rüstungspolitische Entscheidung – wie sich dann 1940/41 herausstellte – richtig und von größter militärischer Bedeutung war, begann in Großbritannien – und das gilt in ähnlicher Form auch für Frankreich – sogleich nach München ein politisches Klima zu entstehen, in dem das Land auf weitere Reizungen aus Deutschland überaus empfindlich reagieren mußte.

Und eben solche Irritationen wurden von den nationalsozialistischen Herren des Deutschen Reiches prompt geliefert. Schon die von Hitler und Ribbentrop befohlene Rundfunk- und Pressekampagne gegen Duff Cooper, Eden und Churchill wirkte nicht nur als ungehöriger Versuch der Einmischung in die inneren Angelegenheiten Großbritanniens, etwa in die Freiheit der Regierungsbildung, und damit als ein Indiz für eine gefährliche Steigerung der nationalsozialistischen Arroganz, sondern vor allem als völlig unverständliche Brüskierung eines Staates, der Hitler und Deutschland gerade zu einem gewinnbringenden Triumph verholfen hatte. Viele britische Beobachter fragten sich, ob diese ansonsten sinnlose Kampagne wo-

---

[265] Taylor, Munich, S. 926.

möglich den Zweck verfolgte, die deutsche Bevölkerung, die Chamberlain in München zugejubelt hatte und den Premier noch monatelang mit Beifall bedachte, sobald er in einer Wochenschau auftauchte, auf weitere Akte einer antibritischen Politik und am Ende auf einen Krieg gegen England einzustimmen; schließlich war der Feldzug vom „Führer" mit seiner Saarbrükkener Rede persönlich eröffnet worden und bloß ganz selten von anerkennenden Worten an die Adresse Chamberlains und seines Lagers begleitet. Unvergleichlich stärker wirkte aber im November 1938 die „Reichskristallnacht", der von Hitler gebilligte und von Goebbels inszenierte reichsweite Pogrom gegen die deutschen Juden.

Noch am 31. Oktober hatte Herbert v. Dirksen, der deutsche Botschafter in London, nach Berlin berichtet, Chamberlain werde demnächst neue britisch-deutsche Besprechungen vorschlagen, um, auf der Grundlage von München, die britisch-deutsche Annäherung weiter zu fördern[266]. Am 17. November schrieb er jedoch, seine Ankündigung treffe „gegenwärtig nicht mehr zu", und als „die beiden wichtigsten Rückwirkungen der antijüdischen Welle in Deutschland" nannte er: „Die Niedergeschlagenheit, die sich gerade der aktiv für eine deutsch-englische Freundschaft eintretenden Elemente des englischen Volkes bemächtigt hat, und die Beeinträchtigung der Stellung Chamberlains." Die deutschfreundlichen Kreise in England seien „seelisch betroffen" und „in ihrem Glauben an die Möglichkeit einer deutsch-englischen Verständigung irre" geworden; ihre „Tatkraft" sei „gelähmt", ihre „moralische Unterstützung, ihr Antrieb" fehlten nun dem Kabinett[267]. Für einen ansonsten nicht gerade regimekritischen Diplomaten war das, in einem amtlichen Bericht an das Auswärtige Amt, eine starke Sprache, und Dirksen kannte England inzwischen gut genug, um zu wissen, daß es seit 1933 in Großbritannien – von wenigen Ausnahmen abgesehen – keine „deutschfreundlichen Kreise" mehr gab, d.h. keine Kreise, die dem nationalsozialistischen Deutschland freundschaftlich gesonnen gewesen wären; wer sich als „deutschfreundlich" gerierte und für die deutsch-englische Verständigung eintrat, tat das, wie Chamberlain selbst ja auch, meist nur, um einem Krieg aus dem Wege zu gehen[268]. In der ihm eben noch möglichen Form wollte Dirksen Berliner Lesern sagen, daß der jetzt mit der „Kristallnacht" gegebene Hinweis auf eine vielleicht unveränderlich böse Natur des NS-Regimes – der Hinweis auf die von München offenbar unberührt gebliebene Roheit der nationalsozialistischen Führer, auf ihre anscheinend gänzlich ungeschwächte Lust an Gewaltanwendung und auf ihre sichtlich ungebrochene ideologische Verbohrtheit – den Glauben vieler Briten an die Vermeidbarkeit eines Krieges mit Deutschland schwer erschüttert und damit die Grundlage der Politik Chamberlains in Frage gestellt habe.

[266] ADAP, D, 4, Nr. 260.
[267] Ebenda, Nr. 269.
[268] Nicolson, Diaries and Letters, S. 254.

Wie genau Dirksen den Nagel auf den Kopf getroffen hatte, zeigt etwa
die Reaktion des damaligen britischen Marineattachés in Berlin. Ebenfalls
Mitte November notierte Kapitän Troubridge, ein biederer und mitnichten
philosemitischer Seemann, der aber über eine unbestechliche Beobach-
tungsgabe verfügte und neben gesundem Menschenverstand zuverlässige
ethisch-moralische Wertmaßstäbe besaß, in seinem Tagebuch, daß der Pogrom eine Wende in den britisch-deutschen Beziehungen bedeute: er
selbst habe in seiner Berliner Stellung seit Jahren aufrichtig und eifrig an einem Ausgleich zwischen Großbritannien und Deutschland gearbeitet, doch
sei damit jetzt Schluß; solange diese Bande von Nationalsozialisten in
Deutschland am Ruder sei, könne es keine Verständigung geben, werde
Europa keinen Frieden haben[269]. Dirksen hatte gegen Ende seines Berichts
vom 17. November noch geschrieben: „Die Gegner Chamberlains sind
nicht müßig gewesen, die neue deutschfeindliche Welle zur Kritik und zu
erneuten Angriffen auszunutzen, daß ein Zusammengehen mit einem
Land, in dem solche Härten möglich sind, aus weltanschaulichen Gründen
abgelehnt werden müsse. Die von Frankreich propagierte Ablehnung der
deutschen Kolonialforderungen ist von den deutschfeindlichen Kreisen in
England bereitwillig aufgegriffen und verstärkt worden." Der Botschafter
war nicht schlecht informiert. Die „Kristallnacht" hatte in der Tat Konsequenzen für die kolonialen Ansprüche des Deutschen Reiches, nur daß
diese – über Empörung und Resignation bereits hinausgehenden – ersten
praktischen Konsequenzen aus dem Pogrom nicht von Gegnern Chamberlains, sondern von seinem Kabinett gezogen wurden. Unter der Leitung
Malcolm MacDonalds, des Kolonialministers, hatte sich eine Studien-
gruppe tatsächlich seit einiger Zeit mit dem Problem beschäftigt, wie
Deutschland in den Besitz kolonialer Territorien gebracht werden könne.
Am 14. November erklärte indes MacDonald im Außenpolitischen Ausschuß des Kabinetts, angesichts der Ereignisse in Deutschland werde die
Arbeit an jenem Problem vorerst eingestellt[270].

Chamberlain selbst ist von der „Kristallnacht" ebenfalls hart getroffen
worden. Am 10. November, noch ehe ihn Nachrichten über den Pogrom –
der seine Höhepunkte in der Nacht vom 9. auf den 10. und am 10. hatte –
erreichten, schrieb er voller Freude an seine Schwester, William Astor habe
aus Berlin den Eindruck mitgebracht, daß Hitler ihn, Neville Chamberlain,
möge[271]. In der Sitzung des Außenpolitischen Ausschusses vom 14. November äußerte er sich jedoch zum ersten Male „sehr besorgt über die ent-
täuschende Entwicklung der Dinge in Deutschland seit der Münchner Regelung". Mehr noch: er akzeptierte die von seinem Außenminister gezo-
gene Folgerung, daß es zur Zeit keine Fortsetzung der Bemühungen um

---

[269] Aufzeichnung Captain Troubridge, 16.11.1938; ungedruckt, im Besitz des Verf.
[270] Taylor, Munich, S. 937 f.
[271] Ebenda, S. 938.

eine britisch-deutsche Annäherung geben könne, und er stimmte Lord Halifax auch zu, als dieser meinte, nach der „Kristallnacht" sei es wohl angezeigt, das Tempo der britischen Rüstung zu erhöhen und einen weiteren Versuch zur Trennung Mussolinis von Hitler zu unternehmen. Aber der Premierminister war noch nicht hart genug getroffen worden. In Wahrheit dachte er gar nicht daran, das britische Rüstungsprogramm – über die kurz zuvor beschlossene Verstärkung der Luftabwehr hinaus – zu beschleunigen oder auszuweiten. Jedenfalls tat er nichts, und am 22. November, als er in einer Kabinettssitzung berichtete, wie er sich bei dem britisch-französischen Konsultationsgespräch zu verhalten gedenke, das zwei Tage später in Paris stattfinden sollte, teilte er seinen Kollegen mit, er werde es den französischen Freunden so klar wie nur irgend möglich machen, daß sie im Kriegsfall auch künftig – wie schon vor München – lediglich mit einem britischen Expeditionskorps von zwei Divisionen rechnen dürften[272]. In diesem Sinne sprach er dann auch am 24. mit Daladier, und als ihn ein paar Tage später Kriegsminister Leslie Hore-Belisha aufsuchte, um ihn vielleicht doch zu energischeren Maßnahmen gegen den unfertigen Zustand der Armee zu bewegen, tröstete er seinen Besucher mit der Bemerkung, da die britische Armee so klein sei, „lohnt es sich doch nicht, sich darüber Sorgen zu machen, ob sie fertig ist oder nicht"[273].

Aber sogar Chamberlains Vertrauen in den deutschen „Führer" wurde, wenngleich es noch existierte, hinfälliger und hinfälliger. Mitte Dezember kehrte Ivone Kirkpatrick, bislang an der Botschaft in Berlin, ins Foreign Office zurück. Der Diplomat, der an etlichen Treffen britischer Politiker mit Hitler – auch an den Begegnungen zwischen Hitler und Chamberlain – teilgenommen hatte und daran die Erinnerung mitbrachte, wie ihm angesichts der gelegentlich durchbrechenden „bösartigen Arroganz" des „Führers" einige Male körperlich übel geworden war[274], brachte seinen Vorgesetzten auch eine wichtig klingende Information. Ein pensionierter deutscher Beamter, ein guter Bekannter des kürzlich verabschiedeten Generals Beck, habe ihm erzählt, so berichtete Kirkpatrick, daß Hitler, gegen die britische Politik aufgebracht, beschlossen habe, Großbritannien im März anzugreifen; am Anfang werde ein überraschender Luftangriff auf London stehen[275]. Chamberlain nahm die Erzählung, in der sich Wahres – die damalige Grundtendenz Hitlerschen Denkens – mit Falschem – Entschluß zum Angriff im März – mischte, bezeichnenderweise zum Anlaß, für den nächsten Tag, den 17. Dezember, eine Sondersitzung von Ministern einzuberufen, und während dieser Sitzung hielt es der Premierminister durchaus für möglich, daß die Nationalsozialisten den „Plan gefaßt haben, uns einen Schlag zu versetzen, wenn wir Miene machen, gegen Hitlers östliche Ambi-

---

[272] Ebenda, S. 932.
[273] Ebenda, S. 933.
[274] Nicolson, Diaries and Letters, S. 414.
[275] Taylor, Munich, S. 943.

tionen zu intervenieren"; wahrscheinlicher sei allerdings, daß Hitlers nächster Zug in östliche Richtung gehen werde[276]. Die Ministerien der Streitkräfte wurden jedenfalls angewiesen, sich auf erhöhte Gefahr im kommenden März einzustellen, und einige Tage später beschloß das Committee of
Imperial Defence (CID) eine abermalige Beschleunigung des Luftschutz-
und Luftabwehrprogramms. Sonst geschah zwar nichts, aber der Vorfall
zeigte einen Chamberlain, bei dem gerade ein Prozeß der Ablösung stattfand: Das Hitler-Bild, das er bei seiner Appeasement-Politik stets vor Augen gehabt, das ihn zu seinen Flügen nach Berchtesgaden, Godesberg und
München bewogen hatte, begann zu zerfallen; die Ängste und Besorgnisse,
die unter der zur Schau getragenen Selbstgewißheit und Kritikunempfind-
lichkeit offensichtlich am Werke waren, löschten gerade die Züge des
Wunschbilds einen nach dem andern aus und zeichneten Linie um Linie
das wahre Bild ein.

Um so wichtiger schien dem Premier das von Lord Halifax vorgeschla-
gene und inzwischen tatsächlich vereinbarte Treffen mit Mussolini zu sein.
Während der Außenminister nur mit gedämpften Erwartungen nach Rom
fuhr und sich neben einer gewissen Verbesserung der Beziehungen zum
Duce vornehmlich eine stärkere Wirkung des Besuchs auf die öffentliche
Meinung in Italien erhoffte, glaubte Chamberlain, wie er am 21. Dezember
in einer Kabinettssitzung erklärte, daß man sich – dies sei der definitive
Zweck der Reise – „die guten Dienste von Signor Mussolini in Berlin sichern" könne; der Duce müsse dafür gewonnen werden, „Herrn Hitler davon abzuhalten, sich wie ein ‚tollwütiger Hund' aufzuführen"[277]. Am 11. Januar 1939 trafen Chamberlain, Lord Halifax und Sir Alexander Cadogan,
der beamtete Staatssekretär des Foreign Office, in Rom ein. Mussolini und
Ciano feierten die Gäste mit einigem Gepränge, wichen jedoch zunächst einer ernsthaften politischen Unterhaltung aus. Chamberlain reagierte auf die
Taktik des Duce mit Hilflosigkeit und handelte sich am folgenden Morgen
eine Mahnung des ansonsten gelassenen und überlegten Cadogan ein: „Wir
müssen ... Musso auf das Thema Hitler und dessen Intentionen bringen.
Wir müssen von hier eine gewisse Zusicherung mitnehmen, daß Musso
versuchen wird, Hitler zurückzuhalten, und wiederum hier die Vorstellung
zurücklassen, daß es, wenn Hitler nicht zurückgehalten wird, Krach
gibt."[278] Chamberlain gelang es indes auch in den folgenden Gesprächen
nicht, aus Mussolini mehr herauszuholen als die jede tiefere Erörterung ab-
blockende Behauptung, sein Freund Hitler denke überhaupt nicht an
Krieg, und vor der zweiten Aufgabe, die Cadogan genannt hatte, versagte er
kläglich. Schon am ersten Abend der Zusammenkunft sagte Mussolini zu
seinem Schwiegersohn, daß diese Besucher aus London nicht aus dem glei-

---

[276] Ebenda.
[277] Ebenda, S. 950 ff.
[278] Ebenda, S. 951.

chen Holz geschnitzt seien wie Francis Drake und all die anderen großartigen Abenteurer, die das Empire geschaffen hätten; man habe es vielmehr mit den müden Abkömmlingen einer langen Reihe reicher Männer zu tun: „Und sie werden das Empire verlieren."[279] Graf Ciano gewann in den Besprechungen den Eindruck, daß die Briten so schreckgebannt auf die deutsche Aufrüstung starrten wie das Kaninchen auf die Schlange und daß sie nicht kämpfen wollten. Wie verächtlich die Italiener den britischen Besuch von Anfang an behandelten, wird klar, wenn man sich vor Augen hält, daß Mussolini acht Tage vor dem Eintreffen Chamberlains in Rom den Deutschen hatte mitteilen lassen, er sei nun zum Abschluß eines deutsch-italienisch-japanischen Militärpakts bereit und wünsche die Unterzeichnung der Vertragsdokumente noch Ende Januar. Wäre das Vorhaben nicht an der japanischen Zurückhaltung gescheitert, hätte also etwa zwei Wochen nach der Rückkehr Chamberlains aus Rom eine feierliche Zeremonie den Beitritt Italiens zu einer ausdrücklich antiwestlichen Allianz besiegelt und die offenbar düpierten Briten globaler Lächerlichkeit preisgegeben. Chamberlain hatte es in Rom nicht vermocht, die italienische Einschätzung der Londoner Politik zu korrigieren. Im Gegenteil. Wenn Graf Ciano das Ergebnis des britischen Besuchs in die Worte faßte: „Nichts von Bedeutung!"[280] so war das infolgedessen nicht ganz richtig. Angesichts der Schwachherzigkeit, die sie bei ihren britischen Gästen diagnostizieren zu dürfen glaubten, waren Mussolini und Ciano mehr denn je zur Umwandlung des Antikominternpakts in ein Militärbündnis und notfalls auch, falls Japan ewig zögern sollte, zu einem bloß zweiseitigen italienisch-deutschen Pakt bereit. Gegenüber dieser britischen Regierung mußte sich ein derartiger Vertrag hervorragend zum politischen Druckmittel eignen.

Noch immer zu grandioser Selbsttäuschung fähig, schrieb Chamberlain, aus Rom zurückgekehrt, am 15. Januar an seine Schwester: „Ich habe alles erreicht, was ich zu bekommen erwartete, und mehr als das, und ich bin überzeugt davon, daß die Reise die Friedenschancen merklich verbessert hat."[281] Da ihm die römische Bevölkerung, wie einige Monate zuvor die Münchner, zugejubelt hatte, redete er sich ein, die Reise sei ein Erfolg gewesen, und am 18. Januar nahm er es, in einer Kabinettssitzung, auch als Grund für Optimismus, daß Mussolini während der römischen Gespräche stets – statt sich gemäß dem Reisezweck gegen Hitler einspannen zu lassen – „loyal" den „Führer" verteidigt hatte; das spreche doch für den Charakter des Duce[282]. Aber wie dünnhäutig die britischen Politiker – Chamberlain eingeschlossen – in Wahrheit bereits geworden waren, zeigte sich gerade in den Tagen nach dem Rom-Besuch. Mitte Januar liefen in London etliche Berichte, meist aus irgendwelchen geheimdienstlichen Quellen, ein, die

279 Zit. nach Taylor, Munich, S. 951.
280 Ebenda, S. 952.
281 Ebenda. S. 953.
282 Ebenda, S. 953 f.

abermals, wie im Dezember die Nachricht Kirkpatricks, besagten, daß Hitlers nächste Aktion ein Angriff im Westen sein werde, und zwar nannten einige Berichte die Niederlande als erstes Opfer. Es war nun sehr bezeichnend, daß diese frei erfundenen Informationen, deren Herkunft sich irgendwo im Dunkel verlor, nicht nur bei rüstungswilligen Militärs, denen sie überaus gelegen kamen, sondern auch in Regierungskreisen anfänglich durchaus Glauben fanden, und die „Holland-Panik", die sofort ausbrach, produzierte in wenigen Tagen und Wochen weit mehr als erregte Diskussionen[283].

Auf militärischem Gebiet traf das britische Kabinett endlich die bislang von Chamberlain und seinen Gefolgsleuten immer wieder verhinderte Entscheidung, das im Kriegsfall auf den Kontinent zu entsendende Expeditionskorps erheblich zu verstärken und wesentlich besser auszurüsten; zwei weitere Maßnahmen wurden jetzt immerhin in einer Weise erörtert, die auf baldige Beschlüsse deutete: die Schaffung eines Versorgungsministeriums, das die Rüstungsanstrengungen zentral steuern und intensivieren sollte, und die Einführung der allgemeinen Wehrpflicht. Auf politischem Gebiet begann die britische Regierung – die auch Präsident Roosevelt unterrichtete – unverzüglich mit Sondierungen in Paris, Brüssel und Den Haag, um gegen die Bedrohung durch Deutschland, das offenbar den Versuch mache, wie man den Belgiern am 16. Februar sagte, „Europa durch Gewalt zu beherrschen", eine gemeinsame Front der anscheinend zuerst gefährdeten Länder aufzubauen. Die Antwort der beiden grundsätzlich neutralen Staaten war naturgemäß enttäuschend: sowohl Holland wie Belgien weigerten sich, schon vor einem deutschen Angriff irgendwelche politischen oder militärischen Abreden mit den westlichen Großmächten zu treffen und damit ihren neutralen Status zu kompromittieren. Auf der anderen Seite bekräftigten beide Staaten, daß sie entschlossen seien, sich im Falle eines deutschen Angriffs zur Wehr zu setzen, und angesichts dieser Bekräftigung kamen Frankreich und Großbritannien – die jetzt auch die Kontakte ihrer Generalstäbe enger gestalteten – zu dem Schluß, daß eine gemeinsame Front praktisch bereits dann entstehe, wenn die dafür erforderliche klare Vereinbarung vorläufig nur von den Großmächten getroffen werde. So verpflichteten sich Großbritannien und Frankreich, einen deutschen Einfall in Holland und in die Schweiz – letztere Ergänzung wünschten die Franzosen – als Kriegsgrund zu betrachten; für Belgien existierte eine solche Verpflichtung schon seit 1937. Trotz der geographischen Limitierung war damit im Grunde bereits das Prinzip aufgestellt, daß man die nächste deutsche Grenzüberschreitung mit Krieg beantworten werde, sofern das überfallene Land Widerstand leiste. Die „Holland-Panik" hatte mithin eine Verdeutlichung der britisch-französischen Haltung bewirkt, die einer Verhärtung gleichkam, und eine Entschlossenheit geweckt, die bei erneuter deut-

---

[283] Ebenda, S. 944 ff.

scher Aktivität den Abschied von der Appeasement-Politik zur Gewißheit
machte.

Mangels Nahrung ebbte jedoch die „Holland-Panik" wieder ab, und nach
einigen Wochen regte sich allenthalben erneut die Hoffnung, daß die totalitären Staaten vielleicht doch Ruhe halten könnten und ein Krieg gegen
sie vielleicht doch zu vermeiden sei. Am 8. März berichtete Lord Halifax in
einer Kabinettssitzung, Frank Ashton-Gwatkin, ein Wirtschaftsexperte des
Foreign Office, sei gerade aus Berlin zurückgekehrt, wo er mit Göring, Ribbentrop und Wirtschaftsminister Walter Funk gesprochen, „eine sehr
freundliche Atmosphäre" vorgefunden und den Eindruck gewonnen habe,
„daß keine unmittelbaren Abenteuer größerer Natur ins Auge gefaßt"
seien[284]. Einen Tag später gab Chamberlain der Presse ein überaus optimi-
stisches Interview: das Ende des Bürgerkriegs in Spanien sei in Sicht und
das könne zu einer Verständigung zwischen Frankreich und Italien führen;
Oliver Stanley, der Handelsminister, werde am 17. März nach Berlin fahren,
um dort aussichtsreiche Wirtschaftsgespräche zu beginnen; mit einer Abrüstungskonferenz sei noch vor Jahresende zu rechnen. Die Zeitungen brachten das Interview am 10. groß heraus. Sir Samuel Hoare, der Innenminister,
ein kluger, geschickter und intriganter Politiker, der seit Jahren zu den Säu-
len der Appeasement-Politik gehörte und erheblichen Anteil an der Fern-
haltung Churchills von einem Regierungsamt hatte, malte am Abend des
10. März in öffentlicher Rede ein prächtiges Gemälde von einer Zukunft
des Friedens und der Prosperität, die Europa der Zusammenarbeit zwischen den Führern Großbritanniens, Frankreichs, Deutschlands und Italiens verdanken werde[285].

Um so heftiger war der Schock, als Hitler ein paar Tage später die Tschechoslowakei zerstörte, statt zusammen mit den Westmächten und Italien
ihre neuen Grenzen zu garantieren, wie es der Vereinbarung von München
entsprochen hätte. Alle Erscheinungen der „Holland-Panik" kehrten
zwangsläufig wieder, allerdings – ebenso zwangsläufig – in viel größeren
Dimensionen und mit schwererwiegenden Konsequenzen. Von nun an
konnte es niemand mehr wagen, öffentlich für die Appeasement-Politik
einzutreten. Gerade diejenigen, die das eben noch mit so rosigen Prognosen getan hatten wie Sir Samuel Hoare, sahen sich nicht allein aufs schla-
gendste, sondern auch aufs blamabelste widerlegt. Manche wandelten sich
tatsächlich, so Lord Lothian, der einer der eifrigsten und einflußreichsten
Anhänger von Appeasement gewesen war, jedoch schon nach der „Kristallnacht" in einem Brief an Kolonialminister Malcolm MacDonald dagegen
plädiert hatte, einem Staat mit einer derart brutalen Rassenpolitik Kolonien zu geben[286]; jetzt forderte er mit Nachdruck eine feste Deutschland-

---

[284] Ebenda, S. 956.
[256] Ebenda.
[286] Weinberg, The Foreign Policy of Hitler's Germany, S. 522.

politik Großbritanniens[287]. Andere mochten nach wie vor größte Opfer für angezeigt oder für vertretbar halten, wenn dadurch einer militärischen Konfrontation mit Deutschland zu entgehen war, doch hatten sie unter der Wucht der Ereignisse und angesichts der allgemeinen Empörung über Hitlers Aktion zu verstummen. In den Monaten seit München immer wieder hart mitgenommen und allmählich mit schwindender Zuversicht kämpfend, hatte die Appeasement-Fraktion gleichwohl bis zuletzt existiert und ihre Standarten hochgehalten; nun war sie mit einem Male, als relevanter Faktor, aus der politischen Landschaft Großbritanniens verschwunden.

Die Fraktion hätte auch keinen Führer mehr gehabt. Eine der wichtigsten Folgen des Hitlerschen Streichs bestand darin, daß der britische Premierminister diesen Streich mit Recht als eindeutige Widerlegung der zwei tragenden Grundannahmen seiner bisherigen Kontinental- und Deutschlandpolitik ansah. Chamberlain hatte geglaubt, Hitler vertrauen und das nationalsozialistische Deutschland saturieren zu können. Beides war nun als Irrtum erwiesen. Bei den ersten Nachrichten über den deutschen Coup hatte sich Chamberlain zwar noch um Gelassenheit bemüht und alle nur erreichbaren Gründe zusammengesucht, die eine passive Hinnahme des Coups rechtfertigen konnten. Am 15. März gab er im Unterhaus eine Erklärung ab, in der er sich vornehmlich auf die Ausrufung der slowakischen Unabhängigkeit durch den Preßburger Landtag berief. Wohl sagte er, daß die Aktion Hitlers den „Geist" des Münchner Abkommens verletze, und er wies auch auf den „bedauerlichen Umstand" hin, daß die Deutschen erstmals von der Politik abgewichen seien, „in das Reich nur benachbarte Massen von Menschen deutscher Rasse zu inkorporieren", und jetzt ein Territorium besetzt hielten, „das von Menschen bewohnt wird, mit denen sie rassisch gar nicht verbunden sind". Doch lehnte er es andererseits ab, sich „heute" schon „Anklagen des Vertrauensbruchs, wie sie in aller Munde sind", zu eigen zu machen, und er betonte, daß die britische Regierung bei der Regelung von Streitfragen nach wie vor der Diskussion den Vorzug vor der Gewalt gebe[288]. Mancher gewann so den Eindruck, aus der Rede des Premiers spreche die Entschlossenheit, weiterhin auf Appeasement-Kurs zu bleiben. Hätte sich dieser Eindruck bestätigt, wäre Chamberlain vermutlich nicht mehr lange Premierminister geblieben; in politischen Kreisen wurde bereits über seine Ablösung durch Lord Halifax gesprochen. Aber der Eindruck, den er mit seinen ersten Reaktionen erweckte, täuschte.

Schon in der Sitzung vom 15. März hatte sich Chamberlain mit dem Kabinett – das allerdings den von Lord Halifax gemachten Vorschlag ablehnte, Sir Nevile Henderson abzuberufen, den britischen Botschafter in Berlin – dazu entschieden, die Reise Oliver Stanleys nach Deutschland „zu

---

[287] Ebenda, S. 618.
[288] Parliamentary Debates, Fifth Series. House of Commons. Official Report Bd. 345, Sp. 437.

verschieben". Am 16. März sagte er, als er mit Halifax und R.A. Butler lunchte, Staatssekretär im Foreign Office und bislang ein zuverlässiger Streiter für die Appeasement-Politik: „Ich bin zu dem Schluß gekommen, daß ich den Naziführern nicht noch einmal vertrauen kann."[289] Drei Tage später schrieb er an seine Schwester: „Sobald ich Zeit fand, darüber nachzudenken, erkannte ich, daß es unmöglich ist, mit Hitler auszukommen, nachdem er alle seine eigenen Versicherungen in den Wind geschlagen hat."[290] Doch räsonierte Chamberlain nicht nur in kleinem Kreise und in einer vertraulichen Korrespondenz. Er begründete seinen Sinneswandel auch öffentlich, was die Abkehr der Nation von Appeasement naturgemäß stabilisieren mußte, und im Kabinett machte er aus seiner eigenen Preisgabe der bisherigen Orientierungspunkte britischer Deutschlandpolitik eine offizielle Kurskorrektur der Regierung. Zunächst nutzte er eine Rede, die er am 17. März im heimischen Birmingham über wirtschaftliche Probleme hielt, zu jenen bitteren Worten an die Berliner Adresse, die dort Goebbels so mißfielen. Nachdem er die scheinbare Vorsicht seiner zwei Tage zuvor im Unterhaus abgegebenen Erklärung ausdrücklich mit der Zurückhaltung begründet hatte, die der verantwortliche Regierungschef zu üben habe, wenn er nur über unvollständige Informationen verfüge, nachdem er ferner seine Politik bis zum Münchner Abkommen noch einmal dargelegt und verteidigt hatte, fuhr er fort[291]:

„Wie können die Ereignisse dieser Woche in Einklang gebracht werden mit den Zusicherungen, die ich Ihnen zitierte? Zweifellos hatte ich als Mitunterzeichner des Münchner Abkommens ein Recht auf jene Konsultation, die in der Münchner Erklärung vorgesehen war, wenn Herr Hitler es aufzulösen wünschte. Statt dessen hat er sich ein Selbsthilferecht angemaßt. Noch ehe der tschechische Präsident empfangen und vor Forderungen gestellt wurde, denen zu widerstehen er nicht die Macht hatte, waren die deutschen Truppen auf dem Marsch und binnen weniger Stunden waren sie in der tschechischen Hauptstadt.

Der gestern in Prag erlassenen Proklamation zufolge sind Böhmen und Mähren dem Deutschen Reich angeschlossen worden. Nicht-deutsche Einwohner, zu denen natürlich die Tschechen gehören, werden dem Deutschen Protektor im Deutschen Protektorat unterstellt. Sie haben sich den politischen, militärischen und wirtschaftlichen Bedürfnissen des Reiches zu unterwerfen. Sie werden Staaten mit Selbstverwaltung genannt, aber das Reich übernimmt ihre Außenpolitik, ihre Zölle und Akzisen, ihre Bankreserven und die Ausrüstung der entwaffneten tschechischen Armee. Und vielleicht das Unheimlichste: Wir hören wieder vom Auftauchen der Ge-

---

[289] Taylor, Munich, S. 958.
[290] Ebenda.
[291] Documents concerning German-Polish Relations and the Outbreak of Hostilities between Great Britain and Germany on September 3, 1939, London 1939, Nr. 9.

stapo, der geheimen Staatspolizei, und von der gewohnten Geschichte der
Massenverhaftungen prominenter Persönlichkeiten mit den Folgen, die
uns allen vertraut sind.

Jeder Mann und jede Frau in unserem Land, die sich an das Schicksal
der Juden und der politischen Gefangenen in Österreich erinnern, müssen
heute von Kummer und Sorge erfüllt sein. Wer kann hindern, daß sich sein
Herz in Sympathie dem stolzen und tapferen Volk zuwendet, das so plötzlich ein Opfer dieser Invasion wurde, dessen Freiheiten beschnitten sind
und dessen nationale Unabhängigkeit dahin ist. Was ist aus der Erklärung
‚keine territorialen Ansprüche mehr‘ geworden? Was ist aus der Versicherung ‚wir wollen keine Tschechen im Reich‘ geworden? Wieviel Rücksicht
hat man genommen auf den Grundsatz der Selbstbestimmung, worüber
Herr Hitler in Berchtesgaden mit mir so heftig diskutierte, als er die Trennung des Sudetengebietes von der Tschechoslowakei und dessen Einverleibung in das Reich forderte? ... die Dinge, die sich diese Woche unter völliger Mißachtung der von der Deutschen Regierung selbst aufgestellten
Grundsätze ereignet haben, ... müssen uns allen die Frage nahelegen: ‚Ist
dies das Ende eines alten Abenteuers, oder ist es der Anfang eines neuen?‘

‚Ist dies der letzte Angriff auf einen kleinen Staat, oder sollen ihm noch
weitere folgen? Ist dies sogar ein Schritt in Richtung auf den Versuch, die
Welt durch Gewalt zu beherrschen?‘“

Nach solch eindrucksvollen und aus Chamberlains Munde fast sensationellen Sätzen kündigte der Premier seinen Zuhörern an, daß die britische
Regierung unverzüglich in Besprechungen mit den Commonwealth-Län-
dern und mit Frankreich eintreten werde, „mit denen wir so eng verbunden
sind“, und daran knüpfte er den bemerkenswerten Hinweis, „daß auch andere, die wissen, daß wir an dem, was in Südosteuropa vorgeht, nicht desinteressiert sind, unseren Rat und unsere Meinung wohl gerne einholen werden“. Offensichtlich gab der britische Regierungschef jedem, der hören
wollte, zu verstehen, daß die übrigen Staaten der von Deutschland bedrohten Region künftig mit britischem Schutz rechnen dürften. Am Tag danach
bestätigte Chamberlain diesen revolutionären Wandel der britischen Außenpolitik in einer Kabinettssitzung[292]:

„Der Premierminister sagte, wir seien bis vor einer Woche von der Annahme ausgegangen, daß wir mit unserer Politik, die Beziehungen mit den
diktatorischen Mächten weiter zu verbessern, fortfahren könnten, und daß
diese Mächte zwar Ziele hätten, die Ziele aber begrenzt seien ...

Der Premierminister sagte, er sei nun definitiv zu dem Schluß gekommen, daß Herrn Hitlers Haltung es unmöglich mache, auf der alten Basis
mit dem Nazi-Regime zu verhandeln ... Auf keine der Versicherungen, die
von den Nazi-Führern gegeben würden, könne man Vertrauen setzen...

---

[292] Zit. nach Taylor, Munich, S. 959.

Der Premierminister sagte, daß er auf der Basis dieses Schlusses, und nach Beratung mit dem Außenminister und anderen sofort erreichbaren Kollegen, seine Rede in Birmingham gehalten habe...

Der Premierminister sagte, daß er seine Rede in Brimingham als eine Herausforderung an Deutschland in der Frage betrachte, ob Deutschland Europa durch Gewalt beherrschen wolle oder nicht. Daraus folge, daß Deutschland, wenn es einen weiteren Schritt in Richtung Herrschaft über Europa mache, die Herausforderung annehme ... Er stimme daher mit der Auffassung des Außenministers überein, daß wir, wenn Deutschland auch nach der gegebenen Warnung bei seinem Kurs bleibe, keine andere Wahl hätten, als die Herausforderung aufzunehmen...,,

Mit dieser Absage an die Appeasement-Politik, die vom Kabinett „warm gebilligt" wurde, befand sich Chamberlain im übrigen auch in Übereinstimmung mit der französischen Regierung. In Frankreich vollzog sich der gleiche Wandlungsprozeß wie in Großbritannien. Wenige Monate zuvor war Daladier bei seiner Rückkehr aus München mit frenetischem Jubel empfangen worden. Jetzt begann der Begriff „Appeasement" den Ruch des Unanständigen anzunehmen. Am 15. März kam es zu einer stürmischen Unterredung zwischen dem französischen Botschafter in Berlin und Staatssekretär v. Weizsäcker, in der Robert Coulondre, noch ohne offizielle Richtlinie aus Paris, bezeichnenderweise von sich aus „mit gewisser innerer Erregung", wie Weizsäcker notierte, dartat, „wie sehr er beeindruckt sei durch den Einmarsch unserer Truppen im Widerspruch mit dem Münchener Abkommen, im Gegensatz zu dem Vertrauensverhältnis, was er hier vorzufinden geglaubt, und zu den Zielen, die er sich für seine hiesige Mission gesetzt habe". Seinem eigenen Bericht zufolge faßte Weizsäcker „den Botschafter gleich ziemlich scharf an" und erklärte ihm, „er möge mir doch nicht von dem Münchener Abkommen reden, das angeblich verletzt sei, und möge uns keine Lehren erteilen. München habe zwei Elemente enthalten, nämlich die Bewahrung des Friedens und das französische Desinteressement an den Ostfragen. Frankreich möge doch endlich seinen Blick nach Westen auf sein Imperium lenken und nicht von Dingen reden, wo seine Beteiligung erfahrungsgemäß den Frieden nicht fördere."[293] Mit einer solchen – Realitätsverleugnung und hochfahrende Arroganz mischenden – Pflichtübung im Geiste Ribbentrops, zu der sich Weizsäcker, im Grunde der gleichen Meinung wie der Franzose, genötigt sah, war aber kein Eindruck mehr, war keine Politik mehr zu machen. Daß sich der Staatssekretär am 17. März eine Viertelstunde lang weigerte, die offizielle Protestnote gegen die „klare Verletzung des Geistes und des Buchstabens der am 29. September 1938 in München unterzeichneten Verträge" in Empfang zu nehmen, als sie Coulondre – wie zuvor schon sein britischer Kollege – überrei-

---

[293] ADAP, D, 4, Nr. 217.

chen wollte, war ebenfalls nur noch eine Geste politischer Hilflosigkeit[294].
Völlig unbeeindruckt schrieb Coulondre in seinen Berichten[295]:

„Im Namen des völkischen Prinzips hatte das Reich im September den
Anschluß der dreieinhalb Millionen Volksdeutschen des Sudetenlandes
durchgefochten. In Mißachtung eben dieses Prinzips annektiert es heute
acht Millionen Tschechen, die durch die Aufgabe des Sudetenlands wehr-
los geworden waren…

Deutschland hat damit wieder einmal seine Mißachtung aller schriftlichen Verpflichtungen und seine Vorliebe für die Methode der brutalen Gewalt und der vollendeten Tatsachen deutlich bekundet. Mit einer einzigen
Handbewegung hat es die Münchener Vereinbarungen ebenso wie den
Wiener Schiedsspruch zerrissen und damit erneut bewiesen, daß seine Politik nur ein leitendes Prinzip kennt: günstige Gelegenheiten ausfindig zu
machen und jede erreichbare Beute zu ergreifen. Das ist die Moral von
Gangstern und Dschungelbewohnern…

Hitler-Deutschland hat soeben seine Maske abgeworfen. Bisher hatte es
sich gegen alle imperialistischen Tendenzen verwahrt. Es hatte behauptet,
es verfolge allein das Ziel, alle Deutschstämmigen in Mitteleuropa unter
Ausschluß Fremdstämmiger soweit wie möglich in einer einzigen Volksfa-
milie zu vereinen. Heute wird offenbar, daß der Machthunger des Führers
keine Grenzen mehr kennt.

Es ist ebenso deutlich geworden, daß es eine vergebliche Hoffnung ist,
dem Führer mit anderen Argumenten erfolgreich zu begegnen, als mit den
Mitteln der Gewalt. Das Dritte Reich zeigt für eingegangene Verträge und
übernommene Verpflichtungen die gleiche Mißachtung wie das Kaiserreich Wilhelms II. Deutschland bleibt das Land der ‚Fetzen Papier'.

Die nationale Sicherheit wie auch der allgemeine Weltfriede verlangen
also vor allem vom französischen Volk einen gewaltigen Aufwand an Diszi-
plin und die Zusammenfassung aller Energien des Landes; dies allein wird
es Frankreich gestatten, mit Hilfe seiner Freunde seine Interessen gegenüber einem so furchtbaren Gegner wie dem Deutschland Adolf Hitlers zu
behaupten und zu verteidigen, diesem Deutschland, das jetzt auf die Eroberung ganz Europas ausgeht…

Es muß aber auch die Frage gestellt werden, ob es zeitlich noch möglich
ist, im Osten eine Schranke aufzurichten, die wenigstens in gewissem Rahmen den deutschen Drang nach dem Osten aufhalten kann, und ob wir
nicht die günstige Gelegenheit ausnutzen müssen, die uns gegenwärtig die
Erregung und die Besorgnis in den Hauptstädten Mitteleuropas bieten, besonders in Warschau."

[294] ADAP, D, 5, Nr. 20.
[295] R. Coulondre, Von Moskau nach Berlin 1936-1939. Erinnerungen des französischen
    Botschafters, Bonn 1950, S. 376 ff.

Die Empfindungen und Gedanken, die Robert Coulondre in seinen Berichten niederschrieb, entsprachen genau den Empfindungen und Gedanken des französischen Ministerpräsidenten. Edouard Daladier stellte nach dem Prager Handstreich im Ministerrat fest, „es gebe nun nichts mehr, als sich auf den Krieg vorzubereiten"[296], und am 29. März erklärte er in einer Rundfunkrede: „Ich habe gesagt, und ich halte dies aufrecht, daß wir keinen Zoll unseres Bodens, nicht ein einziges unserer Rechte aufgeben werden." Ferner rief er aus: „Frankreich hofft, daß der Friede gerettet werden kann, denn es haßt den Krieg. Aber wenn der Krieg ihm aufgezwungen oder als letzte Alternative vor Untergang und Ehrlosigkeit angetragen würde, wird es sich mit einmütiger Kraftanstrengung zur Verteidigung der Freiheit erheben."[297] Vor dem Exekutivkomitee der Radikalen Partei unterstrich er, daß „wir nein sagen zu dem sogenannten Lebensraum"[298], und wenn das auch vor allem auf die italienischen Aspirationen im Mittelmeerraum und in Südosteuropa gemünzt war, so galt es doch zugleich für Deutschland, zumal Italien seine Ansprüche allenfalls mit deutscher Hilfe durchsetzen konnte. Und Daladier wußte sich bei seiner Abkehr von München – wie in London Chamberlain – einig mit einer klaren Mehrheit der von ihm repräsentierten Bevölkerung. Im Ministerrat meinte er sogar, die Nation sei so empört, daß sie jede schwache und zaudernde Regierung wegfegen würde; er könne nicht „in ein Café gehen, ohne die Leute aufstehen und ihm zurufen zu sehen: ,Machen Sie weiter, man wird Ihnen folgen!'"[299]

In solcher Atmosphäre, in der die Furcht vor uferloser deutscher Aggression allgemein geworden war und einen ersten Höhepunkt erreicht hatte, diese Furcht aber nicht mehr, wie bisher, die Neigung zum Rückzug gebar, sondern die Bereitschaft zum Widerstand, reichten kleine Vorfälle und sogar bloße Gerüchte aus, um große Effekte zu provozieren. Am 16. März suchte Virgil Tilea, der rumänische Gesandte in London, Sir Orme Sargent auf, einen engen Mitarbeiter des beamteten Staatssekretärs im Foreign Office, Sir Alexander Cadogan, und teilte mit, seine Regierung habe auf Grund geheimer Berichte und anderer Quellen Anlaß zu der Annahme, daß Deutschland schon in den nächsten Monaten Ungarn auf Vasallenstatus reduzieren werde, um dann Rumänien in gleicher Weise wie die Tschechoslowakei zu zerlegen, und das „mit dem Endziel, ein deutsches Protektorat üer das ganze Land zu errichten". Obwohl er erklärte, nicht offiziell, sondern lediglich persönlich zu sprechen, stellte er dann die Frage, ob

---

[296] Jean-Pierre Azéma, Die französische Politik am Vorabend des Krieges, in: Sommer 1939. Die Großmächte und der europäische Krieg, hrsg. v. W. Benz / H. Graml, Stuttgart 1979, S. 284.
[297] Ebenda.
[298] Ebenda, S. 285.
[299] Ebenda.

Großbritannien nicht erwägen könne, Rumänien einen Kredit von 10 Millionen Pfund zum Kauf von Kriegsmaterial zu gewähren. Am nächsten Tag bekam Tilea Gelegenheit zu einer Unterredung mit Lord Halifax und Cadogan, und diesmal ergänzte er seine erste Erzählung durch die Behauptung, bereits jetzt hätten die Deutschen, und zwar ultimativ, das Monopol über die rumänischen Exporte – einschließlich des rumänischen Erdöls – und etliche interne wirtschaftliche Restriktionen gefordert. Die rumänische Regierung habe das Ultimatum abgelehnt, doch sei es von „äußerster Dringlichkeit", einen „präzisen Hinweis" zu bekommen, welche Haltung Großbritannien einnehmen werde, falls „Rumänien das Opfer deutscher Aggression" werden sollte[300].

Nun fanden in der Tat gerade deutsch-rumänische Wirtschaftsgespräche statt, bei denen die deutsche Delegation, geleitet von Ministerialdirektor Helmuth Wohlthat, einem Repräsentanten Görings in dessen Eigenschaft als „Beauftragter für den Vierjahresplan", mit einiger Härte auftrat, und das am 23. März unterzeichnete Abkommen wurde von ungarischen oder polnischen und englischen Diplomaten sogleich als „Handelskapitulation" Rumäniens charakterisiert[301]. Was Ungarn anlangte, so mußte das Land ohnehin schon als Vasall des Dritten Reiches gelten. Über die künftigen Absichten der nationalsozialistischen Führer ließ sich noch nichts Genaueres ausmachen. Die Ungarn selbst hatten jedenfalls „große Angst, daß wir sie schlucken wollen", wie Goebbels, der die ungarischen Magnaten und die Vertreter der magyarischen Gentry vielleicht noch weniger mochte als Hitler, mit Befriedigung konstatierte, als er in den letzten Märztagen am Anfang einer großen Reise durch Südosteuropa und den Nahen Osten in Budapest Station machte und in zahlreichen Unterredungen Eindrücke sammeln konnte[302]. Am 30. März notierte er, nach einem Empfang beim Reichsverweser Nikolaus v. Horthy, zum zweiten Male: „Die Ungarn haben alle eine furchtbare Angst, daß wir sie einmal schlucken!" und an diese Eintragung knüpfte er immerhin den bezeichnenden Kommentar: „Wer weiß?"[303]

Indes waren die Geschichten Tileas, der offenbar einige Informationen aus Bukarest falsch verstanden und dann im Übereifer gehandelt hatte, von den Realitäten des Frühjahrs 1939 doch um einiges entfernt. In der Gewitterschwüle, die über Europa lastete, genügten sie jedoch, um folgenreiche politische Aktivitäten in Gang zu setzen. Ohne sich durch eine Rückfrage in Bukarest zu vergewissern, jagten Halifax, Cadogan und Sargent, nervös geworden, sofort Telegramme an die britischen Missionen in Paris, Moskau, Warschau, Ankara, Athen und Belgrad, die Tileas Mitteilungen wiederhol-

---

[300] Weinberg, The Foreign Policy of Hitler's Germany, S. 540 ff.; Taylor, Munich, S. 960.
[301] APA, Botschaft Berlin, Mappe 20, Aufzeichnung Pilch, 25.3.1939.
[302] Tagebücher von Joseph Goebbels, Bd. 3, S. 585.
[303] Ebenda.

ten und die Missionschefs beauftragten, bei ihren Regierungen festzustellen, wie sie auf die von Tilea geschilderte Entwicklung zu reagieren gedachten. Zwar meldete sich der natürlich ebenfalls unterrichtete britische Gesandte in Bukarest, Sir Reginald Hoare, am Morgen des 18. März telefonisch und verlangte die Stornierung der Telegramme an die anderen Missionen; anschließend berichtete er schriftlich, die „äußerst unwahrscheinliche" Story Tileas sei inzwischen vom rumänischen Außenminister Grigore Gafencu als völlig substanzlos bezeichnet worden[304]. Aber das Foreign Office setzte gleichwohl, wenn auch etwas beruhigter, die Arbeit an der Vorbereitung auf den von Tilea an die Wand gemalten Fall fort, zumal der rumänische Gesandte, als man ihn mit dem Bukarester Dementi konfrontierte, an seiner Version festhielt. Chamberlain wurde aus Birmingham zurückgeholt und die Bedrohung Rumäniens noch am 18. März auf einer Sondersitzung des Kabinetts diskutiert. Im Grunde diente die Tilea-Story – ein anderer Zwischenfall hätte früher oder später die gleiche Wirkung gehabt – nur als letzter und willkommener Anlaß, um endlich offiziell die Überzeugung zu formulieren und zur politischen Leitlinie zu erheben, die Lord Halifax in der Kabinettssitzung folgendermaßen umrissen hatte: „Das wahre Problem sei Deutschlands Versuch, die Weltherrschaft zu erreichen, was abzuwehren im Interesse aller Länder liege. Er stimme zu, daß wir das einzige Land seien, das eine solche Abwehr organisieren könne. Zweifellos sei es für dieses Land schwierig, wirksame Mittel für einen Angriff auf Deutschland zu finden, ob Deutschland nun Rumänien oder Holland angreife. Die Haltung der deutschen Regierung sei entweder Bluff, in welchem Falle sie durch eine öffentliche Erklärung von unserer Seite gestoppt würde, oder sie sei kein Bluff, in welchem Falle es notwendig sei, daß wir uns alle zusammenschließen, um ihr entgegenzutreten, und je früher wir uns vereinigten, desto besser sei es. Andernfalls könnten wir zusehen, wie ein Land nach dem anderen von Deutschland absorbiert wird."[305] Chamberlain zog aus der Debatte das Fazit, es komme nun darauf an, die Frage zu klären, „ob wir ausreichende Zusicherungen anderer Länder erhalten können, die uns zu der öffentlichen Ankündigung berechtigen, daß wir uns jedem weiteren Akt der Aggression seitens Deutschlands widersetzen werden"[306]. Dieser Kabinettsbeschluß hielt die britische Diplomatie weiter in Bewegung, und wenn auch der verlangte Klärungsprozeß in den nächsten Tagen zu einem ebenso hektischen wie verworrenen diplomatischen Hin und Her entartete, begleitet von nicht minder konfusen Erörterungen in London selbst und in Paris, ergaben sich aus dem Durcheinander doch erstaunlich rasch einige Klärungen, die von den Regierungen Großbritanniens und Frankreichs als feste Orientierungspunkte akzeptiert wurden. Es

---

[304] Taylor, Munich, S. 960.
[305] Weinberg, The Foreign Policy of Hitler's Germany, S. 543.
[306] Ebenda.

sollte nur wenige Tage dauern, bis wiederum diese Orientierungspunkte die Westmächte veranlaßten, die Position, die sie nun gefunden hatten, mit einer dramatischen Geste, die ihrerseits einen bedeutsamen Prozeß anstieß, auch öffentlich klarzulegen.

Zunächst zerfiel die Vision einer umfassenderen europäischen Defensivallianz zu Staub, wie sie mit den Telegrammen an sieben europäische Hauptstädte impliziert worden war[307]. Die schwächeren Staaten reagierten ausweichend, und die UdSSR schlug eine internationale Konferenz vor, auf der Großbritannien, Frankreich, Polen, Rumänien und die Sowjetunion sich über ein gemeinsames Vorgehen verständigen sollten. Die Briten, die keine zeitraubende und womöglich Differenzen produzierende Konferenz wollten, sondern ein Signal, das Berlin schon in den nächsten Tagen gegeben werden konnte, verfielen nun auf die Idee einer Vier-Mächte-Erklärung. Großbritannien, Frankreich, die UdSSR und Polen sollten gemeinsam öffentlich ankündigen, einander konsultieren zu wollen, falls eine Aktion unternommen werden sollte, die eine „Bedrohung" der „Sicherheit und der politischen Selbständigkeit europäischer Staaten" darstelle. Auch dieser Gedanke – Lord Halifax hielt eine bloße Konsultationsankündigung ohnehin für „keine sehr heroische" Geste – mußte wieder aufgegeben werden, weil sich sogleich herausstellte, daß Polen jede Assoziation mit der Sowjetunion – ob bei einer gemeinsamen Erklärung oder in einem Bündnis – verweigerte; die Polen mißtrauten den Absichten auch eines befreundeten Rußland zutiefst, und sie dachten gar nicht daran, durch eine engere Verbindung mit der UdSSR den Zorn Hitlers auf Warschau herabzuziehen[308]. Beck, der noch immer hoffte, Polen zwischen Rußland und Deutschland unabhängig zu halten, hatte jedoch nichts dagegen, gerade diesem Zweck durch eine Aktivierung westlicher Beziehungen zu dienen bzw. gegen einen jetzt nicht mehr auszuschließenden deutschen Überfall ernsthafte Vorkehrungen zu treffen, und so wies er Graf Edward Raczyński, den polnischen Botschafter in London, am 23. März an, Lord Halifax eine geheime bilaterale Übereinkunft anzubieten, in der Großbritannien und Polen einander zusichern würden, im Falle des Falles in Übereinstimmung mit den Grundsätzen der von London skizzierten Vier-Mächte-Erklärung zu handeln; die Geheimhaltung sei notwendig, so Beck, um Deutschland nicht zu reizen[309].

Halifax, der Raczyński am 24. März empfing, fand – im Hinblick auf die doch wohl erforderliche Beteiligung Frankreichs – am bilateralen Charakter einer solchen Übereinkunft ebensowenig Geschmack wie – im Hinblick auf die angestrebte abschreckende Wirkung – an der Geheimhaltung. Doch brachte Becks Angebot Halifax und seine Mitarbeiter im Foreign Office

[307] Taylor, Munich, S. 960.
[308] Ebenda, S. 962.
[309] Weinberg, The Foreign Policy of Hitler's Germany, S. 547 ff.

dazu, über eine bloße Geste in Form der Konsultationsdeklaration hinauszudenken und eine ausgewachsene Defensivallianz ins Auge zu fassen, die Hitler bei einem neuen Abenteuer mit einem Zweifrontenkrieg konfrontieren sollte. Angesichts der polnischen – und im übrigen auch der rumänischen – Ängste war aber klar, daß die Sowjetunion in eine derartige Kombination nicht direkt einbezogen werden durfte. Um so größere Bedeutung erlangte Polen in den Überlegungen der westlichen Politiker – nicht schon in der Rolle des Opfers. Da Beck die deutsch-polnische Auseinandersetzung auch jetzt noch vor den Westmächten zu verbergen suchte, besaßen die Außenministerien in London und Paris über die Verschlechterung der Beziehungen zwischen dem nationalsozialistischen Deutschland und Polen keine präzisen Informationen, und als mutmaßlich nächstes Opfer Hitlers galt immer noch Rumänien. Doch mußte Polen für die Errichtung einer Abschreckungs-Allianz, die notfalls zur Kriegführung gegen das Deutsche Reich fähig war, als politischer und militärischer Faktor gewonnen werden. Wie Halifax das Ergebnis der Beratungen, die im Foreign Office am 25. und 26. März stattfanden, wiedergab: Da Polen sich nicht mit der Sowjetunion verbinden wolle und da es keine deutsch-russische Grenze gebe, sei „die Beteiligung Polens an jedem Plan, Deutschland im Falle einer Aggression aufzuhalten, unentbehrlich", und Rußland könne man „nicht im Vordergrund des Bildes brauchen"[310]. Am Abend des 26. März konnte dem Premierminister bereits ein Vorschlag unterbreitet werden, der auf eine britisch-französische Verpflichtung hinauslief, Rumänien und Polen zu Hilfe zu kommen, falls sie von Deutschland angegriffen und sich dem Angriff widersetzen würden, wobei die britisch-französische Unterstützung Rumäniens an die Mitwirkung Polens gebunden war; Polen sollte außerdem nahegelegt werden, seinen Kriegseintritt an der Seite der Westmächte zuzusichern, wenn diese einer deutschen Aggression ausgesetzt sein bzw. Jugoslawien oder irgendeinem westeuropäischen Land gegen eine deutsche Aktion beistehen würden. Chamberlain billigte die Planskizze, und am 27. März stimmte auch der Außenpolitische Ausschuß des Kabinetts zu, Telegramme, in denen dieser Vorschlag zusammengefaßt war, zur weiteren Übermittlung an die Missionen in Paris, Warschau und Bukarest zu senden. Für den 3. April war zudem seit einiger Zeit ein Besuch Becks in London vereinbart worden, so daß also zur Festlegung der Funktion Polens eine zusätzliche Gesprächsmöglichkeit mit dem polnischen Außenminister unmittelbar bevorstand.

Die Debatten und die Konferenzen in Foreign Office und Kabinett resultierten aber nicht nur in der Entschlossenheit zu aktiver Bündnispolitik und in einer ersten Reißbrettskizze der Allianzplanung, sondern auch in der Formulierung eines für die künftige britische und französische Haltung höchst bedeutsamen Prinzips. Hatte die „Holland-Panik" dem Grundsatz

[310] Taylor, Munich, S. 965.

zur allgemeinen Anerkennung verholfen, daß es für die Notwendigkeit der
Intervention Englands und Frankreichs gleichgültig geworden sei, welcher
Staat das nächste Opfer einer deutschen Aggression sein werde, so ging
man nun, unter dem Eindruck der Liquidierung des tschechoslowakischen
Staates, noch einen Schritt weiter. Bereits am 18. März hatte Chamberlain
im Kabinett erklärt, daß die Formierung der europäischen Staaten gegen
das Deutsche Reich nicht „der Rettung eines bestimmten Opfers" dienen
könne; vielmehr komme es darauf an, „den Störenfried zu Fall zu bringen"[311]. Am 21. März konferierte Lord Halifax mit seinem französischen
Kollegen Georges Bonnet, der Staatspräsident Albert Lebrun bei einem offiziellen Besuch in London begleitete, und in dieser Unterredung betonte
auch der britische Außenminister, daß die Frage nicht laute, ob die Westmächte Rumänien oder Polen direkt zu Hilfe kommen könnten; die Frage
habe zu lauten, ob die Westmächte in der Lage seien, „einen erfolgreichen
Krieg gegen Deutschland zu führen"[312]. In der Sudetenkrise hatten die
Verfechter der Appeasement-Politik noch häufig und mit großer Wirkung
das Argument benutzt, Großbritannien und Frankreich seien ja doch nicht
fähig, die Niederwerfung und Besetzung der Tschechoslowakei zu verhindern, ihre Intervention werde also zu spät kommen und sollte deshalb besser unterbleiben. Jetzt, im Frühjahr 1939, spielte es keine Rolle mehr, daß
schwächere Mitglieder einer Anti-Hitler-Koalition zunächst einmal überrannt werden und als aktive Teilnehmer des Krieges fürs erste ausscheiden
mochten; entscheidend war, ob sich die Koalition eine vernünftige Chance
ausrechnen durfte, am Ende siegreich zu sein. Auch hierin zeigte sich, wie
sehr seither die Furcht vor Deutschland zugenommen hatte und wie rasch
andererseits die Bereitschaft stabil geworden war, den unerträglich werdenden Unruheherd bei seinem nächsten Ausbruch auszutreten.
    Just in diesem Augenblick meldete sich Jan Colvin, Korrespondent der
Londoner „News Chronicle" in Berlin, bei Sir Reginald Leeper, dem Leiter
der Presseabteilung im Foreign Office, mit einer alarmierenden Nachricht[313]. Schon im Januar hatte Colvin von „einem zuverlässigen Gewährs-
mann" gehört, daß ein Proviantlieferant der deutschen Armee die Anwei-
sung erhalten habe, die gleiche Menge an Rationen wie im September 1938
bereitzustellen, und zwar bis zum 28. März 1939 in einer Ecke Pommerns,
„die einen groben Keil bildet, der auf den Eisenbahnknotenpunkt Bromberg im Polnischen Korridor zielt". Damals hatte Colvin mit der Information nichts weiter angefangen oder anfangen können. Nachdem er jedoch
am 27. März in der deutschen Presse Berichte über deutschfeindliche Ausschreitungen in Bromberg gelesen hatte, die in seinen Augen eine verdächtige Ähnlichkeit mit den Greuelgeschichten über tschechische Grausam-

[311] Weinberg, The Foreign Policy of Hitler's Germany, S. 543.
[312] Taylor, Munich, S. 963.
[313] Ebenda, S. 966 f.

keiten aufwiesen, wie sie von der deutschen Propaganda vor München verbreitet worden waren, stellte er Zusammenhänge her, begann er einen unmittelbar bevorstehenden deutschen Einmarsch in Polen zu argwöhnen und sprach er über seinen Verdacht mit dem britischen Militärattaché in Berlin, Oberst Frank Mason-Macfarlane. „Mason-Mac", wie er genannt wurde, verfügte zwar nicht über ähnliche Hinweise auf eine deutsche Aktion, hielt aber „einen raschen Stoß zum Abschneiden des Polnischen Korridors" durchaus für möglich und riet Colvin, sofort nach London zu gehen und dort die zuständigen Stellen zu unterrichten. Am 28. März traf Colvin in London ein, und Leeper brachte ihn am folgenden Tag mit Cadogan und Lord Halifax zusammen, die ihn ernst genug nahmen, um ihn noch am gleichen Tag dem Premierminister berichten zu lassen.

Chamberlain, der mittlerweile seinem deutschen Partner von München jede schurkische Überraschung zutraute und vom Foreign Office sicherlich darauf hingewiesen worden war, daß Colvin sich während der Sudetenkrise als seriöser Reporter gezeigt hatte, war ebenfalls sogleich tief beeindruckt. Nach der Befragung Colvins konferierte er lange mit Halifax. Ohnehin gerade im Begriff, zur Abschreckung Hitlers eine Allianz unter Einschluß Polens zu zimmern, und nun plötzlich besondere Eilbedürftigkeit annehmend, kamen der Premier und sein Außenminister überein, das rumänische Problem für einen Moment etwas zu vernachlässigen und zur „Abwehr eines schnellen Putsches Hitlers" sofort eine öffentliche Erklärung abzugeben, daß Großbritannien und Frankreich entschlossen seien, Polen im Falle eines deutschen Angriffs mit den Waffen zu unterstützen[314]. Bis zum Morgen des 30. März arbeiteten Halifax und sein Stab den Text einer solchen Erklärung aus, dazu die Botschaften nach Paris und Warschau, die dort die Zustimmung der französischen und der polnischen Regierung erwirken sollten. Danach wurden die geplante Aktion und die inzwischen vorliegenden Texte eingehend auf einer Sondersitzung des Kabinetts erörtert. Allen Anwesenden war klar, daß sie auf der Basis weniger und unbestätigter – auch vom Geheimdienst nicht bestätigter – Informationen debattierten, daß die vorgesehene Erklärung Hitler vielleicht nicht abhielt, sondern erst recht zur Gewaltanwendung reizte, daß Polen ein Hilfsversprechen bekam, ohne sich schon zu einer entsprechenden Gegenleistung verpflichtet zu haben. Am Ende setzte sich jedoch die Angst durch, von Hitler ein weiteres Mal überrumpelt zu werden. Dem „Führer" mußte rechtzeitig deutlich gemacht werden, daß er sich mit einem Einfall in Polen einen Zweifrontenkrieg auf den Hals zog. Geschah das nicht, bestand die Gefahr, daß die deutschen Armeen Polen in kürzester Zeit überrannten, das dann sowohl für die geplante politische Abschreckungsallianz wie bei Versagen der Abschreckung als militärischer Partner in einem gleichzeitig in Ost und West gegen Deutschland zu eröffnenden Krieg ausfiel. Immerhin kam es

[314] Ebenda, S. 967.

zu einem Kompromiß. Statt Halifax zu folgen, der die recht präzise und deutliche Erklärung, die im Foreign Office entworfen worden war, abgegeben wissen wollte, doch erst nach Eingang genauerer Nachrichten, beschloß das Kabinett, den Rat Lord Chatfields zu akzeptieren, des Ministers für die Koordination der Verteidigung, und etwas allgemeinere Formulierungen zu wählen, die der Premierminister aber, in Anbetracht der Eilbedürftigkeit, noch am 31. März im Unterhaus verwenden solle. Nachdem die Zustimmung der französischen und der polnischen Regierung eingetroffen war, wurde denn auch so verfahren. Auf die erbetene Frage des Führers der Labour-Opposition, Clement Attlee, ob der Premierminister „eine Erklärung zur europäischen Lage abgeben könne", antwortete Chamberlain[315]:

„Wie ich diesen Vormittag sagte, hat Seiner Majestät Regierung keine offizielle Bestätigung der Gerüchte über einen geplanten Angriff auf Polen, und sie können daher nicht als wahr akzeptiert werden.

Ich nehme die Gelegenheit gerne wahr, abermals die allgemeine Politik der Regierung Seiner Majestät zu umschreiben. Sie ist stets eingetreten für die Methode der freien Unterhandlung zwischen den betroffenen Parteien zur Bereinigung der Differenzen, die zwischen ihnen entstehen können. Sie hält dies für den natürlichen und bestgeeigneten Weg dort, wo Differenzen bestehen. Nach ihrer Meinung sollte es keine Frage geben, die nicht durch friedliche Mittel gelöst werden könnte, und sie würde keine Rechtfertigung sehen dafür, daß man die Methode der Unterhandlungen durch die Gewalt oder durch Drohung mit Gewalt ersetzt.

Wie das Haus weiß, sind jetzt bestimmte Konsultationen mit anderen Regierungen im Gang. Um inzwischen, ehe diese Verhandlungen abgeschlossen sind, die Stellung der Regierung Seiner Majestät vollkommen klarzumachen, habe ich jetzt dem Hause mitzuteilen, daß im Falle einer Aktion, welche die polnische Unabhängigkeit klar bedrohen und gegen welche die Polnische Regierung entsprechend den Widerstand mit ihrer nationalen Wehrmacht als unerläßlich ansehen würde, Seiner Majestät Regierung sich während dieser Zeit verpflichtet fühlen würde, sofort der Polnischen Regierung alle in ihrer Macht liegende Unterstützung zu gewähren. Sie hat der polnischen Regierung eine entsprechende Zusicherung gegeben.

Ich darf hinzufügen, daß die französische Regierung mich ermächtigt hat, klarzustellen, daß sie in dieser Angelegenheit denselben Standpunkt einnimmt wie Seiner Majestät Regierung."

Nun war in der Tat Klarheit geschaffen. Griff Hitler Polen an, bekam er auch Krieg mit den Westmächten. Angesichts der politischen, der geistigen, der kulturellen Gefahr, die das nationalsozialistische Deutschland mittlerweile in den Augen fast ganz Europas darstellte, hatte Großbritannien die Tradition der Lloyd George und Austen Chamberlain endgültig

---

[315] Parliamentary Debates, London 1939, Bd. 345, Sp. 2415.

preisgegeben und zum ersten Mal einen osteuropäischen Staat garantiert. Zwar galt die Garantie nur der Unabhängigkeit und nicht ausdrücklich den Grenzen Polens. Aber diese Formulierung war gewählt worden, um der polnischen Regierung die Freiheit zu Gesprächen mit Berlin zu lassen, nicht etwa um sich an der Garantierung der Grenzen vorbeizumogeln und damit die polnische Regierung zu Gesprächen mit Berlin zu zwingen. Chamberlains Erklärung war so formuliert, daß sie den Polen erlaubte, auch jede gewaltsame Durchsetzung eines territorialen Anspruchs Deutschlands als Gefährdung der polnischen Unabhängigkeit anzusehen und durch bewaffneten Widerstand den Beistand der Westmächte zu bewirken. Für die Garantiemächte war die Möglichkeit, daß ihre Interventionszusage die Verhandlungsbereitschaft Polens minderte, zweitrangig geworden. Daß Chamberlain eine potentiell so folgenreiche Verpflichtung auch im Namen Frankreichs übernehmen durfte, und das noch dazu öffentlich, signalisierte im übrigen ganz Europa und nicht zuletzt den Berliner Machthabern, welche Festigkeit - dank der Hitlerschen Politik - inzwischen die britisch-französische Solidarität erlangt hatte.

Und das Gefühl der Eilbedürftigkeit hielt ebenso an wie das Bewußtsein der Solidarität. Einen Prozeß der Bündnisbildung vor Augen, den womöglich zahllose Ängstlichkeiten und Bedenklichkeiten - und namentlich das Problem der Position Rußlands - ungebührlich in die Länge zogen, setzten die Westmächte vorerst lieber die Politik der Garantie-Erklärungen fort. Nachdem Beck am Ende seiner Besprechungen in London, die vom 4. bis zum 6. April dauerten, die gleiche Garantie, die Polen von der britischen Regierung gegeben worden war, im polnischen Namen für Großbritannien ausgesprochen hatte - ansonsten begnügten sich die beiden Mächte damit, ihre feste Absicht zum Abschluß eines formellen Beistandspakts zu bekunden -, wurde am 13. April auch die rumänische Frage durch eine britische und französische Garantie der Unabhängigkeit Rumäniens vorläufig gelöst. Daß in die Erklärung für Rumänien gleich auch noch Griechenland einbezogen wurde, sollte als Warnung an die Adresse Italiens dienen, das am 7. April das Königreich Albanien - seit langem eine Art italienisches Protektorat - mit Truppen besetzt und nach der Verjagung König Zogus annektiert hatte, weil Mussolini und Ciano glaubten, als Faschisten und als die Führer des faschistischen Italien ein Äquivalent zu Hitlers Handstreich gegen die CSR zu brauchen. Daß Angriffe der Achsenmächte auf west- und nordeuropäische Staaten erst recht die Intervention der westlichen Großmächte auslösen würden, stand ohnehin fest, und so hatten London und Paris mit ihrer Serie von Garantien im Grunde den gesamteuropäischen Status quo, wie er bis zum April 1939 entstanden war, garantiert. Jeder weitere gewaltsame Versuch zur Veränderung, darauf hatten sie sich öffentlich festgelegt, daran öffentlich ihre Großmachtqualität geknüpft, bedeutete Krieg. Damit war eine der boshaften Ironien geboren, wie sie im Ablauf der Geschichte gar nicht so selten sind. Die Träger und Verfechter der Appea-

sement-Politik hatten ja von 1931 bis zum Herbst 1938 keine Mühe und
keine Blamage gescheut, ihre Staaten an den Grundsätzen der kollektiven
Sicherheit und den Regeln des Völkerbunds vorbeizulotsen, der Verpflichtung zu automatischem Handeln gegen einen Friedensstörer zu entgehen,
wie sie in der Satzung des Bundes verankert war; sie hatten mithin großen
Anteil am Verenden der kollektiven Sicherheit. Im Frühjahr 1939 aber,
nach der Zerstörung des Genfer Systems, in erheblich schwächerer Position und gegen einen wesentlich stärker gewordenen Feind, sahen sich nun
ausgerechnet die Protagonisten von Appeasement zu dem mühsamen Versuch gezwungen, zu Mechanismen kollektiver Sicherheit zurückzukehren
und die eigenen wie die anderen bedrohten Länder auf jene automatisch
funktionierende internationale Solidarität einzuschwören, die sie selbst so
lange verweigert hatten.

Als Chamberlain am 31. März Polen gegen einen deutschen Angriff die
Waffenhilfe der Westmächte versprach, erntete er im Unterhaus Beifall von
allen Seiten[316]. Dieser Beifall galt allerdings nicht Polen, sondern allein
dem endlich ausgesprochenen Willen, Hitler künftig Widerstand leisten zu
wollen. Die Polen waren, obgleich man sie nun plötzlich als die vermutlich
nächsten Opfer der „Nazis" anzusehen hatte, noch immer alles andere als
populär. John Colville, der erst dem Premierminister Chamberlain und
während des Krieges dem Premier Churchill als Sekretär diente, hat sich
später daran erinnert, wie er in den Monaten nach München dachte, daß es
den Polen, nachdem sie im Gefolge Hitlers den Tschechen so übel mitge-
spielt hatten, gerade recht geschähe, wenn jetzt sie drankämen[317]. Churchill
bedauerte noch im Frühjahr 1939 lebhaft, daß nichts anderes mehr bleibe
als die Zusammenarbeit mit den durch böse Taten belasteten Polen, nachdem man die Tschechen, „ein tapferes und demokratisches Volk", im Stich
gelassen habe[318], und Harold Nicolson, sofort davon überzeugt, daß die Garantie eingelöst werden müsse, schrieb mit dem Blick auf die Polen grim-
mig, daß man bald für eine falsche Sache Krieg führen werde, doch habe
man nur die Wahl zwischen einem solchen Krieg und der „Auslieferung
ganz Europas an die Nazi-Herrschaft"[319]. Vor eine derartige Alternative gestellt, entschied sich in den Westmächten eine klare Mehrheit, wie immer
über das Land gedacht werden mochte, das Hitler sich offenbar als weitere
Beute ausgesucht hatte, für eine Politik des Widerstands. Nur noch wenige
gingen so weit, über die Garantie so zu urteilen, wie zwei Tories, die sich
im Unterhaus unterhielten: „Ich nehme doch an", sagte der eine, „daß wir
imstande sind, aus dieser widerwärtigen Garantie-Geschichte wieder her-
auszukommen?" „Oh, natürlich", antwortete der andere, „wir haben ja Gott

---

[316] Nicolson, Diaries and Letters, S. 393.
[317] Colville, The Fringes of Power, S. 23.
[318] Political Diary of Hugh Dalton 1918-1940, 1945-1960, hrsg. v. Ben Pimlott, London
1986, S. 263 f.
[319] Nicolson, Diaries and Letters, S. 401.

sei Dank Neville!"[320] Die meisten – und zwar einschließlich des gewandelten und hier gröblich verkannten Neville Chamberlain – hätten sicherlich Henry Pownall zugestimmt, dem Leiter der Operations- und Nachrichtenabteilung im britischen Generalstab, der seinem Tagebuch anvertraute: „Eine kontinentale Verpflichtung, daß es nur so eine Art hat. Aber ich bin sicher, es ist die richtige Politik."[321]

Die meisten glaubten ja auch, daß die Politik der Garantien den Krieg eher verhindern als näherbringen werde, zumal die offene Verkündung des Abwehrwillens in den Augen der Briten und Franzosen keineswegs bedeutete, daß von nun an über deutsche Ansprüche nicht mehr geredet und verhandelt werden dürfe. Selbst Sir Robert Vansittart, Vorgänger Cadogans als beamteter Staatssekretär im Foreign Office, inzwischen von der Appeasement-Gruppe auf den Posten eines Diplomatischen Chefberaters abgeschoben, doch nach wie vor einflußreich und als scharfer Gegner des nationalsozialistischen Deutschland geltend – er sorgte mit Bedacht dafür, daß sich dieser Ruf in den Kriegs- und Nachkriegsjahren zum Ruf der Deutschfeindlichkeit steigerte –, selbst Vansittart meinte Anfang Mai 1939 in einer Unterhaltung lediglich: „Es ist an der Zeit, den Deutschen zu sagen, daß sie in Zukunft, nachdem sie in Österreich, der Tschechoslowakei etc. 100 Prozent ihrer Forderungen erfüllt bekommen haben, nicht mehr als äußerstenfalls 30 Prozent erwarten dürfen."[322] Die Proklamierung des Abwehrwillens betraf die bisher von Hitler praktizierten Methoden. Damit mußte endgültig Schluß sein. Vansittart hatte hinzugesetzt, daß natürlich auch die „30 Prozent" nur dann zu haben seien, wenn die Deutschen sich auf die „Methode der Verhandlungen beschränken, sich anständig benehmen und dies, statt bloße Versprechungen zu geben, durch Taten beweisen". Ob sich das nationalsozialistische Deutschland in diesem Sinne von den Garantie-Erklärungen der Westmächte beeindrucken ließ, war freilich ungewiß, doch schien kein anderer Weg gangbar zu sein. Wie es der skeptische Vansittart ausdrückte: „Vielleicht versteht Hitler, wenn wir unsere Muskeln spielen lassen; sicherlich versteht er nichts anderes." Etwa um die gleiche Zeit faßte Cadogan die Grundmotive der Garantie-Politik noch einmal in der Sprache des Foreign Office zusammen[323]:

„Das Hauptziel unserer Garantie an Polen besteht darin, Deutschland von weiteren Aggressionsakten abzuschrecken und durch die Erlangung einer umgekehrten Garantie von Polen sicherzustellen, daß Deutschland, falls doch Krieg kommt, an zwei Fronten zu kämpfen hat ... Deutschland ist im Augenblick nicht in der Lage, einen Zweifrontenkrieg zu beginnen. Wenn es jedoch freie Hand hätte, ostwärts zu expandieren und sich die

---

[320] Ebenda.
[321] B. Bond (Hrsg.), Chief of Staff. The Diaries of Lieutenant-General Sir Henry Pownall, Bd. 1, 1933-1940, Hamden, Conn., 1973, S. 197.
[322] Diary of Hugh Dalton, S. 263.
[323] Zit. nach Taylor, Munich, S. 969 f.

Kontrolle über die Ressourcen Mittel- und Osteuropas zu verschaffen, dann könnte es kräftig genug sein, um mit überwältigender Stärke über die westlichen Länder herzufallen."

Indes zeitigten die britisch-französischen Manöver ihre tatsächlichen Effekte in politisch-diplomatischen Zusammenhängen, wo das von niemand erwartet worden war.

Der Entschluß zum Angriff auf Polen

Den geringsten Einfluß übte die Politik der Garantien, die mit Polen begonnen worden war, paradoxerweise auf den Fortgang der deutsch-polnischen Auseinandersetzung aus. In Warschau hatte bereits der Ribbentropsche Auftritt, mit dem Lipski am 21. März konfrontiert worden war, Klarheit geschaffen. Zunächst in dem Sinn, daß Außenminister Beck, seine Kollegen und seine Mitarbeiter endlich begriffen, wie illusionär ihre frühere Annahme von einer vorübergehenden Laune der Deutschen und wie berechtigt die wachsende Besorgnis der letzten Monate gewesen war. Als Lipski, der sich ungesäumt nach Warschau aufgemacht hatte, am 23. März im polnischen Außenministerium Bericht erstattete und Beck über die Einladung Ribbentrops informierte, brachte er einen Pessimismus mit, der die trübe Stimmung, die den Botschafter schon im Herbst des vergangenen Jahres, nach dem ersten Vorstoß Ribbentrops, ergriffen hatte, wie schieren Optimismus erscheinen ließ: In der Form noch höflich, sei der Reichsaußenminister in der Sache hart gewesen und habe unnachgiebig alle deutschen Forderungen wiederholt; auch hätten die Deutschen die Einkreisung Polens eingeleitet – Slowakei, Memel –, und er, Lipski, schließe nun sogar ein deutsches Ultimatum nicht mehr aus[324]. Im Gegensatz zum Herbst 1938 fand aber Lipski, der überdies Rücktrittsgedanken äußerte, diesmal weitgehend Glauben. Die Anwesenden – Außenminister Beck, sein Kabinettchef Graf Lubienski, Staatssekretär Graf Szembek, der Personalchef des Ministeriums Dr. Drymmer und der Leiter der Westabteilung Graf Jozef Potocki – suchten den aufgewühlten Lipski zu beruhigen und wieder aufzurichten, gaben jedoch allesamt zu, daß die Lage in der Tat überaus ernst geworden sei. Am folgenden Tag – nach Gesprächen mit dem Staatspräsidenten, mit dem Regierungschef und mit dem Generalinspekteur der Armee – berief Beck eine Konferenz der höheren Beamten des Außenministeriums ein, in der er ihnen, die bisher gepflegte Geheimniskrämerei preisgebend, eröffnete, daß Deutschland, eines der beiden Elemente, die stets die Lage Polens bestimmten, „die Eigenschaft der Berechenbarkeit verloren" habe und daß man vor dem Ernst der Situation die Augen nicht verschließen dürfe; in Deutschland scheine man „im Denken wie im Han-

[324] Szembek-Tagebuch, S. 527.

deln das Maß zu verlieren"[325]. Ganz ähnlich konstatierten und beklagten die Militärs, Generalstabschef Waclaw Stachiewicz und Marschall Smigly-Rydz, daß man jetzt die „Unberechenbarkeit" Deutschlands als Faktor ins Kalkül zu ziehen habe; unter dem Einfluß „dynamischer Parteikreise und Ribbentrops", so urteilte Stachiewicz, habe „sich die Politik Hitlers verändert"[326]. Einige Wochen später traf Graf Szembek in seinem Tagebuch die resignierte Feststellung, nach dem Abgang Schachts und Neuraths – merkwürdigerweise zählte er auch Göring zu den Abgehalfterten – und dem Machtantritt von Menschen wie Alfred Rosenberg, Goebbels und Ribbentrop habe sich in Deutschland eine große und grundsätzliche Veränderung vollzogen, „sodaß wir es heute nicht mehr mit dem Dritten, sondern mit dem Vierten Reich zu tun haben"[327].

Doch fiel in Warschau sofort auch die Entscheidung darüber, wie auf den deutschen Druck zu reagieren sei: Nachgiebigkeit kam nicht in Frage. Graf Lubienski, der wie Lipski ein deutsches Ultimatum für möglich hielt, brachte die Ansicht aller zum Ausdruck, als er am 23. März, im Anschluß an den Bericht des Botschafters, sagte, Berlin werde, falls Polen in einem Punkt nachgebe, unweigerlich neue Forderungen präsentieren, und was die von Hitler und Ribbentrop offerierte Grenzgarantie angehe, so wisse man ja mittlerweile, daß „deutsche Grenzgarantien überhaupt nichts wert" seien. Am 24. März stellte Beck die Frage, wo die Linie verlaufe, hinter die Polen nicht zurückweichen dürfe, und er gab sich und seinen Mitarbeitern die Antwort, daß natürlich die territoriale Unversehrtheit des Landes verteidigt werden müsse, daß es aber ebenso unmöglich sei, „in diesem Reizpunkt, der Danzig immer war, einen einseitigen und uns aufgezwungenen Vorschlag anzunehmen". Ganz unabhängig davon, was Danzig als Objekt wert sei – und in seinen Augen sei es sogar viel wert –, gehe es um die symbolische Rolle, die Danzig heute spiele. Wenn sich Polen jener Art westlicher Staaten anschließe, die sich ihre Rechte diktieren lassen, so wisse man nicht, wo das enden werde. Selbst Graf Szembek, ein nicht sonderlich streitbarer und außerdem Verhandlungen mit Deutschland grundsätzlich zugeneigter Diplomat, kam zu dem Schluß: „Meiner Meinung nach müssen wir den Deutschen jetzt die Zähne zeigen."[328]

Die möglichen Konsequenzen einer solchen Haltung lagen auf der Hand. Zwar hegte Beck noch immer eine gewisse Hoffnung auf einen politischen Weg aus der Krise. Nachdem er in der Konferenz mit seinen Beamten konstatiert hatte, daß „der Feind" in Berlin das Maß zu verlieren scheine, fuhr er fort: „Er kann das Maß wiedergewinnen, wenn er auf eine feste Haltung stößt, was ihm bisher nicht passiert ist. Die Großen waren ihm gegenüber demütig, die Schwachen kapitulierten von vornherein, ohne

---

[325] Ebenda, S. 528 f.
[326] Ebenda, S. 548 f.
[327] Ebenda, S. 582.
[328] Ebenda, S. 527.

auch nur ihre Ehre zu retten." Gestützt auf ein paar Divisionen, „spazieren die Deutschen heute durch ganz Europa". Mit Polen könnten sie so nicht umspringen, und Hitler und seine Helfer wüßten das doch. Auf der anderen Seite war inzwischen klar, daß sich die Hoffnung auf deutsche Einsicht sehr leicht als trügerisch erweisen konnte, und auch für den äußersten Fall hatte man in Warschau die Entscheidung schon getroffen. Beck faßte – und zwar wiederum in Übereinstimmung mit dem Staatspräsidenten, dem Regierungschef und dem Generalinspekteur der Streitkräfte – diese Entscheidung in die schlichten, doch deutlichen Worte: „Ganz einfach! wir werden kämpfen!"[329]

Die Entschlüsse der polnischen Regierung waren gewiß von der Spekulation begleitet, daß Polen im Falle eines deutschen Angriffs die Unterstützung der Westmächte finden werde. Nachdem Hitler gerade das Münchner Abkommen zerrissen und die Fetzen des Vertrags Daladier und Chamberlain mit triumphierendem Hohn vor die Füße geworfen hatte, konnten Großbritannien und Frankreich eigentlich nicht umhin, so sagte man sich in Warschau, auf den nächsten Gewaltakt des „Führers" auch militärisch zu reagieren. Am 12. April meinte z.B. Waclaw Grzybowski, der polnische Botschafter in Moskau, daß England Hitler nicht mehr ungestraft davonkommen lassen, „diesen kleinen Napoleon fertigmachen" werde[330], und eine Woche später stellte er fest, Hitler habe eine für Polen „wahrscheinlich nicht wiederholbare günstige Konstellation" zuwege gebracht[331]. Zum Zeitpunkt der beiden Äußerungen lagen die britische Garantie und die britisch-polnische Erklärung vom 6. April schon vor, doch waren die Grundelemente der Situation auch vorher zu erkennen und den polnischen Politikern durchaus bewußt gewesen. Seit dem 18. März hielt Beck außerdem die britische Frage nach dem polnischen Verhalten bei einer deutschen Aktion gegen Rumänien in Händen, seit dem 20. auch Londons Vorschlag einer britisch-französisch-polnisch-sowjetischen Anti-Aggressions-Erklärung. Dies erlaubte ebenfalls die Folgerung, daß die Politik der Westmächte im Begriff war, härter zu werden. Andererseits war am 23. und 24. März noch völlig unklar, wie lange der Prozeß der Verhärtung andauern und wie weit er gehen werde. Selbst eine erneute Aufweichung war noch denkbar. Schließlich hatten die Westmächte auch die Annexion Böhmens und Mährens lediglich mit papierenen Protesten quittiert, und angesichts der bisherigen Politik Chamberlains durfte niemand, solange sich Großbritannien nicht öffentlich oder vertraglich festgelegt hatte, ausschließen, daß die britische Regierung bei einem weiteren Hitlerschen Coup in Ost- oder Südosteuropa, statt so zu handeln, wie sie „eigentlich" handeln mußte, doch wieder auf das Rezept zurückkam, sich Ruhe auf Kosten anderer zu erkaufen;

---

329 Ebenda, S. 528.
330 Ebenda, S. 554.
331 Ebenda, S. 565.

und Frankreich hatte dem britischen Kurs zu folgen. Daneben gab es Unsicherheitsfaktoren, die speziell Polen betrafen. In Warschau wußte man gut genug, wie sehr das Ansehen Polens durch die anti-tschechische Komplicenschaft mit dem nationalsozialistischen Deutschland allenthalben gelitten hatte. Bestimmten die Gründe, die jetzt dafür sprachen, gegen Hitler Front zu machen, auch dann die Politik der Westmächte, wenn es um Polen ging? Am 14. September 1938 hatte Graf Raczynski die Frage von Lord Halifax verneint, ob die Westmächte auf polnische Unterstützung rechnen könnten, falls sie wegen der CSR in einen Krieg mit Deutschland verwikkelt werden sollten[332]. War das zu vergessen? Hierauf konnten noch keine sicheren Antworten gegeben werden. Insofern haben die verantwortlichen Politiker in Warschau ihre Entscheidung, Hitler Widerstand entgegenzusetzen, zwar in der Hoffnung auf britisch-französischen Beistand getroffen, aber letzten Endes doch nicht in Abhängigkeit vom Verhalten der Westmächte.

Ebensowenig Rücksicht nahm die polnische Regierung darauf, daß die totale oder partielle Besetzung ihres Landes zu erwarten stand, falls Hitler seine Armeen gegen Polen in Bewegung setzte. Hatte es Polen, wie das Beck und seine Kollegen riskierten, allein mit Deutschland aufzunehmen, war die Niederlage unabwendbar, die Besetzung gewiß und die politische Zukunft düster; man focht dann in der Tat ausschließlich darum, die Ehre und die Selbstachtung der Nation zu retten. Traten aber die Westmächte, wie das Beck und seine Kollegen erhofften, auf der Seite Polens in den Krieg ein, so war völlig offen, wie und wann sich die britisch-französische Intervention militärisch zugunsten Polens bemerkbar machen würde. Zwischen dem polnischen Generalstab und den Generalstäben der Westmächte hatten ja bislang nicht einmal flüchtige und oberflächliche Gespräche über eine militärische Zusammenarbeit und die Abstimmung von Operationsplänen stattgefunden. Eines war jedoch klar: Selbst bei einem relativ frühen Beginn französischer Offensiven konnte es nicht ausbleiben, daß Hitler einen beträchtlichen Teil der deutschen Streitkräfte, und zwar vor allem deren modernen Kern, in Polen einfallen ließ und daß die polnische Armee von einem solchen Ansturm zumindest weit nach Osten zurückgeworfen werden mußte. Kamen die französischen Offensiven erst später, war wiederum zunächst die militärische Katastrophe zu befürchten. Jedermann in Polen, der zählte, wußte das. Die Legende von den siegessicheren und übermütigen polnischen Politikern und Militärs, die vom Marsch nach Berlin geträumt hätten, ist tatsächlich nichts anderes als eine Legende, die ihre Geburt der nationalsozialistischen Propaganda verdankt, ferner einem Teil der polnischen Presse, der Zuversicht zu verbreiten suchte, und einer kleinen Minderheit rechtsextremistischer Schreihälse, die ein weiteres Beispiel dafür lieferten, welchen Schaden nationalistische Eiferer ihrem Land immer wieder zufügen.

Bei allem Selbstgefühl und bei allem Stolz auf die dem polnischen Staat zugeschriebene Großmachtqualität war Beck ebenso wie den Generälen sehr bewußt, daß die polnische Armee wohl mit einer hervorragenden Kampfmoral, aber nicht mit genügend modernen Flugzeugen, Panzern, Geschützen und Transportmitteln zu prunken vermochte, vor allem nicht im Vergleich zur deutschen Armee. Gewiß hatte die Regierung – angesichts der deutschen und der sowjetischen Rüstung – von 1936 bis 1939 Summen in die Streitkräfte und ihre Modernisierung investiert, die für polnische Verhältnisse gewaltige Dimensionen erreichten; die 4,2 Milliarden Zloty machten in dieser Zeit etwa die Hälfte des polnischen Staatshaushalts aus[333]. Doch abgesehen davon, daß erhebliche Gelder – wie vor 1914 vom deutschen Kaiserreich – für ebenso kostspielige wie militärisch nutzlose Marineprojekte, z.B. für den Bau von U-Booten, verschwendet worden waren, steckte der Modernisierungsprozeß noch in der Anfangsphase. Niemand kam auf den verwegenen Gedanken, der polnischen Armee die Kraft zur offensiven Kriegführung gegen Deutschland zuzutrauen und ihr dann eine Offensive auch noch zuzumuten. Als am 19. Mai 1939 General Tadeusz Kasprzycki, der polnische Kriegsminister, und General Maurice Gamelin, der französische Generalstabschef, endlich eine Art Abrede über die Rollenverteilung im Kriegsfall trafen, vereinbarten sie selbstverständlich, daß die polnische Armee in der Defensive bleiben werde, wenn die Masse der deutschen Verbände im Osten angreifen sollte. Selbst für die Alternative – „Wenn umgekehrt das Gros der deutschen Truppen Frankreich angreift ..." – legten sie lediglich fest, daß dann „die polnische Armee sich bemühen wird, die größtmögliche Zahl der deutschen Truppen zu binden". Im Grunde lief die Verabredung darauf hinaus, daß die Polen versprachen, ihre Haut so teuer wie möglich zu verkaufen, während die Franzosen zusagten, etwa zwei Wochen nach Kriegsbeginn eine größere Offensive zu eröffnen und damit die Hauptlast der Kriegführung zu übernehmen[334].

In der ganzen Krisenperiode faßten die polnischen Politiker und Soldaten – von kleineren Vorstößen nach Ostpreußen abgesehen – keine ehrgeizigeren militärischen Operationen ins Auge, und das verbot sich erst recht in den für Polens Kurs entscheidenden Märztagen. Die polnischen Führer glaubten ja mit einem in Kürze präsentierten deutschen Ultimatum rechnen zu müssen. Als sie sich entschieden, ein solches Ultimatum abzulehnen und lieber zu kämpfen, riskierten sie also bewußt einen baldigen deutschen Angriff, obwohl ihnen durchaus klar war, daß der polnische Generalstab, bisher auf den Fall eines Krieges mit Rußland fixiert, gerade eben erst,

---

[333] P. Stawecki, Wojsko Drugiej Rzeczypospolitý, in: Polska Odrodzona 1918-1939, red. Jan Tomicki, Warschau 1982, S. 233 f. 238 f.
[334] Text in: J. Beck, Dernier Rapport. Politique Polonaise 1926-1939, Paris 1951, S. 345 f.

am 4. März, angefangen hatte, sich über Gedankenspiele hinaus eingehender mit einem Krieg gegen Deutschland zu beschäftigen[335], und obwohl seit der Monatsmitte die schockartige Erkenntnis auf ihnen lastete, daß die strategische Lage Polens durch die militärische Präsenz Deutschlands in der Slowakei nicht einfach schlechter, sondern praktisch bereits hoffnungslos geworden war. In dieser Situation durfte jemand schon als Optimist gelten, der dachte, mit militärischem Widerstand gegen den bevorstehenden deutschen Überfall sei bis zum Eingreifen der Westmächte vielleicht ein Teil des Landes vor deutscher Okkupation zu retten. Immerhin stand der militärische Widerstand, falls die französisch-britische Intervention kam, wenigstens im Dienste eines politischen Zwecks: Polen mochte von der Wehrmacht des Großdeutschen Reiches überrannt und besetzt werden, doch erwarb man durch den Kampf, den man der Wehrmacht lieferte, das Recht, bei der Friedenskonferenz am Tisch der Sieger zu sitzen.

Die Warschauer Regierung zögerte auch nicht, in Berlin für Klarheit über die Haltung Polens zu sorgen. Nachdem das polnische Kriegsministerium zwischen dem 23. und dem 25. März einige Regimenter, die im „Korridor" und in der Region um Danzig stationiert waren, durch die demonstrative Einberufung von Reservisten verstärkt hatte[336], kehrte Lipski in die Reichshauptstadt zurück und überreichte dort Ribbentrop am 26. März ein Memorandum, das die Antwort der polnischen Regierung auf die am 21. des Monats erneut und fast schon ultimativ gestellten deutschen Forderungen enthielt. Beck schlug darin, wie bereits im vergangenen November, Verhandlungen sowohl über weitere Erleichterungen des Verkehrs zwischen Pommern und Ostpreußen wie über die Ablösung des Völkerbundstatuts für Danzig durch eine gemeinsame deutsch-polnische Garantie für die Freie Stadt vor: „Diese Garantie würde einerseits die freie Entwicklung des deutschen Volkstums und seines politischen Innenlebens befriedigen, andererseits die polnischen Rechte und Interessen sicherstellen. Die polnischen Interessen stimmen übrigens mit den wirtschaftlichen Interessen der Bevölkerung der Freien Stadt überein, da der Wohlstand derselben seit Jahrhunderten von dem polnischen Überseehandel abhängig ist." Die deutschen Forderungen wurden hingegen höflich, doch rundweg abgelehnt, und in seiner Erläuterung des Memorandums bemerkte Botschafter Lipski überdies, daß Außenminister Beck zwar gerne der deutschen Anregung folgen und Berlin einen Besuch abstatten werde, „es schiene ihm aber zweckmäßig, daß vorher die Fragen diplomatisch entsprechend vorbereitet worden seien"; in dürren Worten war damit dem Reichsaußenminister mitgeteilt, daß Beck die Einladung nach Deutschland ausschlagen werde, solange die Gefahr bestehe, dort wie Schuschnigg oder Hacha behandelt und mit

---

335 Stawecki, S. 242.
336 ADAP, D, 6, Nr. 85, 90.

der Pistolenmündung an der Schläfe zur Unterzeichnung eines deutschen Diktats genötigt zu werden[337].

Zwei Tage zuvor hatten Beck und Lipski, wahrscheinlich um die Deutschen von einem ultimativen Vorgehen abzuhalten, das Auswärtige Amt bereits auf einem privateren Wege wissen lassen, wie man in Warschau die Situation Polens sah und welche Politik man in dieser Situation für richtig hielt. Am Morgen des 24. März hatte Graf Stanislaw Dembinski, Direktor des Berliner Büros der Polnischen Telegraphenagentur und ein enger Vertrauter Lipskis, von dem er schon des öfteren mit inoffiziellen diplomatischen Missionen betraut worden war, einen deutschen Freund und ehemaligen Schulkameraden dringlich zum Frühstück eingeladen, Baron von Stengl, bei dem Dembinski sicher sein konnte, daß über ihn jede wichtigere Äußerung politischer Natur den Fürsten Bismarck erreichte, den stellvertretenden Leiter der Politischen Abteilung im Auswärtigen Amt. Während des Frühstücks in einem Berliner Hotel sagte Dembinski, die deutsch-polnischen Beziehungen seien im Augenblick derart gespannt, daß er im Laufe der nächsten Tage eine deutsche Aktion gegen den „Korridor" und gegen Danzig für möglich halte. Er habe daher seine Frau und seine beiden Kinder nach Polen geschickt, und für den Fall, daß er selbst plötzlich abreisen müsse, bitte er seinen alten Schulkameraden darum, sich, soweit das zulässig sei, um seine Wohnung und seine Möbel zu kümmern. Dann kam die eigentliche Mitteilung: Deutschland scheine in erster Linie die Eingliederung Danzigs in das Reich erzwingen zu wollen. Sollte dabei Gewalt angewendet werden, so bedeute das Krieg, weil Polen ein solches deutsches Vorgehen nicht widerstandslos hinnehmen werde. Doch müsse die polnische Regierung auch ein Ansinnen Deutschlands, über die Eingliederung Danzigs zu verhandeln, in schroffster Weise ablehnen, „da Polen aus den Verhandlungen, die deutscherseits mit Schuschnigg, Hacha und Urbsys geführt worden seien, seine Lehren gezogen habe". Die polnische Regierung würde in ihrer Antwort auch darauf verweisen, daß zwischen Deutschland und Polen ein Vertrag mit zehn Jahren Laufzeit existiere, der keinerlei Verhandlungen über territoriale Fragen vorsehe. Danach machte Dembinski auf die europäische Konstellation aufmerksam. Wenn es denn zu einem deutsch-polnischen Konflikt kommen müsse, so besser jetzt als später. Im Augenblick sei die Einstellung in aller Welt dermaßen antideutsch, „daß Polen mit großer Bestimmtheit bei einem deutschen Angriff auf die Unterstützung der Westmächte rechnen könne". Um dieser Warnung vor einem großen europäischen Krieg noch mehr Nachdruck zu geben, setzte Dembinski hinzu, die Lage sei für Polen so günstig, daß man in Warschau unter Umständen vielleicht sogar der Versuchung erliegen werde, „durch Provokationen in Danzig den Ausbruch eines Konflikts zu beschleunigen"[338].

[337] Ebenda, Nr. 101.
[338] Aufzeichnung Bismarck, 24.3.1939, PAA, Büro Staatssekretär, Polen 1, 34585 f.

In Berlin blieben derartige Winke nahezu unbeachtet, jedenfalls an der
höchsten Stelle, und als Lipski den polnischen Widerstand offiziell akten-
kundig machte, reagierten Hitler und Ribbentrop nach wie vor mit Ver-
ständnislosigkeit. Daher gaben sie den Versuch, Polen politisch zu diszipli-
nieren, nicht sofort auf, sondern hielten es einfach für notwendig, den
Druck auf Warschau zu steigern, und zwar gänzlich unbeeindruckt davon,
daß inzwischen detaillierte Informationen über die britische Reaktion auf
die Aktion Tileas vorlagen, aus denen die Versteifung der britisch-französischen Haltung deutlich genug hervorging. Noch wurde auf Lockrufe nicht
völlig verzichtet. Ribbentrop hatte am 21. März einmal mehr die Möglichkeiten einer aktiven deutsch-polnischen Ostpolitik an die Wand gemalt,
dabei auch angedeutet, daß Polen, falls es sich auf die deutschen Forderungen einlasse, selbst in der Warschau offenbar so gefährlich erscheinenden
slowakischen Frage auf – allerdings nicht genauer charakterisierte – deutsche Konzessionen rechnen dürfe, und auch in den folgenden Tagen
tauchten da und dort noch immer solche Verheißungen auf. So berichtete
der polnische Generalkonsul in München, Grabinski, am 27. März über ein
Gespräch mit General Ritter v. Epp, in dem der Reichsstatthalter in Bayern
zugegeben habe, daß Polen einen Zugang zur Ostsee haben müsse, aber der
Meinung gewesen sei, daß dieser Zugang doch nicht unbedingt Danzig zu
sein brauche, vielmehr Libau und Riga den Zweck ebenso gut erfüllen
könnten; Grabinski vermutete, sicherlich mit Recht, daß Epp zu seinen
Anspielungen vom „Führer" oder von dessen engsten außenpolitischen Gehilfen autorisiert gewesen sei[339]. Indes begann der Ton, der gegenüber den
Polen angeschlagen wurde, noch schärfer zu werden, und die Drohungen
begannen die lockenden Zukunftsbilder zu verdrängen.

Ein interner Vorgang in Berlin war für diesen Prozeß bezeichnend. Am
Abend des 23. März bat Staatssekretär v. Weizsäcker den deutschen Botschafter in Warschau, Adolf v. Moltke, telefonisch darum, „sich vorsorglich
bei Minister Beck anzusagen"; im Laufe des nächsten Tages werde Moltke
eine längere Instruktion erhalten, auf deren Basis er dann beim polnischen
Außenminister den Bericht ergänzen solle, den der nach Warschau gereiste
Lipski über sein letztes Gespräch mit Ribbentrop geben werde[340]. Die Instruktion wurde im Auswärtigen Amt auch ausgearbeitet, und wenn sie
auch in der Tat, wie Weizsäcker schrieb, Polen vor die Wahl stellte: „Feind
oder Freund!" so war in ihr andererseits die Rolle des Freundes recht ver-
führerisch geschildert. Da hieß es, daß Deutschland, falls es zu einer gemeinsamen deutsch-polnischen Ostpolitik komme, bereit sei, „in der künftigen Gestaltung des ganzen ukrainischen Problems Polen das Primat zuzu-
gestehen", und im Hinblick auf die Slowakei ließ sich das Reich in dem
Papier sogar zu einer Art Entschuldigung herab: Der „Führer" habe sich

[339] APA, Botschaft Berlin, Mappe 805, Aufzeichnung Grabinski, 27.2.1939.
[340] ADAP, D, 6, Nr. 73, Anm. 1.

dem Appell der Slowakei zunächst nicht entziehen können, auch wäre es
unmöglich gewesen, „das Verhältnis Deutschlands zu diesem Restbestand-
teil der früheren Tschechoslowakei einfach in der Schwebe zu lassen"; doch
schließe der Vertrag mit der Slowakei „hinsichtlich seiner Effektivität einen
außerordentlich weiten Spielraum in sich", und wenn die Entwicklung der
deutsch-polnischen Beziehungen den Berliner Wünschen entsprechen
sollte, „würde sich damit auch die Möglichkeit einer gemeinsamen Behandlung des slowakischen Problems durch Deutschland, Polen und Ungarn eröffnen"[341]. Vermutlich hätte es das Vertrauen der polnischen Politiker in
deutsche Zusagen kaum wiederhergestellt, wäre ihnen in solchem Stile vor-
geführt worden, daß Deutschland bereit war, den mit der Slowakei gerade
eben abgeschlossenen Schutzvertrag in den Papierkorb zu werfen, nur weil
das momentan der Berliner Polenpolitik in den Kram paßte. Aber Beck
und seine Mitarbeiter konnten den Inhalt der Instruktion überhaupt nicht
zur Kenntnis nehmen. Noch am 24. März sah sich Weizsäcker gezwungen,
Moltke in Warschau anzurufen und ihm die peinliche Aufgabe zuzumuten,
den bereits vereinbarten Gesprächstermin beim polnischen Außenminister
abzusagen[342]. Weizsäcker bestätigte das Telefonat mit einem Brief an
Moltke, in dem der Staatssekretär festhielt, daß der Entwurf der Instruktion
zurückgezogen werden mußte, weil er, von Ribbentrop dem „Führer" vorgelegt, nicht die Billigung Hitlers gefunden hatte[343]. Offenbar war in dem
Dokument nach Hitlers Meinung zuviel Werbung enthalten.

   In seiner folgenden Unterredung mit Lipski, am 26. März, verzichtete
dann Ribbentrop auf jede versucherische Note[344]. Statt dessen erklärte er
dem polnischen Botschafter, daß die Vorschläge in Becks Memorandum
natürlich „keine Basis für eine deutschpolnische Lösung darstellen" könnten. Die Einberufung polnischer Reservisten, sowohl vom OKW wie vom
Reichsaußenminister selbst als rein defensive Maßnahme charakterisiert[345],
nahm er zum Anlaß, „mögliche Konsequenzen" anzudrohen. Er bezeichnete den Vorgang als „eine merkwürdige Antwort auf mein kürzliches Angebot einer endgültigen Befriedung des deutsch-polnischen Verhältnisses"
und setzte schneidend hinzu: „Wenn die Dinge in dieser Richtung weiter-
liefen, so könne in Kürze eine ernste Situation entstehen. Ich könne Botschafter Lipski mitteilen, daß z.B. eine Verletzung des Danziger Hoheitsge-
bietes durch polnische Truppen von Deutschland in der gleichen Weise
wie eine Verletzung der Reichsgrenzen betrachtet werden würde." Er
schloß mit der Warnung, daß Polen die deutschen Forderungen annehmen
oder mit bösen Folgen rechnen müsse. Am nächsten Tag bestellte Ribbentrop den Botschafter erneut, diesmal um ihm Berichte über deutschfeindli-

[341] Ebenda, Nr. 73.
[342] Ebenda, Nr. 88.
[343] Ebenda.
[344] Ebenda, Nr. 101.
[345] Ebenda, Nr. 90, 101 (S. 102).

che Ausschreitungen in Bromberg – Berichte, wie sie Jan Colvin alarmiert und zu seiner Reise nach London veranlaßt hatten – unter die Nase zu halten und in harschen Worten die polnische Regierung „für derartige Vorkommnisse voll verantwortlich" zu machen. Der Botschafter hatte von den Bromberger Vorfällen noch keine Kenntnis, wies aber auf die derzeit in Polen herrschende Nervosität hin und stellte dann die Frage, „ob man nicht ein paar ‚Worte der Beruhigung für die beiden Völker' finden könne". Ribbentrop verneinte schroff, wiederholte, daß die am Vortag überbrachten Vorschläge Becks keine Grundlage für eine Regelung der deutsch-polnischen Streitpunkte darstellten, und konstatierte drohend: „Die Beziehungen beider Länder entwickelten sich daher stark abschüssig."[346]

Zu diesem Zeitpunkt glaubte Hitler noch immer, Polen mit derartigem Drohgerede mürbe machen zu können. Jedenfalls sagte er am 25. März mittags, daß sich Polen noch nicht entschieden habe: „Aber unser Druck wird verstärkt. Wir hoffen zum Ziele zu kommen."[347] Indes war der Erfolg Berliner Pressionen, angesichts des seltsamen polnischen Sträubens, doch zweifelhaft geworden, und so hatte sich der „Führer" gleichzeitig veranlaßt gesehen, auch darüber zu deliberieren, was zu geschehen hatte, falls das Unbegreifliche eintreten und die Warschauer Regierung die deutschen Forderungen tatsächlich definitiv ablehnen sollte. Seine Überlegungen führten ebenso rasch wie die Konferenzen in Warschau zu einem eindeutigen Ergebnis, und das Ergebnis kam ebenfalls – nicht anders als der polnische Entschluß, notfalls zu kämpfen – unabhängig von den seit einigen Tagen verfolgten und in Berlin bekannt gewordenen britisch-französischen Bündnisprojekten zustande, selbst unabhängig von der Frage, ob deutscher Druck, polnische Angst und britisch-französischer Widerstandswille schon jetzt die Mitwirkung Polens bei den antideutschen diplomatischen Manövern der Westmächte zuwege brachten. Am 25. März hielt Generaloberst Walter v. Brauchitsch, der Oberbefehlshaber des Heeres, noch fest, daß der „Führer" das Problem Danzig nicht gewaltsam lösen wolle, „weil er Polen nicht den Briten in die Arme treiben möchte"[348]. Jedoch war Hitler zu einer solchermaßen noch halbwegs taktisch-rationalen Betrachtung und Behandlung des von ihm provozierten deutsch-polnischen Konflikts nur fähig, wenn und solange er seine Gedankenspiele von der Annahme bestimmen ließ, daß Polen am Ende doch nachgab. Spätestens am Tag vor der Unterredung Hitler-Brauchitsch stand bereits fest, was geschehen werde, falls Polen der Option für Deutschland weiterhin auswich. Als Staatssekretär v. Weizsäcker am 24. März dem Botschafter in Warschau mitteilte, daß der Gesprächstermin bei Außenminister Beck peinlicherweise abgesagt werden müsse, machte er seinem Freund Moltke zugleich klar, daß er sich

---

[346] Ebenda, Nr. 108.
[347] Tagebücher von Joseph Goebbels, Bd. 3, S. 583.
[348] ADAP, D, 6, Nr. 99.

über die Folgen einer Fortsetzung des polnischen Widerstands weder telefonisch – die beiden hatten eben miteinander telefoniert – noch schriftlich
äußern könne; darüber werde Legationsrat Rudolf v. Scheliha – ein vertrau-
enswürdiger, weil regimefeindlicher Angehöriger der Botschaft in Warschau, der sich gerade in Berlin aufhielt – mündlich berichten[349]. Für einen
erfahrenen Diplomaten wie Moltke, der außerdem seine nationalsozialistischen Herren in Berlin ähnlich kritisch einschätzte wie Weizsäcker – gelegentlich sogar in Unterredungen mit Beck und Szembek eine erstaunlich
offene Kritik am NS-Regime übte[350] –, war das deutlich genug. Am 25.
März gab denn auch Hitler dem Oberbefehlshaber des Heeres die Weisung,
nun mit der Vorbereitung einer militärischen Lösung der „polnischen
Frage" – was etwas anderes war als die „Danziger Frage" – zu beginnen[351].
Nur wenige Tage später fiel die endgültige Entscheidung. Was aus Warschau zu hören war, gab Hitler jetzt die Gewißheit, daß er nicht länger mit
der polnischen Kapitulation rechnen durfte. In einem Bericht, den er offenbar schrieb, um Ribbentrop klarzumachen, welches Risiko der „Führer"
– der dann den Bericht ebenfalls las – laufe, wenn er mit Polen so umspringen wolle wie mit der CSR, schilderte Moltke lebhaft die zuversichtlich
kriegerische Stimmung, die sich der Polen bemächtigt habe, seit sie glaubten, daß nun, nach der Besetzung Prags und dem Einmarsch ins Memelgebiet, ein deutscher Handstreich gegen Danzig unmittelbar bevorstehe. Am
Ende des Berichts gab Moltke eine symptomatische Szene im polnischen
Senat wieder: „Die erste Lesung des polnisch-litauischen Handelsvertrags,
der der litauische Gesandte Szaulys in der Diplomatenloge beiwohnte, gab
dem Senator Katelbach Veranlassung, Litauen im Namen des Senats zu
versichern, daß Polen die schweren Erlebnisse, die Litauen soeben habe
durchmachen müssen, aufs stärkste mitempfunden habe. An dem ,langdau-
ernden stürmischen' Beifall, den diese Erklärung hervorrief, beteiligten sich
auch die beiden zu der Sitzung erschienen Minister und Vizeaußenminister
Graf Szembek."[352] Kein Wunder, daß Goebbels an diesem Tag, nach einem
Telefonat mit Hitler, in seinem Tagebuch notierte, die „Polacken", wie er
die Polen nun bezeichnenderweise nannte, „sind und bleiben natürlich unsere Feinde"[353]. Schon am Tag danach konnten Hitler und seine Gefolgsleute einem weiteren Bericht Moltkes entnehmen, daß die Stimmung des
Widerstands in Polen in der Tat mit der Politik der polnischen Regierung
identisch war. Am Abend des 28. März hatte Außenminister Beck den
deutschen Botschafter zu sich gebeten und Moltke – in einer Szene, die sicherlich zur Unterstreichung der polnischen Gleichberechtigung ebenso
gedacht war wie zur Darlegung des polnischen Standpunkts – mitgeteilt, da

[349] Ebenda, Nr. 88.
[350] Szembek-Tagebuch, S. 474.
[351] ADAP, D, 6, Nr. 99.
[352] Moltke an AA, 28.3.1939, ebenda, Nr. 115.
[353] Tagebücher von Joseph Goebbels, Bd. 3, S. 584.

Reichsaußenminister v. Ribbentrop Botschafter Lipski erklärt habe, daß ein polnischer Gewaltakt gegen Danzig den *casus belli* bedeuten würde, sehe er, Beck, sich gezwungen, „seinerseits die Erklärung abzugeben, daß, falls deutscherseits ein Versuch unternommen werden sollte, das Statut der Freien Stadt einseitig abzuändern, Polen hierin den *casus belli* sehen würde. Das Gleiche gelte auch, wenn etwa der Danziger Senat einen solchen Versuch unternehmen würde". Nach der betonten Versicherung, Polen sei auch weiterhin zu Verhandlungen über eine vernünftige Lösung des Danziger Problems bereit, hatte Beck ferner gesagt, er wolle nicht verhehlen, „daß er immer mehr den Eindruck gewinne, als ständen wir am Wendepunkt der deutsch-polnischen Beziehungen". Noch könne alles in Ordnung gebracht werden. Aber: „Die Entscheidung liege jetzt bei Berlin."[354] Und Berlin entschied sich sofort. Bevor er am 1. April in einer Rede zum Stapellauf des Schlachtschiffs „Tirpitz" – in erster Reaktion auf Chamberlains Polen-Garantie – donnerte, daß das Deutsche Reich, weil es nicht bereit sei, „eine Einschüchterung oder auch nur Einkreisungspolitik auf die Dauer hinzunehmen", auch ohne den deutsch-britischen Flottenvertrag auskommen könne[355], und bevor er anschließend an der viertägigen Jungfernfahrt des KdF-Schiffs „Robert Ley" teilnahm, gab Hitler General Keitel den Befehl, sofort eine Weisung zur Vorbereitung von „Fall Weiß", wie der Angriff auf Polen im internen Berliner Sprachgebrauch hieß, auszuarbeiten. Keitel hielt fest, daß „der Führer zum ‚Fall Weiß' noch folgendes angeordnet" habe: „Die Bearbeitung hat so zu erfolgen, daß die Durchführung ab 1.9.39 jederzeit möglich ist."[356] Bereits am 3. April konnte Keitel die fertige Weisung vorlegen, und am 11. April hat sie der am Abend des 4. von seinem Nordsee-Urlaub nach Berlin zurückgekehrte Hitler unterzeichnet[357].

Der Entschluß, in einigen Monaten Polen anzugreifen, resultierte mithin allein aus der Entwicklung der deutsch-polnischen Beziehungen. Chamberlains Garantie vom 31. März mag als Peitschenhieb gewirkt haben, doch traf dann die britische Peitsche ein Pferd, das sich ohnehin bereits in vollem Galopp befand. Ebenso deutlich ist, daß Hitler und die NS-Führung im Frühjahr 1939 keineswegs plötzlich jene politischen und vor allem wirtschaftlichen Faktoren entdeckt hatten, von denen sie nach Ansicht späterer Historiker mit einer „gewissen immanenten zwingenden Logik im Sommer 1939 zum ‚blitzartigen' Losschlagen und zum kurzen, schnellen Raubzug als Ausweg aus dem Versorgungsdilemma" gezwungen worden seien[358]. Hätte sich Polen den Wünschen des „Führers" gebeugt, wäre es ja 1939 überhaupt nicht zu einem Krieg gekommen, und Hitler hätte vermutlich

[354] ADAP, D, 6, Nr. 118.
[355] Völkischer Beobachter, 3.4.1939.
[356] Ebenda, Nr. 149.
[357] Das Deutsche Reich und der Zweite Weltkrieg, Bd. 2, hrsg. v. Militärgeschichtlichen Forschungsamt Freiburg, Stuttgart 1979, S. 79.
[358] Wendt, Großdeutschland, S. 169.

im September tatsächlich den „Parteitag des Friedens" inszeniert, den er
am 1. April in seiner Wilhelmshavener Rede ankündigte; zuvor wäre Außenminister Beck in Berlin erschienen, um in feierlicher Zeremonie Polens
Beitritt zum Antikominternpakt zu vollziehen, auf dem Parteitag selbst
hätte sich Gauleiter Forster mit seinen Mannen aus dem inzwischen ans
Reich angegliederten Danzig besonders feiern lassen, und dem „Führer"
wäre es, wie er am 22. August vor den Militärs sagte, möglich gewesen, sich
auf die Vorbereitung des dann wahrscheinlich für 1940 aufs Programm ge-
setzten Angriffskriegs im Westen zu konzentrieren.

Für Hitler lagen die Dinge einfacher. Die Klarheit über das polnische
„Nein" weckte in ihm zunächst einmal die Emotion, mit der ein tyranni-
scher politischer Führer seines Schlages, ein selbstgemachter und im Namen einer Ideologie selbstgerecht handelnder Tyrann, normalerweise auf
derartige Frustrationen reagiert: helle Wut und Vernichtungswillen. Die
„böse Arroganz", von der Ivone Kirkpatrick gesprochen hatte, war nicht fähig, einen Widerstand zu ertragen, den zu leisten sich ein Schwächerer er-
frechte. Dazu gesellte sich sogleich das hochentwickelte und äußerst reiz-
bare Machtbewußtsein, das mittlerweile die ganze nationalsozialistische
Elite auszeichnete: War den „Polacken" wirklich nicht klar, mit wem sie es
zu tun und daß sie zu parieren hatten? Nun gut! Wenn sie es tatsächlich
nicht wahrhaben wollten, mußte ihnen eben auf andere Weise beigebracht
werden, daß das Deutsche Reich, das nach der Annexion Österreichs und
der Sudetengebiete, nach der Unterjochung Böhmens und Mährens, nach
der Eingemeindung der Slowakei und dem Einmarsch ins Memelland gerade im Begriff stand, seinen politischen und wirtschaftlichen Einfluß auch
Südosteuropa zu unterwerfen, den Ungehorsam eines Staates wie Polen
nicht mehr tolerieren konnte. Wenn die nationalsozialistischen Führer und
die NS-Propaganda den Polen in den folgenden Monaten Realitätsverlust,
Mutwillen, Übermut, Unverschämtheit bescheinigten, so galt das nicht den
Dummheiten nationalistischer polnischer Zeitungen oder den kriegs- und
eroberungslustigen Parolen rechtsextremistischer polnischer Studenten.
Vielmehr war damit schon gemeint, daß es für die Polen nicht länger zulässig sei, sich deutschem Willen zu widersetzen, und daß sie selbstverständlich die schwerste Strafe auf sich zögen, falls sie sich solches doch heraus-
nähmen; bereits Ende März besagte der partei-interne Kommentar, daß
„jetzt der Kompaß auf Polen zeige" und daß „auch dieser Staat den Todes-
keim in sich trage"[359].

Ähnlich simpel lautete die politisch-militärische Argumentation, mit der
Hitler nun die Notwendigkeit eines Krieges gegen Polen begründete. Emo-
tionale Aufwallung und Hybris mit Überlegungen verbindend, die er unter
dem Diktat seiner ideologischen Wahngebilde als eiskalte Logik empfand,
ergab sich für ihn aus der Weigerung Warschaus, das Zelt Polens im deut-

[359] H. Booms, Der Ursprung des 2.Weltkriegs, S. 347.

schen Lager aufzuschlagen, eine klare Erkenntnis, die wiederum zu einer nicht weniger klaren Schlußfolgerung zwang. Eines wisse man jetzt, setzte er am 23. Mai den Oberbefehlshabern der Wehrmachtteile und ihren Stabschefs auseinander: „Der Pole ist kein zusätzlicher Feind. Polen wird immer auf der Seite unserer Gegner stehen. Trotz Freundschaftsabkommen hat in Polen immer die Absicht bestanden, jede Gelegenheit gegen uns auszunutzen." In einem Sieg Deutschlands über den Westen sehe Polen eine Gefahr und werde daher „uns den Sieg zu nehmen versuchen". Daraus folge: „Es entfällt also die Frage, Polen zu schonen, und bleibt der Entschluß, bei erster passender Gelegenheit Polen anzugreifen."[360] Hitlers Kalkül lief mithin darauf hinaus, daß die Rückensicherung für das Unternehmen im Westen, da sich Polen einer Disziplinierung durch politische Mittel entzog, eben mit Waffengewalt besorgt werden mußte. Im übrigen verlor Hitler nie den Osten Europas jenseits von Polen aus den Augen. Auch für das Ausgreifen in diese Region – wann immer es kommen sollte – war Polen zum Hindernis geworden; wenn sich die Polen für den Raubzug nicht zur Verfügung stellten, hatte das Land ohnehin durch einen Feldzug verfügbar gemacht zu werden. Wie der Völkerbundskommissar in Danzig, der Schweizer Historiker und Diplomat Carl J. Burckhardt, die Essenz seiner Gespräche mit Hitler – der dem in Berlin wohlgelittenen Schweizer natürlich nichts über seine Westpläne verriet – wiedergab: „Entweder Ost-Politik gemeinsam mit Polen, oder Ostpolitik nach völliger Unterwerfung Polens nach dem Vorbild der Tschechoslowakei und, falls dies nicht zu erreichen, Besetzung und Zerstörung Polens."[361]

Zugleich aber begann Hitler, als der Entschluß zur militärischen Lösung des polnischen Problems reifte und nachdem der Entschluß dann gefaßt war, an einem Krieg, den er ursprünglich überhaupt nicht beabsichtigt hatte, Aspekte zu finden, die es ihm erlaubten, sich selbst und anderen zu suggerieren, daß auch bei einem Feldzug in Polen das Notwendige mit durchaus Erwünschtem und Erfreulichem verbunden werden könne. Stellte es nicht einen Vorteil dar, wenn die junge Wehrmacht, ehe sie gegen die französische Armee anzutreten hatte, im Kampf gegen einen weit unterlegenen Feind eine Generalprobe veranstalten durfte? Schon im Vorjahr hatte ja der „Führer" auf einen solchen Test in einer tschechischen Kampagne gehofft, da nichts etwaige Mängel der Ausrüstung, der Ausbildung und der operativen wie der taktischen Prinzipien so schnell und unbarmherzig aufdeckt wie der sogenannte Ernstfall. Waren außerdem die auf den polnischen Schlachtfeldern zu erwartenden Siege nicht hervorragend geeignet, Moral und Selbstvertrauen der Truppe zu vervollkommnen? Lag es nicht im Interesse des Regimes, mit derartigen Triumphen eine von den Kriegen Preußens und des kaiserlichen Deutschland abgehobene national-

---

[360] ADAP, D, 6, Nr. 433.
[361] C. J. Burckhardt, Meine Danziger Mission 1937-1939, München 1960, S. 241.

sozialistische Militärtradition zu begründen, bevor man in den ungewissen und sowohl von der Armee wie von der ganzen Nation Stehvermögen fordernden Orlog im Westen zog? In einem Gespräch mit seinen militärischen Adjutanten brachte Hitler Motive dieser Kategorie auf die Formel, er brauche – wie einst Friedrich der Große – einen „Ersten Schlesischen Krieg".[362]

Wichtiger war ihm jedoch sicherlich die Überlegung, daß die Ausschaltung Polens, obwohl aus anderen Gründen beschlossen, doch auch schon zu einer höchst willkommenen Vergrößerung der deutschen Machtbasis genutzt, in einen Krieg um „Lebensraum" verwandelt werden konnte. Bereits am 25. März hat Hitler, als er Generaloberst v. Brauchitsch die Bearbeitung der „polnischen Frage" befahl, konstatiert, daß er, falls Polen nun tatsächlich als Machtfaktor beseitigt werden müsse, „an eine vom Ostrand Ostpreußens bis zur Ostspitze Schlesiens vorgeschobene Grenze" denke. Aber der Appetit wurde rasch noch größer. In der Weisung an die Wehrmacht, die am 3. April vorlag, war zusätzlich von der Eroberung und Eingliederung Litauens und Lettlands die Rede, „bis zu der Grenze des alten Kurland", und am 23. Mai, als er seine Absichten im Hinblick auf Polen mit dem Begriff „Zertrümmerung" umschrieb, teilte Hitler den Militärs klipp und klar mit: „Danzig ist nicht das Objekt, um das es geht. Es handelt sich für uns um die Erweiterung des Lebensraums im Osten und Sicherstellung der Ernährung, sowie die Lösung des Baltikum-Problems." Indes war der „Führer" damals derart auf den kommenden Krieg mit den Westmächten fixiert, daß sich die Westpläne in jeden seiner Gedankengänge eindrängten. Bei der „Auseinandersetzung mit dem Westen", so fügte er dem Lebensraum-Argument sogleich an, sei „es gut, einen größeren Ostraum zu besitzen".

Kontertanz der Mächte: das Versagen der „Achse" und Hitlers Pakt mit Stalin

Nachdem er die Entscheidung, Polen im Spätsommer zu schlagen und zu erobern, getroffen hatte, ist es Hitler offensichtlich nie mehr in den Sinn gekommen, die Angriffsabsicht wieder aufzugeben und die von deutscher Seite aufgeworfenen deutsch-polnischen Streitfragen doch noch durch Verhandlungen aus der Welt zu schaffen. Wer Gelegenheit hatte, den „Führer" und seinen Außenminister genauer zu beobachten oder die Absichten und die Stimmung des „Führers" in den Worten und der Haltung des Außenministers zu erkennen, war sich nicht im Zweifel, wohin die Reise ging. Staatssekretär v. Weizsäcker suchte Ende März und Anfang April allenthal-

---

[362] Heeresadjutant bei Hitler 1938-1943. Aufzeichnungen des Major Engel, hrsg. v. H. v. Kotze, Stuttgart 1974, S. 60f.

ben offiziell den Eindruck zu nähren, daß es im deutsch-polnischen Verhältnis lediglich kleinere Störungen gebe, die bald verschwinden würden. Zum belgischen Botschafter etwa, der sich sehr besorgt nach dem Stand der Dinge erkundigte, sagte er, daß man in Berlin „die deutsch-polnische Lage nicht tragisch" nehme: „Die Polen würden gewiß noch einsichtiger werden."[363] Für die Akten speiste er selbst die italienischen Freunde, die von Hitler und Ribbentrop noch kein Sterbenswörtchen über den Entschluß zum Krieg gehört hatten, jedoch etwas mißtrauisch geworden waren, mit beruhigendem Gemurmel ab. So hielt er am 30. März in einer Notiz fest, daß er dem Grafen Massimo Magistrati, Botschaftsrat an der italienischen Mission in Berlin und ein guter Freund des Grafen Ciano, erklärt habe, „die Polen seien zur Zeit noch recht schwerhörig, würden aber gewiß lernen, sich gefügiger zu zeigen, insbesondere hinsichtlich der selbstverständlichen Zugehörigkeit Danzigs zu Deutschland. Eine gefährliche Situation zwischen uns beiden vermöge ich nicht zu erkennen."[364] In Wahrheit unterrichtete Weizsäcker den italienischen Botschafter korrekt und genau über die antipolnische Wendung der deutschen Politik, so daß Attolico bereits am 18. April imstande war, einen alarmierenden Bericht nach Rom zu schicken: Er wisse, daß Hitler, getroffen in seiner Selbstliebe und enttäuscht von Polens Ablehnung der deutschen Freundschaft, „gegenüber Polen in jenen sphinxhaften Zustand eingetreten ist, der jedem seiner Überfälle vorangeht". Er wisse, daß die deutschen Forderungen an Polen entweder gar nicht mehr oder nur ultimativ erhoben würden. Die politische Situation in Europa sei schon so klar definiert, Aktionen und Reaktionen seien so deutlich zu erkennen, daß es nicht mehr schwierig sei, die richtigen Schlußfolgerungen zu ziehen. Unter diesen Umständen – vor allem im Hinblick auf die britisch-französische Intervention bei einem deutschen Schlag gegen Polen, die ja auch für Italien Konsequenzen hätte – habe Rom ein Interesse daran und ein Recht darauf, nicht wieder vor ein Fait accompli gestellt zu werden. Es müsse rechtzeitig die Möglichkeit geschaffen werden, gemeinsam die Elemente eines Konflikts zu diskutieren, der, einmal ausgebrochen, Italien automatisch hineinziehen würde. Man dürfe sich nicht damit begnügen, „offiziell" nach den deutschen Plänen gegenüber Polen zu fragen, vielmehr sei es notwendig geworden, auf einem erneuten Treffen Ciano-Ribbentrop zu bestehen[365].

Aber Hitler legte nicht nur jenes „sphinxhafte" Verhalten an den Tag, das Weizsäcker und Attolico so unheilverkündend fanden. Nach der Entscheidung für den Krieg setzten der „Führer" und Ribbentrop sofort die Verwirklichung einer taktischen Konzeption in Gang, die eine Rückkehr zu Verhandlungen im deutsch-polnischen Konflikt bewußt ausschließen

---

[363] Aufzeichnung Weizsäcker, 31.3.1939, PAA, Büro Weizsäcker, Polen 1, 34619.
[364] Aufzeichnung Weizsäcker, 30.3.1939, PAA, Büro Weizsäcker, Polen 1, 34613.
[365] AIA, Ap Germania, Attolico an Ciano, 18.4.1939.

sollte und in der Tat praktisch fast unmöglich machte. Zunächst einmal schickten sie sich an, dafür zu sorgen, daß – nach dem bewährten Muster des Jahres 1938 – zwischen Polen und Deutschland ein Zustand der Spannung – der ständig steigenden Spannung – eintrat, der die Polen dazu verleitete, sich ganz unabhängig von der Auseinandersetzung um die auf den Tisch gelegten deutschen Forderungen ins Unrecht zu setzen und am Ende Angriffsgründe zu liefern, die in den Augen der deutschen und möglichst auch der europäischen Öffentlichkeit einigermaßen plausibel wirkten. Die Auswahl an geeigneten Methoden war freilich nicht groß. Neben aufreizenden Handlungen im nationalsozialistisch kontrollierten Danzig, die dort den „Topf am Kochen" halten sollten, gab es im Grunde nur, wie im Falle der CSR, die Instrumentalisierung der rund 800 000 Deutschen, die in Polen lebten. Da die Deutschen in Polen nicht geschlossen siedelten und in allen Teilen des Landes lediglich eine Minorität darstellten, fehlte es zwar an einer politischen Organisation, die im Stile der Sudetendeutschen Partei Konrad Henleins hätte agieren können. Aber der damals so wenig erfolgreiche zweite Teil des Rezepts der Sudetenkrise mochte in Polen mit besserem Effekt angewandt werden, d.h. man mußte versuchen, die deutsche Minderheit in der Rolle des unter unerträglicher Verfolgung leidenden Opfers polnischen Hasses erscheinen zu lassen, indem man die polnischen Behörden zu sekkierenden Maßnahmen und die polnische Bevölkerung zu Ausschreitungen gegen die deutsche Minderheit provozierte. Den Berliner Stellen war durchaus bewußt, daß sowohl die deutsche wie die europäische Öffentlichkeit und erst recht die nichtdeutschen Politiker und Diplomaten eine gewisse Resistenz gegen Berichte über die Leiden der sogenannten Volksdeutschen erworben hatten, seit niemand mehr daran zweifeln konnte, daß die vielstimmigen Klagegesänge über tschechische Greueltaten, von Rundfunk und Presse im Sommer 1938 und Frühjahr 1939 angestimmt, nichts als Propagandalügen gewesen waren; die skeptischen Reaktionen auf die ersten Meldungen über Zwischenfälle in Polen machten jene Resistenz vollends deutlich. Daher wies das Propagandaministerium die deutschen Medien an, zunächst noch vorsichtig zu verfahren und Nachrichten über Zwischenfälle „ohne sensationelle Aufmachung" zu bringen[366]. Mangels einer Alternative kam indes ein Verzicht auf die Schilderung polnischer Deutschenverfolgung nicht in Frage, zumal darauf gehofft werden durfte, daß es diesmal gelingen werde, der Propaganda eine gewisse Anzahl realer Vorfälle zu verschaffen.

So sind Polen in Danzig, z.B. polnische Zollbeamte, seit April mit immer neuen Schikanen bedacht worden, und zugleich kam es zu einer ungenierten, auf die Herausforderung der Warschauer Regierung angelegten Militarisierung der Freien Stadt: Teile der Polizei und nationalsozialistischer Organisationen wurden zum Kern militärischer Einheiten gemacht,

---

[366] W. Hagemann, Publizistik im Dritten Reich, Hamburg 1948, S. 394.

die von der deutschen Wehrmacht – aus Ostpreußen – ganz offen perso-
nelle Verstärkung und auch schwerere Waffen erhielten[367]. Dem Amt Aus-
land/Abwehr im OKW gab man die Erlaubnis, das dichte Netz der Spiona-
gezellen und Sabotagegruppen, mit dem Polen in den Jahren zuvor überzo-
gen worden war, zu erweitern und auf den Tag X einzustellen, obwohl oder
gerade weil die polnischen Behörden, denen diese Aktivitäten nicht verborgen bleiben konnten, darauf unter dem Druck des polnischen Militärs mit
Verhaftungen reagieren mußten[368]. Im Sinne der Spannungssteigerung war
aber etwas anderes noch viel wirksamer. Bereits in der ersten Aprilhälfte
tauchten bei der deutschen Bevölkerung im „Korridor" Scharen von Agenten des SD und der Gestapo auf, die dort nicht nur Vertrauensleute und
Mitarbeiter für die Zeit nach der Besetzung anzuwerben begannen, sondern
auch allenthalben den Deutschen weismachten, daß – wie ein Mitglied der
deutschen Vertretung in Warschau am 15. April an Botschafter v. Moltke
schrieb – „der Einmarsch der deutschen Truppen kurz bevorstehe". In dem
Brief an Moltke hieß es weiter, daß die Verbreitung solcher Nachrichten,
„die offenbar planmäßig erfolgt", jede Beruhigung der deutschen Minderheit verhindere; die letzten Verhaftungsfälle im Korridor seien auch hieraus zu erklären, denn vielfach hätten die Leute offen zugegeben, „daß sie
alle Vorbereitungen für den Empfang der deutschen Truppen treffen". Dabei gäben sich die „polnischen Behörden zurzeit die größte Mühe, alle
Konflikte zwischen der polnischen und der deutschen Bevölkerung zu in-
hibieren"[369]. Ähnlich berichtete am 19. April der deutsche Generalkonsul
in Thorn[370]. Wie vorherzusehen, nahm in der Tat die Zahl der Fälle zu, in
denen sich die wachsende Nervosität der ebenso wütenden wie angstvoll-
bedrückten Polen in Prügeleien und eingeworfenen Fensterscheiben entlud. Konsulate und Botschaft wiesen mit gebührendem Nachdruck darauf
hin, daß das Treiben der Emissäre aus dem Reich unweigerlich zu einer
Verschlechterung der Lage der deutschen Minderheit führen werde. Eben
deshalb blieben jedoch die Beunruhigung der deutschen Minderheit und
die dadurch bewirkte Aufreizung der polnischen Bevölkerung auch weiterhin wesentliche Elemente der reichsdeutschen Taktik[371].

Auf der höheren politischen Ebene hingegen haben Hitler und Ribbentrop den Gesprächsfaden zwischen Berlin und Warschau einfach gekappt.
Der Schnitt geschah gewiß im Anschluß an Chamberlains Polen-Garantie
vom 31. März und parallel zu den Besprechungen, die Außenminister Beck
vom 3. bis zum 6. April in London mit dem britischen Premier und Lord
Halifax führte, war aber in Wirklichkeit von der Meinungs- und Entschei-
dungsbildung in London oder Paris und von der polnisch-britischen Annä-

---

367 Weinberg, The Foreign Policy of Hitler's Germany, S. 583 f.
368 Groscurth, Tagebücher eines Abwehroffiziers, S. 173.
369 Scheliha an Moltke, 15.4.1939, PAA, Botschaft Warschau, 566082 ff.
370 Küchler an A.A. und Botschaft Warschau, PAA, Botschaft Warschau, 566088.
371 Vgl. S. 284.

herung ebenso unabhängig wie zuvor der Entschluß zum Angriff auf Polen. Tatsächlich kam Becks Reise nach London gar nicht ungelegen, bot sie doch eine willkommene Gelegenheit, die bereits vollzogene Wendung der eigenen Politik als bloße Reaktion auf britisch-polnische Feindschaft zu deklarieren und die deutsche Bevölkerung gegen Polen aufzubringen. Als Chamberlain und Beck am 6. April die wechselseitige britisch-polnische Garantie vereinbarten und die Absicht erklärten, einen Beistandspakt abzuschließen, schlug die NS-Propaganda sofort volle Töne an, um die britische Politik als „Einkreisung" Deutschlands und Polen als Komplicen bei der Einkreisung zu denunzieren; mit dem Begriff „Einkreisung" hatte ja schon die Propaganda des wilhelminischen Deutschland höchst erfolgreich gearbeitet. „Schärfster britischer Druck und verschlagene Überredungskünste" hätten es zuwege gebracht, schrieb der „Völkische Beobachter" am 7. April, daß die polnische Regierung drauf und dran sei, der englischen Kriegspolitik zu folgen, „einer Kriegspolitik, die in ihrem Wesen nichts anderes ist als eine Wiederholung des schmählich gescheiterten Versuchs von Versailles, das deutsche Volk durch eine bunte Kombination von artverschiedenen und von ganz ungleichartigen Interessen bewegten Völkern politisch und wirtschaftlich zu knebeln und seine endlich gewonnene nationale Einheit wieder zu zerstückeln". Komme der britisch-polnische Pakt, werde Polen „Mitschuldiger eines europäischen Brandstiftungsversuchs" und setze sich damit, so hieß es drohend, dem gleichen Schicksal aus, „das andere, von den Roßtäuschern des demokratischen Westens verführte Nationen sich zugezogen haben". Wenn Polen sich „heute plötzlich in die aggressive britische Einkreisungspolitik, deren einzig mögliches Ziel der Krieg gegen Deutschland ist, einreiht, so bricht es endgültig mit dem Kurs von 1934". Intern war man ehrlicher. So strafte eine Aufzeichnung, die am 21. April im Auswärtigen Amt entstand, die Propaganda mit folgenden Sätzen Lügen: „Die polnische Haltung zu den englisch-französischen Einkreisungsdemarchen läßt sich dahin zusammenfassen, daß Polen seine Beteiligung von dem Grad der Entschlossenheit der Westmächte, einer deutschen Aggression entgegenzutreten, abhängig gemacht hat. Solange es sich um Deklarationen kollektiver Art gehandelt hat, hat sich Polen schroff ablehnend verhalten, und erst als England sich bereit erklärte, Polen im Falle eines Angriffs sofortigen Beistand zu leisten, ist Polen auf die englische Anregung eingegangen *und hat in dem Gefühl der immer stärker werdenden Bedrohung die Bedenken gegen eine ostentativ gegen Deutschland gerichtete Aktion zurückgestellt.'*[372]

Tatsächlich hatte Staatssekretär v. Weizsäcker die deutsche Botschaft in Warschau bereits am 5. April, also einen Tag bevor die britisch-polnischen Besprechungen in London ihre Ergebnisse zeitigten, darüber informiert, daß Lipski in den nächsten Tagen noch einmal im Auswärtigen Amt emp-

---

[372] Aufzeichnung Schliep, 21.4.1939, PAA, Büro Staatssekretär, Polen 1, 34674.

fangen und dabei – unter Bezugnahme auf sein Gespräch mit Ribbentrop vom 27. März – „etwa folgendes" zu hören bekommen werde: „Unser Polen gemachtes Angebot sei einmalig gewesen. Die Polnische Regierung habe anscheinend die Bedeutung dieses Angebots nicht ganz erfaßt. Wir könnten das nicht ändern. Die Zukunft werde ergeben, ob Polen gut beraten war. Der von Lipski vorgebrachte Gegenvorschlag sei bekanntlich von Reichsaußenminister als Basis für Verhandlungen bereits abgelehnt worden." Im Anschluß an diese Mitteilung bekam die deutsche Botschaft in Warschau einen Maulkorb verpaßt: „Bitte sich dort in materielle Gespräche über deutsches Angebot und polnisches Gegenangebot nicht mehr einzulassen."[373] Botschafter v. Moltke, der alsbald „in Urlaub" nach Deutschland zu gehen hatte, replizierte postwendend – und zwar ausdrücklich für die angekündigte Unterredung zwischen Weizsäcker und Lipski bestimmt – mit einem Bericht über die polnische Zwangslage, wie sie von Becks Kabinettschef, dem Grafen Lubienski, gerade eben dargelegt worden sei. Die Furcht, daß ein deutscher Angriff auf Polen unmittelbar bevorstehe, so habe Lubienski ausgeführt, sei der Grund für die bündnispolitischen Bemühungen der Westmächte gewesen, „durch die Polen vor einem Angriff geschützt werden sollte". Dennoch und „trotz des gleichzeitig erfolgten deutschen Druckes in der Danziger Frage habe Außenminister Beck diese englischen und französischen Paktvorschläge zurückgewiesen und habe streng an dem bilateralen Prinzip festgehalten. Wenn Herr Beck sich überhaupt auf die englische Garantieerklärung eingelassen habe, so sei das eine unmittelbare Folge des deutschen Versuchs, Polen durch Druck in Angst zu versetzen." Im übrigen habe Beck mit seiner intransigenten Haltung in der Danziger Frage „die deutsch-polnischen Beziehungen gerettet". Hätte er den deutschen Wünschen entsprochen, wäre er zur Demission gezwungen worden. „Durch eine derartige Entwicklung wäre zweifellos eine ausgesprochen deutsch-feindliche Politik in Polen eingeleitet worden, die schließlich sogar zu einem Bündnis mit der Sowjetunion hätte führen können." Nach wie vor habe die polnische Regierung den ehrlichen Willen zur Verständigung mit Deutschland, „aber ohne Druckanwendung und bei Aufrechterhaltung der beiderseitigen Unabhängigkeit". Und wenn man heute in Berlin von einer gegen Deutschland gerichteten „Einkreisung" spreche, „so möge man doch auch einmal daran denken, in welchem Ausmaße Polen durch Deutschland im Zusammenhang mit den letzten politischen Ereignissen eingekreist worden sei"[374]. Mit ähnlichen Argumenten suchte die polnische Diplomatie in jenen Tagen häufig auf den Berliner Entscheidungsprozeß einzuwirken, auch auf dem Umweg über ungarische und italienische Gesprächspartner, von denen man wußte, daß über sie polnische Äußerungen nach Berlin gelangten[375]. Im Mittelpunkt stand dabei meist

---

373 ADAP, D, 6, Nr. 159.
374 Ebenda, Nr. 167.
375 AIA, Ap Germania, Arone (it. Vertreter in Warschau) an Ciano, 27.5.1939.

die – nach polnischer Meinung für deutsche Adressaten besonders wichtige
– Versicherung, daß sich Polen unter keinen Umständen auf ein Techtelmechtel mit der Sowjetunion einlassen, „daß Polen keinem sowjetrussi-
schen Soldaten der Land- oder Luftmacht jemals den Eintritt in sein Territorium gestatten werde".[376]

Aber nach dem Willen Hitlers und Ribbentrops hatten im deutsch-polnischen Verhältnis Diplomatie und Politik ausgedient. Schon am 6. April –
immer noch vor der Veröffentlichung des Resultats der Londoner Verhandlungen Becks – mußte Weizsäcker dem polnischen Botschafter in der
Tat mitteilen, daß „das Angebot des Führers an Polen ein einmaliges gewesen" sei. Lipski machte den Versuch, die polnische Haltung mit der „be-
greiflichen Nervosität" zu rechtfertigen, die in Polen nach dem deutschen
Einmarsch in die Tschechoslowakei ausgebrochen sei, und er betonte, daß
das deutsche Ultimatum an Litauen die polnischen Besorgnisse naturgemäß noch vermehrt habe. Weizsäcker berichtete dazu: „Ich schnitt Lipski
sofort das Wort ab, als er von einem ‚Ultimatum' an Litauen sprach, machte
seine Ausführungen über Truppenbewegungen anderer – die niemals gegen Polen gerichtet waren – lächerlich und erklärte ihm, es wäre mir verständlich gewesen, wenn er – Lipski – sich bei uns jetzt dafür bedankt
hätte, daß wir dem heißen Wunsch Warschaus nach einer gemeinsamen
ungarisch-polnischen Grenze kein Hindernis bereitet hätten. Kurzum, ich
wies Lipskis Redensarten mit den naheliegenden Argumenten, von oben
herab und gelassen zurück, worauf wir uns trennten."[377] Als Außenminister
Beck sich unmittelbar nach seiner Rückkehr aus London um eine Unterredung mit Botschafter v. Moltke bemühte, wurde ihm am 11. April bedeutet, daß dies derzeit nicht möglich sei, weil sich der Botschafter – ausgerechnet in solch spannungsvollen Tagen – auf Urlaub befinde[378], und am
22. April schärfte Weizsäcker den Angehörigen der deutschen Botschaft in
Warschau erneut ein, „sich bei etwaigen Gesprächen über die allgemeine
politische Lage und über das deutsch-polnische Verhältnis bis auf weiteres
völlig rezeptiv zu verhalten. Auch sonst wird die Botschaft vorläufig nach
außen allgemein größte Zurückhaltung zu bewahren haben."[379] Die gleiche
Instruktion – im Hinblick auf die deutsch-polnischen Beziehungen – ging
an sämtliche deutsche Auslandsmissionen[380], und in dem Telegramm an
die deutsche Botschaft in Warschau sagte Weizsäcker auch, daß Moltke
noch ein Weilchen in Deutschland bleiben und zu einer für den 28. April
angekündigten Reichstagsrede des „Führers" in Berlin sein werde.

Staatssekretär v. Weizsäcker verfolgte bei der Ausführung derartiger Instruktionen nicht ganz die gleichen Zwecke wie Außenminister v. Ribben-

[376] Kordt, London, an AA, 19.4.1939, PAA, Büro Staatssekretär, Polen 1, 34668.
[377] ADAP, D, 6, Nr. 169.
[378] Aufzeichnung Schliep, 11.4.1939, PAA, Büro Staatssekretär, Polen 1, 34656.
[379] ADAP, D, 6, Nr. 247.
[380] Ebenda, Nr. 159.

trop und Hitler[381]. Der Leiter des Auswärtigen Amts stammte aus einer traditionsreichen Familie des deutschen Bildungsbürgertums, die Pfarrer und Theologen, Gelehrte und Wissenschaftler, doch auch Beamte und Politiker hervorgebracht hatte; sein Vater war von 1906 bis 1918 württembergischer Ministerpräsident gewesen. Ursprünglich Marineoffizier, der im Weltkrieg an der Skagerrak-Schlacht teilgenommen und das Ende des Kaiserreichs als Verbindungsmann der Marine in der Obersten Heeresleitung erlebt hatte, stach er bereits als Soldat durch Realismus, Augenmaß und Vernunft hervor, dazu durch die Fähigkeit zu selbständigem Urteil und die moralische Courage, am selbständigen Urteil auch gegen die Meinung der überwältigenden Mehrheit seines Milieus festzuhalten; so hat er in einer Marine, in der dies schon fast als Landesverrat betrachtet wurde, aus seiner – berechtigten – Skepsis gegen den unbeschränkten U-Bootkrieg kein Hehl gemacht. Solche Eigenschaften, zu denen sich ein diskreter, doch überaus wirksamer Charme gesellte, wuchsen auf dem Nährboden eines Wertesystems, das von tradiertem evangelischen Christentum ebenso bestimmt war wie von der Ethik des klassischen deutschen Humanismus, von soldatischer Dienstgesinnung ebenso wie von einem Patriotismus, in dem auch eine Portion jenes Nationalismus steckte, der das deutsche Bürgertum seit langem ergriffen hatte. Was ihn, der nach Kriegsende in den Auswärtigen Dienst eingetreten war und die Weimarer Republik auf diversen Auslandsposten vertreten hatte, zentrale Funktionen im nationalsozialistischen Regime akzeptieren ließ, erst – ab 1936 – die Leitung der Politischen Abteilung im Auswärtigen Amt und dann – ab Anfang 1938 – die Stelle des Staatssekretärs, war aber offenbar nicht jener Nationalismus, weniger auch persönlicher und sozusagen familiärer Ehrgeiz, der den Aufstieg in hohe Ämter gleichsam als Pflicht ansah. Ausschlaggebend scheint vielmehr ironischerweise gerade ein Wesenszug gewesen zu sein, durch den er sich von vielen seiner Standesgenossen vorteilhaft unterschied, nämlich die Bereitschaft zur Offenheit für moderne Strömungen, d.h., ins Politische übersetzt, eine demokratisch-soziale Ader, die ihn dazu brachte, die Vulgarität und Brutalität der Nationalsozialisten eine Zeitlang zu übersehen und die NS-Bewegung als eine im Kern positive nationale und soziale Kraft des Volkes mißzuverstehen, der sich die älteren Eliten nicht versagen dürften. Staatssekretär geworden, erkannte er freilich rasch, daß ihn von Figuren wie Hitler und Ribbentrop Welten trennten, und er verschloß sich auch nicht, wie das die Mehrzahl der aus den alten Führungsschichten kommenden Würdenträger tat, der Einsicht, daß die Führer des Dritten Reiches, gelenkt von abstrusen und verbrecherischen Motiven, gefangen in gefährlichster Stupidität und leichtfertigstem Dilettantismus, geradewegs auf den Krieg

---

[381] Vgl. R. Blasius, Über London den „großen Krieg“ verhindern. Ernst v. Weizsäckers Aktivitäten im Sommer 1939 in: J. Schmädeke u. P. Steinbach, Der Widerstand gegen den Nationalsozialismus, München 1985, S. 691 ff.

zusteuerten, auf den Ruin der deutschen Nation und ganz Europas. Wenn er trotzdem in einem Amt blieb, das ihn faktisch tagtäglich zu einer persönlich und politisch höchst problematischen Komplicenschaft mit seinen nationalsozialistischen Chefs zwang, so leitete ihn dabei die Hoffnung, vielleicht doch auf den Gang der Dinge Einfluß nehmen und vielleicht doch die übelste Konsequenz der Hitlerschen und Ribbentropschen Politik verhindern zu können, den Krieg. Er hatte nicht vergessen, daß der ältere Bruder 1914 in Frankreich gefallen war und daß der Vater den Tod dieses Sohnes nie zu verwinden vermochte; auch hatte sich ihm tief ins Gedächtnis gegraben, wie oft vom Vater gesagt worden war, daß der Weltkrieg hätte vermieden werden können.

Es war nur natürlich, daß ein Mann wie Weizsäcker in Verbindung mit Widerstandskreisen trat, die sich um seinen ehemaligen Kollegen Ulrich v. Hassell, um Carl Goerdeler und um Ludwig Beck, den im Vorjahr verabschiedeten Generalstabschef, gebildet hatten, und daß sich um ihn selbst oppositionelle jüngere Diplomaten zu gruppieren begannen. In erster Linie aber suchte der Staatssekretär mit den Mitteln auf das Geschehen einzuwirken, die ihm sein Amt bot, also durch diplomatisch-politisches Handeln. Wenn er im direkten Umgang mit Polen die Instruktionen Hitlers und Ribbentrops nun getreulich ausführte und den deutsch-polnischen Gesprächskontakt unterbrach, so leiteten ihn vornehmlich drei Beweggründe. Da Weizsäcker klar erkannte, daß Außenminister Beck vorerst kaum Möglichkeiten hatte, Deutschland Konzessionen zu machen, hielt er es, wie er Attolico anvertraute, für besser, ein weiteres Hin und Her von deutschen Forderungen und polnischen Zurückweisungen zu vermeiden, das die Situation unweigerlich verschärfen mußte und angesichts der Natur Hitlers leicht mit einem plötzlichen Angriffsbefehl an die Wehrmacht enden konnte. Eine Atempause war ihm jedoch vor allem deshalb wichtig, weil er Zeit gewinnen wollte, um über Attolico die italienische und über den in seinem Sinn zuverlässigen Botschaftsrat Theo Kordt, der in London als Stellvertreter des Botschafters Herbert v. Dirksen fungierte, die britische Politik zu beeinflussen. Mussolinis Scheu vor einem großen europäischen Krieg mußte abermals, wie im Vorjahr am Ende der Sudetenkrise, ins Spiel gebracht werden, um Hitler zu bremsen und vom Sprung in den Krieg abzuhalten, während die Briten veranlaßt werden sollten, zur Abschreckung Hitlers definitive Klarheit über ihre Entschlossenheit zur Intervention zu schaffen. Allerdings erhoffte sich Weizsäcker von London noch etwas mehr. Im Blick auf den Charakter Hitlers und Ribbentrops stand für ihn fest, daß eine Lösung der Krise ohne Krieg nur dann möglich war, wenn Polen etwas später doch einige Konzessionen machte, und daher hatte man den Briten zu verdeutlichen, daß es ihre Aufgabe sei, Warschau von der – trotz Garantie und Paktversprechen gegebenen – Notwendigkeit der Verständigungs – und das hieß am Ende auch einer gewissen Opferbereitschaft zu überzeugen. Letztere konnte im übrigen auch durch den Abbruch der deutsch-polnischen Gespräche gefördert werden, wenn ein zeitweiliges dräuendes Schweigen der deutschen Seite die Polen zermürbte; den Begriff „Zermürbungspolitik" hat der Staatssekretär in jenen Tagen mehrmals gebraucht, so am 29. März in einer Unterredung mit dem Danziger Senatspräsidenten Arthur Greiser, zu dem er andererseits sagte, daß er es nicht für angezeigt halte, „Polen von Danzig her irgendwie zu provozieren". Wenn es solchermaßen gelang, dem nationalsozialistischen Führungsgespann einen italienischen und einen britischen Zügel anzulegen, wenn es ferner gelang, die Polen vernünftig zu halten, dann, so kalkulierte Weizsäcker, mochte das Äußerste noch einmal vermieden werden. Freilich ist nicht zu verkennen, daß er sich im Rahmen dieser Konzeption – Produkt einer Verzweiflung, in der er die Dynamik nationalsozialistischer Außenpolitik ebenso unterschätzte wie er die britische Neigung zu einer partiellen Fortsetzung der Appeasement-Politik überschätzte – polnische „Vernunft" schon auch deshalb wünschte, weil seinem versaillesgeschädigten Nationalbewußtsein etliche Ansprüche des deutschen Revisionismus an Polen durchaus berechtigt zu sein schienen.

Hitler und Ribbentrop hingegen verstanden die Beendigung der diplomatischen Auseinandersetzung mit Polen als logische, ja als notwendige Konsequenz ihrer Entscheidung für den Krieg. Nachdem sie beschlossen hatten, Polen im Herbst anzugreifen, weil die mittlerweile für erforderlich gehaltene gänzliche Ausschaltung Polens allein durch Krieg erreicht werden konnte, waren Verhandlungen sinnlos geworden; die angemeldeten Forderungen interessierten ohnehin nicht, da man sie nicht um ihrer selbst willen, sondern lediglich zur politischen Disziplinierung Polens gestellt hatte, die nun als unmöglich gelten mußte. Verhandlungen bargen jetzt sogar große Gefahren. Es war nicht auszuschließen, daß die Warschauer Regierung bei einer Fortsetzung der Gespräche Vorschläge präsentierte, die in den Augen der deutschen und der europäischen Öffentlichkeit – jedenfalls vor dem Hintergrund des Kriegsrisikos – plausibel und vernünftig aussahen. Was dann? Man konnte sich nicht darauf einlassen, da man sonst vom Krieg weggedrückt wurde, lehnte man jedoch ab, setzte man sich ins Unrecht! In diesem Sinne wurde der Abbruch des Dialogs denn auch der deutschen Botschaft in Warschau erklärt: „Wir müssen verhindern, daß Polen uns den Ball wieder zurückspielt und dann so manövriert, als hätten wir ein polnisches Angebot unbeachtet gelassen."382 Auf der anderen Seite durfte aber, namentlich im Hinblick auf die Stimmung in Deutschland, unter keinen Umständen der Eindruck von Verhandlungsunwilligkeit erweckt werden. In diesem Dilemma dachte sich Hitler einen Schachzug aus, der zwar außerhalb des Deutschen Reiches niemand täuschte, seinen innenpolitischen Zweck jedoch in der Tat weitgehend erfüllte.

Wie am 27. erbeten und bewilligt, wurden die deutschen Geschäftsträger in London und Warschau am 28. April, 12 Uhr mittags, im britischen bzw. polnischen Außenministerium empfangen, wo sie dann jeweils eine Note der Reichsregierung überreichten[383]. Wurde in der Note an Großbritannien die britische Regierung einer – natürlich gänzlich unbegründeten – Politik der „Einkreisung" Deutschlands bezichtigt und, darauf gestützt, das deutsch-britische Flottenabkommen vom 18. Juni 1935 gekündigt – womit Hitler den Weg zu der inzwischen beschlossenen Expansion der deutschen Kriegsmarine geöffnet zu haben glaubte –, so hieß es in der Note an Polen, daß auf Grund der polnischen Beteiligung an der britischen Einkreisungspolitik, wie sie in der britisch-polnischen Erklärung vom 6. April zum Ausdruck komme, der deutsch-polnische Nichtangriffsvertrag vom 26. Januar 1934 nicht mehr bestehe. Die Vertragskündigung war in dem Dokument, das die polnische Regierung erhielt, mit der ersten offiziellen Nennung der deutschen Forderungen an Polen verbunden, der aber sofort die Feststellung folgte, Warschau habe den in „freundschaftlichem Geiste" und in „freundschaftlichster Form" gemachten deutschen Vorschlag „glatt" abgelehnt; zuvor schon fand sich die Behauptung, die Reichsregierung müsse der Warschauer Politik entnehmen, „daß die polnische Regierung zur Zeit keinen Wert mehr darauf legt, für deutsch-polnische Fragen die Lösung in direkter freundschaftlicher Auseinandersetzung mit der Deutschen Regierung zu suchen". Mit keiner Silbe war in der Note an Polen die deutsche Erklärung vom 6. April zurückgenommen, daß über die deutschen Forderungen nicht mehr verhandelt werden könne, weil das „Angebot" des „Führers" einmalig gewesen sei und Polen nicht rechtzeitig zugegriffen habe. Der Text lief im Gegenteil darauf hinaus, die politische Funkstille zwischen Berlin und Warschau, die an jenem 6. April mit Weizsäckers mündlicher Unterrichtung des polnischen Botschafters eingetreten war, nun auch schriftlich zu konstatieren, von der Drohung ganz zu schweigen, die Berlin mit der Kündigung des Nichtangriffspakts ausgesprochen hatte. Ans Ende beider Noten war von ihren Autoren jedoch die Versicherung placiert worden, daß die Reichsregierung „zu einer neuen vertraglichen Regelung bereit" sei, falls die – eben mit rüden und einseitigen Vertragsauflösungen bedachten – Regierungen Großbritanniens und Polens „Wert darauf legten".

Daß die Überreichung der deutschen Noten am 28. April, 12 Uhr mittags, in Szene gesetzt wurde, hatte seinen Grund darin, daß exakt zu dieser Zeit Adolf Hitler zu einer großen Rede im Reichstag anhob, mit der er den deutsch-polnischen Konflikt und die davon ausgelöste europäische Krise nicht nur offiziell, sondern erstmals auch öffentlich notifizierte[384]; bislang waren ja Konflikt und Krise sowohl für die deutsche wie für die europäische Öffentlichkeit noch ohne schärfere Konturen geblieben, da sie sich im wesentlichen – trotz Chamberlains Erklärungen im Unterhaus und trotz

---

[382] ADAP, D, 6, Nr. 159.
[383] Ebenda, Nr. 273, 274, 276, 277.
[384] Verhandlungen des Deutschen Reichstags, Bd. 460, S. 23 ff.

der paar Zwischenfälle auf Danziger oder polnischem Territorium – in den
Amtszimmern von Ministern und Diplomaten abgespielt hatten. Zwar ist
die Rede als Antwort des „Führers" auf eine Botschaft des amerikanischen
Präsidenten Franklin D. Roosevelt angekündigt worden. Roosevelt hatte
am 14. April einen Appell an Hitler und Mussolini gerichtet, die Welt von
der Furcht vor einem neuen großen Krieg zu befreien, zu einer Politik
friedlicher Ziele und friedlicher Methoden zurückzukehren und – konkre-
ter – eine internationale Abrüstungskonferenz zu ermöglichen. An einer
Stelle der Botschaft verlangte Roosevelt von Hitler und Mussolini die Zusicherung, eine Reihe namentlich genannter Staaten nicht angreifen zu wollen. Die Staatenliste war etwas bunt ausgefallen; sie enthielt Finnland und
Irland ebenso wie Portugal und Bulgarien, die Türkei ebenso wie den Irak
und den Iran[385]. Mit böser Lust nutzte denn auch Hitler eine solche Gelegenheit, um den ganzen Appell des Präsidenten mit gröbstem Sarkasmus
abzufertigen. Dies war vornehmlich für den innerdeutschen Konsum bestimmt, wenngleich es Hitler wohl auch gar nicht klar gewesen sein dürfte,
daß er an der politischen Absicht und der politischen Wirkung des Roose-
veltschen Schrittes ohnehin vorbeiredete; der Präsident verstand derartige
Aktionen nicht zuletzt als Elemente einer langwierigen Anstrengung, die
Amerikaner aus dem nach wie vor herrschenden Isolationismus herauszu-
führen. Aber von der Beantwortung der Botschaft Washingtons abgesehen,
stellte sich der eigentliche Gehalt der Rede als eine große Abrechnung des
„Führers" mit der britischen Einkreisungspolitik und mit der polnischen
Mitwirkung an den Londoner Anschlägen dar, wobei sich Hitler im
Grunde darauf beschränkte, die beiden Noten, die gerade in London und
Warschau präsentiert worden waren, ausgiebig zu zitieren und wortreich zu
paraphrasieren. Was das direkte deutsch-polnische Verhältnis anging, so
liefen seine Worte, wie die der Note an Warschau, darauf hinaus, daß allein
schon die polnische Dreistigkeit, auf deutsche Forderungen mit Gegenvor-
schlägen zu reagieren, einer Verweigerung von Verhandlungen gleich-
komme, daß also die polnische Ablehnung seines „einmaligen Vorschlags"
– bei dessen Annahme „Polen ... überhaupt kein gebender Teil, sondern
nur ein nehmender" gewesen wäre – mit dem polnischen Abbruch der
konkreten Verhandlungen über das deutsche „Angebot" – dessen einzelne
Punkte er zum ersten Mal öffentlich nannte – gleichgesetzt werden müsse.
Am Ende, nachdem er die jeweilige Philippika mit der Mitteilung gekrönt
hatte, daß das deutsch-britische Flottenabkommen bzw. der deutsch-polnische Nichtangriffspakt von ihm gekündigt worden sei, sprach auch er, wie
die Noten, davon, daß Deutschland nach wie vor zu vertraglichen Regelun-
gen bereit sei, falls die Regierungen Großbritanniens und Polens „Wert

---

[385] ADAP, D, 6, Nr. 200. G. Moltmann, Franklin D. Roosevelts Friedensappell vom 14.
April 1939. Ein fehlgeschlagener Versuch zur Friedenssicherung, in: Jahrbuch für
Amerikastudien 9 (1964), S. 91-109.

darauf legten"; er hütete sich dabei, auch nur ein Wörtchen über Zweck und Gegenstand, über Form, Zeit und Ort neuer Verhandlungen zu verlieren.

Für die europäischen Nationen lag die politische Bedeutung der Rede Hitlers naturgemäß in der Kündigung der beiden Verträge, die überall als ein herausforderndes Signal nationalsozialistischer Expansionslust und Kriegsbereitschaft gedeutet wurde, fast schon als eine Art vorgezogene Kriegserklärung; ihre Wirkung bestand mithin in einer fühlbaren Steigerung der internationalen Spannung. Da Hitler dabei zu diesem Zeitpunkt lediglich das erwünschte Anwachsen der Kriegsfurcht registrierte und die Anzeichen für zunehmenden Widerstandswillen noch nicht recht wahrnahm, war er mit dem spannungsverschärfenden Effekt seiner Rede sehr zufrieden; einer der Zwecke, den er mit ihr verfolgt hatte, war damit erfüllt. Auch das zweite Ziel hielt er für erreicht. Mit der plumpen Verdrehung der Wahrheit, die seine Rede vom ersten bis zum letzten Wort gewesen war, hatte er ja in erster Linie die eigene Nation täuschen wollen, in deren Augen die Briten und die Polen zu den Schuldigen an der Zuspitzung der Situation, am Näherrücken eines Krieges gestempelt werden sollten, und bis zu einem gewissen Grad war ihm tatsächlich Erfolg beschieden. Eine Mehrheit der deutschen Bevölkerung akzeptierte, wenn auch mit mehr oder weniger starken Zweifeln, das gefälschte Alibi, weil in ihr seit etlichen Menschenaltern die Fähigkeit zu realistischem und vernunftorientiertem politischen Denken nur noch schwach entwickelt war, weil sie sich eine nationale Egozentrik anerzogen hatte, die gegen fremdes Recht und fremde Argumente weitgehend abstumpfte, weil sie vom NS-Regime gegen Zweifel verstärkende Informationen und Meinungen nahezu vollständig abgeschirmt und von den strikt kontrollierten eigenen Medien ausschließlich mit Nachrichten und Kommentaren gefüttert wurde, die den Machthabern nützlich und zuträglich dünkten. Selbst im liberalen und weltzugewandten Hamburg, so meldete das dortige polnische Generalkonsulat, habe die Gesellschaft das Organ für das Mißtrauen und die Angst der Welt vor Deutschland verloren. Man sehe nur noch die eigenen Ansprüche und Ziele, die man im Falle Polens, auch wenn es fast nirgends Haß gegen Polen gebe, für berechtigt ansehe[386]; in der Armee herrsche sogar, wie etwa der Konsul in Königsberg zutreffend diagnostizierte, eine gewisse Stimmung für einen polnischen Feldzug, ganz anders als im Vorjahr während der Sudetenkrise[387]. Jedermann in Deutschland habe Angst vor einem allgemeinen Krieg, berichteten die polnischen Beobachter aus Königsberg so gut wie aus Hamburg oder München, doch sei auf der anderen Seite nicht zu verkennen, daß die leichten Erfolge der letzten Jahre den Deutschen die Köpfe verdreht und ihnen Appetit auf weitere Gewinne gemacht hätten.

[386] APA, Generalkonsulat Hamburg, 6.7., 3.8., 22.8.1939.
[387] Szembek-Tagebuch, S. 476.

Zudem seien die meisten Deutschen, auch wenn sie die Verantwortung für die entstandene Kriegsgefahr nicht mehr der eigenen Regierung, sondern allen möglichen fremden Mächten zuschrieben, paradoxerweise davon überzeugt, daß es dem politischen Genie des „Führers" gelingen werde, auch den deutsch-polnischen Konflikt mit einem friedlich errungenen Erfolg oder doch mit einem lokalisierten deutsch-polnischen Feldzug zu beenden[388]. Alles zusammen, so konstatierte Prinz Stefan Lubomirski, Botschaftsrat an der polnischen Mission in Berlin, resigniert, garantiere jedenfalls, daß die deutsche Gesellschaft auch im Kriegsfall zunächst loyal zum Regime stehen und allen Befehlen der Regierung gehorchen werde; das gelte selbst für die Generalität, obschon den Militärs klar sei, daß Danzig einen bloßen Vorwand darstelle, hinter dem sich ein großer Eroberungsplan verberge[389].

Warschau reagierte indes auf Hitlers Kündigung des Nichtangriffspakts in einer Weise, die Polen viele der im Herbst 1938 verlorenen Sympathien zurückgewann. Zur Unterstreichung der polnischen Gleichberechtigung duplizierte Beck exakt das deutsche Ritual, indem er die polnische Antwort ebenfalls in Form einer Note und einer großen Rede im Parlament gab, indem er ferner die Überreichung der Note am 5. Mai ebenfalls mit einer seiner seltenen Parlamentsreden zeitlich nahezu zusammenfallen ließ[390]. In der Note wie im Sejm spießte Beck einige der Hitlerschen Verdrehungen und Verschleierungen auf, vor allem aber legte er ohne Aufgeregtheit dar, daß und warum die deutschen Forderungen polnische Interessen verletzten und die polnische Unabhängigkeit gefährdeten, daß und warum sie also unannehmbar seien; dazu zeigte er – was nicht schwierig war –, daß Hitler unter „Verhandlungen" offensichtlich eine Prozedur verstand, bei der die deutsche Seite ihre Forderungen stellte und die andere Seite sich glücklich schätzte, sofort annehmen und erfüllen zu dürfen. Im übrigen hob er beziehungsvoll die politische Bedeutung der britisch-polnischen Vereinbarung vom 6. April wie die der gleichartigen französisch-polnischen Verbindung hervor, und an die Adresse Moskaus war die Anspielung gerichtet, Deutschland habe Polen erfolglos zu einem gemeinsamen Raubzug gegen die Sowjetunion eingeladen: In den deutsch-polnischen Besprechungen, so sagte er, „wurde auch noch anderes angedeutet, das weit über den Rahmen der zur Behandlung stehenden Fragen hinausging. Ich behalte mir vor, nötigenfalls auf diesen Punkt zurückzukommen." Am Ende der Note kam – wiederum in genauer Entsprechung zum deutschen Vorgehen – die Bemerkung, daß Polen bei Respektierung seiner Gleichberechtigung selbstverständlich nach wie vor zu einer vertraglichen Regelung der deutsch-polnischen Beziehungen bereit sei, „falls die Deutsche Regierung Wert darauf

---

[388] APA, Generalkonsulat München, 27.3.1939; Generalkonsulat Hamburg, 6.7.1939.
[389] Szembek-Tagebuch, S. 671.
[390] Weißbuch der Polnischen Regierung, Nr. 77, 78.

legt". Beck schloß mit den Sätzen: „Der Friede ist eine kostbare und erwünschte Sache. Unsere durch den Krieg in Blut getauchte Generation verdient sicherlich eine Periode des Friedens. Doch der Frieden, wie fast alles
in dieser Welt, hat einen hohen, aber doch abschätzbaren Preis. Den Begriff
des Friedens um jeden Preis kennen wir Polen nicht. Im Leben der Menschen, der Völker und der Staaten gibt es nur ein Gut, das keinen Preis hat:
die Ehre!"

Der Außenminister hatte seinen Landsleuten aus dem Herzen gesprochen. Immer wieder war er während seiner Rede vom Beifall der Abgeord-
neten unterbrochen worden, auf der Rückfahrt vom Sejm zum Ministerium
jubelten ihm zahllose Warschauer zu, die der Rundfunkübertragung an den
allenthalben aufgestellten öffentlichen Lautsprechern oder am eigenen Ge-
rät zugehört hatten, und im Ministerium überreichte ihm eine Deputation
seiner versammelten Mitarbeiter einen Strauß roter Rosen, dazu einen Sta-
pel der aus allen Teilen des Landes bereits eingelaufenen Glückwunschtele-
gramme. Auch Diplomaten und Politiker anderer Staaten, namentlich der
Westmächte, meldeten sich alsbald mit Anerkennung und Zustimmung.
Dem Sejm war in der Tat ein großer Tag beschieden gewesen: Beck hatte
gegenüber den deutschen Drohgebärden Festigkeit gezeigt, die Verläßlich-
keit Polens als Bundesgenosse der Westmächte erwiesen und mit der an
Moskau gerichteten Warnung vor Deutschland dem Anschein nach auch
das gerade eröffnete französisch-britische Werben um die Sowjetunion erleichtert. Der Mann, der für die polnische Komplicenschaft bei Hitlers Aktion gegen die Tschechoslowakei verantwortlich zeichnete und von vielen
noch nicht als absolut zuverlässiger Partner gegen das nationalsozialistische
Deutschland angesehen worden war, hatte sich selbst und sein Land endgültig rehabilitiert und damit die westliche Unterstützungsbereitschaft
noch um ein Jota sicherer gemacht.

Beck selbst sah freilich keinen Grund zu Gratulationen. In sein Arbeits-
zimmer zurückgekehrt, machte er seinem Unmut über den nach seiner Ansicht völlig deplacierten Enthusiasmus seiner Landsleute Luft, indem er die
Rosen und die Depeschen, die er bekommen hatte, bös mißhandelte[391]. Zu
deutlich stand ihm vor Augen, daß Pilsudskis Politik der direkten Verständigung mit Deutschland, als deren Exekutor er sich betrachtet hatte, gescheitert und seine Rede das Eingeständnis des Scheiterns gewesen war. Zu
genau wußte er ferner, daß die öffentliche Festlegung Polens auf Widerstand gegen Deutschland, die er nach der Rede Hitlers für so richtig, notwendig und unvermeidlich hielt wie den Widerstand selbst, als das Ver-
brennen der Schiffe verstanden werden mußte und Polen nun endgültig
einen überaus riskanten Weg in eine Zukunft voll unbekannter Gefahren

[391] Schimitzek, S. 450.

betrat. Fünf Tage nach seiner Rede im Sejm schrieb er dem polnischen
Botschafter in Rom, seinem alten Freund Boleslaw Wieniawa-Dlugoszewski, einen Privatbrief, in dem er seine in den Grundzügen ja ganz einfache Politik noch klarer und präziser umreißen konnte als in öffentlicher
Rede. Schon bei seiner letzten Unterredung mit Hitler, am 6. Januar in
Berchtesgaden, habe er, so berichtete er dem Freund in Rom, eine gefährliche Veränderung an „diesem Menschen bemerkt, den ich auf Grund von –
überdies konkreten – Beweisen seit 1934 für ein in Deutschland seltenes
Beispiel der Vernunft in der Außenpolitik zu halten Grund hatte". Allzu
einfache Erfolge, die der Indolenz und Entscheidungsschwäche seiner großen und kleinen Gegenspieler zuzuschreiben gewesen seien, hätten „diesen
Menschen, mit dem man sich noch vor einem Jahr vernünftig über die europäische Politik unterhielt", in einen Zustand versetzt, „der unsere Interessen bereits direkt bedrohte". Hitler habe „das Maß verloren". Er, Beck,
habe daher „nach schwerem inneren Ringen" die Entscheidung getroffen,
die polnische „Politik von der Linie einer vernünftigen Verständigung mit
diesem Nachbarn auf die Linie der réassurance zu verlagern". Anfänglich
sei von ihm die Möglichkeit einer „Rückversicherung" innerhalb der
„Achse" erwogen worden, doch habe Graf Ciano, als er sich im Februar in
Warschau aufhielt, „nicht gezogen". Also Rückversicherung bei den Westmächten: Während seines Besuchs in England sei ihm aufgefallen, daß sich
dort die Einstellung radikal gewandelt habe und nun – so ist der Satz wohl
zu ergänzen – nach dem Ende von Appeasement Polens Anlehnung an die
Westmächte erlaube. Auch der „Kommandant" habe einst vorhergesehen,
daß aus den „ungesunden Romanzen mit den Deutschen" – dies die Worte
Pilsudskis – Schwierigkeiten resultieren würden, doch andererseits geglaubt, „daß wir keine vernünftige Beziehung mit den westlichen Staaten
erreichen, wenn wir nicht – wenigstens eine Zeitlang – eine eigene
deutsch-polnische Politik verfolgen". So sei es ja nun gekommen, implizierte der Schüler des „Kommandanten" und sagte ferner: „Auf den Garan-
tievorschlag antwortete ich mit dem Prinzip der Gegenseitigkeit, weil ich
glaube, daß es für uns trotz unserer Armut und Schwäche keine mittleren
Lösungen geben kann. Entweder ziehen wir unseren Staat zur Großmacht-
stellung hoch oder wir werden – so oder so, nolens volens – zu irgendeiner
Slowakei oder etwas Ähnlichem. Du wirst verstehen, daß ich – gemäß den
Regeln der Schule, aus der wir beide stammen – die erste Lösung versucht
habe." Der öffentlichen Meinung in Polen gefalle die Wendung zu einer
Politik der Rückversicherung „sogar allzu gut – ich persönlich bin mir des
Risikos dieser Entscheidung bewußt". Doch obwohl er das Risiko kenne,
habe er sich entschließen müssen, den Polen geltenden Plänen der deutschen Politik den Weg zu verlegen. Die äußere wie die innere Lage Polens
könne sich mithin noch verschärfen. Daher sei es möglich, daß er die Regierung übernehmen werde, aber ebenso möglich sei es, so schloß der che-
malige Oberst im Generalstab, daß er dann die von ihm geforderte Mobil-

machungsstelle übernehme, nämlich den Befehl über eine Kavalleriebri-
gade[392].

Drei Wochen später – und acht Tage nachdem Hitler in der Reichskanzlei seinen Militärs noch einmal die Notwendigkeit eines großen Erobe-
rungskrieges eingehämmert hatte – kamen sogar Augenblicke des Schwan-
kens. Am 30. Mai besprach Beck die Situation mit dem Grafen Szembek.
Im Laufe des Gesprächs sagte der Außenminister, daß der Botschafter in
Berlin, Lipski, mit den Nerven am Ende und amtsmüde sei. Er, Beck, trage
sich mit dem Gedanken, Szembek nach Berlin zu schicken. Man müsse
nämlich, obgleich es so aussehe, als ob man mit Deutschland nicht zusam-
menleben könne, doch noch versuchen, einen vernünftigen Kompromiß
zu finden. Es gebe kleine Anzeichen, daß die Deutschen wieder mit Warschau reden wollten. Sicher: „Wenn es sein muß, gehen wir in den Krieg."
Aber müsse es wirklich sein? Die Deutschen seien sich doch bewußt, daß
sie, wenn sie ganz Polen besetzten, auf die Sowjets stoßen würden und die
komplette Rote Armee gegen sich hätten. Schließlich habe er, Beck, den
Einflüsterungen der Nationaldemokraten und Englands und Frankreichs
nicht nachgegeben und kein Bündnis mit der Sowjetunion geschlossen.
Auf den Einwand Szembeks, daß man ihm doch nachsage, zu deutschfreundlich und zu nachgiebig zu sein, erwiderte Beck, daß es ihm nicht
darum gehe, nach Berlin jemand zu schicken, der als besonders kämpfe-
risch gelte. Schließlich wolle er einen Kompromiß. Ein zweiter Weltkrieg
in so kurzer Zeit sei einfach zuviel, und „es muß alles getan werden, daß das
nicht geschieht". „Wenn ich Lipski abberufe, werde ich um das Agrément
für Sie bitten."[393]

Aber Lipski blieb auf seinem Posten. Becks Unsicherheit war doch nur
die Sache von ein oder zwei Tagen. Die entscheidenden Orientierungspunkte seines Kurses hatten sich ohnehin nie geändert, und alsbald kehrte
er auch wieder zu der am 5. Mai eingenommenen Haltung zurück, die eine
Mitte Mai ergangene Weisung dahin zusammenfaßte, daß die Klärung der
deutsch-polnischen Probleme nun, nachdem Polen seine Verhandlungsbereitschaft bekundet habe, von der Reichsregierung ausgehen müsse. Statt in
Berlin um gut Wetter zu bitten. bemühte sich die polnische Diplomatie
vielmehr darum, überall in Europa Sympathien für Polen, Verständnis für
die polnische Politik und die Neigung zur Unterstützung Warschaus zu
wecken. Noch im Juni übermittelte Becks Stellvertreter Arciszewski den
diplomatischen Vertretungen Polens einen Erlaß des Ministeriums, der für
diesen Werbefeldzug Argumentationshilfen bot, jedoch zugleich recht tref-
fend die mittlerweile in Warschau herrschend gewordene Auffassung wiedergab. Wie 1913/14 habe man es heute, so wurde in der Instruktion gesagt, mit deutschem Hegemoniestreben zu tun. Der Hitlerismus sei nur

---

[392] Vgl. Anm. 81.
[393] Szembek-Tagebuch, S. 615, 617.

eine Spielart der Bedrohung, die das amoralisch gewordene Deutschland
seit seiner 1870/71 eingeleiteten Verpreußung für Europa und die Welt
darstelle. Die Beraubung der Ostvölker sei Bedingung des deutschen Sieges
im Westen und im Süden. Polen habe im Frühjahr sein historisches „Nein"
Deutschland entgegengesetzt, ohne sich der Hilfe anderer zu vergewissern.
Wer aber jetzt nicht an die Seite Polens trete, der akzeptiere die deutsche
Hegemonie. Das Schicksal Polens entscheide auch über das Schicksal der
baltischen Staaten, Ungarns usw. Selbst die skandinavische Neutralität
werde unhaltbar, wenn man Deutschland nachgebe, und für Frankreich
und England entstünden große Gefahren. „Im Zuge von Kriegsvorberei-
tungen und der Verwirklichung des Parteiprogramms unterscheiden sich
die Lebensformen im zeitgenössischen Deutschland immer weniger von
denen in der Sowjetunion." Deutschland stehe daher heute gegen Indivi-
dualismus, Geist, Freiheit und Christentum. Die Sowjetunion sei schwach,
schwächer als 1914 das zaristische Rußland; sie werde, weil nur zur Defensive fähig, zunächst passiv bleiben und erst am Vorabend des Friedens-
schlusses auf dem Plan erscheinen. Die Verteidigungslinien des Westens
seien also die Grenzen Polens, Ungarns etc. Allein die Existenz Polens garantiere die Unabhängigkeit der osteuropäischen Staaten: „Fällt Polen, fallen sie auch!"[394]
  Daß Hitler und Ribbentrop das politische Gespräch zwischen Berlin und
Warschau unterbrachen, diente jedoch nicht nur dem Zweck, Verhandlungen aus dem Wege zu gehen, die nun als unangenehme Behinderung der
eigenen Pläne empfunden wurden, weil sie die Reichsregierung in die
Nähe eines in den Augen der internationalen wie der deutschen Öffentlichkeit plausiblen deutsch-polnischen Kompromisses in der Danzig- und der
Korridor-Frage zu führen drohten. Wie ihre Rezepte zur Provozierung Unrecht schaffender antideutscher Reaktionen der Warschauer Regierung und
der polnischen Bevölkerung zeigten, hatten die Häupter der Berliner
Kriegspartei den Entschluß, Polen militärisch niederzuwerfen, naturgemäß
mit der Überlegung verbunden, daß es im Grunde notwendig und jedenfalls höchst wünschenswert sei, einem Feldzug in Polen Störungen im Westen fernzuhalten, d.h. zumindest für die Dauer der Beseitigung des potentiellen Gefahrenherds im Osten jetzt wiederum irgendwie die politische
und militärische Passivität der Westmächte zu sichern. Es lag auf der Hand,
daß dafür die Reizung Polens zu übermäßig scharfen Antworten auf die
deutschen Vorbereitungen nicht genügte. Solche Züge der deutschen Taktik bedurften der Ergänzung durch weitere Elemente, und als eines der zusätzlichen Elemente begriffen Hitler und Ribbentrop die vorübergehende
Suspendierung deutsch-polnischer Verhandlungen. Wahrte die deutsche
Regierung – bis zu den Tagen kurz vor dem deutschen Angriff – ein omi-
nöses Schweigen, was die eben ausgesprochenen Forderungen an Warschau

---

[394] APA, Konsulat Königsberg, Arciszewski an poln. Missionen, 28.6.1939.

anging, während gleichzeitig durch die Zuspitzung der Lage in Danzig und durch die Häufung von Zwischenfällen in Polen selbst die Spannung zwischen Deutschland und dem östlichen Nachbarn ständig stieg, dann, so kalkulierten der „Führer" und sein Außenminister, mußten Kriegsangst und Friedensneigung in Großbritannien und Frankreich derart zunehmen, daß am Ende Lähmung eintrat. Auch Hitler und Ribbentrop verstanden also das plötzliche Verstummen gegenüber Warschau als Bestandteil einer Politik der „Zermürbung", nur daß sie nicht, wie Staatssekretär v. Weizsäkker, Polen, sondern die Kabinette und die Bevölkerung der Westmächte zermürben wollten. Die Grundgedanken dieser Nervenkriegs-Strategie setzte Ribbentrop, als er am 5. und 6. Mai seinen italienischen Kollegen in Mailand traf, dem Grafen Ciano mit der Miene eines Mannes auseinander, der den Schlüssel zum Sieg – hier zum politischen Sieg – in der Tasche hat. Bereits jetzt, so konstatierte er triumphierend, seien in England und Frankreich „Zeichen von Ermüdung" gegenüber dem polnischen Problem zu beobachten; es stehe fest, daß in einigen Monaten, wenn die Frage reif geworden sei, kein Engländer und kein Franzose für Polen marschieren werde[395]. Im weiteren Verlauf des Frühjahrs und Sommers 1939 registrierte es daher Ribbentrop auch mit tiefer Genugtuung – und in extremer Verkennung der tatsächlichen Simmungsentwicklung in Westeuropa –, wenn in Großbritannien und Frankreich, ausgelöst durch Gerüchte über unmittelbar bevorstehende dramatische Aktionen des Deutschen Reiches, immer wieder Wellen der Aufregung aufschäumten und abebbten[396].

Als der Reichsaußenminister in Mailand mit dem Grafen Ciano konferierte, war er allerdings gerade im Begriff, ein weiteres und doch noch zuverlässiger scheinendes Mittel zur Isolierung des Angriffsobjekts zusammenzubrauen. Den britischen Versuchen, gegen die deutsche Kriegs- und Eroberungslust eine diplomatisch-politische Abschreckungsfront aufzubauen, mußte mit Stärkerem begegnet werden als mit der Provokation Polens und dem Spiel auf westeuropäischen Nerven. Wie Goebbels am 15. April in sein Tagebuch schrieb: „London arbeitet weiter an der Einkreisung. Man spricht vom bevorstehenden Krieg mit uns. Abenteurer. Wir müssen aber auf der Hut sein. Dieser altersschwachen Demokratie ist doch noch ... Nervenstärke zuzutrauen."[397] Sollte Großbritannien und Frankreich überzeugend dargetan werden, daß sie besser daran täten, dem Einfall der deutschen Armeen in Polen tatenlos zuzuschauen, schien neben allem anderen schon auch eine reale Veränderung der Machtlage in Europa notwendig, und das in demonstrativster und propagandistisch wirksamster Form. Freilich war das politische Arsenal der Berliner Machthaber im Frühjahr 1939 nahezu leer. Im Grunde hatten sie nur eine Möglichkeit,

[395] AIA, Ap Germania, Ciano an Mussolini, 7.5.1939.
[396] Ebenda, Attolico an Ciano, 7.7.1939.
[397] Tagebücher von Joseph Goebbels, Bd. 3, S. 594.

nämlich die seit dem Münchner Abkommen unternommenen Anstrengungen zur Umwandlung des Antikominternpakts in ein Militärbündnis zu intensivieren und endlich erfolgreich abzuschließen. Da einerseits in Japan nach wie vor – trotz des deutschen Machtgewinns vom März – keine Fortschritte verzeichnet werden konnten, am 4. Mai aus Tokio sogar eine vorläufige Absage in Berlin und Rom einlief[398], andererseits aber die gewandelte europäische Situation und die aus dem Entschluß zum Überfall auf Polen resultierende Eilbedürftigkeit dringend nach Aktion verlangten, kamen Hitler und Ribbentrop zu dem Schluß, daß ihnen im Augenblick nichts anderes übrigbleibe, als auf die optimale Allianz, den Dreierpakt, zu verzichten und sich vorerst mit der zweitbesten Lösung zu begnügen, einem deutsch-italienischen Militärbündnis. So kam bereits am 15. April Göring zu einem zweitägigen Besuch nach Rom, um in einigen längeren Unterredungen mit dem Duce zu sondieren, ob dieser noch immer bereit war, sich tatsächlich auf den Ausbau der „Achse" zu einem Militärpakt einzulassen[399].

Wohl hatten Mussolini und Ciano in den ersten Monaten des Jahres 1939 mehrmals zu erkennen gegeben, daß sie es angesichts der japanischen Zögerlichkeit für das beste hielten, zunächst eben nur ein – in Europa ja fast ebenso effektives – Zweierbündnis zwischen Italien und Deutschland abzuschließen. Doch war selbst Hitler und seinen Gehilfen, die fremde Empfindungen und Empfindlichkeiten bloß noch undeutlich wahrnahmen, nicht verborgen geblieben, daß die endgültige Zerstörung der Tschechoslowakei und die Annexion Böhmens und Mährens durch das Deutsche Reich die italienischen Freunde tief verstimmt hatten. Ohne seinem Achsenpartner vorher auch nur eine Silbe zu sagen – ganz zu schweigen von Konsultation –, hatte Hitler gleich zwei internationale Vereinbarungen gebrochen und in historischen Müll verwandelt, an deren Entstehung Italien maßgeblich beteiligt gewesen war und an deren zumindest längerfristiger Existenz italienisches Prestige hing: das Münchner Abkommen vom 29. September und den Wiener Schiedsspruch vom 2. November 1938. Bernardo Attolico, der italienische Botschafter in Berlin, dem die Deutschen keine Chance gegeben hatten, seine Regierung rechtzeitig zu informieren, fühlte sich persönlich hinters Licht geführt und gegenüber seinen römischen Vorgesetzten in eine peinliche Lage gebracht. In bitteren Berichten machte er seinem Zorn über die deutsche Hinterlist Luft, wobei er den Hinweis nicht unterdrückte, daß es in Berlin „nicht einen Diplomaten mehr gibt, der noch Vertrauen in Versicherungen des Führers setzt". Ebenso scharf geißelte er die Demütigung Italiens, die bereits zur definitiven Liquidierung des italienischen Einflusses in Budapest geführt habe, wo das nationalsozialistische Deutschland nun als der alleinige Wohltäter Ungarns gelte. Auch machte

---

[398] AIA, Ap Germania, Auriti (Tokio) an Mussolini, 4.5.1939.
[399] ADAP, D, 6, Nr. 205, 211.

Attolico darauf aufmerksam, daß es nach dem Prager Coup höchste Zeit sei, die Deutschen, die ständig von ihrer Bescheidung auf Osteuropa redeten, nach ihren wahren Absichten in Südosteuropa zu fragen, wo Italien Interessen zu verteidigen habe: Richtete sich z.B. die deutsche Begehrlichkeit inzwischen nicht doch auch schon auf Kroatien? Sollte am Ende für Italien nur „das Wasser des Mittelmeers" bleiben[400]?

In Rom selbst waren Mussolini und Ciano nicht weniger verärgert und besorgt. Hitler goß noch Öl ins Feuer, indem er es tatsächlich fertigbrachte, den italienischen Freunden die offizielle Begründung für die Erledigung der Tschechoslowakei aufzutischen. Wie bei der Annexion Österreichs schickte Hitler den Prinzen Philipp von Hessen, Schwiegersohn des italienischen Königs, mit der Botschaft zu Mussolini, er, Hitler, sei zum Handeln gezwungen gewesen, weil die Tschechen ihre Armee nicht reduziert, auch noch nach München Kontakte zu Moskau unterhalten und die deutsche Minderheit mißhandelt hätten. „Diese Vorwände", so wetterte Ciano, „taugen vielleicht für die Propaganda von Goebbels, wenn man aber mit uns spricht, sollte man uns solches Geschwätz ersparen."[401] Mussolini wünschte der Presse die Mission des Prinzen vorzuenthalten. „Die Italiener würden mich ja auslachen", sagte er: „Jedes Mal, wenn Hitler ein Land besetzt, sendet er mir eine Botschaft"[402]. Graf Ciano ließ denn auch Mackensen, den deutschen Botschafter in Rom, in unmißverständlichen und nur eben noch höflichen Worten wissen, daß sich Italien zwar nolens volens an der CSR desinteressiere, jedoch zu einer ähnlichen Tolerierung deutscher Aktivitäten nicht mehr imstande sei, wenn es um Kroatien gehe[403], und einige Wochen lang sah es so aus, als wollten die faschistischen Führer den Rat Attolicos beherzigen, der am 18. März eine ausführliche Stellungnahme zu den Prager Ereignissen mit der Mahnung geschlossen hatte, ehe man die Bindungen der „Achse" zu einer deutsch-italienischen Militarallianz fortentwickle, gelte es, die absolute Gleichheit der Rechte und Pflichten der beiden Partner zu sichern; namentlich müsse das elementarste Recht garantiert sein, nämlich das Recht auf Information und Konsultation[404]. Am 31. März hat Attolico, der zuvor in Rom gewesen war und nun im Namen des Duce zu sprechen vermochte, seinen Freund Weizsäcker in aller Form – und sicherlich nicht ohne Befriedigung – über die böse Stimmung in Rom unterrichtet[405].

Hitler und Ribbentrop beeilten sich, den Italienern das deutsche Desinteresse an Kroatien zu erklären und die generelle italienische Angst vor einem Streben Deutschlands nach dem politischen und wirtschaftlichen

[400] AIA, Ap Germania, Attolico an Ciano, 14.3.1939, 18.3.1939.
[401] Graf Ciano, Tagebücher 1939-1943, Bern 1947, S. 52 ff.
[402] Ebenda.
[403] ADAP, D, 6, Nr. 15.
[404] Vgl. Anm. 400.
[405] ADAP, D, 6, Nr. 140.

Übergewicht in Südosteuropa als gänzlich unbegründet hinzustellen; der Reichsaußenminister schrieb Ciano noch am 20. März einen beruhigenden Brief[406], und Mitte April gab sich auch Göring, als er nach Rom kam, große Mühe, den Duce im Namen des „Führers" davon zu überzeugen, daß Deutschland „die Südosträume nicht für sich allein beanspruche"[407]. Indes hatten Mussolini und Ciano, als sie Göring empfingen, ihre Aufregung längst überwunden und sich inzwischen zu der Ansicht bekehrt, daß jene Gründe, die vor Hitlers Prager Coup einen deutsch-italienischen Militärpakt als wünschenswert, ja als unentbehrliches Kernstück der künftigen italienischen Außenpolitik hatten erscheinen lassen, allesamt noch in Kraft seien und trotz des schlechten Benehmens der deutschen Partner nicht ignoriert werden dürften. Hätte eine alternative Politik nicht den Abschied von einer weiteren Verfolgung des mediterranen Imperialismus bedeutet? Gerade angesichts der Erfolge des nationalsozialistischen Deutschland waren die faschistischen Führer Italiens aber zu einem solchen Abschied weniger denn je bereit. Tatsächlich hatten sie, als sie am 7. und 8. April eine seit langem gehegte Absicht realisierten und Albanien besetzen ließen, auf die Errichtung des „Protektorats Böhmen und Mähren" schon in einer Weise reagiert, die den Gegensatz zu den Westmächten, namentlich zu Frankreich, erheblich verschärfte und damit das faschistische Italien noch fester als bisher an Deutschland fesselte. Am 13. April garantierten Großbritannien und Frankreich die Unabhängigkeit Rumäniens und Griechenlands. Mit Recht verstand man das in Rom als ein Signal, das keineswegs allein für Berlin bestimmt war, sondern nicht zuletzt dem faschistischen Italien bedeuten sollte, daß weitere Anschläge gegen den Status quo im adriatischen, ägäischen und mediterranen Raum auf Widerstand stoßen würden; zumindest mußte jetzt eine höchst unbequeme Verstärkung der politischen Präsenz der Westmächte in Südosteuropa ins Kalkül gezogen werden. Gegen beides schien nur die Allianz mit Deutschland zu bleiben, zumal die britische Diplomatie auch in Ankara eine lebhafte Tätigkeit entfaltete, womit das gegen die deutschen und die italienischen Aspirationen gerichtete System auch noch durch den Einbau der Türkei gefestigt zu werden drohte. Mussolini und Ciano war durchaus klar, daß die faktische Abhängigkeit Italiens vom kräftigeren nördlichen Partner noch zunehmen mußte, wenn sie solchermaßen die Alternativlosigkeit faschistischer Außenpolitik fatalistisch akzeptierten, doch war es paradoxerweise gerade ihre Entschlossenheit, trotz der faktischen Abhängigkeit die politische Gleichberechtigung Italiens mit Deutschland zurückzugewinnen und zu behaupten, die für sie die Aussicht auf einen deutsch-italienischen Militärpakt endgültig unwiderstehlich machte. Allein im Rahmen einer derart festen und engen Allianz konnte es gelingen, so begannen sie sich einzureden,

[406] Ebenda, Nr. 55.
[407] Ebenda, Nr. 205.

nein, im Rahmen einer derart festen und engen Allianz mußte es doch gelingen, so gaukelten sie sich alsbald vor, die gleichberechtigte Mitsprache
Italiens in der „Achse" und italienischen Einfluß auf die Berliner Politik zu
sichern[408]. Und die Schaffung von Handhaben zur Kontrolle der Nationalsozialisten gewann plötzlich Dringlichkeit. In den letzten Märztagen und
den beiden ersten Aprilwochen machten zwischen den diplomatischen
Missionen und den Staatskanzleien Europas Gerüchte die Runde, daß sich
das deutsch-polnische Verhältnis rapide verschlechtere, und die Italiener
waren realistisch genug, um nicht einen Augenblick daran zu zweifeln, daß
eine deutsche Aktion gegen Polen – noch dazu so rasch nach dem Prager
Streich – die Intervention der Westmächte provozieren und damit jenen
allgemeinen europäischen Krieg auslösen würde, den Italien unter allen
Umständen vermeiden mußte. Am 14. April, einen Tag vor der Ankunft
Görings in Rom und vier Tage vor Attolicos erstem – von Weizsäcker in-
spirierten – Alarmbericht über Hitlers Polenpläne, lud Graf Ciano Reichsaußenminister v. Ribbentrop zu einer „baldigen Aussprache" nach Italien
ein[409].

Aus der „Aussprache" der Minister, die schließlich am 6. und 7. Mai in
Mailand stattfand, entwickelte sich dann ein Lehrstück in totalitärer Außenpolitik und Diplomatie, d.h. beide Seiten lieferten eindrucksvolle Illu-
strationen zu jenem politischen Gesetz, das da besagt, daß totalitäre Regime
ihrem Wesen nach, weil sie auch auf internationalem Felde totalen Egois-
mus praktizieren und nach der totalen Macht trachten, allianzunfähig sind,
ohne daß dies ihren Führern bewußt sein muß. Zwar bereitete der Abschluß eines Militärpakts, da ihn nun sowohl Hitler wie Mussolini wünschten, nicht mehr die geringsten Schwierigkeiten. Bereits am 22. Mai durften
Ciano und Ribbentrop den fertigen Vertrag in Berlin unterzeichnen, einen
Vertrag überdies, der die zwei Mächte dem Anschein nach auf Gedeih und
Verderb aneinander band und daher die von den Propagandisten der
„Achse" erfundene Bezeichnung „Stahl-Pakt" offenbar verdiente. Dem
Text zufolge hatte sich jeder Partner in der Tat vorbehaltlos dazu verpflich-
tet, dem anderen unverzüglich militärisch zu Hilfe zu kommen, falls dieser
Krieg führen sollte, gleichgültig ob gegen einen einzigen Feind oder gegen
eine feindliche Koalition, ebenso gleichgültig ob es sich dabei um einen
Verteidigungs- oder um einen Angriffskrieg handelte[410]. In Wahrheit
mußte jedoch der „Stahl-Pakt", verstand ihn Mussolini im deutschen Sinne
und nahm er folglich den Text ernst, für Italien so gefährlich sein, daß ein
derartiges Verständnis des Vertrags der italienischen Seite von vornherein
schlechthin unmöglich war und mithin niemand in Rom auch nur eine Se-
kunde lang ernstlich daran denken konnte, die eingegangene Verpflichtung

---

[408] Siebert, Der deutsch-italienische Stahlpakt, S. 376 f.
[409] AIA, Ap Germania, Attolico an Ciano, 14.4.1939.
[410] RGB1, 1939, II, S. 826 ff.

im entscheidenden Augenblick tatsächlich zu honorieren. Wenn aber der
Vertrag für Italien praktisch unerfüllbar war, hatten auf der anderen Seite
Hitler und Ribbentrop unausweichlich den Moment vor sich, in dem sie
entdecken mußten, daß ihnen der „Stahl-Pakt" nicht den geringsten Nutzen brachte, daß die Gestalt, die sie der Welt und sich selbst als furchterre-
genden Krieger präsentiert hatten, nicht einmal zur Vogelscheuche taugte.
Es sollte lediglich ein Vierteljahr dauern, bis sich die wahre Natur des
„Stahl-Pakts" herausstellte, bis Mussolini und Ciano als vertragsbrüchige
Schufte dastanden und – an ihrem eigenen Wertekanon gemessen – als
verächtliche Schwächlinge obendrein, Hitler und Ribbentrop hingegen als
mit Fug und Recht betrogene Betrüger. Schon bei der Unterzeichnung des
Vertrags hatten indes die Partner die Problematik ihrer Verbindung zumindest geahnt. Eben deshalb glaubte ja jeder, den anderen in den Pakt förmlich locken zu müssen, indem er die Wahrheit über die eigenen Motive und
Absichten so dicht einwickelte, daß sie nahezu unkenntlich wurde, und indem er daneben etliche ausgewachsene Lügen servierte. Doch hatten sich
Deutsche wie Italiener nur allzu erfolgreich die Vorstellung suggeriert, daß
die Fortsetzung der nationalsozialistischen und der faschistischen Expansionspolitik ein nationalsozialistisch-faschistisches Militärbündnis erfordere, und so zogen es Deutsche wie Italiener vor, die wohlverpackten
Wahrheiten der anderen Seite zu ignorieren und sich – im Grunde wider
besseres Wissen – an die faustdicken Lügen zu halten.

Am 22. Mai, als Ribbentrop und Ciano mit der Unterzeichnung des
„Stahl-Pakts" „unzweideutig", wie Ciano dazu erklärte, „die vollkommene
politische und militärische Solidarität Deutschlands und Italiens festleg-
ten"[411], war den Italienern, obwohl sie von ihren Berliner Freunden noch
kein offizielles Wort über die deutschen Polenpläne gehört hatten, einerseits durchaus klar, daß Hitler Polen ins Visier genommen hatte; die Gerüchte, die mittlerweile in Europa über die Verschlechterung der deutsch-
polnischen Beziehungen kursierten, waren zu dicht und zu handfest geworden, um noch bagatellisiert werden zu können. Attolico hatte im April
seinen ersten alarmierenden Bericht aus Berlin geschickt, und ganz abgesehen von der Kündigung des deutsch-polnischen Nichtangriffspakts, die
Hitler am 28. April ausgesprochen hatte, war dem italienischen Außenminister am 6. Mai, als Ribbentrop in Mailand bemerkt hatte, in einigen Monaten werde kein englischer und kein französischer Soldat für Polen marschieren, das schönste und aussagekräftigste Indiz geliefert worden, das er
sich nur wünschen konnte. Auch löste es in Rom Besorgnis aus, daß die
Deutschen, nach den leichtfertigen Äußerungen Ribbentrops zu schließen,
im Falle eines Angriffs auf Polen offenbar nicht mit der Intervention der
Westmächte rechneten. Eine deutsche Aktion gegen Polen, und zwar noch
im Jahr 1939, mußte mithin bereits als wahrscheinlich gelten; daß dann Ita-

---

[411] Völkischer Beobachter, 22.5.1939.

lien nicht an der Seite Deutschlands kämpfen werde, weil es nicht in der
Lage sei, mit den im Gegensatz zur deutschen Meinung unweigerlich eingreifenden Westmächten anzubinden, stand für die italienische Führung
ebenfalls fest.

Andererseits war Mussolini und Ciano nicht weniger klar, daß sie das
Bündnis mit Deutschland vermutlich überhaupt nicht bekamen, wenn sie
den Deutschen solche Wahrheiten ungeschminkt sagten, die Vorbehalte
womöglich in den Vertrag selbst einzubauen suchten und mit beidem einer
deutsch-italienischen Allianz jeden Wert für die deutsche Seite nahmen. So
wagten sie ihre Unfähigkeit zu einem Krieg gegen Großbritannien und
Frankreich und ihre daraus resultierende strikte Ablehnung eines allgemeinen europäischen Krieges lediglich in die Formel zu kleiden, daß die Achsenmächte einen derartigen Krieg frühestens 1942 inszenieren sollten, weil
Italien noch einige Jahre der Vorbereitung brauche. Wohl wiesen sie auf die
Notwendigkeit einer Wartefrist mit großem Nachdruck hin, so nachdrücklich, daß mit Händen zu greifen ist, wieviel Kriegslust und wie wenig Ge-
duld sie ihren deutschen Partnern in Wirklichkeit zutrauten. Mussolini
hatte schon in seinen Gesprächen mit Göring, Mitte April, unterstrichen,
daß Italien noch nicht kriegsbreit sei[412]; in die Instruktionen, mit denen er
Ciano für die Mailänder Unterredungen ausrüstete, schrieb er gleichfalls –
ausdrücklich zur Lektüre Ribbentrops bestimmt –, daß mindestens noch
drei Friedensjahre erforderlich seien[413], und am 30. Mai, acht Tage nach
der Vertragsunterzeichnung, ließ er Hitler durch General Graf Ugo Caval-
lero eine mit der Ciano gegebenen Instruktion weitgehend identische
Denkschrift überreichen, mit der er allein den Zweck verfolgte, Hitler ganz
klar zu machen, daß Italien derzeit keinen Krieg führen könne[414]. Doch
war all dies nicht genug, zumal Mussolini und Ciano gleichzeitig stets erklärten, daß selbstverständlich auch sie, wie die deutschen Freunde, den
Krieg zwischen den beiden totalitären Staaten und den westlichen Demokratien für unvermeidlich hielten, und sie überdies bei jeder Gelegenheit
wahrheitswidrig versicherten, daß der Ernstfall, wann immer und unter welchen Umständen er auch kommen möge, Italien an der Seite Deutschlands
sehen werde. Mussolini und Ciano machten sich aber vor, den Deutschen
reinen Wein eingeschenkt und damit genug getan zu haben. In diesem Bewußtsein glaubten sie sich dann berechtigt, Ribbentrops willkommene Mitteilung als ausreichend anzusehen, der „Führer" denke über die Notwendigkeit einer mehrjährigen Phase der Vorbereitung auf den großen Krieg
nicht anders als sein Freund Mussolini. Solchermaßen beruhigt, gaben sie
sich dann der Hoffnung hin, den „Stahl-Pakt" als politisches Druckmittel
gegen Frankreich und mit Hilfe der in Artikel I formulierten Konsulta-

---

[412] ADAP, D, 6, Nr. 205, 211.
[413] M. Toscano, Le Origine del Patto d‚Acciaio, S. 142 ff.
[414] ADAP, D, 6, Nr. 459.

tionsklausel zugleich als Instrument kontrollierender Einwirkung auf die Berliner Politik benützen zu können.

Hitler und Ribbentrop wiederum wußten sehr genau, daß die Verhandlungen mit Italien ein jähes Ende finden mußten, wenn sie den italienischen Partnern klipp und klar sagten, daß Deutschland im Spätsommer Polen angreifen werde und mithin ein deutsch-italienischer Militärpakt inzwischen in deutschen Augen die Aufgabe bekommen hatte, die Westmächte von der Einmischung in den deutsch-polnischen Konflikt abzuschrecken oder aber, falls wider Erwarten die Abschreckung versagen sollte, intervenierende Westmächte mit einem zusätzlichen Feind zu konfrontieren. So spielte Ribbentrop schon die Möglichkeit einer militärischen Lösung der „polnischen Frage" – so zuversichtlich er den Italienern darlegte, die deutsche Wehrmacht werde im Falle eines Krieges längstens zwei Wochen zur Erledigung Polens brauchen – herab, rückte sie jedenfalls, wenn er nicht gerade unbedacht redete, in unbestimmte Fernen, und leugnete erst recht, daß die deutsch-polnische Kontroverse die Gefahr eines Krieges mit den Westmächten heraufbeschwöre; von der oft und stereotyp wiederholten Behauptung abgesehen, daß Großbritannien und Frankreich nicht daran dächten, Polen zu Hilfe zu kommen, versicherte er mit großem Ernst, der „Führer", der auch für Deutschland noch eine Periode intensivster Rüstung haben wolle, sei keineswegs gewillt, bereits jetzt einen Krieg gegen die Westmächte zu provozieren oder auch nur zu riskieren. Daß die Kriegspartei in Berlin, an ihrer Spitze Ribbentrop selbst und natürlich vor allem Hitler, mittlerweile in Wirklichkeit zu höchster Risikobereitschaft gelangt war, hat der Reichsaußenminister lediglich in den Satz gefaßt, das nationalsozialistische Deutschland sei selbstverständlich auch während der kommenden Vorbereitungsjahre jederzeit zu einem Krieg fähig, den der „Führer" dann „in einem raschen Waffengang" oder, falls das nicht möglich sei, eben in einem mehrjährigen Konflikt zugunsten des Reiches entscheiden werde. Derartige Bemerkungen kamen so beiläufig, waren so vage und zum Teil auch so widersprüchlich formuliert, daß sie auf die Italiener zunächst als typisch Ribbentropsches Bramarbasieren oder doch als bloße Rhetorik wirkten, zumal angesichts der klaren sonstigen Zusicherungen Hitlers, die Ribbentrop übermittelte. So lockte der „Führer" seinen Achsenpartner mit Bedacht und List in einen Vertrag, den die Italiener bei klarer deutscher Sprache und bei Klarheit über die ja bereits feststehenden deutschen Absichten wohl kaum unterschrieben hätten. Am 23. Mai, einen Tag nach der Unterzeichnung des „Stahl-Pakts", hat Hitler vor den Spitzen der Wehrmacht noch einmal betont, daß die italienischen Freunde über den Entschluß zum Angriff auf Polen nicht unterrichtet werden dürften[415]. Gleichwohl meinte er Italien nun als Verbündeten in der Tasche und Mussolini eine Rolle wie 1938 in München unmöglich gemacht zu haben.

---

[415] Ebenda, Nr. 433.

Allerdings konnten Italiener wie Deutsche nicht umhin, die wechselseitige Täuschung relativ rasch aufzugeben und damit die Problematik des „Stahl-Pakts" – seine Gefährlichkeit für das faschistische Italien und seine Wertlosigkeit für das nationalsozialistische Deutschland – relativ rasch aufzudecken. Als erste wurden die Italiener alarmiert, weil sich die Hinweise auf einen baldigen deutschen Einfall in Polen oder zumindest einen ja nicht weniger friedensbedrohenden deutschen Handstreich in Danzig bereits im Juni zu häufen begannen. Naturgemäß blieben die militärischen Vorbereitungen der Wehrmacht nicht unbemerkt. Die italienischen Konsulate in Deutschland lieferten darüber detaillierte Berichte[416], ebenso der eigene Geheimdienst und die Nachrichtendienste befreundeter Länder wie Ungarn[417]. Dazu kamen die vertraulichen Andeutungen, die Attolico von Weizsäcker erhielt, z.B. auch über die laufende Militarisierung Danzigs[418]. Am 26. Juni schrieb Attolico an Ciano, Graf Johannes Welczek, der deutsche Botschafter in Paris, der sich gerade in Berlin aufhalte, habe ihm erzählt, er sei von Ribbentrop persönlich unterrichtet worden, daß Deutschland das Problem Danzig etwa Mitte August gewaltsam lösen werde, und der italienische Missionschef knüpfte daran die Bemerkung, das Diplomatische Korps in Berlin befinde sich nicht mehr nur in Alarmstimmung, sondern schon in Verzweiflung; die Situation enthalte trotz aller Versicherungen Hitlers offensichtlich in der Tat Elemente der Gefahr und müsse, wie die persönliche Politik Ribbentrops, aufmerksam beobachtet werden[419]. Pietro Arone, der italienische Vertreter in Warschau, meldete, seine polnischen Gesprächspartner, etwa Graf Szembek, seien tief besorgt über die Lage in Danzig; der Staatssekretär habe keinen Zweifel daran gelassen, daß die polnische Regierung in einer Frage, die für das Deutsche Reich lediglich eine Sache des Prestiges, für Polen aber vital sei, keine einseitige Lösung durch Deutschland akzeptieren könne, obwohl sie sich bewußt sei, welch schweren Blutopfern das Land entgegengehe[420]. Was Mussolini und Ciano bei alledem besonders in Unruhe versetzte, war ihre Beobachtung, daß die deutschen Partner einem Unternehmen gegen Polen offenbar leichten Sinnes entgegenstrebten, weil sie tatsächlich der Illusion anhingen, eine Intervention der Westmächte brauche nicht in Betracht gezogen zu werden. Zu den entsprechenden Äußerungen, mit denen Ribbentrop bereits Anfang Mai den Grafen Ciano in Mailand irritiert hatte, gesellten sich nun – parallel zu den Meldungen über den deutschen Aufmarsch gegen Polen – weitere Indizien. Am 28. Juni berichtete z.B. Attolico aus Berlin, der dortige argentinische Botschafter habe ihm eine Unterredung mit Hitler geschildert, in der dieser gegen Polen gewütet und an-

[416] AIA, Ap Germania, Attolico an Ciano, 13.7.1939.
[417] Ebenda, Vinci (Budapest) an Ciano, 27.5.1939.
[418] Ebenda, Attolico an Ciano, 1.7.1939.
[419] Ebenda, Attolico an Ciano, 26.6.1939.
[420] Ebenda, Arone (Warschau) an Ciano, 30.6.1939.

gekündigt habe, daß er demnächst in der polnischen Frage binnen weniger Stunden „Gerechtigkeit schaffen" werde: „In der Sicherheit, daß weder England noch Frankreich sich bewegen werden."[421] Einige Tage später hatte Raffaello Guariglia, der italienische Botschafter in Paris, eine vertrauliche Unterhaltung mit dem in die französische Hauptstadt zurückgekehrten Grafen Welczek, in der sich der deutsche Diplomat bei seinem italienischen Kollegen darüber ausweinte, daß Ribbentrop nicht von der Meinung abzubringen sei, England und Frankreich würden es nicht wagen, gegen die deutsche Macht auch nur einen Finger zu rühren: Ribbentrop, so sagte Welczek, erinnere ihn an die Politik des kaiserlichen Deutschland, das 1914 nicht an die britische und 1917 nicht an die amerikanische Intervention glauben wollte. In Berlin sei er vom Reichsaußenminister als Diplomat alten Stils abgetan worden, der die Dinge durch eine französische Brille sehe. Ribbentrop habe sich tatsächlich eingeredet, daß die Nerven der Engländer und Franzosen dem geschaffenen Spannungs- und Mobilisierungszustand am Ende nicht gewachsen seien. Als er, Welczek, dem Minister entgegengehalten habe, dieser Spannungs- und Mobilisierungszustand wirke in Großbritannien und Frankreich eher einigend als schwächend, sei er von Ribbentrop mit Spott abgefertigt worden[422]. Mussolini und Ciano blieb gar nichts anderes übrig, als sich mit wachsender Ängstlichkeit zu fragen, ob sich der Bündnispartner womöglich schon in wenigen Wochen in ein polnisches Abenteuer stürzen und damit, weil ein solches Abenteuer unmöglich als lokalisierter Feldzug ablaufen konnte, schon in nächster Zukunft eine Situation schaffen werde, in der Italien nur die Wahl zwischen der Verstrickung in einen aussichtslosen Krieg gegen die Westmächte oder dem peinlichen und auch politisch schädlichen Bruch der Allianz bleiben konnte. Am 2. Juli schrieb Graf Ciano an Attolico, daß die Lage genaueste Informationen über die deutschen Absichten in der Danzig-Frage erfordere; es sei notwendig, daß der Botschafter mit Ribbentrop selbst spreche, weil man endlich – und ein vernichtenderes Urteil über die bisherige Bewährung der Konsultationsklausel des „Stahl-Pakts" ist kaum vorstellbar – Kenntnis von den wirklichen Berliner Plänen haben müsse[423].

Tatsächlich kam es am 6. Juli abends zu einem längeren Gespräch zwischen Attolico und Ribbentrop, das die italienischen Besorgnisse vollauf bestätigte, ja Mussolini und Ciano zeigen mußte, daß die Dinge in Berlin noch schlimmer standen, als man in Rom befürchtet hatte. Zunächst erging sich der Reichsaußenminister in martialischem Gerede, wie leicht es doch sei, Polen in 48 Stunden „zu zerquetschen" und die Danziger Frage in Warschau zu lösen. Das polnische Problem sei für Deutschland, militärisch gesehen, geringfügiger als 1938 das tschechoslowakische Problem.

[421] Ebenda, Attolico an Ciano, 28.6.1939.
[422] Ebenda, Guariglia (Paris) an Ciano, 4.7.1939.
[423] Ebenda, Ciano an Attolico, 2.7.1939.

Auf Grund der besseren Qualität seiner Streitkräfte und des höheren Stands seiner Rüstung hätte Prag länger Widerstand leisten können als jetzt Warschau, das überdies nicht auf englischen und französischen Beistand zählen dürfe. Solche Tiraden, verbunden mit dem gewohnten Trugbild von der Schwäche Großbritanniens und Frankreichs, waren beunruhigend genug, da aus ihnen, obschon Ribbentrop eine direkte Frage Attolicos mit einem glatten und wahrheitswidrigen „Nein" beantwortete, nur allzu deutlich die deutsche Entschlossenheit zu einem baldigen Schlag gegen Polen sprach. Danach aber folgte die noch bestürzendere Eröffnung Ribbentrops, daß die NS-Führung mittlerweile selbst einem Eingreifen der Westmächte mit gelassener und sogar freudiger Zuversicht entgegensehe. Wenn sich Frankreich doch verpflichtet fühlen sollte, Polen militärisch zu unterstützen, so solle es das, rief der Minister, ruhig tun: „Deutschland wünscht sich nichts Besseres." Gegen den Westwall sei die Maginot-Linie ein „Kinderspiel"; mehr als zwanzig bis dreißig Maginot-Linien seien die heutigen deutschen Befestigungen im Westen wert. Wenn Daladier wirklich so dumm sei, gegen das Reich vorzugehen, werde Deutschland Frankreich vernichten. „Fragen Sie Göring! Er wird Ihnen sagen, daß 5000 – ich sage 5000 – Flugzeuge bereitstehen, um Paris täglich zu bombardieren." Man werde die französische Hauptstadt „pulverisieren". Auch England werde, wenn es nicht stillhalte, eben „der Zerstörung seines eigenen Imperiums entgegenschreiten". Rußland? „Was kann Rußland tun? Nichts!" Selbst wenn Moskau ein Abkommen mit den Westmächten schließe, werde es nicht marschieren. „Im übrigen, so murmelte mir Ribbentrop diskret zu, ,habe ich heute neue Instruktionen an Schulenburg [den deutschen Botschafter in Moskau] geschickt, die ausreichen werden, Stalin einen Floh ins Ohr zu setzen!" Und Amerika? „Eine einzige Rede des Führers, in hunderttausenden von Exemplaren über den amerikanischen Kontinent verbreitet, hat genügt, Roosevelt eine schwere Niederlage zu bereiten." Doch würden sich die USA ohnehin nicht bewegen, und zwar aus Angst vor Japan, das auch ohne Militärpakt immer auf der Seite Deutschlands und Italiens stehen werde[424].

Auf derart kriminellen Dilettantismus konnte man, wie das Attolico in seinem Bericht nach Rom denn auch tat, nur mit kaustischen Kommentaren reagieren. Andererseits hatte hier, das war nicht zu leugnen, der Außenminister des Deutschen Reiches gesprochen, mit dem von Italien einige Wochen zuvor ein Militärbündnis geschlossen worden war, und so verursachten Ribbentrops Stammtisch-Prahlereien neben hohnvollem Sarkasmus berechtigterweise vornehmlich Furcht. Es konnte diese Furcht auch nicht mehr recht dämpfen, daß Ribbentrop, nun wieder zu Hitlers Taktik der möglichst langen Täuschung Roms zurückkehrend, dem italienischen Botschafter anschließend treuherzig versicherte, der „Führer", mit dem er

---

[424] Ebenda, Attolico an Ciano, 7.7.1939.

erst gestern lange gerade über dieses Problem konferiert habe, trage sich, „während er alle Register für die Schlußabrechnung vorbereitet, nicht mit der Absicht, einen Konflikt zu provozieren, der in einen allgemeinen Konflikt ausarten könnte. Da könnt Ihr ganz sicher sein". Und es konnte die Furcht der Italiener erst recht nicht mehr dämpfen, daß der Reichsaußenminister – ganz abgesehen von seiner ominösen Bemerkung über die „Register für die Schlußabrechnung" – weitere bohrende Fragen Attolicos nach den wirklichen deutschen Plänen mit der sibyllinischen Auskunft abspeiste: „Ich kann Euch in klarer Weise versichern, daß Pläne absolut nicht existieren. Der Führer folgt den Ereignissen mit einer absoluten Ruhe. Er läßt sich nicht leicht zu unüberlegten Gesten hinreißen ... Er weiß den Moment abzuwarten. Wir haben stärkere Nerven als unsere Gegner." Nachdem Attolico in den folgenden Tagen weitere beunruhigende Informationen über den Kriegswillen der deutschen Führung erhalten hatte, und zwar von General Luigi Marras, dem italienischen Militärattaché in Berlin, der gute Beziehungen zu Admiral Canaris, dem Chef der deutschen Abwehr, unterhielt[425], und wiederum von seinem Verbündeten Weizsäcker[426], schickte er am 11. Juli, offensichtlich von Weizsäcker dazu ermuntert, einen Appell an Filippo Anfuso, den Kabinettschef des gerade aus Rom abwesenden Ciano: Der „Führer" werde sich Mitte August für Krieg oder Frieden entscheiden, und man müsse annehmen, daß er sich, auch wenn er einen allgemeinen Krieg im Augenblick eigentlich nicht wünsche, in Unterschätzung der Westmächte für einen Kurs entscheide, der zu einem allgemeinen Krieg führen werde. Da diesmal die Chancen für eine Aktion in letzter Minute, für ein neues „München", wesentlich geringer seien als im Vorjahr, sei es dringend geboten, daß Italien jetzt sofort oder doch möglichst bald, solange eben vielleicht noch Aussichten bestünden, den Versuch unternehme, bremsend auf die Deutschen einzuwirken. Er halte es daher für richtig und notwendig, den seit einiger Zeit mehrmals wiederholten deutschen Wunsch nach einem erneuten Treffen Hitler–Mussolini umgehend aufzugreifen und zu akzeptieren[427]. Tatsächlich ist die Begegnung Führer–Duce Mitte des Monats definitiv vereinbart und auf den 4. August festgelegt worden; als Ort der Zusammenkunft wurde der Brenner gewählt.

Nun kam für die deutsche Seite der Moment, in dem sich die Lage und der Kurs des Achsenpartners deutlich abzeichnete, in dem also Klarheit über den wahren politischen Wert des „Stahl-Pakts" zu gewinnen war. In den Tagen nach der Verabredung des Treffens am Brenner zerbrach man sich in Rom die Köpfe über die Frage, mit welchem Mittel denn wohl die Politik der Deutschen beeinflußt und der drohende Eintritt des Bündnisfalls vermieden werden könne. Mussolini und Ciano produzierten eine

[425] Ebenda, Attolico an Ciano, 11.7.1939.
[426] Ebenda.
[427] Ebenda.

Idee. Am 22. Juli schrieb Ciano an Attolico, Mussolini habe im Sinn, der Begegnung mit dem „Führer" einen „echten Gehalt von größerer internationaler Reichweite" zu geben, selbstverständlich „bei gleichzeitiger Bekräftigung der Unauflöslichkeit der deutsch-italienischen Freundschaft"[428]. Was verbarg sich hinter solch nebulöser Formulierung? Am 24. Juli konnte Attolico in einem offiziellen Gespräch mit Weizsäcker schon etwas mehr sagen: Der Duce glaube nicht an die Möglichkeit eines lokalisierten Krieges Deutschland-Polen, „sondern erwartet dann einen allgemeinen europäischen Brand". Wenn aber geschlagen werden müsse, „so sollten wir den richtigen Moment wählen und nicht die Anderen". Würde nun die Besprechung am Brenner „eine bis auf weiteres friedliche Politik einleiten", müsse „ein anderes bedeutsames Ergebnis herauskommen. Die dürftige Feststellung politischer Übereinstimmung genüge nicht." Wäre mit einer mehrjährigen Friedensperiode zu rechnen, sei die Lücke irgendwie konstruktiv zu füllen, „vielleicht indem man mit den anderen Mächten: Deutschland mit Polen, Italien mit Frankreich, oder auch zwischen den größeren Mächten überhaupt ins Gespräch komme, wobei wir das Verdienst der Initiative für uns sichern müßten". Sowohl die Annahme wie die Ablehnung einer solchen Initiative würde zu Deutschlands und Italiens Gunsten auschlagen[429]. Einen Tag später wurde Attolico von Ribbentrop empfangen, und als der Botschafter eine nach Mussolinis Diktat gefertigte Aufzeichnung seines Stellvertreters, des mit Ciano verschwägerten und befreundeten Grafen Massimo Magistrati, überreichte und erläuterte, konnte der Reichsaußenminister feststellen, daß der Duce und Ciano tatsächlich, was nach den Eröffnungen Attolicos vom Vortag schon befürchtet werden mußte, die Idee einer großen internationalen Konferenz zur Erörterung der entstandenen Streitfragen geboren hatten und diese Idee am 4. August in aller Form Hitler zu unterbreiten gedachten. Der Charakter einer solchen Konferenz, so ließ Mussolini wissen, „müßte absolut *europäisch* sein, um, wie schon gesagt, einzig über die streng europäischen Probleme, d.h. diejenigen, welche die Beziehungen zwischen den großen *europäischen* Mächten interessieren, entscheiden zu können. Es würden so Rußland, da es eine Macht interkontinentalen Charakters ist, Amerika und Japan ausgeschlossen werden. Es würden sich deshalb um den Tisch nur Deutschland, Italien, Frankreich, Großbritannien, Polen (in Anbetracht seines direkten Interesses an diesen Problemen) und, um klar Polen selbst aufzuwiegen, Spanien, welches so ohne weiteres als westeuropäische Großmacht hingestellt würde. Falls man – eventuell – bei der Konferenz einen neutralen europäischen Beobachter zu haben wünscht, welcher in gewisser Weise die kleinen Länder darstellt, könnte man zum Beispiel an die Schweiz oder an Holland oder an Schweden denken." Ein entsprechendes Kommuniqué für die Zusammenkunft

[428] Ebenda, Ciano an Attolico, 22.7.1939.
[429] ADAP, D, 6, Nr. 711.

am 4. August hatte Magistrati auch gleich mitgebracht: „Der Führer und
der Duce", so lautete der in Rom formulierte Entwurf, „welche sich am
Brennero getroffen haben, haben nach langer Prüfung der Lage gegen die
Politik der Einkreisung der Achse, die von den großen Demokratien geführt wird, ihren Friedenswillen bekräftigt und haben in der Annahme
übereingestimmt, daß eine Konferenz zwischen den interessierten Mächten, falls sie auf normalem diplomatischem Wege in geeigneter Weise vorbereitet wird, zu einer Lösung der hauptsächlichsten Probleme, welche Europa erregen, führen und den Völkern eine Zeit des Friedens und Wohlbe-
findens eröffnen könnte."[430]
Mit Magistratis Aufzeichnung hielt Ribbentrop nun ein Schriftstück in
Händen, das eine klare Ankündigung des italienischen Achsenpartners darstellte, aus dem „Stahl-Pakt" desertieren zu müssen, falls Deutschland in
nächster Zeit einen europäischen Krieg provozieren sollte. Zwar hieß es in
der Aufzeichnung – und Attolico wiederholte das in seiner mündlichen Erläuterung –, daß Mussolini, wenn der „Führer" jetzt Krieg führen wolle,
selbstverständlich ebenfalls „zu jeder Stunde hierzu bereit sei". Doch stand
dazu der gesamte Inhalt dieser Mitteilung des Duce in einem so schroffen
Gegensatz, daß der bloß rhetorische Charakter derartiger Einleitungssätze
nur um so krasser hervortrat. Zunächst sagte Mussolini ohne Umschweife,
daß er die deutsche Ansicht, eine Aktion gegen Polen sei zu lokalisieren,
für grundfalsch halte: „Paris würde in den Krieg gehen und London könnte
nichts anderes tun, als ihm zu folgen." Attolico ergänzte das mit der Bemerkung – in der ein geradezu vernichtendes Urteil über die Berliner Politik steckte –, daß für die Polen „der baldige Krieg die letzte und beste
Karte wäre". Danach erinnerte Mussolini an seine wiederholten Erklärungen, daß Italien aber für einen allgemeinen europäischen Krieg noch nicht
bereit sei, und er legte ferner aufs beredteste einige andere Gründe dar, die
für eine Verschiebung des großen Krieges sprächen; die deutschen Adressaten konnten eigentlich sofort erkennen, daß hier nicht ein Zögerer und
Zauderer argumentierte, den es nur zu überzeugen und mitzureißen galt,
sondern ein – jedenfalls im Moment – entschlossener Apostel des europäischen Friedens. Bei seiner Aufzählung erlaubte sich der Duce im übrigen
auch deutliche Kritik an der deutschen Taktik: der geführte Nervenkrieg,
so konstatierte er, habe „die demokratischen öffentlichen Meinungen" geeint und außerdem den autoritären Staaten das Moment der Überraschung
gekostet, womit sie sich einer ihrer größten Stärken begeben hätten, nämlich der Fähigkeit, „sich sofort, im unerwarteten Augenblick, bewegen zu
können". Die Krönung des italienischen Memorandums war jedoch der
Gedanke, Hitler und Mussolini sollten als Ergebnis ihres Treffens die Welt
mit dem Vorschlag einer großen europäischen Konferenz überraschen.

---

[430] Ebenda, Nr. 718.

Mussolini, Ciano und ihren diplomatischen Gehilfen stand selbstverständlich deutlich vor Augen, daß die Idee einer internationalen Konferenz
der derzeitigen Zielsetzung und taktischen Planung Berlins, wie man sie inzwischen umrißhaft zu sehen vermochte, diametral entgegengesetzt sein
mußte. Anders als 1938 vor München, wußten sie auch, daß Hitler die Auffassung vertrat, Konferenz-Diplomatie sei sowohl mit den Grundprinzipien
nationalsozialistischer Außenpolitik wie mit einer erfolgreichen Vertretung
der Interessen des Deutschen Reiches schlechthin unvereinbar; zuletzt
hatte das Ribbentrop am 5. Mai Ciano auseinandergesetzt, als von den beiden Außenministern ein am Vortag gemachtes Angebot des Papstes erörtert worden war, öffentlich zu einer internationalen Konferenz zum Abbau
der Spannung in Europa aufzurufen[431]. Eine Formel, die den tiefen Unterschied zwischen der italienischen und der deutschen Politik noch schärfer
zum Ausdruck gebracht hätte, war schwerlich zu finden. Mussolini hat
denn auch sicherlich nicht damit gerechnet, daß Hitler den Konferenz-Gedanken zähneknirschend oder gar freudig akzeptieren werde. Die Signali-
sierung der italienischen Haltung verfolgte vielmehr offensichtlich den
Zweck, die Berliner Kriegspartei noch so rechtzeitig wieder zur Vernunft
zu bringen, daß Italien der Eintritt des Bündnisfalls und die dann mit der
italienischen Desertion verbundene schwere Beschädigung oder womöglich
sogar Zerstörung der „Achse" erspart blieb.
Ribbentrop begrüßte es, daß die Haltung des Duce klar sei, „falls der
Führer den Krieg jetzt für opportun" halte, und zum „Nervenkrieg" bemerkte er, daß dieser „nur zu Gunsten der Achse ausfallen könne, deren
Völker und Führung zweifellos bessere Nerven als die Gegenseite habe".
Dann aber wies er, „ohne dem Führer vorgreifen zu wollen", den Konferenz-Gedanken zurück, wobei er am italienischen Vorschlag noch eine spe-
zielle Bosheit entdeckte. Er halte es „nicht für möglich", so sagte er, „sich
mit der polnischen Regierung heute an einen Tisch zu setzen, nachdem
diese uns seinerzeit erklärt hat, daß eine Weiterverfolgung des Angebots
des Führers einen Kriegsgrund darstelle". Im übrigen sei er der Meinung,
„daß jede Friedensinitiative der Achse als ein Schwächezeichen von den
feindlichen Mächten ausgelegt werde". Bezeichnenderweise fügte er die
treffende Beobachtung hinzu, es sei ausgeschlossen, „daß die Westmächte
heute von sich aus einen Krieg" suchten, und ebenso bezeichnenderweise
folgerte er daraus, „daß die Danziger Frage bei weiterem sturen Verhalten
wie bisher in unserem Sinne gelöst" werden dürfe. So erklärte denn der
Reichsaußenminister das Kommuniqué, das Mussolini diktiert und Magistrati mitgebracht hatte, „für undenkbar", und angesichts solch tiefgehen-
der Divergenzen, die zudem auf den ersten Blick als unversöhnlich erschienen, verlor er jeden Enthusiasmus für die Begegnung zwischen „Führer"
und Duce. Am Schluß ihrer Unterredung diskutierten Ribbentrop und At-

---

[431] AIA, Ap Germania, Ciano an Mussolini, 7.5.1939.

tolico bereits nur noch die Frage, wie und wo die Zusammenkunft so zu organisieren sei, daß man „den sensationellen Charakter eines Treffens an der Grenze" vermeide. Schließlich sprach sich Ribbentrop lebhaft dafür aus, den Treffpunkt nach Florenz zu verlegen oder nach Oberitalien, wo in den ersten Augustwochen Manöver der italienischen Streitkräfte stattfinden sollten, „da man im Falle Florenz den privaten Charakter der Reise des Führers hervorheben könne und andererseits das Manöver einen normalen Vorwand für das Treffen des Obersten deutschen Befehlshabers und des italienischen Befehlshabers liefere".

Wie nicht anders zu erwarten, stellte sich Hitler auf den gleichen Standpunkt wie sein Außenminister. Auf der anderen Seite nahmen auch die Italiener kein Wort zurück. Am 29. Juli erschien vielmehr Attolico bei Weizsäcker und teilte ihm mit, aus etlichen Telefongesprächen mit dem Grafen Ciano gehe hervor, „daß er bzw. der Duce doch an dem Konferenzgedanken hänge". Nach wie vor gebe der – von Ribbentrop als „undenkbar" bezeichnete – Entwurf des Kommuniqués für die Zusammenkunft am 4. August – „von Mussolini eigenhändig niedergeschrieben", wie Attolico anmerkte – die Absichten des Duce am besten wieder. Ciano seinerseits habe ihn, Attolico, wissen lassen, „die Konferenzidee sei deswegen naheliegend, weil sie in einem Monat sich ganz von selbst aufdrängen werde"[432]. Mit dem letzten Satz sagten die Italiener ihren deutschen Verbündeten: In einem Monat werdet Ihr sehen, daß die Westmächte doch Ernst machen, und statt dann – vielleicht vergeblich – nach einem neuen „München" suchen zu müssen, ist es doch klüger, eine München-Lösung der Polenkrise jetzt selbst vorzuschlagen. Unter den gegebenen Umständen kamen nun beide Seiten zu dem Schluß, daß es nicht genügte, Hitlers Reise nach Italien das Etikett „privat" aufzukleben; es blieb nichts anderes übrig, als die Begegnung der beiden Diktatoren, die plötzlich zu einer für Berlin, doch auch für Rom höchst unangenehmen Demonstration von Zwietracht zwischen den Achsenpartnern zu werden drohte, ganz abzublasen. Da man sich aber nicht damit begnügen konnte, den jäh sichtbar gewordenen Riß in der „Achse" bloß zu konstatieren, verständigte man sich darauf, daß die beiden Außenminister schnellstens versuchen sollten, die Beziehungen zwischen Rom und Berlin wieder zu ordnen. Für den 11. August wurde ein Treffen Ribbentrop-Ciano in Salzburg vereinbart.

Als der italienische Außenminister am 11. in Fuschl mit Ribbentrop und dann zweimal auch, am 12. und 13. August, auf dem Obersalzberg mit Hitler konferierte, kamen die Deutschen endlich, zwei Wochen vor dem Angriffsbefehl an die gegen Polen aufmarschierenden deutschen Armeen, mit der vollen Wahrheit heraus[433]. Ribbentrop teilte Ciano in dürren Worten

---

[432] ADAP, D, 6, Nr. 737.
[433] Documenti diplomatici Italiani (DDI), Serie 8, Bd. XIII, Nr. 1; ADAP, D, 7, Nr. 43, 47.

mit, der „Führer" habe sich entschieden, Polen militärisch niederzuwerfen, und diese Entscheidung sei unwiderruflich. Selbst in seinem offiziellen Bericht an Mussolini konstatierte der italienische Außenminister „den irrationalen Willen zum Konflikt", den sein deutscher Gesprächspartner an den Tag lege, und in seinem Tagebuch notierte er: „Der Wille zum Krieg ist unerschütterlich. Er [Ribbentrop] weist jede Lösung zurück, die Deutschland Genugtuung geben und den Krieg vermeiden würde. Ich bin überzeugt, daß die Deutschen auch dann, wenn sie mehr bekämen, als sie verlangen, angreifen würden, weil sie vom Dämon der Zerstörung besessen sind." Verständnislos registrierte Ciano für den Duce, daß Ribbentrop in seiner Darstellung der Genesis des deutsch-polnischen Konflikts keine neuen Elemente geboten habe, sondern lediglich – wie im März nach der Besetzung Prags mit der Behauptung tschechischer Greueltaten – mit „dem bereits bekannten rabenschwarzen Bild von der Verfolgung der Deutschen in Polen und von der Kastration germanischer Männer durch polnische Soldateska" operiere. „An neuen Fakten nichts!" Im übrigen gehe der Reichsaußenminister von zwei Axiomen aus, über die man mit ihm nicht mehr diskutieren könne: 1.) Der Konflikt wird nicht allgemein werden; Europa wird bei der Zerquetschung Polens durch Deutschland untätig zuschauen. 2.) Wenn aber England und Frankreich doch intervenieren, ist es für sie unmöglich, Deutschland anzugreifen; am Ende ist der Sieg der totalitären Mächte sicher. „Ich wiederhole", schrieb Ciano, „Diskussion darüber mit ihm unmöglich." Er, Ciano, habe klipp und klar bewiesen, daß nach allen Bedingungen der europäischen Politik eine Intervention der Westmächte unausweichlich sei. „Nichts zu machen! Ribbentrop verschließt sich in einfacher und klarer Negation: ‚Meine Informationen und meine psychologische Kenntnis von England machen mich sicher, daß jede bewaffnete Intervention Englands auszuschließen ist.'"

Ribbentrops Hinweis auf seine „psychologische Kenntnis von England" versah Graf Ciano mit einem spöttischen „sic!", indes konnte der italienische Außenminister im weiteren Verlauf der Unterredung noch präziser als bisher feststellen, daß die deutsche Seite im Grunde sehr wohl mit dem Eingreifen Großbritanniens und Frankreichs rechnete, aber einer solchen Entwicklung eben mit Ruhe und Siegesgewißheit entgegensah. Als er z.B. daran erinnerte, daß man bisher doch immer einig gewesen sei, den großen Krieg erst in zwei oder drei Jahren zu führen, gab Ribbentrop das sofort zu, erwiderte jedoch, „daß eine neue Situation eingetreten sei, in der sich die Ereignisse überstürzen könnten", in welchem Falle „Deutschland mit größter Entschiedenheit marschieren" werde. Graf Ciano widersprach Ribbentrops Ansicht, der Zeitpunkt sei sehr günstig, energisch und nannte etliche Gründe dafür, daß es im Interesse der Achse liege, einen Konflikt jetzt noch zu vermeiden, aber der Reichsaußenminister verweigerte praktisch jede Erörterung auch dieses Punktes, und als Ciano den – von Mussolini gebilligten – Entwurf eines Kommuniqués für das Treffen der beiden Außenminister präsentierte, der zwar etwas vager formuliert war als jenes Kommuniqué, das die Italiener im Juli für die Begegnung Hitler-Mussolini vorgelegt hatten, doch ebenfalls deutlich Friedenswillen zum Ausdruck brachte, lehnte Ribbentrop rundweg ab. „Ich habe ihm“, so sagte Ciano, „lange und geduldig 1000 Gründe aufgezählt, die uns ein derartiges Vorgehen [d.h. ein derartiges Kommuniqué] als das opportunste und nützlichste annehmen ließen.“ Ohne Erfolg! „Verbohrt in seinen irrationalen Willen zum Krieg“, habe Ribbentrop die italienische Initiative abzuwehren versucht, indem er sich nun wieder darauf zurückzog, „wie eine Maschine und ohne plausible Begründung die beiden Sätze“ zu wiederholen, „daß der Konflikt lokalisiert bleiben werde und daß auch bei einem allgemeinen Konflikt der deutsche Sieg sicher sei“. Am Ende seines Berichts für den Duce schrieb Ciano: „Nach zehn Stunden Gesprächs mit Ribbentrop habe ich ihn mit der festen Überzeugung verlassen, daß er die Absicht hat, einen Konflikt zu provozieren, und daß er alle Initiativen zu einer friedlichen Lösung der Krise behindern wird.“

Als er am 12. und 13. August mit Hitler selbst sprach, begegnete aber Graf Ciano einem noch stärkeren Kriegswillen als bei Ribbentrop. Der „Führer“ nannte zudem, nachdem er sich zunächst ebenfalls über polnische Greuel und über das von ihnen provozierte Verlangen der deutschen Öffentlichkeit nach einem Krieg gegen Polen verbreitet hatte, den wahren Grund für seinen Entschluß zum Angriff: Polen stelle eine Bedrohung im Rücken Deutschlands und damit der Achse dar; selbst bei einer Politik der Zusammenarbeit und des Friedens mit Polen könne sich die Situation nicht grundlegend ändern, denn wenn eines Tages, wie das ganz unvermeidlich sei, Deutschland und Italien sich im Kampf gegen die Westmächte befänden, werde Polen dann eine Gelegenheit finden, Deutschland einen Stoß in die Flanke zu versetzen. In diesem Zusammenhang unterstrich Hitler – wie am Vortag Ribbentrop –, daß Italien doch vor dem gleichen Problem stehe, und zwar im Hinblick auf Jugoslawien. Daher müsse Italien, so sagte Hitler, die nächste Chance – also den deutschen Überfall auf Polen, hatte Ribbentrop erklärt – nutzen, um Jugoslawien „zu zerstückkeln, indem es Kroatien und Dalmatien besetzt“. Auf die Frage nach dem Zeitpunkt der deutschen Invasion in Polen antwortete Hitler ohne Umschweife, daß er spätestens Ende August losschlagen werde. Bei der Begründung des Termins genierte sich Hitler nicht, seinem italienischen Gast weismachen zu wollen, er habe genaue Informationen darüber, daß die Polen beabsichtigten, nach dem 15. Oktober Danzig zu besetzen und vielleicht sogar zu zerstören; ansonsten argumentierte er jedoch militärisch und wies darauf hin, daß angesichts der polnischen Straßenverhältnisse das nach dem 15. Oktober zu erwartende schlechte Herbstwetter größere Operationen von Panzern und motorisierter Infanterie unmöglich mache. Im übrigen sprach Ciano mit einem Manne, dem der Anlaß zum rechtzeitigen Überschreiten der polnischen Grenze offensichtlich nicht die geringsten

Sorgen bereitete. Der Moment des Angriffs, so teilte Hitler dem italienischen Außenminister mit, werde nach einem „schwerwiegenden Zwischenfall" kommen oder nach einer erfolglosen deutschen Aufforderung an Polen, „seine politische Situation zu klären" – welch vage Formulierung Ciano etwas ratlos ließ –, und wenn aus irgendwelchen Gründen weder das eine noch das andere eintrete, werde er, Hitler, eben „einen der vielen kleinen Zwischenfälle, die sich täglich in Danzig und im Korridor ereignen, als schwerwiegend ansehen".

Als Ciano auf die Möglichkeit britisch-französischer Hilfe für Polen hinwies, wischte Hitler den Einwand beiseite und bekräftigte die Versicherung Ribbentrops, daß der Konflikt lokalisiert bleiben werde: England und Frankreich würden gewiß sehr theatralische antideutsche Gesten machen, seien jedoch nicht fähig, Krieg zu führen, weil sie nicht genügend gerüstet hätten, ob es sich um die Waffen oder um den Geist handle. Als Ciano, der während beider Unterredungen Hitler wacker widerstand, daraufhin sagte, wie sehr ihn die ernsten Mitteilungen des „Führers" und Ribbentrops überrascht hätten und daß zwischen Rom und Berlin doch eine mehrjährige Friedensperiode fest vereinbart worden sei, reagierte Hitler mit der Bemerkung, er stimme mit dem Duce nach wie vor darin überein, daß zwei oder drei – nicht mehr – weitere Vorbereitungsjahre nützlich gewesen wären, und er hätte diese Frist ja auch abgewartet, wenn die polnischen Provokationen und die Verschlechterung der Lage deutsches Handeln nicht dringlich machen würden. Um die Wirkung solch verräterischer Sätze abzuschwächen, setzte er eilends hinzu, daß das deutsche Vorgehen gegen Polen aber ohnehin keinen allgemeinen Krieg auslösen werde. Er sei daher sicher, keine italienische Hilfe verlangen zu müssen. Ciano nahm das zur Kenntnis und schrieb in sein Tagebuch: „Er hat beschlossen, zuzuschlagen, und er wird zuschlagen. Unsere Einwände vermögen ihn nicht im geringsten davon abzuhalten. Er wiederholt immer wieder, daß er den Krieg mit Polen lokalisieren wird; aber seine Behauptung, der große Krieg müsse geführt werden, so lange er und der Duce noch jung seien, bestärkt mich neuerdings in meiner Vermutung, daß er unaufrichtig ist."[434] In der Unterredung selbst beantwortete Ciano Hitlers Versicherung, indem er – von der Bekundung seiner Überzeugung abgesehen, daß der „Führer" diesmal nicht recht behalten werde – detailliert darlegte, warum es Italien vorziehen müsse, daß der allgemeine Konflikt „um den vereinbarten Zeitraum aufgeschoben" werde. Anschließend überreichte er nun auch Hitler ein Exemplar jenes Kommuniqués, das er am 11. bereits Ribbentrop gegeben hatte, und zwar mit dem Kommentar, der Duce müsse darauf bestehen, daß die Achsenmächte noch einmal öffentlich ihre Bereitschaft zu einer friedlichen Lösung der Spannungen bekräftigten.

---

[434] Graf Ciano, Tagebücher 1939-1943, S. 122 f.

Es war alles vergebens. Hitlers Kriegswille zeigte sich in der Tat, wie Ciano konstatierte, keinem Argument mehr zugänglich, und da auf der anderen Seite auch der italienische Außenminister – obschon er nie eine Kündigung oder einen Bruch des „Stahl-Pakts" ankündigte und am Rande einmal einräumte, der „Führer", der schon so oft recht behalten habe, schätze möglicherweise auch jetzt die Haltung der Westmächte richtig ein – seinen Standpunkt nicht verließ, endete Cianos Besuch in Deutschland mit der beiderseitigen Erkenntnis, daß zwischen den Achsenpartnern eine im Augenblick nicht zu heilende Divergenz aufgebrochen sei. Hitler, Ribbentrop und Ciano sahen sich sogar, so peinlich das war, nicht imstande, irgendein gemeinsames Abschlußkommuniqué zu formulieren; angesichts ihrer totalen Uneinigkeit blieb ihnen nichts anderes übrig, als den Verzicht auf ein solches Kommuniqué zu vereinbaren und damit den deutsch-italienischen Zwist für alle Welt offenkundig zu machen.

Für Hitler und Ribbentrop stellte das negative Ergebnis der Gespräche in Fuschl und auf dem Obersalzberg sicherlich eine herbe Enttäuschung dar. Die ursprünglich vorgesehene Begegnung Führer-Duce hätte in deutschen Augen ja nicht zuletzt die Aufgabe erfüllen sollen, mit einer machtvollen Demonstration der Kriegsbereitschaft beider Partner des „Stahl-Pakts" die Westmächte gebührend zu beeindrucken, und obwohl die Umstände, die zur Ersetzung jener Begegnung durch ein Treffen der Außenminister geführt hatten, nichts Gutes verhießen, war in Berlin doch noch mit einem propagandistisch wenigstens einigermaßen verwertbaren Resultat auch des Ciano-Besuchs gerechnet worden. Statt dessen ein derart blamabler Fehlschlag, der in Paris und London, nachdem man ihn dort mit schadenfroher Aufmerksamkeit registriert hatte, sicherlich stimmungsbessernd wirken mußte! Und wenn man sich in Deutschland nach Cianos Abreise der Hoffnung hingab, zumindest den eigentlichen politischen Zweck der Unterredungen mit dem italienischen Außenminister erreicht, nämlich der Konsultationsklausel des „Stahl-Pakts" genügt und damit die Italiener – wie immer sie über einen allgemeinen Krieg denken mochten – für den Ernstfall zur Bündnistreue verpflichtet zu haben, so entpuppte sich auch diese Hoffnung rasch als Illusion.

Hitler und Ribbentrop gaben den Italienern, die ihre nach den Ciano-Gesprächen aufs höchste gesteigerte Nervosität freilich ohnehin zu intensivem Nachdenken über ihren künftigen Kurs zwang, selbst noch einen triftigen Grund, über Italiens Verhalten im Kriegsfall möglichst schnell Klarheit zu gewinnen und Klarheit zu vermitteln. Mit einer frechen Falschheit, wie sie unter Freunden und Verbündeten wahrlich selten ist, ignorierten sie die gemeinsame Vereinbarung über den Verzicht auf ein Kommuniqué und ließen am 13. August vom Deutschen Nachrichtenbüro eine „Amtliche Verlautbarung" veröffentlichen, in der Graf Cianos Besuch in Deutschland in der Tat als Erfüllung „gegenseitiger Beratungspflicht und gegenseitigen Beratungsrechts auf Grund der bestehenden Freundschaft sowie auf

Grund der formellen Abmachungen, die zwischen den beiden Ländern bestehen", charakterisiert und in der überdies „die vollkommene Einmütigkeit Deutschlands und Italiens in der Außenpolitik" – ausdrücklich auch auf Danzig und Polen bezogen – behauptet wurde[435]. Vermutlich glaubten Hitler und Ribbentrop, mit dieser Festlegung vor der internationalen Öffentlichkeit Italien das Ausscheren aus dem „Stahl-Pakt" tatsächlich unmöglich gemacht zu haben, zumal angesichts der persönlichen Eitelkeit und der sozusagen faschistischen Ehrsucht Mussolinis, die den Duce vor der Rolle des Schwächlings und des Verräters zurückscheuen lassen mußten; auch hofften sie wohl darauf, vor den Westmächten den Anschein deutsch-italienischer Einigkeit leidlich aufrechterhalten und damit den ursprünglichen propagandistischen Zweck der Zusammenkunft wenigstens partiell gerettet zu haben. In Wahrheit konnte das Manöver keine seiner taktischen Aufgaben erfüllen, mußte vielmehr – wie viele der Einfälle nationalsozialistischer Taktik, die ja überwiegend von totaler Rücksichtslosigkeit lebte – sofort auf die Erfinder zurückschlagen.

Selbstverständlich ließen sich die Politiker und Diplomaten Europas von der Verlautbarung nicht täuschen; sie waren für ihre Einschätzung der italienischen Politik nicht auf das D.N.B. angewiesen. Und die Italiener, überflüssigerweise verärgert, gereizt und vor allem zu postwendender Reaktion genötigt, beeilten sich jetzt erst recht, den „machiavellistischen" Trick der Deutschen, wie Attolico schrieb, zu konterkarieren und genau das zu tun, „was Deutschland nicht will, nämlich jede nachträgliche Gutheißung verneinen: die Diskussion wieder aufnehmen". Der Duce müsse dem Führer in einem Brief den „präzisen und kategorischen Willen Italiens" entgegensetzen, d.h. im Augenblick erneut den Konferenz-Gedanken. Der Führer habe die Konferenz praktisch abgelehnt, aber nicht formell und nicht kategorisch. „Es ist notwendig, daß er es kategorisch und formell schriftlich tut. Er will die Konferenz nicht? Man denke an etwas anderes. Eine europäische diplomatische Aktion kann Warschau sehr wohl überzeugen, daß es in Verhandlungen mit Berlin eintreten muß. Eine solche Aktion festzulegen, ist alles andere als unmöglich, und man kann nicht – nur, weil man es sich in den Kopf gesetzt hat, was wirklich großer Männer und Länder unwürdig ist – einen europäischen Krieg entfesseln, der das Ende der Zivilisation bedeuten würde. Soll er den Mut haben, der Führer, schriftlich einen solchen Vorschlag abzulehnen." Italien müsse den Deutschen ferner abermals und schriftlich sagen, daß „Frankreich und England nicht umhin können, zu intervenieren". Deutschland soll dann „das Gegenteil kategorisch und schriftlich versichern und die Verantwortung für seine Behauptung auf sich nehmen". Danach seien für Italien zwei Wege offen. Wenn es keinen Krieg wolle, so habe „es das heilige Recht dazu, weil es mündlich und schriftlich bereits wiederholt erklärt hat, daß es erst in drei oder vier Jahren

---

[435] DNB, 13.8.1939.

fertig sein kann. Deutschland hat diese Gründe akzeptiert: also haben wir das Recht, wenn es jetzt den Krieg um jeden Preis will, es diesen allein führen zu lassen". Wenn aber Italien dennoch bereit sei, Deutschland mit den Waffen zu unterstützen, so habe Berlin die Verpflichtung anzuerkennen, „jene Mängel in unserer Bewaffnung zu beheben, die wir schon nachdrücklich aufgezeigt haben, und diese Vervollständigung muß vor unserem Kriegseintritt erfolgen". Am Ende konstatierte Attolico: „Die diplomatische Schlacht um die Gleichwertigkeit der Rechte Italiens gegenüber Deutschland im Rahmen des Vertrages vom 22. Mai und in seinen Auswirkungen hat jetzt gerade begonnen. Es ist eine heilige Schlacht, und Italien wird siegen und damit den Frieden und die Zivilisation retten."[436]
Attolico stellte solche Überlegungen am Abend des 13. August an, als ihm die D.N.B.-Verlautbarung vor Augen kam, und am 14. übermittelte er sie – nicht telegraphisch, sondern, weil er deutsches Mitlesen befürchtete, auf einem Sonderweg über das italienische Generalkonsulat in München – nach Rom, wo er selbst, zur persönlichen Berichterstattung bei Mussolini, am 16. eintraf. Noch am 15. kam Graf Magistrati, Attolicos Stellvertreter, der auf Grund seiner Verwandtschaft und Freundschaft mit Ciano weit über seine dienstliche Stellung als Botschaftsrat hinaus Einfluß ausübte, in einer Aufzeichnung zu ganz ähnlichen Schlüssen wie der Botschafter[437]. Graf Ciano hatte aus Salzburg ohnehin einen festen Entschluß mitgebracht. In seinem Tagebuch schrieb er: „Ich kehre nach Rom zurück, angeekelt von Deutschland, von seinen Führern, von seiner Handlungsweise. Sie haben uns betrogen und belogen. Und heute sind sie im Begriff, uns in ein Abenteuer hineinzureißen, das wir nicht gewollt haben und das das Regime und das Land gefährdet. Das italienische Volk wird schaudern vor Schrecken, wenn es von dem Angriff auf Polen erfährt, und unter Umständen wird es sogar die Waffen gegen die Deutschen ergreifen wollen. Ich weiß nicht, ob ich Italien einen Sieg oder eine Niederlage Deutschlands wünschen soll, in Anbetracht des deutschen Verhaltens bin ich der Ansicht, daß wir die Hände frei haben, und ich schlage vor, entsprechend zu handeln und zu erklären, daß wir nicht die Absicht haben, uns an einem Krieg zu beteiligen, den wir weder gewollt noch heraufbeschworen haben."[438]
Mussolini schwankte zunächst. Er sprach, nachdem ihn Ciano über den Kriegswillen Hitlers und Ribbentrops unterrichtet hatte, davon, daß es die „Ehre" von ihm erfordere, „an der Seite Deutschlands zu marschieren"; dazu lockte ihn die kroatische und dalmatinische Beute, wie sie ihm von den deutschen Versuchern vor Augen gehalten worden war, schon sehr. Am Ende erwies sich aber die deutsche Spekulation auf die persönliche und die politische Eitelkeit Mussolinis ebenso als wirkungslos wie die Rei-

[436] DDI, 8, XIII, S. 26 ff.
[437] AIA, Magistrati an Ciano, 15.8.1939.
[438] Graf Ciano, Tagebücher 1939-1943, S. 123.

zung seiner imperialistischen Raublust. Mit den Berichten seiner Berliner Diplomaten bewaffnet, brachte Ciano den Duce in längeren Gesprächen dazu, wieder Vernunft walten zu lassen und der italienischen Außenpolitik einen Hauch von Seriosität zurückzugeben. So legte Mussolini am Tag nach Cianos Rückkehr aus Salzburg fest, daß Italiens „Trennung. von Deutschland", auch wenn dabei behutsam vorgegangen und ein schroffer Abbruch der Beziehungen vermieden werden müsse, nun vorzubereiten sei. Zwar verlor er Jugoslawien nicht völlig aus dem Blick. Noch sei es nicht gänzlich unmöglich, „daß die Demokratien einlenken", sagte er. „In solchem Fall wäre es für uns nicht vorteilhaft, uns mit Deutschland zu überwerfen, da auch wir unseren Teil an der Beute bekommen müssen. Wir müssen also eine Lösung finden, die erlaubt: a) wenn die Demokratien angreifen, uns ‚ehrenvoll' von den Deutschen zu lösen, b) wenn die Demokratien einlenken, die Gelegenheit zu benützen, um ein für allemal die Rechnung mit Belgrad zu begleichen."[439] Indes hoben derartige faschistisch-imperialistische Vorbehalte den grundlegenden Entschluß nicht auf, bei einer Intervention der Westmächte im unmittelbar bevorstehenden deutsch-polnischen Konflikt neutral zu bleiben, selbst wenn dies eine schwere Beschädigung der „Achse" oder sogar ihr Ende zur Folge haben sollte, und da in Rom niemand ernstlich am Eingreifen Großbritanniens und Frankreichs zweifelte, spielten die jugoslawischen Aspirationen des Duce in der italienischen Politik praktisch nicht die geringste Rolle. Viel stärker fiel die alsbald auftauchende Befürchtung ins Gewicht, daß – angesichts der Entwicklung zwischen 1935 und 1939 – die internationale Position Italiens unter einem offenen Bruch mit Deutschland doch erheblich leiden würde. Mussolini, Ciano und ihre außenpolitischen Gehilfen gelangten daher zu der Auffassung, man dürfe sich nicht mit dem Versuch begnügen, Italien „ehrenvoll" von Deutschland zu lösen, vielmehr stehe die italienische Diplomatie jetzt vor der noch schwierigeren Aufgabe, Berlin so zu behandeln, daß trotz der – unumgänglichen – Neutralität Italiens ein Zerbrechen der „Achse„ – wenn irgend möglich – vermieden werde.

Zunächst mußte aber der Anschein deutsch-italienischer Übereinstimmung, wie ihn die D.N.B.-Verlautbarung zu erwecken suchte, zerstört und den deutschen Partnern der vielleicht tatsächlich entstandene Eindruck, sich die italienische Bundesgenossenschaft gesichert zu haben, genommen werden. Ein weiterer Grund für einen solchen Schritt lag darin, daß neben Staatssekretär v. Weizsäcker auch Abwehrchef Canaris die italienischen Freunde in Berlin mehrmals beschwor, Mussolini müsse ein deutliches „Nein" zu den Plänen der Berliner Kriegspartei sagen; ein klares Wort aus Rom, daß Italien bei einem Krieg Deutschlands gegen die Westmächte neutral bleiben werde, sei möglicherweise das letzte Mittel, Hitler und Ribbentrop aus ihrer Verblendung zu reißen und innehalten zu lassen[440]. Wie-

[439] Ebenda.
[440] AIA, Ap Germania, Magistrati an Ciano, 16.8.1939.

der in Deutschland, überreichte Attolico dem Reichsaußenminister am 18.
August in Fuschl eine Note, die Mussolini bereits am 14. entworfen hatte.
In der Note, die natürlich zur Weiterleitung an Hitler bestimmt war, hieß
es nun in der Tat klipp und klar, daß Italien „- aus dem Reich wohlbekann-
ten Gründen - sich im Augenblick nicht in derartig günstigen Umständen
befindet, um vor dem Zeitpunkt, der in gemeinsamer Vereinbarung ins
Auge gefaßt wurde, einen europäischen Krieg führen zu können". Anschließend konstatierte der Duce zum soundsovielten Male, ein deutsch-
polnischer Konflikt könne nicht lokalisiert werden, und am Ende bekräftigte er erneut die Richtigkeit des Konferenz-Gedankens[441].

Die Unterhaltung zwischen Attolico und Ribbentrop, die sich bei der
Überreichung der Note entspann, glich in vieler Hinsicht der fruchtlosen
Konfrontation von Standpunkten, die auch die Salzburger Gespräche Cianos charakterisiert hatte. Allerdings bemühte sich Attolico, jene zweite
Möglichkeit der italienischen Diplomatie vorzubereiten, die er in seiner
Aufzeichnung vom 14. August skizziert hatte und die tatsächlich die Bemäntelung der faktischen Neutralität Italiens erlauben mochte: Der Botschafter beschwor in lebhaften Worten die wirtschaftlichen Probleme Italiens, dessen hoher Bedarf an Rohstoffen bekanntlich über die im Kriegsfall
so gefährdeten Schiffahrtswege gedeckt werden müsse; namentlich sei die
Versorgung des Landes mit Kohle und Öl sicherzustellen. Ebenso eindringlich sprach er von den Schwächen der italienischen Luftabwehr und
davon, wie schwierig es doch in der Praxis sei, von Deutschland Flak-Batte-
rien zu bekommen. Es paßte zu Ribbentrop, daß er darauf mit einem Preis-
lied auf die italienische Flotte antwortete, wogegen die englischen und französischen Schiffe doch „im Grunde uralt" seien, und daß er außerdem auf
die bald mögliche Ausbeutung polnischer Kohlereviere verwies; doch ging
es selbst für seine Verhältnisse etwas weit, daß er mit großer Geste erklärte,
er garantiere persönlich die Belieferung Italiens mit Öl, und daß er nicht
minder großzügig versprach, sich selbstverständlich sofort um das Flak-
Problem zu kümmern. Auf Attolico machte er mit solchem Bombast freilich keinen Eindruck, und als der italienische Diplomat erwiderte, daß
seine Bedenken mitnichten entkräftet seien, zog sich der Reichsaußenminister auf die entwaffnende Formel zurück, daß es in dem bevorstehenden
Krieg weniger aufs Material ankomme als auf Führung: Es sei „undenkbar,
daß Länder einen Krieg verlieren, die von Führer und Duce geführt werden". Im übrigen mußte Attolico feststellen, daß sich Ribbentrop schließlich einfach weigerte, Sinn und Zweck der Botschaft Mussolinis zur Kenntnis zu nehmen. Nachdem der Botschafter am Ende der Unterredung gesagt
hatte, er müsse darauf bestehen, daß der Duce mit der deutschen Beurtei-
lung der Situation nicht einverstanden sei, gab sich Ribbentrop erstaunt: Er
sehe nicht recht, worin das Fehlen der Übereinstimmung eigentlich be-

---

441 DDI, u, XIII, S. 22 f.

stehe. Man sei sich in Berchtesgaden und Salzburg doch einig gewesen, behauptete er mit eiserner Stirn, und habe dort vereinbart, daß Rom der Beginn des Konflikts rechtzeitig mitgeteilt werde, damit Italien sich ebenfalls bereit machen könne[442].

Am folgenden Tag hielten die Italiener den definitiven Beweis dafür in Händen, daß die Deutschen wirklich entschlossen waren, sich über jeden italienischen Einspruch hinwegzusetzen, ja daß die Führer des Reiches damit im Grunde bereits im Begriff standen, die Haltung und das Verhalten Italiens einfach zu ignorieren. Am 19. August wurde Attolico zu Ribbentrop bestellt, um die Antwort Hitlers auf Mussolinis Botschaft in Empfang zu nehmen, und diese Antwort des „Führers" servierte dem Duce in brüsker Form eine Feststellung und drei Behauptungen, die weitere Gespräche praktisch ausschlossen. Erstens ließ Hitler wissen, daß die Entscheidung zum Angriff auf Polen getroffen sei und nicht mehr widerrufen werde. Zweitens informierte er Mussolini, daß der Feldzug in Polen lokalisiert bleiben werde, weil „England und Frankreich nicht wagen werden, die Achse anzugreifen". Drittens belehrte er seinen römischen Freund, daß es, falls die Westmächte doch so verwegen sein sollten, Polen militärisch zu unterstützen, „für die Achse schwer sein würde, jemals bessere Bedingungen für die Auseinandersetzung zu finden". Viertens prophezeite er, daß der Krieg, selbst wenn er „verallgemeinert" werde, „angesichts der Übermacht der Achse nur von kurzer Dauer sein" werde[443]. Nun wußten die Italiener, daß ihnen tatsächlich nichts anderes mehr zu tun blieb, als auf dem eingeschlagenen Weg weiterzugehen und den Deutschen die italienische Neutralität so gut wie möglich zu verkaufen. Es galt, die Argumentation mit den wirtschaftlichen und militärischen Versorgungsnöten Italiens auszubauen, und Graf Magistrati hatte außerdem den gleichen brillanten Einfall wie sein Schwager in Rom: Selbstverständlich werde Italien den Verpflichtungen aus dem „Stahl-Pakt" nicht ausweichen, so sagten beide. Den Deutschen müsse eben klargemacht werden, daß gerade die wahre Bündnistreue den Verzicht Italiens auf jegliche militärische Aktivität erfordere, weil mit dieser militärischen Abstinenz eindeutig der größtmögliche Nutzen für die „Achse" zu erzielen sei. Im übrigen seien die Deutschen davon zu überzeugen, daß die italienische Enthaltung nur vorläufig und daß für eine zweite Kriegsphase natürlich die militärische Intervention geplant sei[444]. Danach wurde der Begriff „Neutralität" von den Italienern in Acht und Bann getan. Daß Italien bei einem Eingreifen der Westmächte passiv bleiben werde, erfuhren die Deutschen aber sofort. Einen Tag, nachdem Attolico die Antwort Hitlers auf Mussolinis Botschaft bekommen hatte, erschien Magistrati bei Weizsäcker, um ihm, wenn auch etwas verklausuliert,

---

[442] AIA, Ap Germania, Magistrati an Ciano, 19.8.1939.
[443] DDI, 8, XIII, S. 73.
[444] AIA, Ap Germania, Magistrati an Ciano, 23.8.1939.

zu sagen, daß Italien, falls die Westmächte entgegen den deutschen Behauptungen und entsprechend den italienischen Warnungen zugunsten Polens eingreifen sollten, militärisch nichts unternehmen werde. Weizsäcker verstand seinen Besucher sehr gut und leitete seine Notiz über das Gespräch mit dem Kommentar an Ribbentrop weiter, daß Magistratis Mitteilung „meiner Ansicht nach entschieden beachtet werden muß"[445].

Daß die NS-Führung die Haltung der Westmächte mittlerweile in der Tat mit jener arroganten Gleichgültigkeit betrachtete, mit der sie die italienischen Freunde erst entsetzte, dann erboste und schließlich zur Konzipierung einer Neutralitätspolitik nötigte, hatte mehrere Gründe. Anfänglich waren Hitler und Ribbentrop wohl tatsächlich überzeugt davon, daß Frankreich und Großbritannien weder willens noch – aus Mangel an mentaler und militärischer Vorbereitung – fähig seien, Polen zu Hilfe zu kommen, jedenfalls dann nicht, wenn der Abstand zwischen dem deutschen und dem westeuropäischen Rüstungsstand groß genug blieb, wenn ferner die deutsche Bündnispolitik – mit Italien und Japan oder mit Italien allein – genügend Abschreckung bewirkte. So hatte sich Staatssekretär v. Weizsäcker am 15. April veranlaßt gesehen, in einen handschriftlichen Brief an den deutschen Botschafter in Rom, Hans-Georg v. Mackensen, einen Satz einzubauen, der nicht nur von Ironie triefte, sondern vor allem Mackensen vor Augen führen sollte, wie notwendig es sei, italienischen Widerspruch zu besorgen: „Es wird Sie interessieren", schrieb Weizsäcker, „daß nach Ansicht von Herrn von Ribbentrop im Falle eines deutsch-polnischen Konflikts kein englischer Soldat mobilisiert werden würde."[446] Einige Monate später zeigte Weizsäcker aber in einem anderen Brief, daß zwar noch immer die gleiche Annahme ironisiert werden konnte, diese Annahme selbst jedoch zur rituellen Formel erstarrt war, hinter der keine wirkliche Überzeugung mehr stand. Als der deutsche Gesandte in Reval, Hans Frohwein, am 20. August berichtete, er habe in einem Gespräch mit dem stellvertretenden estnischen Außenminister der Hoffnung Ausdruck gegeben, „daß England und Frankreich in endlicher Einsicht der Konsequenzen dem wildgewordenen Polen unter Umständen doch Unterstützung versagen ... könnten"[447], ermahnte der Staatssekretär den – in seiner tiefen Sorge zu wenig linientreu formulierenden – Gesandten, sich „in Frage eines etwaigen Eingreifens Englands und Frankreichs" einer „strengeren Sprache" zu befleißigen: „Wir ... sagen vielmehr, daß wir ein Eingreifen der beiden Mächte nicht in Betracht zögen, weil diese dadurch ihren eigenen Bestand aufs Spiel setzen."[448]

Zuviel war inzwischen geschehen, als daß man in Berlin an den Illusionen des Frühjahrs allzu lange hätte festhalten und auch noch im Sommer

445 ADAP, D, 7, Nr. 146.
446 ADAP, D, 6, Nr. 209.
447 ADAP, D, 7, Nr. 134.
448 Ebenda, Nr. 163.

ernstlich an die Passivität der Westmächte hätte glauben können. Selbst
Ribbentrop hat allmählich zur Einsicht kommen müssen, obwohl er sich
der Wahrheit zweifellos länger verschloß als Hitler, der ja nicht mit der
gleichen Borniertheit geschlagen war wie sein Außenminister und die Zeichen der Zeit früher erkannte. Da gab es nicht nur den einen festen und sicheren Orientierungspunkt, den die Westmächte in die politische Landschaft Europas setzten, indem sie die Unabhängigkeit potentieller Opfer
des Dritten Reiches garantierten und sich damit unwiderruflich zum
Schutz des europäischen Status quo verpflichteten. Zwei Tage vor der Garantie an Polen, am 29. März, hatte Premierminister Chamberlain bekannt-
gegeben, daß die britische „Territorial-Feldarmee" von 13 auf 26 Divisionen verstärkt und daß außerdem die Ausrüstung dieser milizartigen Verbände dem Stand der Regulären Armee angeglichen werde[449]. Am 20.
April, sieben Tage nach der Garantie an Rumänien und Griechenland, erfüllte der Premier eine Forderung, die von den Kritikern der Appeasement-Politik mit wachsender Ungeduld verfochten worden war, indem er
endlich die Bildung eines sämtliche Rüstungsanstrengungen koordinierenden und intensivierenden „Ministeriums für Kriegslieferungen" anord-
nete[450]. Sechs Tage später folgte die Verkündung der allgemeinen Wehrpflicht[451]; das britische Kabinett tat damit nicht nur einen dramatischen
Schritt, sondern traf eine Maßnahme, die für britische Verhältnisse, so lange
sich das Land nicht im Krieg befand, geradezu revolutionären Charakter
hatte und selbst im Ersten Weltkrieg erst 1916 getroffen worden war. Zusammen mit energischen Versuchen zur quantitativen und qualitativen
Verbesserung von Regulärer Armee, Luftwaffe und Marine, zusammen
auch mit ständig steigenden Ausgaben für militärische Zwecke der unterschiedlichsten Art, sprachen solche Signale deutlich genug für die Ernsthaftigkeit der britischen Verteidigungsbereitschaft, zumal sich auf Grund
der bislang geschehenen und der offensichtlich noch drohenden deutschen
Gewaltakte auch in der britischen Bevölkerung eine Entschlossenheit zur
Abwehr auszubreiten begann, die im Vorjahr gänzlich gefehlt hatte. Ähnlich entwickelten sich die Dinge in Frankreich.

Im übrigen haben Briten und Franzosen, sowohl öffentlich wie in den
Kanzleien der Diplomaten, von April bis August auch oft genug gesagt,
und zwar ohne die geringste Schwankung in der Stimme und ohne die leiseste Abschwächung der Botschaft, daß man auf eine erneute deutsche
Grenzüberschreitung mit Krieg reagieren werde, gleichgültig wer das nächste Opfer sei und ob den Opfern sofort geholfen werden könne. Die deutsche Diplomatie, die damals in den wichtigeren europäischen Hauptstädten
über erstrangige Missionschefs verfügte, verfolgte aufmerksam die prakti-

---

[449] Archiv der Gegenwart 1939, Sp. 4003.
[450] A. J. P. Taylor, English History 1914-1945, Oxford 1965, S. 445 f., 456.
[451] Ebenda, S. 444.

sche Präparation Westeuropas auf den drohenden Krieg, registrierte exakt den Stimmungsumschwung in den Westmächten und meldete beides ungeschminkt nach Berlin. So berichtete etwa der deutsche Botschafter in London, Herbert v. Dirksen, am 10. Juli, daß die Mehrheit der englischen Bevölkerung eine männliche Haltung einnehme und denke: „Wenn nun einmal der Krieg unvermeidlich ist, wollen wir ihn mit Entschlossenheit führen; je eher, desto besser, damit wir die Sache hinter uns haben und ruhigere Verhältnisse eintreten." Es lasse sich feststellen, „daß die Gegnerschaft gegen Deutschland im Zunehmen begriffen ist; daß die Kampfbereitschaft sich gehärtet hat; daß das Gefühl zugenommen hat, wir dürfen uns nichts mehr gefallen lassen, unsere Ehre ist im Spiel; wir müssen kämpfen; die Regierung darf nicht nachgeben". Zu dieser Haltung, so kommentierte der Botschafter ohne Scheu vor dem Grimme Ribbentrops und Goebbels, „haben die gemeldeten deutschen Pressestimmen über das dekadente England, über seine fehlende Bereitschaft, zu kämpfen, wesentlich beigetragen". Dirksen schloß: „Der maßgebende Unterschied zwischen der englischen Stimmung im Herbst 1938 und jetzt ist der folgende: damals wollte die große Masse nicht kämpfen und war passiv; jetzt hat sie der Regierung gegenüber die Initiative übernommen und treibt das Kabinett vorwärts."[452]

Die Führung des Dritten Reiches empfing die Botschaft aber auch direkt von den Regierungen der Westmächte. Am 13. April hatte z.B. der französische Ministerpräsident Daladier in einer Pressekonferenz mit großem Ernst die französische Zustimmung zu der britisch-polnischen Vereinbarung vom 6. April bekräftigt und mit Nachdruck auf das französisch-polnische Bündnis hingewiesen: „Frankreich und Polen garantieren sich unmittelbar und direkt gegen jede mittelbare oder unmittelbare Bedrohung ihrer lebenswichtigen Interessen."[453] Georges Bonnet, Außenminister Frankreichs und lange Zeit einer der namhaftesten und aktivsten französischen Appeaser, bat am 1. Juli den deutschen Botschafter in Paris zu sich, um ihm eine Note an die deutsche Regierung zu überreichen, in der es unzweideutig hieß: „Im vergangenen Dezember habe ich Herrn von Ribbentrop klar zum Ausdruck gebracht, daß die französisch-deutsche Erklärung – übrigens im Einklang mit der Bestimmung des Artikels 3 – nicht als eine Beeinträchtigung der besonderen Beziehungen Frankreichs zu den osteuropäischen Ländern angesehen werden könne. Was insbesondere Polen anbetrifft, so haben die seit damals vorgekommenen Ereignisse das französische Bündnis verstärkt. In seiner Erklärung vom 13. April hat Herr Daladier eindeutig die Tragweite der Bindungen zwischen den beiden Ländern aufgezeigt. Ich lege Gewicht darauf, heute diese Bindungen der besonderen Aufmerksamkeit Herrn von Ribbentrops zu empfehlen und den unerschütter-

[452] ADAP, D, 6, Nr. 645.
[453] Ebenda, Nr. 188.

lichen Willen Frankreichs, seine Verpflichtungen zu erfüllen und alle seine Kräfte in den Dienst des gegebenen Wortes zu stellen, scharf zu unterstreichen." Deutsche Unternehmungen, so endete Bonnet, die den bewaffneten Widerstand Polens auslösten, würden „das Französisch-Polnische Abkommen in Kraft setzen und Frankreich zwingen, Polen sofort Beistand zu leisten"[454]. Die gleiche Wahrheit hörten Hitler und Ribbentrop aus jeder ausländischen Hauptstadt, ob in Europa oder in Übersee, und in Berlin von jedem ausländischen Missionschef, mit dem sie sprachen, ob es sich um den argentinischen Botschafter handelte oder um den päpstlichen Nuntius. Die Italiener belegten ihre Überzeugung von der Londoner und Pariser Interventionsbereitschaft sogar mit Instruktionen des Foreign Office an den britischen Botschafter in Rom, die sie gestohlen hatten[455].

Wenn sich die nationalsozialistischen Führer von alledem wenig beeindrucken ließen, so alsbald keineswegs mehr deshalb, weil sie den Warnungen nicht geglaubt hätten. Dazu waren die Informationen denn doch zu zahlreich, zu dicht, zu gleichförmig, zu eindeutig und zu plausibel; am Ende wären Hitler und Ribbentrop buchstäblich die einzigen mit Politik befaßten Europäer gewesen, die am Eingreifen Großbritanniens und Frankreichs noch gezweifelt hätten. Ihrer Haltung lag vielmehr in der Tat, wie sie den italienischen Partnern im Juli und August versicherten, die schiere Siegesgewißheit zugrunde. Prahlte Ribbentrop vor Attolico und Ciano von der Unangreifbarkeit der Achsenmächte und von der Zerstörung etwa doch intervenierender Westmächte, so gab er damit in der ihm eigenen Art tatsächlich einer Meinung Ausdruck, die ihn völlig beherrschte, zumal er sie von seinem „Führer" übernommen hatte, der diese Meinung lediglich nüchterner und in Gestalt eiskalten Kalküls präsentierte – auch in den diversen Ansprachen, die er von Mai bis August 1939 hielt, etwa vor den Spitzen des Militärs, wo er zur Beruhigung seiner Zuhörer zwar stets die Notwendigkeit der Isolierung Polens betonte, jedoch anschließend sogleich erläuterte, was bei einem Scheitern der Isolierungsversuche zu geschehen habe. Und im Ansatzpunkt entsprach ja auch Hitlers Kalkül, sofern man die Analyse auf die im Moment gegebene Situation beschränkte, durchaus der Wirklichkeit. Die Beobachtung der britischen und französischen Vorbereitungen, ob wirtschaftlicher oder militärischer Art, hatte ihn zu dem richtigen Schluß geführt, daß die Westmächte im Augenblick und noch für eine ganze Weile nur zu defensiver Kriegführung und zu ergänzenden Formen der wirtschaftlichen Kriegführung – etwa der Blockade Deutschlands und Italiens – imstande seien. Mit Fug und Recht folgerte er daraus, daß sie sein polnisches Unternehmen überhaupt nicht ernstlich zu stören vermöchten und er es sich ohne weiteres leisten könne, die deutsche Westgrenze – zumal dann, wenn es gelang, die Italiener bei der Stange zu halten

---

[454] Ebenda, Nr. 602, 603.
[455] Mackensen an AA, PAA, Büro Staatssekretär, Polen 1.

und mit ihnen einen Teil der britisch-französischen Streitkräfte anderweitig
zu beschäftigen – relativ schwach zu besetzen und die Masse des aktiven
Feldheeres wie der Luftwaffe gegen Polen zu werfen. Nach Abschluß des
Feldzugs in Polen konnte dann die Stoßarmee nach Westen verlegt werden, um so bald wie möglich Westeuropa anzufallen und zu erobern. Im
Grunde, so erkannte der „Führer" im Laufe des Frühjahrs und Sommers
1939 immer klarer, brachte die Erledigung des polnischen Problems nicht
einmal eine nennenswerte oder gar beunruhigende Verschiebung der Ter-
mine seiner mittelfristigen Expansionsplanung mit sich, allenfalls eine gewisse – und Hitler bald offensichtlich nicht mehr unwillkommene – Beschleunigung des Ablaufs. Solche Überlegungen kamen der Berliner
Kriegspartei naturgemäß um so realistischer vor, je deutlicher sich im gleichen Zeitraum abzeichnete, daß es gelingen werde, jene Waffe der Westmächte und namentlich Großbritanniens stumpf zu machen, die zunächst
noch am ehesten gefürchtet werden mußte, nämlich die Blockade.

Am 12. August hatte sich Hitler während seines Gesprächs mit dem
Grafen Ciano ein Telegramm bringen lassen, das nach seiner Behauptung
aus der sowjetischen Hauptstadt stammte und die Mitteilung enthielt, „die
Russen seien mit der Entsendung eines deutschen politischen Unterhändlers nach Moskau einverstanden". Die deutsch-sowjetische Verständigung,
mit Wissen und aktiver Unterstützung der Italiener seit Monaten gesucht,
war mithin, so gab Hitler zu verstehen, in erreichbare Nähe gerückt, ja
praktisch bereits gesichert[456]. Mit der kleinen Szene wollte der „Führer"
natürlich die so nervös gewordenen Römer beruhigen und ihnen mit einem Blick auf den Trumpf, den er gerade aus dem Ärmel ziehe und auf
den Spieltisch der europäischen Politik knallen werde, Mut für den kommenden Konflikt machen. In der Sache hatte Hitler in diesem Falle jedoch
nur wenig übertrieben. Zwar handelte es sich nicht um ein Telegramm, das
aus Moskau gekommen wäre, sondern um eine bloße Nachricht aus dem
Berliner Auswärtigen Amt, doch besagte die Nachricht in der Tat, daß der
sowjetische Geschäftsträger in Berlin, Georgi Astachow, im Auftrag Wjatscheslaw Molotows, des Regierungschefs und Außenministers der Sowjetunion, an jenem 12. August im A.A. erschienen sei, um dort seinem mehr-
maligen Gesprächspartner Julius Schnurre, dem Leiter des Referats Ost-
Europa in der Wirtschaftspolitischen Abteilung des Amts, zu eröffnen, daß
man in Moskau an einer umfassenden Erörterung der zwischen Deutschland und der UdSSR schwebenden Fragen, ob wirtschaftlicher oder politischer Natur, interessiert sei, als Ort der Besprechungen Moskau vorschlage
und es dabei der deutschen Seite anheimstelle, die Verhandlungen durch
den deutschen Botschafter in Moskau „oder eine andere zu entsendende
Persönlichkeit" führen zu lassen[457]. Nach allem, was deutsche und sowjeti-

---

[456] ADAP, D, 7, Nr. 43.
[457] Ebenda, Nr. 50.

sche Unterhändler in den vorhergegangenen Monaten und Wochen miteinander diskutiert hatten, dabei von mißtrauischer Unverbindlichkeit
rasch zu unmißverständlicher Andeutung und alsbald zu unverhüllter Offenheit gelangend, machte Molotows Einladung nun klar, daß der sowjetische Diktator Josef Stalin das Ende der bloßen Fühlungnahmen für gekommen hielt, eine letzte Runde offizieller Verhandlungen wünschte und zum
Abschluß deutsch-sowjetischer Verträge bereit war. Da andererseits Hitler
mittlerweile ein wohl noch stärkeres Interesse an einer temporären Verständigung zwischen dem Deutschen Reich und der UdSSR hatte, stand
also tatsächlich eine wahrhaft sensationelle Wendung im deutsch-sowjetischen Verhältnis bevor, eine Wendung überdies, die dem Anschein nach
eine einschneidende und für Deutschland günstige Veränderung der europäischen Mächtekonstellation bewirken mußte.

Bis zum Münchner Abkommen vom 29. September 1938 hatte man in
den Hauptstädten Europas den ideologisch-politischen Gegensatz zwischen Nationalsozialismus und Kommunismus, zwischen dem nationalsozialistischen Deutschland und dem kommunistischen Rußland als eine der
festesten Größen europäischer Politik behandeln können. Zwar haben viele
politische Beobachter durchaus erkannt, daß die nationalsozialistischen
Führer des Deutschen Reiches die gegen Bolschewismus, Komintern und
Sowjetunion gerichteten Tendenzen und Kampfparolen sehr wohl auch zu
instrumentalisieren wußten, nämlich teils als Kitt, teils als Tarnung eines
Allianzsystems, das weniger zur Abwehr der sowjetisch unterstützten Ausbreitung des Bolschewismus und des bolschewistischen Rußland bestimmt
war, sondern mehr zur Förderung des nationalsozialistischen und des faschistischen Imperialismus. In einem Gespräch mit dem Grafen Ciano, am
24. Oktober 1936, hat Hitler selbst den Antibolschewismus als „das taktische Terrain" bezeichnet, auf dem sich neben der antisowjetischen zugleich
eine aggressiv antiwestliche Bündnispolitik verfolgen lasse; zunächst
komme es darauf an, vielen Ländern, welche zum Anschluß an Rom und
Berlin geeignet seien, aber den deutschen und den italienischen Expansionismus fürchteten, die Angst vor einer Verbindung Deutschlands mit Italien zu nehmen, und das werde am besten dadurch erreicht, so meinte er,
daß man ihnen „die italienisch-deutsche Union als Barriere gegen die innere und äußere bolschewistische Bedrohung" darstelle[458]. Der Antikominternpakt ist denn auch in diesem Sinne als ein Instrument der Sammlung
und, wie Ciano ja in seinem Tagebuch anmerkte, als ein Vehikel antiwestlicher Politik benützt worden. Auf der anderen Seite war indes deutlich zu
sehen, daß die ideologische Frontstellung gegen Kommunismus und Bolschewismus doch stets als ein wesentlicher Aspekt nationalsozialistischer
Außenpolitik erhalten blieb, und nichts wies darauf hin, daß der ganz Europa wohlbekannte Appetit des Dritten Reiches auf osteuropäisches und

---

[458] AIA, Ap Germania, Aufzeichnung Ciano, 24.10.1936.

nicht zuletzt russisches Territorium im Schwinden begriffen sei. So glaubte
niemand damit rechnen zu müssen, daß die offensichtlich naturgegebene
Feindschaft zwischen Berlin und Moskau auch einmal von einem freundli-
cheren Verhältnis abgelöst werden könnte. Sogar der deutsch-sowjetische
Handel war 1938 zu einem Rinnsal von jährlichen deutschen Exporten im
Wert von 32 Millionen Reichsmark und von jährlichen deutschen Impor-
ten im Werte von 50 Millionen Reichsmark ausgetrocknet[459].

Fast ganz Europa fand die deutsch-sowjetische Spannung recht nützlich.
Die osteuropäischen Staaten, namentlich Polen, verzeichneten einen Gewinn an Sicherheit, weil sie die Sorge verloren, daß sich die beiden gefährlichen Großmächte auf ihre Kosten einigten, und in den westeuropäischen
Staaten gelangten viele Politiker und Diplomaten, vor allem solche konservativer Couleur, entweder zu der Auffassung, daß man sich um dieses unheimliche kommunistische Rußland, weil es durch die deutsche Bedrohung
neutralisiert sei, Gott sei dank überhaupt nicht mehr zu kümmern brauche,
oder doch zu dem nicht minder angenehmen Schluß, daß man der mit
Deutschland ohnehin tödlich verfeindeten UdSSR jedenfalls nicht den geringsten Preis für die Einreihung in diplomatisch-politische Fronten zum
Containment des Dritten Reiches zahlen müsse. Letztere Ansicht zeichnete
in Frankreich für die spielerisch-unernste Behandlung französisch-sowjeti-
scher Bündnisprojekte und für den mangelnden Willen zur militärischen
Konkretisierung der Projekte lange Zeit ebenso verantwortlich wie innenpolitische Rücksichtnahmen oder die Furcht davor, Hitler zu reizen, und in
Großbritannien sahen die von antikommunistischen Konservativen geführten Kabinette Baldwin und Chamberlain, so wie die Dinge zwischen Berlin
und Moskau standen, überhaupt keinen Grund mehr für eine Annäherung
an die verhaßte und gefürchtete Sowjetunion und erhielten der europäischen Politik mit dem britisch-sowjetischen Gegensatz vorerst eine zweite
feste Größe. Die Sowjetunion selbst befand sich dabei in einer etwas eigen-
artigen Position. In Moskau trauerte man der politisch, wirtschaftlich und
militärisch so wertvollen Zusammenarbeit mit den konservativ-nationalen
Kräften der Weimarer Republik nach. Der permanente Bürgerkrieg von
oben, zu dem sich das bolschewistische System unter Stalin entwickelt
hatte, machte außerdem die UdSSR zu einem politisch wie militärisch
höchst verwundbaren Gebilde, und zwar schon ehe Stalin der Roten Armee
jede Offensivkraft nahm, indem er 1937 und 1938 ihr Offizierkorps schlimmer dezimierte, als es ein blutiger Krieg vermocht hätte, und indem er namentlich die höheren und mittleren Ränge nahezu komplett liquidieren
ließ. Aus beiden Gründen hätten Stalin und seine außenpolitischen Berater
den deutsch-sowjetischen Gegensatz nur zu gerne wieder begraben[460]. Da
aber gelegentliche Fühler im nationalsozialistischen Berlin nicht das lei-

---

[459] Aufzeichnung Wiehl, 6.2.1939, PAA, Büro Staatssekretär, Akten Rußland, 111284.
[460] G. Weinberg, Germany and the Soviet Union, Leiden 1972.

seste Echo weckten, blieb der Sowjetunion, die ihre Westgrenze ja auch im Hinblick auf die in Fernost entstandene japanische Bedrohung entlasten mußte, einige Jahre lang nichts anderes übrig, als Geschmack an den Prinzipien der kollektiven Sicherheit zu finden, in den zuvor wütend bekämpften Völkerbund einzutreten und in solchem Rahmen mit mäßigem Erfolg Versuche zum Paktieren mit den kapitalistischen Westmächten zu unternehmen, die Stalin mindestens ebenso als Feinde des kommunistischen Rußland betrachtete wie das nationalsozialistische Deutschland.

Das Münchner Abkommen und dann mehr noch die endgültige Liquidierung der Tschechoslowakei änderten jedoch die Dinge: erst für Hitler, anschließend für die Westmächte, schließlich auch und vor allem für die Sowjetunion. Als Hitler und Ribbentrop in den Monaten nach München einen Krieg gegen die Westmächte ins Auge zu fassen begannen, ergab sich daraus sofort und notwendigerweise die Wünschbarkeit wenigstens einer gewissen Verbesserung der deutsch-sowjetischen Beziehungen. Es kam dem „Führer" dabei weniger darauf an, für die Dauer der Kämpfe im Westen die Rote Armee ruhig zu halten; in aller Welt – vermutlich auch in Rußland selbst – stimmten sämtliche militärischen Fachleute und sämtliche Politiker überein, daß Stalins „Säuberung" die sowjetischen Streitkräfte tatsächlich der Fähigkeit zu offensiver Kriegführung beraubt hatte. Die Berliner Führungsgruppe dachte daher nicht sogleich an eine – innenpolitisch ja geradezu bedenkliche – Normalisierung des politischen Verhältnisses zwischen dem Deutschen Reich und der Sowjetunion. Wohl aber ließ die im Herbst 1938 mit Blick auf den Westkrieg beschlossene Forcierung der Rüstung die diversen Rohstoffe, die Rußland zu bieten hatte, in verlockendstem Lichte erscheinen. Zumindest für eine Weile mußte die russische Wirtschaftskraft der militärischen Stärkung des Dritten Reiches dienstbar gemacht werden, und zunächst war es für die NS-Führung im Grunde eine sekundäre Frage, ob sich das solchermaßen gekräftigte Deutschland erst, wie nun vorgesehen, gegen den Westen oder doch schon gleich gegen den zeitweilig nützlichen östlichen Lieferanten wandte. So spielte Ribbentrop, der selbst die Konsequenzen der von ihm ebenfalls gewollten Entschlüsse Hitlers stets nur undeutlich erkannte, um die Jahreswende 1938/39 noch mit dem Gedanken, die Beziehungen zur Sowjetunion abzubrechen, weil er das offenbar für einen Köder hielt, mit dem Japan in den Militärpakt mit Deutschland und Italien zu locken sei, während Göring als oberster Wirtschafts- und Rüstungsboß bereits seit geraumer Zeit nachdrücklich eine Intensivierung des deutsch-sowjetischen Handels forderte[461]. Tatsächlich konnte zwischen Berlin und Moskau vereinbart werden, daß Julius Schnurre im Januar 1939 zu Wirtschaftsgesprächen nach Moskau kommen werde. Ein Querschuß Ribbentrops verhinderte jedoch die Reise Schnurres, und auch im Februar, als Graf Friedrich Werner

[461] Vgl. Anm. 459.

von der Schulenburg, der deutsche Botschafter in Moskau, die Verhandlungen wieder aufnahm, und zwar direkt mit dem „Volkskommissar" – d.h. Minister – für Außenhandel, Anastas Mikojan, blieben Resultate aus, weil sich auf deutscher Seite vorerst die Ansicht durchsetzte, daß man sich die russischen Rohstoffe – angesichts der Kreditwünsche Moskaus und angesichts des sowjetischen Verlangens nach ganz spezifischen Produkten der deutschen Industrie – eigentlich nicht leisten könne[462]. Es zeigte sich klar, daß ohne starke politische Motive nicht einmal der Handelsverkehr zwischen den beiden verfeindeten Mächten zu normalisieren war.

Mit der Besetzung Böhmens und Mährens und mit der bald danach getroffenen Entscheidung zum Angriff auf Polen stellten sich indes solche politischen Motive in Berlin ein. Zwar scheint Hitler, als er den Entschluß faßte, Polen militärisch auszuschalten und dabei auch gleich nach den baltischen Ländern zu greifen, im Moment bezeichnenderweise überhaupt keinen tieferen Gedanken an die möglichen Reaktionen der UdSSR verschwendet zu haben, aber die lebhafte diplomatische Aktivität, mit der die Westmächte jetzt auf die Bedrohung durch Deutschland antworteten, auch in Moskau, und die Überlegung, daß ein störungsfreier Ablauf der Kampagne in Polen immerhin angestrebt werden müsse, lenkten den Blick doch rasch auf die Sowjetunion. So hat Göring, der nun naturgemäß auch eine Chance witterte, der Beschaffung russischer Rohstoffe endlich näher zu kommen, am 16. April in Rom zu Mussolini gesagt, er „wolle den Führer fragen, ob man nicht durch gewisse Mittelsmänner vorsichtig bei Rußland mit dem Ziel einer Annäherung vorfühlen könne, um Polen dann auch mit Rußland zu beunruhigen"[463]. Das eigentliche politische Ziel bestand jedoch zunächst ganz simpel darin, den Anschluß der Sowjetunion an die unter britischer Führung offensichtlich entstehende Gruppierung feindlicher Mächte zu verhindern. Einige Wochen nach Görings Besuch in Rom herrschte innerhalb der NS-Führung bereits Einigkeit darüber, daß ein energischer Versuch gemacht werden müsse, die UdSSR und die Westmächte zu trennen; auch Ribbentrop war, wie er Anfang Mai während der Mailänder Konferenz zur Vorbereitung des „Stahl-Pakts" dem Grafen Ciano auseinandersetzte[464], für einen derartigen Versuch gewonnen, obschon er dem Effekt, den eine eventuelle deutsch-sowjetische Annäherung im strikt antisowjetischen Tokio haben mußte mit einigem Bangen entgegensah. Die Italiener nahmen die deutschen Überlegungen sehr freundlich auf. Mussolini, der sich später sogar für den Erfinder der Verständigung zwischen Berlin und Moskau hielt, riet zwar zu behutsamem Vorgehen und zur Einhaltung bestimmter Grenzen, einmal im Hinblick auf die Wirkung in Japan, zum anderen und vor allem im Hinblick auf den Schock, den

---

[462] S. Hilger, Wir und der Kreml. Deutsch-sowjetische Beziehungen 1918-1941, Bonn 1964.
[463] ADAP, D, 6, Nr. 211.
[464] AIA, Ap Germania, Ciano an Mussolini, 7.5.1939.

sonst die von Nationalsozialismus und Faschismus auf Antibolschewismus eingeübten eigenen Völker erleiden müßten. Aber als „petit jeu", wie Mussolini zu Göring sagte, oder wenn „mit Diskretion und Sinn für Maß" verfolgt, wie Graf Ciano in Mailand zu Ribbentrop meinte, schien den Römern eine deutsche Politik, die einen Keil zwischen Westmächte und Sowjetunion trieb, durchaus richtig zu sein. Allerdings blieb in Berlin geraume Zeit unklar, wie man die Konkretisierung des guten Einfalls anzupacken habe, und so kam es auch zu keiner deutschen Initiative.

In London und Paris wiederum brach sich in der zweiten Aprilhälfte und im Laufe des Mai die Auffassung Bahn, daß die Haltung der Sowjetunion in einem Konflikt zwischen dem Dritten Reich und den Westmächten, der von einem deutschen Angriff auf Polen provoziert werde, sicher gemacht werden müsse. Es konnte nicht – wie bei Einleitung der Politik der Garantien angenommen – genügen, auf die naturgegebene Feindschaft zwischen dem nationalsozialistischen Deutschland und dem bolschewistischen Rußland zu bauen und, davon ausgehend, bei deutschem Ausgreifen nach Ost- und Südosteuropa zumindest die wohlwollende Neutralität der Sowjetunion – verbunden mit materieller Unterstützung der Opfer deutscher Aggression – einfach zu unterstellen. Eine diplomatisch-politische Front zum Containment des deutschen Expansionismus mußte in Berlin doch sehr viel abschreckender wirken, wenn sich die Sowjetunion, statt im Hintergrund zu bleiben, offen in sie einreihte, und versagte die Abschreckung, mußten die militärischen Chancen einer Anti-Hitler-Koalition – mochte die Rote Armee noch so geschwächt sein – immerhin besser sein, wenn ihr die Sowjetunion als aktiver Partner angehörte. Gewiß gab es da das Problem der polnischen oder rumänischen Furcht vor sowjetischer Bundesgenossenschaft, und es war nicht recht zu sehen, wie man diese Schwierigkeit ausräumen sollte. Ebenso hemmend wirkte die eigene Abneigung gegen den Bolschewismus und das eigene Mißtrauen gegen ein von Bolschewiki geführtes Rußland. Nicht allein Premierminister Chamberlain, sondern ein Großteil der konservativen und bürgerlichen Politiker und Diplomaten in Großbritannien wie auch in Frankreich blickten einem eventuellen Bündnis zwischen ihren Ländern und der Sowjetunion mit einem Widerwillen entgegen, der Verhandlungen mit Moskau nicht förderlich sein konnte. Bald kamen noch andere Hindernisse in Sicht. Gleichwohl gehorchten die Regierungen in London und Paris der Notwendigkeit. Am 8. Mai schlug das britische Kabinett der sowjetischen Regierung vor, sich der Politik der Garantien, mit der sich die Westmächte zur Abwehr weiterer Verletzungen des europäischen Status quo verpflichtet hatten, durch eine öffentliche Erklärung anzuschließen[465], und am 25. Mai gingen Großbritannien und Frankreich noch einen großen Schritt weiter, indem sie Stalin einen förmlichen Beistandspakt zwischen den Westmächten und der UdSSR offerier-

---

[465] Documents on British Foreign Policy (DBFP), Third Series, Bd. V, S. 487.

ten[466]. Über den westlichen Entwurf für einen solchen Pakt, über einen sowjetischen Gegenentwurf und über einen neuen britisch-französischen Entwurf setzten dann auch Verhandlungen ein, für die Chamberlain am 8. Juni – charakteristisch für den Mangel an Enthusiasmus, mit dem er und andere das Allianzprojekt behandelten – einen zwar sehr fähigen, doch nicht gerade besonders hochrangigen Unterhändler nach Moskau schickte, nämlich den Leiter der Mitteleuropa-Abteilung im Foreign Office, Sir William Strang.

Zu diesem Zeitpunkt orientierte man sich im Kreml aber ohnehin bereits an ganz anderen Visionen. Die im Münchner Abkommen gipfelnde Appeasement-Politik der Westmächte hatte die sowjetischen Führer zweifellos schockiert und verstört. München bedeutete den Ausschluß der Sowjetunion von der Regelung kontinentaleuropäischer Fragen, und nach dem Willen der im Münchner „Führerbau" konferierenden Politiker war der Ausschluß offenbar als Dauerzustand gemeint. Indem das Abkommen immerhin eine gewisse deutsche Expansion in östliche Richtung erlaubte und zugleich den Weg zur wirtschaftlichen wie politischen Dominanz Deutschlands in Mittel- und Südosteuropa öffnete, verringerte es außerdem die Sicherheit der Sowjetunion; jedenfalls war der nach eigenem Anspruch tödlichste Feind der UdSSR erheblich gekräftigt worden. Jene Außenpolitik, die das Heil der Sowjetunion im System der kollektiven Sicherheit und in der Verbindung mit den Westmächten gesucht hatte, mußte zumindest als böse diskreditiert gelten, zumal nun der Verdacht an Plausibilität gewann, Großbritannien und Frankreich seien darauf aus, den deutschen Expansionismus auch künftig nach Osten und nicht zuletzt gegen das verhaßte bolschewistische Rußland abzulenken. Unter den gegebenen Umständen lag es für Stalin und seine Berater sogar nahe, Überlegungen anzustellen, ob nicht doch die Möglichkeit einer direkten Verständigung mit dem plötzlich so stark und gefährlich gewordenen Deutschland bestand.

Wenn sie den miserablen Stand der deutsch-sowjetischen Beziehungen und dessen Ursachen bedachten, nämlich die antibolschewistische ideologische Grundorientierung und die bekanntermaßen vornehmlich auf Osteuropa zielende expansionistische Grundtendenz des nationalsozialistischen Deutschland, konnte es ihnen freilich nur als nahezu hoffnungslos erscheinen, die deutsche Gefahr ausgerechnet durch Annäherung an Deutschland entschärfen zu wollen. Daher verbot es sich, aus München sofort allzu sichtbare Konsequenzen zu ziehen. Zunächst hatte sich die Sowjetunion wie zuvor als eine Macht zu gerieren, die gleich den westlichen Demokratien auf Abwehr der faschistischen „Aggressoren" eingeschworen und immer noch für eine energische Politik des Widerstands zu haben sei. So blieb die Sprache der Sowjetunion, ob in der Diplomatie oder in Presse und Rundfunk, fast unverändert demokratiefreundlich und achsenfeind-

[466] Ebenda, S. 679 f.

lich, auch fehlte es nicht an Gesten, die bekunden sollten, daß in Moskau nach wie vor die Neigung zur Gemeinsamkeit mit den Westmächten dominiere. Am 9. Februar 1939 empfing Iwan Maiski, der sowjetische Botschafter in London, einige prominente britische Politiker zum Lunch. Als einer der Gäste, Harold Nicolson, auf die Frage Maiskis – es war bereits etlicher Wodka geflossen –, wie es denn nun in Europa weitergehe, scherzhaft antwortete, die Sowjetunion werde sich wohl demnächst gezwungen sehen, dem Antikominternpakt beizutreten, sagte der Botschafter, daß Rußland durch München gewiß tief verletzt worden sei und daß man im Westen nicht mehr mit sowjetischen Avancen rechnen dürfe: „Wenn aber (und hier wurde er ernst)", notierte Nicolson, „wir Annäherungsversuche machen sollten, würden wir Rußland nicht so distanziert oder gekränkt finden, wie wir vielleicht angenommen hätten."[467] Auf der anderen Seite hielt man es im Kreml offenbar für angezeigt – und jedenfalls für unschädlich –, Berlin doch einmal ein Signal zu geben, daß die Sowjetunion nicht mit unzerreißbaren Banden an die Westmächte gefesselt sei.

Auf der ersten Sitzung des 18. Parteikongresses der KPdSU machte Stalin am 10. März in seinem Rechenschaftsbericht Ausführungen zur sowjetischen Außenpolitik, die politische Beobachter in aller Welt und in der Tat nicht zuletzt die deutschen Diplomaten aufhorchen ließen. Nachdem er konstatiert hatte, daß die kapitalistischen Staaten einen Ausweg aus ihren Krisen in einem „zweiten imperialistischen Krieg" suchten, in einem Krieg, der durch die „Angreiferstaaten" bereits von China bis Spanien entfesselt sei, fuhr Stalin fort, der Kampf der Angreiferstaaten richte sich gegen die Interessen Englands, Frankreichs und der Vereinigten Staaten, die ihrerseits den Angreifern Konzession um Konzession schenkten. Die Schwäche der demokratischen Mächte erkläre sich, abgesehen von ihrer Furcht vor revolutionären Entwicklungen im Falle eines neuen Krieges, in erster Linie daraus, daß sie das Prinzip der kollektiven Sicherheit aufgegeben hätten und zu einer Politik der Nichteinmischung und der Neutralität übergegangen seien. Dieser Politik liege der Wunsch zugrunde, die Angreiferstaaten auf andere Opfer abzulenken. Solche Versuche müßten aber nicht unbedingt gelingen, implizierte der sowjetische Diktator und attakkierte dann jene britischen, französischen und amerikanischen Zeitungen, die da lautstark behauptet hätten, die Deutschen würden, nachdem nun die Karpatho-Ukraine in ihrem Machtbereich liege, bis zum Frühjahr 1939 auch noch die Sowjet-Ukraine in Besitz nehmen: „Es sieht so aus, daß dieser verdächtige Lärm den Zweck verfolgt hat, Wut der Sowjetunion gegen Deutschland zu erzeugen, die Atmosphäre zu vergiften und ohne sichtbare Gründe einen Konflikt mit Deutschland zu provozieren." Natürlich erklärte Stalin, daß man in der Sowjetunion die Drohungen der Angreifer nicht fürchte und bereit sei, jeden Schlag der Kriegstreiber, die sich gegen

---

[467] Nicolson, Diaries and Letters, S. 391.

die Unantastbarkeit der Sowjetgrenzen zu wenden suchten, mit einem Doppelschlag zu beantworten, doch formulierte er anschließend zwei Grundsätze sowjetischer Außenpolitik, die in westlichen Ohren noch feindseliger und in deutschen Ohren noch einladender klingen mußten als die bisherigen Passagen seiner Rede: Erstens werde die KPdSU „auch weiterhin eine Politik des Friedens und der Festigung der geschäftlichen Verbindungen mit *allen Ländern" verfolgen, zweitens werde die KPdSU Vorsicht walten „und unser Land nicht in Konflikte durch Kriegstreiber hineinzuziehen lassen, die gewohnt sind, sich von anderen die Kastanien aus dem Feuer holen zu lassen"*[468].

Der Kreml gab noch weitere Zeichen. Am 18. März reagierte auch die Sowjetunion mit einer formellen Note auf die Zerschlagung der Tschechoslowakei und die Annexion Böhmens und Mährens. Aber anders als die am gleichen Tag in Berlin überreichten Noten der Westmächte enthielt das sowjetische Schriftstück, das auch bezeichnenderweise nur der deutschen Botschaft in Moskau zugestellt wurde, keinen Protest gegen das deutsche Vorgehen, sondern brachte lediglich zum Ausdruck, daß die sowjetische Regierung die Einverleibung des geschaffenen Protektorats und praktisch auch der Slowakei in das Deutsche Reich nicht anerkennen könne[469]. In einer Unterhaltung mit Graf Schulenburg begründete Außenkommissar Litwinow den sowjetischen Schritt ausdrücklich damit, daß die Sowjetunion angesichts der britisch-französischen Aktivität nicht habe passiv bleiben können, und er hob außerdem den Unterschied zwischen Protest und bloßer Nichtanerkennung hervor. Auf Schulenburgs Frage nach der praktischen Bedeutung der sowjetischen Note antwortete Litwinow mit der gleichen betonten Gleichgültigkeit, „die Sowjetregierung habe eben ihren Standpunkt klarstellen wollen"[470]. Etwa zur gleichen Zeit sagte Litwinow zur Frau des japanischen Botschafters in Moskau, Togo, er wisse genau, daß die Verhandlungen zwischen Japan und den Achsenmächten über ein deutsch-italienisch-japanisches Militärbündnis in erster Linie an der gegenwärtig vornehmlich antiwestlichen Haltung Deutschlands und Italiens gescheitert seien, und an diese an sich schon bemerkenswerte Äußerung knüpfte Litwinow die noch bemerkenswertere Prophezeiung, Deutschland und Italien ständen im Begriff, „ihr Verhältnis zur Sowjetunion zu arrangieren". Da der sowjetische Außenkommissar selbstverständlich genau wußte, daß seine Sätze den Weg zur deutschen Moskauer Botschaft finden würden, kam seine Prophezeiung einem Wink an die deutsche Adresse gleich, ein solches Arrangement zwischen UdSSR und Achsenmächten sei, was die sowjetische Seite betreffe, durchaus möglich. Tatsächlich hat Frau Togo ihr Gespräch mit Litwinow „unter dem Siegel tiefster Verschwiegenheit"

---

[468] ADAP, D, 6, Nr. 1.
[469] Ebenda, Nr. 43.
[470] Ebenda.

sogleich Botschaftsrat Werner v. Tippelskirch erzählt, der mit Recht kommentierte, man könne „an derartigen Beobachtungen nicht vorübergehen"[471]. Einige Wochen später, am 4. April, nahm die sowjetische Nachrichtenagentur TASS zu Meldungen in der französischen Presse, die Sowjetunion habe sich verpflichtet oder werde sich verpflichten, „im Kriegsfall Polen mit Kriegsmaterial zu versorgen und ihren Rohstoffmarkt für Deutschland zu sperren", folgendermaßen Stellung: „Die TASS ist ermächtigt zu erklären, daß diese Meldung nicht den Tatsachen entspricht, da die Sowjetunion niemandem solche Versprechungen gegeben und keine solchen Verpflichtungen übernommen hat."

Indes blieben die sowjetischen Signale in den Märzwochen notwendigerweise noch vage. Die Situation und ihre Entwicklung waren undurchschaubar, und es galt, sich alle Optionen offenzuhalten. So durfte es Stalin nicht riskieren, durch eine verfrühte – sichtbare – Hinwendung zu Deutschland die dann womöglich resignierenden Westmächte zu einer Fortsetzung ihrer Appeasement-Politik zu veranlassen; damit hätte er selbst dazu beigetragen, Hitler tatsächlich freie Hand im Osten zu verschaffen. Von den letzten Tagen des März bis Mitte April muß es jedoch im Kreml zu einem Klärungsprozeß gekommen sein, der zu einer eindeutigen sowjetischen Präferenz führte. In diesen fünfzehn Tagen bekam Stalin nämlich für seine künftige Außenpolitik zwei feste Orientierungspunkte geliefert. Erstens: Nachdem er – nicht zuletzt durch den in Tokio postierten sowjetischen Spitzenagenten Dr. Richard Sorge – schon vom Stand der deutsch-japanischen Verhandlungen und von der daran ablesbaren temporären Westschwenkung des nationalsozialistischen Expansionismus Kenntnis erhalten hatte, freilich ohne dabei in die Berliner Entscheidungsprozesse genauer eingeweiht zu sein und Sicherheit über die deutschen Pläne zu haben, erhielt er jetzt – und zwar vor allem durch einen der unmittelbar Beteiligten, den in Warschau stationierten und mit Botschafter v. Moltke befreundeten Legationsrat Rudolf v. Scheliha – zuverlässige, exakte und detaillierte Informationen über die Wende im deutsch-polnischen Verhältnis und über die deutsche Absicht, Polen demnächst militärisch auszuschalten[472]. Zweitens: Mit den Polen, Rumänien und Griechenland gegebenen Garantien machten gleichzeitig die Westmächte klar, daß sie, weit davon entfernt, die Appeasement-Politik fortsetzen zu wollen, entschlossen seien, die nächste deutsche Grenzüberschreitung mit ihrer militärischen Intervention zu beantworten.

Diese beiden neuen Fixpunkte der europäischen Lage eröffneten aber der sowjetischen Politik, so wie Stalin die Dinge offenbar sah, die erfreulichsten Aussichten. Die britisch-französische Politik der Garantien – und

---

[471] Ebenda, Nr. 51.
[472] F. W. Deakin / G. R. Storry, The Case of Richard Sorge, London 1966; Weinberg, The Foreign Policy of Hitler,s Germany, S. 533.

hierin lag ihre eigentliche und wichtigste Wirkung – befreite die sowjetische Führung von der bislang stets lebendigen Furcht, das kapitalistische
Westeuropa könne, um sich selbst Ruhe zu erkaufen und dabei gleich noch
den Bolschewismus auszutilgen, der Aggressivität des nationalsozialistischen Deutschland wirklich die Bahn nach Osten freigeben oder die Aggressivität gar auf die Sowjetunion hetzen. Nun stand definitiv fest, daß
Hitler die von ihm gewünschte „freie Hand im Osten" eben nicht bekommen werde. Statt dessen bot sich ganz im Gegenteil plötzlich Moskau die –
vielleicht einmalige – Chance, den deutschen Expansionismus nach Westen zu lenken und in einem sicherlich langwierigen Konflikt mit den
Westmächten zu erschöpfen. Es war lediglich nötig, daß Hitlers Entschluß
zum Überfall auf Polen, der nun den Krieg Deutschlands mit Großbritannien und Frankreich automatisch auslöste, stabil blieb, und dazu konnte die
sowjetische Politik einen gewichtigen Beitrag leisten. So durfte sich die Sowjetunion der von London angestrebten diplomatisch-politischen Anti-
Hitler-Koalition, die den „Führer", wenn sie komplettiert wurde, wirklich
abschrecken mochte, naturgemäß nicht anschließen. Vielmehr kam es darauf an, den „Führer" noch zu ermuntern, am besten durch eine sowjetisch-
deutsche Verständigung, die Deutschland für den Kriegsfall die wohlwollende Neutralität der Sowjetunion verhieß. Daß angesichts der deutschen
Absicht zum Angriff auf Polen und angesichts des damit einzugehenden
Risikos eines Krieges gegen die Westmächte zum ersten Mal seit 1933 ein
starkes deutsches Interesse an einer zumindest temporären deutsch-sowjetischen Entspannung bestand, hat Stalin jetzt ohne weiteres unterstellen
können.

Tatsächlich mußte Hitlers Interesse an Rückenfreiheit so groß sein, daß
zusätzlich zur Fesselung Deutschlands im Westen sogar die Möglichkeit
auftauchte, für die wohlwollende Neutralität – und die mit ihr verbundene
großzügige Wirtschaftshilfe – einen vom Dritten Reich unmittelbar und sofort zu zahlenden Preis einzustreichen. Mit anderen Worten: In Stalin
setzte sich die Vorstellung fest, daß ihm die von Hitler geschaffene Situation eine grandiose Chance bescherte, der Verwirklichung eigener – an zaristischen Vorbildern orientierter – imperialer Träume näherzukommen;
zunächst sollte es wenigstens gelingen, in Kooperation mit dem Dritten
Reich jene Territorien zurückzuholen, die dem durch Krieg, Revolution
und Bürgerkrieg geschwächten Rußland zwischen 1917 und Ende 1920 ab-
genommen worden waren, von Finnland über die baltischen Staaten und
das östliche Polen bis zum rumänischen Bessarabien. Gelang es, die Hand
aufs Baltikum zu legen und mit Deutschland Polen zu teilen, entstand zwar
– und das war ein an sich durchaus beunruhigender Gedanke – eine gemeinsame deutsch-russische Grenze. Aber im Hinblick auf die zugleich bewirkte Verstrickung des gefährlichen westlichen Nachbarn in einen Krieg
mit den Westmächten schien man sich die ansonsten bedenkliche Nähe
leisten zu dürfen. Bedachte man die Erschöpfung, die ein langer und bluti-

ger Krieg zwischen Deutschland und den Westmächten beiden Seiten bringen würde, wirkte es ja nicht einmal mehr unrealistisch, wenn man darauf spekulierte, diese Erschöpfung für weitere imperialistische Vorstöße auszunutzen.

Daß im übrigen die Westmächte nicht bereit waren, den sowjetischen Eintritt in die Anti-Hitler-Koalition mit der Zustimmung zu der plötzlich realisierbar erscheinenden Befriedigung des russischen Revisionismus zu honorieren, war ebenfalls bereits zwischen Mitte März und Mitte April klar genug geworden, als Frankreich und namentlich Großbritannien – trotz ihrer nach Hitlers Prager Coup akuten Ängste vor neuen deutschen Streichen – eine irritierende und aus Moskauer Sicht politisch gänzlich unbrauchbare Neigung an den Tag gelegt hatten, auf die baltische, polnische und rumänische Furcht vor der sowjetischen Bundesgenossenschaft Rücksicht zu nehmen. Für derlei Geschäfte brauchte Stalin offenkundig Partner mit der gleichen Skrupellosigkeit und der gleichen Menschenverachtung, über die er selbst gebot, eben Partner wie die nationalsozialistischen Herren Deutschlands. Zwar konnte er die Verhandlungen mit den Westmächten nicht einfach abbrechen oder einschlafen lassen; sie mußten vielmehr – bis der deutsche Fisch an der Angel hing – mit jenem Maß an Eifer fortgesetzt werden, das einen Abschluß als jederzeit möglich aussehen ließ; ansonsten wäre ja Hitler der Notwendigkeit enthoben gewesen, auf sowjetische Avancen einzugehen. Aber von dieser taktischen Funktion abgesehen, besaßen die Gespräche mit den Westmächten für Stalin seit Mitte April keine ernsthafte Bedeutung mehr. Initiativen, Mühen und den beharrlichen Willen zum Erfolg investierte die sowjetische Führung vielmehr in die Realisierung der deutschen Option.

Am 17. April suchte der sowjetische Botschafter in Berlin, Alexei Merekalow, Staatssekretär v. Weizsäcker auf, und zwar zum ersten Mal seit er am 13. Juli 1938 Hitler sein Beglaubigungsschreiben überreicht hatte. Als offiziellen Grund für seinen Besuch nannte er, wenig überzeugend, eine handelspolitische Nichtigkeit. Bald lenkte er das Gespräch auf Politik und erkundigte sich nach dem deutsch-polnischen Verhältnis, speziell nach angeblichen militärischen Zusammenstößen an der deutsch-polnischen Grenze. „Nachdem ich letztere dementiert und über die deutsch-polnischen Beziehungen einige ziemlich gelassene Bemerkungen gemacht hatte", so berichtete Weizsäcker, „fragte der Russe mich unverblümt, was ich von dem deutsch-russischen Verhältnis hielte". Der Staatssekretär antwortete zurückhaltend mit dem Hinweis auf den deutschen Wunsch nach einem befriedigenden Handelsverkehr zwischen den beiden Staaten. „Der Botschafter erklärte hierauf etwa folgendes: Die russische Politik sei immer geradlinig gewesen. Ideologische Meinungsverschiedenheiten hätten das russisch-italienische Verhältnis kaum beeinträchtigt und brauchten es auch Deutschland gegenüber nicht zu stören. Sowjetrußland habe die jetzigen Reibereien zwischen Deutschland und den westlichen Demokratien nicht gegen uns ausgenützt und wünsche das auch nicht zu tun. Es bestehe für Rußland kein Grund, warum es nicht mit uns auf einem normalen Fuße leben sollte. Aus normalen Beziehungen könnten auch wachsend bessere werden." Weizsäcker schloß seine Aufzeichnung: „Mit dieser Bemerkung, auf welche der Russe die Unterhaltung hingeführt hatte, beendete Herr Merekalow das Gespräch. Er hat die Absicht, in den nächsten Tagen zu einem Besuch nach Moskau zu reisen."[473]

In Anbetracht der zwischen den beiden Ideologien und Regimen bestehenden Todfeindschaft, in Anbetracht auch der nach wie vor laut bekundeten sowjetischen Zustimmung zu dem achsenfeindlichen Vorzeichen, unter dem die gleichzeitig und sichtbar geführten Bündnisgespräche zwischen Moskau und den Westmächten standen, war Merekalows Sprache ein geradezu schrilles Signal. Doch machte der Kreml seine neue Präferenz alsbald noch sehr viel deutlicher. Am 3. Mai verlor Litwinow sein Amt als Außenkommissar und wurde von Regierungschef Molotow abgelöst. Der jüdische und – ob zu Recht oder zu Unrecht – als überzeugter Verfechter einer westlich orientierten Politik der kollektiven Sicherheit geltende Funktionär hatte also einem Manne weichen müssen, der nicht nur als besonderer Vertrauter Stalins, sondern vor allem als gleichsam „russischer" erschien; das Revirement konnte mithin als Teil einer gewissen Entideologisierung der sowjetischen Politik und ihrer Rückkehr zur simplen Vertretung begrenzter russischer Interessen ausgegeben und verstanden werden, in solchem Rahmen dann als erster Schritt der Abkehr von der Kooperation mit Westmächten und Völkerbund. Der Wechsel ist denn auch allenthalben in diesem Sinne gedeutet worden, und politische Beobachter in Paris, London und nicht zuletzt Warschau zogen auch schon den Schluß, daß die Entwicklung nun auf eine deutsch-sowjetische Zusammenarbeit zulaufe: „I fear this terribly", notierte Harold Nicolson am 4. Mai[474]. In Berlin wiederum kam es am 5. Mai zu einer Unterredung zwischen Legationsrat Schnurre und dem sowjetischen Geschäftsträger Georgi Astachow, in der Astachow sich größte Mühe gab, Schnurre beizubringen, daß der Ersetzung Litwinows durch Molotow in der Tat genau die Bedeutung zukomme, die man in Großbritannien und Frankreich befürchtete. Der sowjetische Diplomat knüpfte daran sogar die Frage, wie Schnurre berichtete, „ob uns dies Ereignis zu einer veränderten Einstellung der Sowjet-Union gegenüber bringen würde". Es fehlte nur noch, daß er dem Beamten eines Regimes, das den Antisemitismus zur Staatsreligion erhoben hatte, sagte, jetzt, da wir euch diesen Juden als Verhandlungspartner erspart haben, könnt ihr doch ungescheut etwas freundlicher werden. Im übrigen benützte Astachow, als er die von Moskau gewünschte Zukunft der deutsch-sowjetischen Beziehungen umschreiben wollte, den Begriff „Rapallo", d.h. er beschwor jenes

---

[473] ADAP, D, 6, Nr. 215.
[474] Nicolson, Diaries and Letters, S. 401.

deutsch-sowjetische Abkommen, mit dem die antiwestliche und antipolnische Verbindung zwischen den konservativ-nationalen Kräften in Deutschland und den Bolschewiki im Kreml am 16. April 1922 erstmals auf eine vertragliche und dann bis 1933 haltbare Basis gestellt worden war[475]. Knapp zwei Wochen später, am 17. Mai, erschien Astachow erneut bei Schnurre, um – nach der Behandlung diverser wirtschaftlicher Fragen – abermals mit Nachdruck darzutun, daß zwischen Deutschland und der Sowjetunion doch gar keine realen außenpolitischen Gegensätze bestünden und folglich kein Grund für eine Gegnerschaft der beiden Staaten vorliege; daß eine positive Veränderung der deutsch-sowjetischen Beziehungen möglich sei, beweise ja auch, so sagte er wie am 17. April Merekalow, das sowjetisch-italienische Verhältnis, das der Duce selbst nach Schaffung der „Achse" ganz normal gehalten habe. Astachow sprach davon, daß man sich in der Sowjetunion durch Deutschland bedroht fühle, setzte jedoch hinzu: „Es sei gewiß möglich, dieses Gefühl der Bedrohung und das Mißtrauen in Moskau zu zerstreuen." Auch in dieser zweiten Unterredung erwähnte Astachow beziehungsvoll den Vertrag von Rapallo, und auf eine Zwischenfrage zum Fortgang der britisch-sowjetischen Verhandlungen äußerte er, wie Schnurre aufmerksam registrierte, „daß nach dem jetzigen Stande wohl kaum das von England gewünschte Ergebnis eintreten würde"[476].

In Berlin reagierte man auf die sowjetischen Sirenengesänge, so lieblich sie klangen, auch noch zwischen Mitte April und Ende Mai mit Mißtrauen und größter Zurückhaltung. Zu stark war anfänglich der Argwohn, die Sowjets könnten, wenn man sich auf Verhandlungen mit ihnen einließ, dies nur benutzen, um bei ihren Gesprächen mit den Westmächten für ihre Bundesgenossenschaft einen höheren Preis herauszuschlagen; schlossen dann die Sowjets mit London und Paris ab, drohte der deutschen Seite neben der politischen Niederlage eine Blamage, die, weil vom ideologischen Todfeind zugefügt, doppelt peinlich gewesen wäre. Auf der anderen Seite brauchten die nicht weniger mißtrauischen Sowjets eine deutsche Erklärung, die ihnen die Gewißheit gab, daß Deutschland tatsächlich zu einer Annäherung an die Sowjetunion bereit war. Zu nahe lag in Moskau der Verdacht, den Deutschen werde es lediglich darum gehen, durch endloses Verhandeln – und ohne sich selbst binden zu wollen – den Anschluß der Sowjetunion an Frankreich und Großbritannien zu verhindern; fiel man darauf herein, konnte man am Ende in eine nicht nur unangenehme, sondern auch – angesichts der Konfrontation mit einem mittlerweile in Polen siegreichen Deutschland – ausgesprochen gefährliche Isolierung geraten. So trat trotz des deutschen Interesses an einer Verständigung mit dem Kreml und trotz der deutlich bekundeten sowjetischen Neigung, lieber mit Deutschland als mit den Westmächten zu kooperieren, eine Art Stagnation

---

[475] ADAP, D, 6, Nr. 332.
[476] Ebenda, Nr. 406.

ein, wie sie charakteristischen Ausdruck in der ersten Unterredung fand, die Graf Schulenburg am 20. Mai mit dem neuen sowjetischen Außenkommissar Molotow hatte.

Zwar verlief das Gespräch, wie Schulenburg nach Berlin berichtete, „in freundschaftlicher Form", in einer Form, die eine Zeitlang für deutsch-sowjetische Unterhaltungen zur Regel werden sollte. Da dem Botschafter aber äußerste Vorsicht anbefohlen war, sprach er lediglich über das deutsche Interesse an der Ausweitung des Handels zwischen Deutschland und der Sowjetunion, wobei er auf das Projekt vom Januar zurückkam und die Entsendung Schnurres nach Moskau anbot; über Politik verlor er kein Wort. Auf der anderen Seite erklärte Molotow, daß die Sowjetunion nicht gewillt sei, sich auf die spielerische und unernste Art einzulassen, mit der das Deutsche Reich – wie das Ausbleiben Schnurres im Januar und das Einschlafen der anschließenden Moskauer Verhandlungen im Februar bewiesen – deutsch-sowjetische Kontakte behandle; ehe die Sowjetregierung der Wiederaufnahme von Besprechungen über wirtschaftliche Fragen zustimmen könne, müsse hierfür die „politische Basis" geschaffen werden. Damit hatte der sowjetische Außenminister dem deutschen Botschafter wohl deutlich zu verstehen gegeben, daß die UdSSR an politischen Gesprächen mit dem Dritten Reich – wie ja schon mehrmals signalisiert – in der Tat interessiert und daß sie, nach einer Geste, mit der Berlin seriöse Absichten bekunde, sofort zur Aufnahme solcher Gespräche bereit sei, doch weigerte er sich beharrlich, auch nur einen Zentimeter weiter zu gehen; als Schulenburg ihn und danach den stellvertretenden Außenminister Potemkin eindringlich befragte, wie sich denn die Sowjetregierung die „politische Basis" vorstelle, blieben die beiden sowjetischen Funktionäre die Antwort schuldig, und Molotow verstand sich lediglich zu der Bemerkung, daß die Regierungen der zwei Staaten eben darüber „nachzudenken" hätten, wie für die Erholung des Warenverkehrs eine „bessere politische Grundlage" zu zimmern sei[477].

Einen Augenblick lang schien die von Mißtrauen und Vorsicht bewirkte Stagnation dem ersten Versuch der Verständigung zwischen Drittem Reich und Sowjetunion sogar ein frühzeitiges Ende zu bescheren. Obschon Ribbentrop die Meinung durchaus teilte, daß die Sowjetunion vom Anschluß an die Westmächte abgehalten werden müsse, machte ihm doch, wenn er an die Wirkung auf Japan und an die mögliche Gefährdung seines „weltpolitischen Dreiecks" Berlin-Rom-Tokio dachte, jeder konkrete Schritt zur Annäherung an Moskau vorerst noch größtes Unbehagen, und so entschloß sich der Reichsaußenminister, aus Schulenburgs Bericht über die Unterredung mit Molotow sowjetische Ablehnung der Fortsetzung selbst von Wirtschaftsgesprächen herauszulesen, solche Ablehnung als Beweis für die Unvermeidbarkeit des sowjetischen Anschlusses an die Westmächte zu

---

[477] Ebenda, Nr. 414, 424.

deuten und aus dieser Unvermeidbarkeit dann die Zwecklosigkeit weiterer deutschen Werbens um Moskau zu folgern[478]. Er sah sich in einem derartigen Verständnis der Lage noch bestärkt, als der japanische Botschafter in Berlin, Oshima, bereits die ersten Andeutungen Ribbentrops über deutschsowjetische Kontakte tatsächlich mit der Vorhersage quittierte, daß jede Verständigung Deutschlands mit der Sowjetunion in Japan verheerend wirken werde, ja daß danach an eine Allianz Japans mit den Achsenmächten nicht mehr zu denken sei; gerade die einem Bündnis mit dem Dritten Reich zuneigende Militärpartei in Tokio werde gänzlich negativ reagieren[479]. So hat Ribbentrop ein im Auswärtigen Amt formuliertes Instruktionstelegramm an Schulenburg, das den Botschafter ermächtigt hätte, „in der Fortführung der Unterhaltung mit den Russen stärker aus der Reserve herauszutreten", eine „Beruhigung und Normalisierung" der politischen Beziehungen zwischen Berlin und Moskau anzubieten und auch schon für den Fall eines deutsch-polnischen Konflikts mit der Berücksichtigung „russischer Interessen" zu winken, am Ende doch zurückgehalten[480]. Statt dessen wurde Schulenburg am 26. Mai angewiesen, „völlige Zurückhaltung" zu wahren; ferner teilte ihm das Auswärtige Amt mit, daß auch sonst niemand von der Botschaft Kontakt suchen dürfe und daß nicht einmal beabsichtigt sei, Schnurre demnächst nach Moskau zu entsenden[481].

Jedoch bestand diese Gefährdung der Fühlungnahmen nur wenige Tage. Für die rasche Änderung der deutschen Haltung zeichneten aber nicht neue sowjetische Avancen verantwortlich. Zwar sandte Moskau sehr wohl weitere Signale seiner Annäherungsbereitschaft aus. So gab sich in Berlin Georgi Astachow große Mühe, für seine eigenen Anstrengungen im Auswärtigen Amt diplomatische Hilfstruppen anzuwerben, etwa den estnischen Gesandten, der am 2. Juni bei Staatssekretär v. Weizsäcker erschien, um darzutun, daß – wie er als Kenner Rußlands wisse – das sowjetische Mißtrauen „gegenüber den demokratischen Staaten zweifellos größer sei als gegenüber den totalitären" und daß man im Kreml – wie er aus etlichen Gesprächen mit Geschäftsträger Astachow wisse – „eigentlich nur auf eine öffentliche Geste des Entgegenkommens gegenüber Moskau warte, um der erwähnten Stimmung Ausdruck zu geben"[482]. Molotow selbst hielt am 31. Mai vor dem Obersten Sowjet ein außenpolitisches Grundsatzreferat, dessen hervorstechendstes Charakteristikum ein derart feindseliges Mißtrauen gegen die „demokratischen Staaten" war, daß die in der Rede ebenfalls zum Ausdruck gebrachte Bereitschaft, mit den Westmächten eine „Friedensfront" zu bilden, nicht recht überzeugend wirkte, zumal er an Stalins Wort erinnerte, die Sowjetunion werde nicht für andere die Kastanien aus dem

---

[478] ADAP, D, 6, Nr. 442, 446.
[479] AIA, Ap Germania, Attolico an Ciano, 27.5.1939.
[480] ADAP, D, 6, Nr. 441.
[481] Ebenda, Nr. 442.
[482] Ebenda, Nr. 469.

Feuer holen; dazu betonte Molotow, daß die Verhandlungen mit Großbritannien und Frankreich die Sowjetunion keineswegs dazu nötigten, auf wirtschaftliche Beziehungen zu Deutschland und Italien zu verzichten, und danach überraschte er die Welt mit der Ankündigung, daß die Wiederaufnahme der im Winter unterbrochenen deutsch-sowjetischen Handelsbesprechungen nicht ausgeschlossen sei[483]. Aber solche Äußerungen hatten auf die Meinungsbildung in Berlin keinen bestimmenden Einfluß mehr. Auch eine Intervention Schulenburgs kam dafür zu spät. Am 27. Mai hatte Weizsäcker einen Brief an den Botschafter geschrieben, in dem er die von Ribbentrop veranlaßte und am Vortag abgegangene Instruktion etwas ausführlicher begründete; in dem Brief sagte Weizsäcker unter anderem, daß nach Berliner Meinung – die der Staatssekretär freilich, wie er am 25. Mai schriftlich zum Ausdruck gebracht hatte, keineswegs teilte[484] – deutsche Offenheit in Moskau „statt zu nützen vielleicht eher schaden und sogar vielleicht ein Tartarengelächter hervorrufen könnte"[485]. Schulenburg, von der Berliner Exegese seiner Mitteilungen über das Gespräch mit Molotow höchlichst befremdet, antwortete am 5. Juni: „Es scheint mir, daß man in Berlin den Eindruck gewonnen hat, als ob Herr Molotow bei der Unterhaltung mit mir einen deutsch-sowjetischen Ausgleich abgelehnt hätte. Ich habe mein Telegramm noch einmal durchgelesen und mit meinem Brief an Sie und mit meiner Aufzeichnung verglichen. Ich kann nicht entdecken [Ribbentrop setzte neben diesen Satz zwei riesige Fragezeichen], was diese Auffassung in Berlin hervorgerufen hat." In Wirklichkeit habe doch Molotow, so setzte der Botschafter mit Recht hinzu, „geradezu zu politischen Gesprächen aufgefordert", und mit Recht implizierte er, daß Molotows Ablehnung von Wirtschaftsverhandlungen vor der Schaffung einer „politischen Basis" auf den Versuch hinauslaufe, das erkennbar starke deutsche Interesse an russischen Rohstoffen als Hebel zu benutzen und mit ihm Deutschland auf die Straße zur politischen Annäherung zu schieben[486].

Zuvor schon, zwischen dem 26. und dem 29. Mai, hatte Hitler die Entscheidung getroffen, „daß nun doch", wie Weizsäcker am 30. in einer Nachschrift zu seinem am 27. formulierten Brief an Schulenburg festhielt, „eine Fühlungnahme mit den Russen stattfinden soll und zwar durch ein Gespräch, was mir für heute mit dem Russischen Geschäftsträger aufgetragen worden ist". Offensichtlich fand der „Führer" die wirtschaftlichen, diplomatischen und militärischen Vorteile, die ihm eine temporäre Verständigung mit Moskau für den bevorstehenden Polenkrieg und für die dann ebenfalls drohende Auseinandersetzung mit den Westmächten bringen konnte, inzwischen so verlockend, daß ihn der negative Effekt in Tokio

---

[483] Schulenburg an AA, PAA, Büro Staatssekretär, Akten Rußland, 111389 ff.
[484] ADAP, D, 6, Nr. 437.
[485] Ebenda, Nr. 446.
[486] Ebenda, Nr. 478.

nicht mehr sonderlich interessierte; gelang es, den Westmächten die Sowjetunion als Bundesgenossen wegzuschnappen, mochte die Wirkung in
London und Paris, wie er nun zu spekulieren begann, sogar derart kräftig
ausfallen, daß Briten und Franzosen ganz davon abgeschreckt wurden, Polen militärisch zu Hilfe zu kommen. Aber wenn das nicht erreicht werden
sollte, war jedenfalls – da die polnische Kampagne selbst ja als völlig unproblematisches Unternehmen erschien – der Rücken frei und durch die
Verfügung über die unerschöpflichen Rohstoffe Rußlands die britische
Blockade unwirksam gemacht. Daß er bei einer Annäherung an Rußland
die eigenen Ambitionen im Baltikum zurückzustellen und darüber hinaus
eine gewisse Westbewegung der Sowjetunion in Kauf zu nehmen hatte,
dürfte ihm sofort bewußt geworden sein. Doch da er auch diesmal, wie bei
allen seinen bisherigen Aktionen, völlig von den Aspekten und den tatsächlichen oder vermeintlichen Erfordernissen der momentanen taktischen
Situation absorbiert wurde, wuchs in ihm die Bereitschaft, die zu erwartende sowjetische Preisforderung zu akzeptieren, zumal er natürlich nie aus
den Augen verlor, daß er sich jede Zahlung ehebaldigst mit Zins und Zin-
seszins zurückholen werde.

So brachten es die Verfechter einer deutsch-sowjetischen Verständigung
jetzt in kürzester Zeit fertig, Ribbentrop bei Hitler den Rang abzulaufen.
Da waren einmal jene Vertreter des Auswärtigen Amts, die aus traditionel-
ler borussischer Neigung zu prorussischer Politik wie auch zur Einschüchterung Polens – und zur vielleicht noch möglichen Vermeidung eines Krieges gegen die Westmächte – dafür eintraten, die plötzlich aufgetauchte
Chance sogleich am Schopf zu packen und zu den guten deutsch-sowjetischen Beziehungen zurückzukehren, wie sie unter der Signatur „Rapallo"
in den Jahren von 1921 bis 1933 bestanden hatten. Und da war vor allem
Göring, der sich nicht noch einmal eine Gelegenheit zum Ausbau des
deutsch-sowjetischen Handels stehlen lassen wollte. Ein Abkommen mit
Rußland eröffne der deutschen Wirtschaft „enorme Möglichkeiten", so
schwärmte er Mitte Juni Giuseppe Renzetti vor, einem Vertrauensmann
Mussolinis, wogegen die Verbindung mit Japan, wie er sagte, „bislang keinen sichtbaren Vorteil gebracht" habe; die Japaner forderten immer nur
und gäben nichts, sie zahlten nicht einmal für deutsche Lieferungen, obwohl Deutschland ihretwegen den chinesischen Markt eingebüßt habe. Vor
einigen Wochen habe der japanische Botschafter Ribbentrop erklärt, daß
Japan ein deutsch-sowjetisches Abkommen nicht tolerieren könne, und
Ribbentrop sei davon doch tatsächlich beeindruckt worden. Sicher befinde
sich der Reichsaußenminister als Repräsentant der Antikominternpolitik in
den russischen Fragen in einer „delikaten Lage", gab Göring zu, doch sei
ebenso wahr, daß man in gewissen Situationen auf Nationen, die sich so be-
nähmen wie die Japaner, keine Rücksicht nehmen dürfe. „Mir ist es wurste-
gal, was der japanische Botschafter sagt und macht, ich werde auf meiner
Straße weitergehen, um den für Deutschland lebenswichtigen russischen

Markt zu erschließen."[487] Bis zum 29. Mai hatte sich dann auch Ribbentrop
der herrschenden Stimmung angepaßt. In einer Unterhaltung mit dem italienischen Botschafter Attolico, an der Weizsäcker und Friedrich Gaus, der
Leiter der Rechtsabteilung des Auswärtigen Amts, teilnahmen, sprach er
sich nun überzeugt für die Intensivierung der deutsch-sowjetischen Kontakte aus. Er griff sogar einen Vorschlag auf, den Weizsäcker am 25. Mai gemacht hatte, und bat in aller Form um italienische Vermittlung: Augusto
Rosso, der italienische Missionschef in Moskau, müsse die Sowjets beschwören, nicht mit den Westmächten abzuschließen, wo sich doch gerade
in Berlin eine pro-sowjetische Wendung abzeichne[488].
    In seiner Unterredung mit Astachow durfte Weizsäcker zwar keineswegs
so weit gehen, wie es das von Ribbentrop verworfene Instruktionstelegramm Botschafter Schulenburg aufgetragen hätte, doch war ihm immerhin erlaubt worden, dem sowjetischen Diplomaten zuzugeben, daß die
Moskauer These, in den deutsch-sowjetischen Beziehungen könnten Wirtschaft und Politik nicht völlig getrennt werden, richtig sei, und er war ferner zu der Versicherung ermächtigt, daß Deutschland, falls man das in
Moskau wünsche, durchaus bereit sei, das deutsch-sowjetische Verhältnis in
jenem Sinne zu normalisieren und weiter zu verbessern, wie am 17. April
von Botschafter Merekalow und seither auch mehrmals von Astachow
selbst angedeutet. In Berlin frage man sich freilich, ob eine solche Normalisierung inzwischen nicht unmöglich geworden sei, „nachdem Moskau den
Londoner Lockungen vielleicht schon Gehör geschenkt habe". Da aber
„der Geschäftsträger und sein Botschafter im Auswärtigen Amt eine offene
Sprache gesprochen" hätten, wolle man sich „den Vorwurf ersparen, als
hätten wir unsererseits hinter dem Berg gehalten". Der Staatssekretär
schloß: „Wir verlangten nichts von Moskau, wünschten nichts von Moskau,
wir wollten uns aber auch von Moskau nicht später sagen lassen, wir hätten
zwischen uns eine undurchdringliche Schweigemauer aufgerichtet." Astachow wiederum war in der Lage, „ohne weiteres" zu erklären, daß Molotow
am 20. Mai in seinem Gespräch mit Schulenburg mitnichten „in der Absicht gesprochen hat, vor weitere deutsch-russische Erörterungen einen
Riegel vorzuschieben", daß die sowjetische Regierung vielmehr ernstlich an
einem politischen Dialog zwischen Deutschland und Rußland interessiert
sei. Weizsäcker kommentierte, Astachow habe ihn überzeugt. Für die Augen Ribbentrops und Hitlers bestimmt, schrieb er: „Die Episode Molotow-
Schulenburg scheint mir demnach mehr das Produkt von Empfindlichkeit
und Mißtrauen gewesen zu sein als eine planmäßige Abweisung."[489]
    Daß sich die beiden prospektiven Partner solchermaßen freundlich anlä-
chelten, genügte denn auch, um zunächst einmal wenigstens die Wieder-

---

[487] AIA, Ap Germania, Attolico an Ciano, 15.6.1939.
[488] Ebenda, Attolico an Ciano, 29.5.1939.
[489] ADAP, D, 6, Nr. 451.

aufnahme der Wirtschaftsgespräche zu bewirken. Mikojan empfing einige Male den für wirtschaftliche Angelegenheiten zuständigen Legationsrat an der deutschen Botschaft in Moskau, Gustav Hilger[490], und es war bis Mitte Juni von deutscher Seite auch wieder davon die Rede, Schnurre in Moskau verhandeln zu lassen. Aber in den Unterredungen mit Hilger zeigte sich Mikojan – aus berechtigtem Mißtrauen, wie er sagte – sehr spröde, und die sowjetische Zustimmung zur Reise Schnurres nach Moskau knüpfte er an noch unerfüllte Bedingungen. Die sowjetische Reserve war gewiß auch eine Folge von Meinungsverschiedenheiten in den wirtschaftlichen Fragen. Mikojan ließ keinen Zweifel daran, daß die Reichsregierung vor dem Beginn der eigentlichen Besprechungen zusagen müsse, die von der Sowjetregierung im Februar präsentierten Kredit- und Lieferwünsche als Verhandlungsbasis anzuerkennen, und nach wie vor zögerten die Berliner Experten, diese Forderung zu akzeptieren; auch hat Hilger, der aus Berlin nur ungenügende und zeitweilig sogar widersprüchliche Instruktionen erhielt, notwendigerweise zu steif und zu negativ verhandelt. Der wichtigere Grund für die sowjetische Zurückhaltung ist jedoch darin zu sehen, daß Stalin und Molotow offensichtlich zu der Ansicht gelangten, die deutsche Festlegung auf eine sowjetfreundliche Politik sei noch nicht klar und noch nicht sicher genug. Sie warteten auf ein deutliches Zeichen aus Berlin, und ein solches Zeichen wollte wochenlang nicht kommen.

Auf der anderen Seite nahm gerade im Juni das sowjetische Interesse an einer Verständigung mit Deutschland womöglich noch zu. Im Laufe des Monats konnte nämlich Stalin definitiv feststellen, daß seine Annahme richtig gewesen und ein Abschluß mit den Westmächten, der seinen seit München geweckten Appetit befriedigt hätte, in der Tat unerreichbar war. Daß die Bündnisgespräche, die mit Sir William Strangs Ankunft in Moskau begannen, praktisch sofort an einem toten Punkt ankamen, lag ja nicht in erster Linie an der Person des Unterhändlers und an einer eventuellen – in Wirklichkeit jedoch nirgends erkennbaren – sowjetischen Verärgerung über einen hier vielleicht zum Ausdruck kommenden britischen Widerwillen gegen eine Allianz mit Moskau, auch nicht daran, daß Polen und Rumänien nach wie vor, ohne damit stärkeren britisch-französischen Druck zu provozieren, das Eingeständnis verweigerten, im Kriegsfall müsse die Rote Armee, wenn sich die UdSSR der Koalition gegen das Dritte Reich anschließen solle, ein Durchmarschrecht erhalten. Die eigentliche Ursache war vielmehr, daß die sowjetischen Vertreter sofort und nahezu unverhüllt den Anspruch der Sowjetunion auf die baltischen Staaten anmeldeten und daß die Vertreter der Westmächte ebenso rasch die Unfähigkeit ihrer Staaten zur Anerkennung derartiger Ansprüche zu verstehen geben mußten; Konzessionen einer bestimmten Qualität können die Regierungen liberaldemokratischer Staaten nur machen, wenn ihnen das Wasser bis zum Halse

steht oder wenn sie zur Intervention gegen das kriminelle Betragen zweifel-
hafter Bundesgenossen sichtbar zu schwach und daher zu dessen Tolerierung verdammt sind. Stalin schob noch die Forderung nach, Großbritannien und Frankreich müßten der sowjetischen Regierung das Recht zubilli-
gen, jedem der gegen deutsche Aggression zu garantierenden Nachbarn
Rußlands bereits dann militärisch zu Hilfe zu eilen, wenn zwar kein deutscher Einfall gegeben sei, wohl aber eine, wie die Sowjets das nannten, „indirekte Aggression", z.B. ein mit den sowjetischen Interessen nicht verträg-
licher innenpolitischer Machtwechsel. Stalin sah natürlich klar, daß die
Westmächte nicht bereit sein konnten, diese Forderung – die praktisch
eine erste Skizze der Breschnew-Doktrin darstellte – anzunehmen; sie hätten damit den schon zum gierigen Griff bereiten Händen des sowjetischen
Diktators nicht allein beträchtliche osteuropäische Territorien, sondern zugleich die Auslösung des Bündnisfalls überantwortet, was groteske Situationen am Horizont erscheinen ließ: Marschierte z.B. die Rote Armee in ein
von Deutschland gar nicht angegriffenes baltisches Land ein, weil Stalin einen dort ablaufenden inneren Vorgang zur „indirekten Aggression" erklärte, und griff nun das Deutsche Reich – unter dem Vorwand, dem besetzten Land beistehen zu wollen – die Sowjetunion an, so wären die Westmächte unter Umständen verpflichtet gewesen, eine Sowjetunion zu unterstützen, die vor aller Welt als Aggressor dastand, und diesen Aggressor
überdies gegen ein Deutsches Reich zu unterstützen, das dem Anschein
nach einen gerechtfertigten Verteidigungskrieg führte. Indes hat Stalin die
Forderung sicherlich nicht ernst gemeint. Sie diente ihm lediglich als taktisches Mittel, die Verhandlungen mit den Westmächten, die er bis zu einem
Abschluß mit Deutschland brauchte, in die Länge zu ziehen. Die Verständigung mit Berlin hingegen dünkte Stalin wünschenswerter denn je[491]. Der
lettische Gesandte sagte es in jenen Tagen Molotow ins Gesicht, daß sich
die Sowjetunion für eine imperialistische Politik entschieden habe, die den
ehemals zaristischen Gebieten gelte[492].
Angesichts der Zurückhaltung, die von den Deutschen auf politischem
Felde gewahrt wurde, blieb der sowjetischen Führung – neben der kühlen
Behandlung des deutschen Rohstoffbedarfs – zunächst jedoch nur die Fortsetzung der Versuche, die Deutschen durch inoffizielle und indirekte Bekundungen der sowjetischen Verständigungsbereitschaft aus ihrer Reserve
herauszulocken. So erschien Georgi Astachow am 14. Juni „ohne sichtli-
chen Anlaß" beim Gesandten Bulgariens in Berlin, Parvan Draganoff, und
erläuterte diesem zwei Stunden lang, daß die Sowjetunion derzeit zwischen
drei Möglichkeiten schwanke, nämlich dem Abschluß eines Paktes mit
Großbritannien und Frankreich, einer weiteren Verschleppung der Verhandlungen mit den Westmächten und einer Annäherung an Deutschland.

---

[491] A. B. Ulam, Stalin. The Man and his Era, New York 1974, S. 304 ff.
[492] AIA, Ap Germania, Rosso (Moskau) an Ciano, 19.6.1939.

„Gefühlsmäßig", so gab Draganoff in einer Unterhaltung mit Ernst Woermann, dem Leiter der Politischen Abteilung im Auswärtigen Amt, die Äußerungen Astachows wieder, „läge der Sowjetunion diese letzte Möglichkeit am nächsten, wobei weltanschauliche Fragen nicht mitzuspielen brauchten." Auch territoriale Ansprüche Moskaus deutete der sowjetische Geschäftsträger an, indem er erwähnte, „daß die Sowjetunion den rumänischen Besitz Bessarabiens nicht anerkenne". Dann sprach er von der sowjetischen Furcht vor einem deutschen Angriff und sagte: „Wenn Deutschland die Erklärung abgeben würde, daß es die Sowjetunion nicht angreifen wolle, oder mit ihr einen Nichtangriffspakt abschließen würde, so würde die Sowjetunion wohl von dem Vertragsabschluß mit England absehen. Die Sowjetunion wisse jedoch nicht, was Deutschland eigentlich wolle, wenn man von gewissen, aber nur sehr unklaren Anspielungen absehe."[493] Zwei Tage später, am 16. Juni, veröffentlichte die „Iswestija" eine offizielle Stellungnahme zu einer Unterredung, die am Vortage zwischen Strang und den Botschaftern der Westmächte einerseits und Molotow und Potemkin andererseits stattgefunden hatte, und am Ende des Kommuniqués hieß es, groß aufgemacht: Das Ergebnis der Unterredung und der Überprüfung englisch-französischer Formulierungen für einen etwaigen Vertrag werde in Kreisen des Außenkommissariats „als nicht ganz günstig eingeschätzt". Andrej Shdanow, Mitglied des Politbüros, ließ dem am 29. Juni einen großen Artikel in der „Prawda" folgen, in dem er konstatierte, die sowjetischen Gespräche mit den Westmächten seien in eine Sackgasse geraten, weil England und Frankreich die Sowjetunion nur als Werkzeug benutzen wollten, um sich – welche Wendung ja auch schon Stalin und Molotow gebraucht hatten – die Kastanien aus dem Feuer holen zu lassen, aber nicht mit dem ernsten Willen zum Abschluß eines Vertrags auf der Basis der Gleichberechtigung verhandelten. Am gleichen Tag, an dem der Aufsatz Shdanows veröffentlicht wurde, sagte der sowjetische Luftattaché in London zum Gehilfen des dortigen deutschen Luftattachés, der Sowjetregierung sei am Zustandekommen eines Pakts mit England und Frankreich „nichts gelegen"[494]. Ein paar Tage später, am 4. Juli, unternahm dann der italienische Botschafter in Moskau, inzwischen auf deutschen Wunsch von Graf Ciano entsprechend instruiert[495], einen Versuch, zwischen Deutschen und Sowjets zu vermitteln, indem er Potemkin beizubringen suchte, in Rom wisse man genau, welch großen Wert die Reichsregierung auf eine Normalisierung der deutsch-sowjetischen Beziehungen lege. Molotows Stellvertreter erklärte daraufhin, „daß eine Einigung der Sowjetunion mit Deutschland die wirksamste Garantie des Friedens sein würde"[496], und Schulenburg ver-

---

[493] ADAP, D, 6, Nr. 529.
[494] Ebenda, Nr. 582; Soviet Documents on Foreign Policy, Bd. III, Oxford 1953, S. 352 ff.; Dirksen an AA, 29.6.1939, PAA, Büro Staatssekretär, Akten Rußland, 111462.
[495] AIA, Ap Germania, Ciano an Rosso, 23.6.1923.
[496] Ebenda, Rosso an Ciano, 4.7.1939.

sicherte Augusto Rosso, daß der italienische „Flankenschutz" gewiß sehr
nützlich sei[497]. Tatsächlich war aber zu diesem Zeitpunkt der Durchbruch
im Prozeß der deutsch-sowjetischen Annäherung bereits erzielt. Wie Schulenburg, der Moskau am 10. Juni verließ und sich vom 12. bis zum 24. Juni
in Berlin aufhielt, dort feststellen konnte, lag das Schweigen, das die deutsche Seite nach dem Gespräch Weizsäcker-Astachow wieder wochenlang
wahrte, vornehmlich an Ribbentrop, der auf den Standpunkt zurückgefallen war, daß der Anschluß Rußlands an die Westmächte doch nicht zu verhindern sei und daß der Draht nach Tokio unversehrt gehalten werden
müsse. Er brachte es sogar fertig, bis zum 29. Juni eine Weisung Hitlers zu
erwirken, den Russen sei mitzuteilen, daß Deutschland angesichts der unerfüllbaren sowjetischen Forderungen „an einer Wiederaufnahme der Wirt-
schaftsbesprechungen mit Rußland z. Zt. nicht interessiert" sei[498], und am
30. informierte Weizsäcker in Ribbentrops Auftrag Schulenburg, „daß auf
politischem Gebiet nunmehr bis auf weitere Weisung genügend gesagt sei
und daß im Augenblick das Gespräch von uns aus nicht wieder aufzunehmen wäre"[499]. Indes wurde die erste Instruktion nicht durchgeführt, und
die zweite kam zu spät, da die Ribbentropsche Abneigung gegen die
deutsch-sowjetische Annäherung, die sich da anbahnte, schon zuvor aus-
manövriert worden war. Abermals setzte sich bei Hitler die Allianz zwischen borussischem Traditionalismus und Görings Rohstoffinteresse durch.
In die gleiche Richtung weisend, wie die Überlegungen, die der „Führer"
selbst anstellte, weil er von den taktischen Aspekten der außenpolitischen
und militärischen Situation des Reiches besessen war, hatten die Argumente jener Allianz größere Kraft als die Argumente, die der Verfechter einer genuin nationalsozialistischen „Weltpolitik" vorzubringen vermochte.
Als aktivster Protagonist der traditionellen preußischen Rußlandpolitik
wirkte diesmal Graf Schulenburg. Nach Gesprächen mit Ribbentrop und
der übrigen deutschen politischen Prominenz, in denen er seit dem 12.
Juni die Stimmung und die Lage in Berlin rekognostizierte, besuchte Graf
Schulenburg am 17. Juni Astachow, und in der Unterredung, die er bei dieser von der diplomatischen Etikette besorgten Gelegenheit mit dem sowjetischen Geschäftsträger führte, beschränkte sich der Botschafter nicht auf
Höflichkeitsfloskeln. Offenbar war er durch seine Unterhaltung mit Ribbentrop zu der Ansicht gelangt, daß etwas zu geschehen hatte, wenn der
noch so dünne Faden zwischen Berlin und Moskau nicht wieder reißen
sollte. Seine Instruktionen weit überschreitend, ja im Grunde völlig igno-
rierend, bekannte er sich daher vor Astachow ganz offen und anscheinend
auch mit ungescheuter Begründung zu einem starken deutschen Interesse
an einer politischen Verständigung mit der Sowjetunion; Moskau dürfe

---

[497] Ebenda, Rosso an Ciano, 5.7.1939.
[498] ADAP, D, 6, Nr. 583.
[499] Ebenda, Nr. 588.

und müsse daher endlich sein Mißtrauen aufgeben. Danach erörterten die beiden Diplomaten bereits nicht minder offen die Interessen, die es zwischen dem Deutschen Reich und der Sowjetunion abzustecken galt, ebenso die politische Form, die der Neuregelung des deutsch-sowjetischen Verhältnisses gegeben werden konnte; erstmals ist dabei der Begriff „Nichtangriffspakt" im direkten deutsch-sowjetischen Austausch gefallen[500]. Graf Schulenburg verschaffte sich aber außerdem bei seinen deutschen Berliner Gesprächspartnern die Ermächtigung, einen Einfall zu verwirklichen, den er noch vor seiner Abreise aus Moskau gehabt hatte[501]. Wie wäre es denn, so hatte er überlegt, wenn Berlin den Sowjets eine öffentliche deutsch-sowjetische Verlautbarung vorschlüge, daß die Beziehungen zwischen dem Deutschen Reich und der UdSSR nach wie vor vom freundschaftlichen Geiste des „Berliner Vertrags" bestimmt seien, oder wenn auf irgendeine andere Weise der „Berliner Vertrag" ins Spiel gebracht würde. Das mochte im Kreml als die gewünschte Klärung der deutschen Rußlandpolitik akzeptiert werden und damit einen positiven Fortgang der deutsch-sowjetischen Besprechungen ermöglichen; schließlich hatten sich das Reich und die Sowjetunion in dem am 24. April 1926 geschlossenen Vertrag, der „Rapallo" gewissermaßen durch Stresemanns Politik der Verständigung mit den Westmächten rettete, gegenseitige Neutralität zugesichert, falls einer der beiden Staaten in einen Verteidigungskrieg geraten oder dem wirtschaftlichen Boykott dritter Mächte ausgesetzt sein sollte. Tatsächlich durfte Schulenburg, nach Moskau zurückgekehrt, am 28. Juni Molotow nicht nur beteuern, daß Deutschland eine Normalisierung der Beziehungen zu Sowjetrußland begrüßen würde und „keine bösen Absichten gegen die Sowjetunion hege", sondern auch erklären, daß nach deutscher Auffassung „der Berliner Vertrag noch in Kraft sei"[502].

Molotow nahm Schulenburgs Darstellung „mit Genugtuung zur Kenntnis" und begriff auch sofort, daß der Botschafter mit der Erwähnung des Berliner Vertrags die deutsche Bereitschaft andeuten wollte, eine deutsch-sowjetische Verständigung in vertragliche Form zu kleiden. In der Tat scheint Stalin das Gespräch Schulenburg-Astachow und die Unterredung Schulenburg-Molotow als das politische Signal gewertet zu haben, das er seit Wochen erwartete, und als der deutsche Botschafter am 10. Juli – von Weizsäcker dazu am 7. ermächtigt[503] – auch noch Mikojan mitteilen konnte[504], daß die Reichsregierung, sofern die UdSSR besser auf den deutschen Rohstoffbedarf eingehe, gewillt sei, bei der Ausweitung des deutsch-sowjetischen Handels nun doch praktisch die sowjetischen Kredit- und Lieferwünsche vom Februar zu erfüllen, kamen die Dinge in eine Bewe-

[500] Ebenda, Nr. 540; AIA, Ap Germania, Rosso an Ciano, 28.6.1939.
[501] ADAP, D, 6, Nr. 490.
[502] Ebenda, Nr. 579.
[503] Ebenda, Nr. 628.
[504] Ebenda, Nr. 642.

gung, die von Manövern wie Ribbentrops Maulkorb-Instruktion nicht mehr zu bremsen war. Bereits am 15. Juli wurde Legationsrat Hilger von Mikojan unterrichtet, daß der stellvertretende Leiter der sowjetischen Handelsmission in Berlin, Babarin, inzwischen in Moskau gewesen und nun, mit entsprechenden Weisungen versehen, nach Berlin zurückgekehrt sei, um dort zusammen mit Schnurre die Besprechung der deutsch-sowjetischen Wirtschaftsfragen im Ernst aufzunehmen[505]. Das geschah denn auch, und da schon die ersten Kontakte günstige Ergebnisse zeitigten, hielt die sowjetische Regierung den Zeitpunkt für gekommen, beide Seiten öffentlich festzulegen. Während Molotow und Potemkin auf der einen Seite immer noch mit Strang über den Anschluß der Sowjetunion an eine europäische Anti-Hitler-Koalition diskutierten, brachte am 22. Juli jede Zeitung in der UdSSR eine Meldung über die Wiederaufnahme deutsch-sowjetischer Wirtschaftsverhandlungen. Zugleich bewiesen kleine freundschaftliche Gesten, wie rasch sich jetzt das Klima zwischen Berlin und Moskau besserte. So wurde Georgi Astachow nach München eingeladen, wo Hitler am 14. Juli den „Tag der deutschen Kunst 1939" und am 16. Juli eine große Ausstellung im „Haus der deutschen Kunst" mit einer Rede über seine und des Nationalsozialismus kulturelle Verdienste eröffnete. Astachow sah sich dermaßen ausgezeichnet, daß es Potemkin für angebracht hielt, sich bei Schulenburg dafür zu bedanken[506]. Umgekehrt lud die sowjetische Regierung am 24. Juli einen deutschen Wissenschaftler und einen Beamten des Berliner Landwirtschaftsministeriums zur Eröffnung der ersten großen landwirtschaftlichen Ausstellung Rußlands nach Moskau ein. Tatsächlich kamen – zwar nicht mehr rechtzeitig zur Eröffnung, aber am 14. August nur wenig später und übrigens kurz nach dem Eintreffen einer britisch-französischen Militärmission – nicht zwei, sondern drei Deutsche in die sowjetische Hauptstadt: Professor Conrad Meyer, Obmann des landwirtschaftlichen Forschungsdienstes, Ministerialdirektor Moritz vom Reichsernährungsministerium und als Vertreter des Reichsnährstands Graf Grote, der Landesbauernführer von Mecklenburg[507].

Dazu beschränkten sich die Wirtschaftsexperten Schnurre und Babarin alsbald nicht mehr auf die Ausarbeitung eines deutsch-sowjetischen Kredit- und Handelsvertrags. Am 26. Juli lud Schnurre, und zwar im Auftrag des mittlerweile von Hitler wieder disziplinierten und nun definitiv auf deutsch-sowjetische Verständigung eingeschworenen Ribbentrop, Babarin und Astachow zum Abendessen in ein Berliner Restaurant ein. Das Gespräch, das sich bei dieser Gelegenheit entwickelte, berührte wirtschaftliche Fragen nur am Rande, machte vielmehr, von beiden Seiten zielbewußt dahin geführt, endgültig den Weg zu einem politischen Abkommen frei und erbrachte sogar schon eine erste Skizze der deutsch-sowjetischen Interes-

[505] Ebenda, Nr. 677.
[506] Ebenda, Nr. 727.
[507] ADAP, D, 7, Nr. 20.

senabgrenzung, wie sie dann später tatsächlich fixiert werden sollte. Nach Bemerkungen Astachows über die früher so enge Zusammenarbeit und außenpolitische Interessengemeinschaft zwischen Deutschland und Rußland setzte Schnurre seinen Gästen auseinander, daß eine derartige Zusammenarbeit auch jetzt wieder erreichbar sei, „entweder in Anlehnung an das, was früher gewesen wäre (Berliner Vertrag) oder eine Neuordnung unter Berücksichtigung der beiderseitigen lebenswichtigen Interessen". Im Grunde sei das gar nicht so schwierig, „denn außenpolitische Gegensätzlichkeiten, die eine solche Ordnung zwischen den beiden Ländern ausschlössen, bestünden meiner Meinung nach auf der ganzen Linie von der Ostsee bis zum Schwarzen Meer und dem Fernen Osten nicht". Außerdem gebe es, bei aller Verschiedenheit der Weltanschauung, selbst in der Ideologie Deutschlands, Italiens und der Sowjetunion „ein Gemeinsames„: „Gegnerstellung gegen die kapitalistischen Demokratien. Wir hätten ebensowenig wie Italien etwas gemeinsam mit dem kapitalistischen Westen." Daher sei es geradezu paradox, wenn „die Sowjet-Union als sozialistischer Staat sich jetzt ausgerechnet an die Seite der westlichen Demokratien stellen wolle". Was könne England denn Rußland bieten? „Bestenfalls die Beteiligung an einem europäischen Krieg und die Feindschaft Deutschlands, doch wohl kaum ein erstrebenswertes Ziel für Rußland. Was könnten wir dagegen bieten? Neutralität und Herausbleiben aus einem etwaigen europäischen Konflikt und, wenn Moskau wolle, eine deutsch-russische Verständigung über die beiderseitigen Interessen, die sich ebenso wie in früheren Zeiten zum Nutzen für beide Länder auswirken würde." Astachow antwortete, „unter lebhafter Zustimmung von Babarin", der Weg der Annäherung an Deutschland sei derjenige, der den Lebensinteressen der beiden Länder am besten entspreche. Anschließend erkundigten sich die sowjetischen Diplomaten mehrmals beziehungsvoll, ob denn wohl Deutschland die baltischen Staaten, Finnland und Rumänien als seine Interessengebiete ansehe oder dort neben wirtschaftlichen doch auch politische Interessen habe. Schnurre versicherte ihnen, „daß sich aus all diesen Fragen jedenfalls kein deutsch-russischer Interessengegensatz ergebe". Selbst die Teilung Polens wurde bereits in Umrissen besprochen. Danach fragte Astachow, „ob dann, wenn eine hochgestellte sowjetische Persönlichkeit sich mit einer hochgestellten deutschen Persönlichkeit" über die erörterten Probleme unterhalten könnte, „ähnliche Ansichten von uns vertreten würden". Schnurre hat das bejaht. „Astachow betonte zum Schluß, wie wertvoll ihm diese Unterhaltung gewesen wäre. Er werde sie nach Moskau berichten und hoffe, daß sie dort sichtbare Spuren in der weiteren Entwicklung hinterlassen werde."[508]

Während der Unterredung hatte Astachow einmal gesagt, daß der Prozeß der deutsch-sowjetischen Verständigung sicherlich längere Fristen beanspruchen werde, wogegen Schnurre erklärt hatte, daß jetzt der richtige

---

[508] ADAP, D, 6, Nr. 729.

Zeitpunkt sei. In der Tat ergab sich nun, da die sowjetischen Initiativen in Berlin aufgenommen worden waren und dort endlich die deutliche Bekundung der Bereitschaft zu politischen Gesprächen hervorgerufen hatten, geradezu eine Umkehrung des Verhaltens der beiden angehenden Kompagnons: Die bislang so zögerlichen Deutschen begannen zu drängen, die bisher lockenden Sowjets gaben sich plötzlich zurückhaltend. Auf der deutschen Seite spielte gewiß auch die bekannte Ungeduld Ribbentrops eine Rolle, der, einmal auf deutsch-sowjetische Verständigung festgelegt, möglichst schnell ein dramatisches Spektakel haben wollte, das der historischen Bedeutung des Vorgangs und der historischen Größe der beteiligten Akteure angemessen war. Stärker wirkte jedoch die Furcht, Stalin könne sich im letzten Moment doch noch zum Abschluß mit Großbritannien und Frankreich entschließen. Diese Furcht, immer wieder durch ungerechtfertigt optimistische Gerüchte über den Stand der britisch-französisch-sowjetischen Verhandlungen belebt, erhielt gerade in den letzten Julitagen kräftig Nahrung, als bekannt wurde, daß England und Frankreich zur Erörterung der militärischen Kooperation demnächst sogar schon eine Militärmission nach Moskau entsenden würden. Da solchen Militärgesprächen normalerweise die politische Einigung vorausgeht, machten die Meldungen über ihren bevorstehenden Beginn doch einigen Eindruck in Berlin. Erst nachdem die britisch-französische Militärmission am 11. August in Moskau eingetroffen war – ein paar Tage zuvor hatte Sir William Strang die sowjetische Hauptstadt verlassen –, stellte sich der wahre Sachverhalt zweifelsfrei heraus: Die Mission war, nicht nur, wie man zuvor schon in ganz Europa kopfschüttelnd registriert hatte, von durchaus zweitrangigen Offizieren geführt, sie besaß überdies weder klare Instruktionen noch gar Vollmachten für ernsthafte Verhandlungen. Weit davon entfernt, der militärischen Ausgestaltung einer politischen Verständigung zu dienen, sollte die Mission im Gegensatz zum Normalfall gerade das Scheitern der politischen Gespräche, wie es in der Rückberufung Strangs zum Ausdruck kam, verschleiern; in der Hoffnung, daß Hitler Polen nicht anfallen werde, solange die Westmächte zumindest dem Anschein nach mit der Sowjetunion noch über eine gemeinsame Politik berieten, trachteten die Briten, denen die Idee mit der Militärmission gekommen war, einfach danach, die Moskauer Verhandlungen möglichst bis in den Herbst hinein zu verlängern. Der Hauptgrund für das Wachsen des deutschen Eifers ergab sich aber aus Hitlers Terminplan. Wie der „Führer" die Dinge sah, mußte eine Vereinbarung mit der Sowjetunion, wenn sie die vielleicht doch noch nicht definitiv zur Intervention entschlossenen Westmächte, mehr noch die ständig nervöser werdenden Italiener und nicht zuletzt die einen Zweifrontenkrieg scheuenden eigenen Militärs gebührend beeindrucken sollte, ja vor dem Befehl, der die deutschen Armeen gegen Polen in Bewegung setzte, getroffen und als letzter politischer Trumpf ausgespielt werden. Da der Angriffsbefehl spätestens zur Monatswende August/September zu geben war, besser noch etliche

Tage früher, wurde in den Gesprächen mit Moskau die Zeit allmählich recht knapp. Stalin wiederum, über die deutschen Pläne wohlunterrichtet, fand es offensichtlich gute Taktik, das Gefühl der Eilbedürftigkeit in Berlin noch zu steigern; je eiliger es die Deutschen hatten, desto mehr war mit ihrer Bereitschaft zu rechnen, die expansionistischen Wünsche Moskaus ohne Feilschen und zur Gänze zu akzeptieren.

Zwei Tage nach der Unterhaltung Schnurres mit Astachow und Babarin erhielt Schulenburg von Weizsäcker die Weisung, nun auch in Moskau klar zu sagen, daß Deutschland gewillt sei, sich mit der Sowjetunion über das Baltikum und Polen zu verständigen[509]. Schnurre schickte dieser Instruktion am 2. August einen Brief hinterdrein, in dem er eindrucksvoll schilderte, mit welch „außerordentlicher Dringlichkeit" das „Problem Rußland" mittlerweile in Berlin behandelt werde: „Ich habe in den letzten zehn Tagen täglich mindestens eine mündliche oder telefonische Besprechung mit dem Herrn R.A.M. gehabt und weiß, daß er auch mit dem Führer in einem ständigen Meinungsaustausch hierüber steht. Es kommt dem Herrn R.A.M. darauf an, die Frage Rußland nicht nur nach der negativen Seite hin (Störung der englischen Verhandlungen), sondern auch nach der positiven Seite hin (Verständigung mit uns) möglichst rasch zu irgendeinem Ergebnis zu bringen."[510] Tatsächlich vermochte Ribbentrop nicht abzuwarten, bis Graf Schulenburg mit Molotow sprechen konnte, vielmehr bestellte er noch am 2. August Astachow zu sich, um dem Geschäftsträger „im Ton der Gelassenheit" und „ohne irgendwelche Eile zu zeigen", wie er selbst glaubte, mitzuteilen, „es gebe kein Problem von der Ostsee bis zum Schwarzen Meer, was zwischen uns nicht zu lösen sei"; vor allem bot der Reichsaußenminister – in „leichter Andeutung", wie er meinte – praktisch die Aufteilung Polens zwischen Deutschland und der Sowjetunion an[511].

Gleichwohl fand Graf Schulenburg, als er am 3. August von Molotow empfangen wurde, einen Gesprächspartner vor, der sich zwar in der Unterhaltung „ungewöhnlich aufgeschlossen" gab, der aber kein Entgegenkommen in der Sache zeigte; obschon der Botschafter die deutsche Bereitschaft betonte, lebenswichtige Interessen Moskaus an der Ostsee zu sichern und bei einem deutsch-polnischen Konflikt alle sowjetischen Interessen in Polen zu wahren, verharrte der Außenkommissar, wenn er auch Schulenburgs Mitteilungen freundlich aufnahm, auf dem Standpunkt, daß für eine veränderte Einstellung Deutschlands zu Rußland „vorläufig noch die Beweise fehlten"[512]. Doch hüteten sich die Sowjets davor, den Dialog – über eine gewisse Verlangsamung hinaus – ernstlich zu stören oder gar zu unterbrechen. Am 10. August – an welchem Tag die britisch-französische Militärmission in Leningrad russischen Boden betrat – durfte Astachow in einer

---

[509] Ebenda, Nr. 736.
[510] Ebenda, Nr. 757.
[511] Ebenda, Nr. 758, 760.
[512] Ebenda, Nr. 766.

Unterredung mit Schnurre sagen, „daß er *nochmals* aus Moskau eine ausdrückliche Weisung bekommen habe zu betonen, daß die Sowjetregierung die Verbesserung der Beziehungen zu Deutschland wünsche". Der Geschäftsträger wiederum hörte sich wohlwollend Schnurres Beteuerung an, daß im Falle eines deutsch-polnischen Krieges „die deutschen Interessen in Polen durchaus begrenzt seien. Sie brauchten in keiner Weise mit irgendwelchen sowjetischen Interessen zu kollidieren, wir müßten diese Interessen nur kennen."[513] Und als Folge der beiden Unterredungen überbrachte Astachow am 12. August – die britischen und französischen Offiziere präparierten sich gerade für ihre erste Sitzung mit der von Marschall Woroschilow geleiteten sowjetischen Militärmission – immerhin jene Einladung zu einer umfassenden Erörterung der deutsch-sowjetischen Beziehungen in Moskau, mit der Hitler am gleichen Tag in seiner Besprechung mit dem Grafen Ciano Eindruck zu machen suchte.

Derart ermuntert, beauftragte Ribbentrop noch am 14. August den Grafen Schulenburg, Molotow aufzusuchen und ihm mitzuteilen, daß der Reichsaußenminister persönlich nach Moskau kommen wolle, um dem Außenkommissar und Stalin die Auffassung des „Führers" zu „Fragen wie: Ostsee, Baltikum, Polen, Südost-Fragen usw." auseinanderzusetzen. Die Reise dürfe außerdem nicht verzögert werden: „Die durch die englische Politik hervorgerufene Zuspitzung der deutsch-polnischen Beziehungen sowie die englische Kriegstreiberei und die damit verbundenen Bündnisbestrebungen machen eine baldige Klärung des deutsch-russischen Verhältnisses erforderlich. Die Dinge könnten sonst ohne deutsches Zutun einen Verlauf nehmen, der beiden Regierungen die Möglichkeit abschneidet, die deutsch-russische Freundschaft wieder herzustellen und gegebenenfalls auch territoriale Fragen Osteuropas zu klären."[514] Als Schulenburg die Weisung Ribbentrops am 15. August ausführte, nahm Molotow „Inhalt mir aufgetragener Mitteilung mit größtem Interesse entgegen, bezeichnete sie als außerordentlich wichtig und erklärte, daß er seiner Regierung hierüber gleich berichten und mir in Kürze Antwort geben werde. Schon jetzt könne er erklären, daß Sowjetregierung deutsche Absichten nach Verbesserung Beziehungen zu Sowjetunion lebhaft begrüße und angesichts meiner heutigen Mitteilung nunmehr an Aufrichtigkeit dieser Absichten glaube." Was Ribbentrops Moskau-Besuch betraf, legte Molotow jedoch einen auffallenden Mangel an Enthusiasmus an den Tag. Eine solche Reise, so behauptete er, bedürfe gründlicher Vorbereitung; schließlich müsse man in Moskau erst die Antwort auf drei Fragen kennen: Sei Deutschland wirklich bereit, einen Nichtangriffspakt mit der Sowjetunion abzuschließen? Sei Deutschland willens, in Tokio auf eine Besserung der sowjetisch-japani-

[513] ADAP, D, 7, Nr. 18.
[514] Ebenda, Nr. 51, 56.

schen Beziehungen hinzuwirken? Und wie stehe es mit einer gemeinsamen Politik gegenüber den baltischen Staaten?[515]

In Berlin brannte jetzt die Zeit auf den Nägeln. Ribbentrop jagte Schulenburg umgehend wieder zu Molotow: Selbstverständlich laute die deutsche Antwort auf alle drei Fragen „Ja„! Dies müsse der Botschafter, so hieß es in der Instruktion des Reichsaußenministers vom 16. August, „sofort" Molotow versichern und dabei erneut betonen, daß er, Ribbentrop, bereit sei, „von Freitag, den 18.8., jederzeit im Flugzeug nach Moskau zu kommen mit der Vollmacht des Führers, über den Gesamtkomplex der deutsch-russischen Fragen zu verhandeln und gegebenenfalls entsprechende Verträge zu unterzeichnen".[516] Molotow blieb aber, als er am 17. August abermals mit Schulenburg sprach, unerschütterlich dabei, daß der Besuch des Reichsaußenministers gut vorbereitet werden müsse, und mit bärenhafter Ironie setzte er hinzu, die Sowjetregierung scheue das Aufsehen, das eine derartige Reise hervorrufen würde; sie ziehe es vor, ohne viel Aufhebens praktische Arbeit zu leisten. In Wahrheit präsentierte er für den Empfang Ribbentrops in Moskau eine neue Bedingung: Nach Meinung der Sowjetregierung sei, wenn der Nichtangriffspakt abgeschlossen werde, zusätzlich ein „spezielles Protokoll" zu vereinbaren, „das die Interessen der vertragschließenden Teile an diesen oder jenen Fragen der auswärtigen Politik regelt und das einen integrierenden Bestandteil des Paktes bildet"[517].

Schulenburgs Bericht in Händen, ließ Ribbentrop noch am 18. August nach Moskau kabeln, der Botschafter habe sich für den 19., und zwar unbedingt schon für den Vormittag, einen weiteren Termin bei Molotow zu sichern. Er müsse dem Außenkommissar erklären, daß natürlich auch die Reichsregierung unter normalen Umständen eine bedächtigere Prozedur vorziehe: „Die ungewöhnliche gegenwärtige Lage mache aber nach Auffassung des Führers notwendig, eine andere Methode anzuwenden, die schnell zum Ziele führe. Die deutsch-polnischen Beziehungen verschärften sich von Tag zu Tag. Wir müßten damit rechnen, daß jeden Tag Zwischenfälle eintreten könnten, die den Ausbruch eines offenen Konfliktes unvermeidlich machten. Nach der ganzen Haltung der Polnischen Regierung hätten wir die Entwicklung der Dinge in dieser Beziehung keineswegs in unserer Hand. Der Führer hält es für notwendig, sich bei Bemühungen um Klärung deutsch-russischen Verhältnisses nicht vom Ausbruch eines deutsch-polnischen Konflikts überraschen zu lassen. Er hält vorherige Klärung schon deshalb für notwendig, um bei diesem Konflikt russischen Interessen Rechnung tragen zu können, was ohne solche Klärung natürlich schwer sei." Mithin sei eine sofortige Moskaureise des Reichsaußenministers dringend geboten, der mit einer Generalvollmacht des „Führers" kommen werde, den Gesamtfragenkomplex erschöpfend und abschließend

[515] Ebenda, Nr. 70.
[516] Ebenda, Nr. 73, 75.
[517] Ebenda, Nr. 105.

zu regeln. Selbstverständlich sei der Reichsaußenminister auch in der Lage, „ein spezielles Protokoll zu unterzeichnen, das Interessen beider Teile in diesen oder jenen Fragen der auswärtigen Politik regelt, z.b. Regelung Interessensphäre im Ostsee-Gebiet, Frage Baltenstaaten usw."[518].

Der Botschaft Ribbentrops, die Schulenburg tatsächlich noch am 19. an den Mann brachte, konnten Stalin und Molotow, die ja sehr gut wußten, daß über den Zeitpunkt des Beginns deutsch-polnischer Feindseligkeiten allein in Berlin entschieden wurde, entnehmen, daß Hitler den Befehl zum Angriff auf Polen bereits in wenigen Tagen geben wollte und daher jetzt bereit war, zur vorherigen Sicherung eines dramatischen deutsch-sowjetischen Vertragsabschlusses in der Tat jede sowjetische Forderung zu erfüllen. Die Dinge hatten sich also ganz nach den Moskauer Wünschen entwickelt. Wohl um hinsichtlich des Angriffsdatums definitiv Klarheit zu gewinnen, spielten die nun so stürmisch umworbenen Sowjets aber noch einmal die Spröden. So hielt Molotow auch am 19. August – die Unterredung fand nicht, wie Ribbentrop angeordnet hatte, am Vormittag, sondern zwischen 14 und 15 Uhr nachmittags statt – zunächst hartnäckig daran fest, daß zwar die Reisepläne des Reichsaußenministers an sich positiv eingeschätzt werden müßten, es jedoch „vorläufig nicht möglich sei, auch nur annähernd den Zeitpunkt der Reise zu bestimmen". Alle Gegenargumente des deutschen Botschafters prallten am sowjetischen Außenkommissar ab wie an einer Wand. Erst in einer zweiten Unterredung, zu der Schulenburg um 16.30 Uhr erneut in den Kreml gebeten wurde, verstand sich Molotow zu einer Konzession. Seit Ende Juli war zwischen den Wirtschaftsexperten der deutsch-sowjetische Handels- und Kreditvertrag ausgearbeitet und unterschriftsreif gemacht worden; er sollte an eben diesem 19. August in Berlin unterzeichnet werden. Finde die Unterzeichnung tatsächlich statt – was dann auch der Fall war –, so könne Ribbentrop, wie Molotow nun zugab, ja etwa eine Woche später, also am 26. oder 27. August, nach Moskau kommen. Zugleich erhielt Graf Schulenburg den sowjetischen Entwurf für einen Nichtangriffspakt zwischen Deutschland und der UdSSR[519].

Wirklich stellte sich sogleich heraus, daß Hitler nicht einmal mehr sechs oder sieben Tage zu warten vermochte. In seinem Zeitplan gefangen und daher von steigender Nervosität befallen, unternahm er jetzt einen höchst ungewöhnlichen Schritt. Am Nachmittag des 20. August ging der Text eines Telegramms nach Moskau ab, das Hitler direkt an Stalin richtete. Der „Führer" des Dritten Reiches flehte darin den sowjetischen Diktator förmlich an, den Reichsaußenminister doch schon am 22. August, „spätestens aber am Mittwoch, den 23. August zu empfangen". Ribbentrop habe „umfassendste Generalvollmacht zur Abfassung und Unterzeichnung des Nichtangriffspakts, sowie des Protokolls", versicherte Hitler, nachdem er

[518] Ebenda, Nr. 113.
[519] Ebenda, Nr. 125, 132.

zuvor schon klargemacht hatte, daß es beim Nichtangriffspakt eigentlich nicht mehr um „Abfassung" gehe, sondern nur noch um „Unterzeichnung": „Ich akzeptiere", so ließ der „Führer" vorsorglich und werbend wissen, „den von Ihrem Außenminister Herrn Molotow übergebenen Entwurf des Nichtangriffspakts."[520] Natürlich sollte Graf Schulenburg das Telegramm Hitlers, das am 21. August um 0.45 Uhr in Moskau eintraf, „umgehend" Molotow aushändigen, und ein nachgesandtes Telegramm Ribbentrops an Schulenburg befahl dem Botschafter, „alle Energie" walten zu lassen[521]. Doch verstrich, während Hitler und Ribbentrop auf Kohlen saßen, der ganze Vormittag, und erst um 15.00 Uhr nachmittags konnte Schulenburg das Telegramm des „Führers" Molotow übergeben. Damit hatte die Spannung allerdings ein Ende. Der deutschen Absichten nun völlig sicher, und zwar sowohl im Hinblick auf Polen wie im Hinblick auf die Bereitschaft zum Vertragsabschluß mit der Sowjetunion, brauchte sich Stalin nicht länger zu zieren. Daß die deutsche Bereitschaft nicht mit einem aufrichtigen Willen zu einer längerfristigen Verständigung identisch, sondern ausschließlich zur Bewältigung momentaner Schwierigkeiten in der strategischen und taktischen Situation des Dritten Reiches gedacht war, ist den Sowjets auch jetzt nicht einen Augenblick lang unklar gewesen; in einer der Unterredungen mit Schulenburg hatte Molotow spöttisch bemerkt, das Beispiel Polen beweise, daß man die „Dauerhaftigkeit" von Nichtangriffspakten mit Deutschland bezweifeln müsse[522]. In der Gewißheit aber, daß der Angriff auf Polen, den man Hitler mit der sowjetischen Neutralität fraglos erheblich erleichterte, Deutschland in einen langwierigen Krieg mit den Westmächten verstricken werde, der das Reich von der UdSSR ablenken und überdies Moskau zunächst einmal störungsfreie eigene Raubzüge in Ost- und Südosteuropa ermöglichen mußte, in dieser Gewißheit durfte die reine Funktionalität der mithin lediglich temporär gemeinten neuen Rußlandpolitik Deutschlands, so glaubte Stalin, getrost ignoriert werden. Bereits um 17.00 Uhr wurde Graf Schulenburg wieder zu Molotow bestellt, der eine freundlich gehaltene Antwort Stalins auf das Telegramm Hitlers überreichte, an deren Ende der Satz stand: „Die Sowjetregierung hat mich beauftragt, Ihnen mitzuteilen, daß sie einverstanden ist mit dem Eintreffen des Herrn von Ribbentrop in Moskau am 23. August. gez. Stalin"[523].

Der angeblich jedes Aufsehen scheuende Molotow schlug nun sogar vor, den Abschluß eines deutsch-sowjetischen Nichtangriffspakts und die Moskaureise Ribbentrops bereits am 22. August mit einem Kommuniqué der Weltöffentlichkeit anzukündigen, was in Berlin mit Vergnügen akzeptiert wurde[524]. Einen Tag später war es dann tatsächlich so weit. Ribbentrop und

---

[520] Ebenda, Nr. 142.
[521] Ebenda, Nr. 149.
[522] ADAP, D, 6, Nr. 579.
[523] ADAP, D, 7, Nr. 158, 159.
[524] Ebenda, Nr. 160, 170.

Molotow unterzeichneten, praktisch ohne weitere Verhandlungen, einen Nichtangriffs- und Neutralitätspakt, dazu ein geheimes Zusatzprotokoll, in dem Deutschland der Sowjetunion freie Hand gegenüber Finnland, Estland, Lettland und dem rumänischen Bessarabien zugestand; für den Fall „einer territorial-politischen Umgestaltung der zum polnischen Staate gehörenden Gebiete" wurden „die Interessensphären Deutschlands und der UdSSR ungefähr durch die Linie der Flüsse Pissa, Narew, Weichsel und San abgegrenzt"[525]. Beide Partner waren – und in der Nacht vom 23. auf den 24. August fand das seinen Ausdruck in zahlreichen Trinksprüchen – zufrieden: Das Dritte Reich hatte für den bevorstehenden Krieg den Rükken im Osten freigemacht und sich den Zugriff auf die wirtschaftlichen Ressourcen Rußlands gesichert, für die Sowjetunion war eine kräftige Westbewegung vorgezeichnet. Bei der Berliner Kriegspartei herrschte besondere Freude. Mochten die Bündnisgespräche mit dem Antikomintern-Partner Japan gescheitert sein, mochte der „Stahlpakt„-Partner Italien beunruhigende Zeichen seiner Neigung zur Desertion aus der Allianz geben, so war es nun auf der anderen Seite gelungen, ausgerechnet die bolschewistische Sowjetunion als Bundesgenossin zu gewinnen und damit dem Anschein nach all die anderen Fehlschläge mehr als wettzumachen.

Die letzten Augusttage: Hitler zwingt Europa in den Krieg

Noch am 24. August wieder nach Berlin zurückgekehrt, erstattete der erfolgstrunkene Ribbentrop seinem „Führer" im Beisein Görings und Weizsäckers einen enthusiastischen Bericht über seine Moskauer Erfahrung, wobei er, der in den Augen der aus den frühen Stadien der NSDAP stammenden NS-Elite keineswegs als „alter Parteigenosse" galt und in den Reihen der „Alten Kämpfer" nicht einen Freund besaß, die hübsche Bemerkung machte, er habe sich in der sowjetischen Hauptstadt „gewissermaßen wie zwischen alten Parteigenossen gefühlt"[526]. Ansonsten aber konnte der Reichsaußenminister alsbald jene Entdeckung machen, die der „Führer" bereits am Vortag zu ahnen begonnen hatte: Der deutsch-sowjetische Pakt, zuletzt so hektisch angestrebt und mit so beträchtlichen Konzessionen an die neuen Partner erkauft, brachte dem Dritten Reich zwar fraglos eine gewisse und im Hinblick auf die zu erwartende britische Blockade auch nicht unwichtige Verbesserung der wirtschaftlichen Situation, daneben jedoch lediglich eine leichte und angesichts des ohnehin sicheren Erfolgs gänzlich überflüssige militärische Entlastung für den Feldzug in Polen. Letzteres durfte schon Ende August genutzt werden, als die sowjetische Regierung

[525] Ebenda, Nr. 228, 229.
[526] Weizsäcker, Erinnerungen, S. 254.

auf deutschen Wunsch Meldungen in der westeuropäischen Presse dementierte, die Sowjetunion reduziere die Truppen an ihrer Westgrenze, und das Dementi aus freien Stücken noch mit dem Zusatz versah, die Sowjetunion habe ihre Streitkräfte an der sowjetisch-polnischen Grenze natürlich nicht verringert, sondern verstärkt[527].

Nicht daß der Pakt ohne politische Wirkungen geblieben wäre, doch handelte es sich durchweg um negative Effekte. So zeigte sich, daß Mussolini mit seiner Vorhersage recht behielt, eine zu weitgehende Annäherung an die UdSSR werde zu Unruhe in den auf Antibolschewismus gedrillten eigenen Reihen führen. Tatsächlich provozierte der Pakt in der völlig verstörten NS-Bewegung eine seit langem nicht mehr aufgetretene Neigung zu Kritik. Reichsleiter Alfred Rosenberg, der ideologische Papst der NSDAP, kommentierte am 22. August in seinem Tagebuch: „Unsere Presse läßt nach Anweisungen vom AA schon alle Würde vermissen... Als ob unser Kampf gegen Moskau – ein Mißverständnis gewesen sei und die Bolschewiken die wahrhaften Russen seien mit alten Sowjetjuden an der Spitze! Die Umärmelung ist mehr als peinlich." Und drei Tage später notierte Rosenberg, der die üble Versündigung an der antibolschewistischen Mission Deutschlands freilich nicht Hitler, sondern dem verhaßten Ribbentrop anlastete: „Ich habe das Gefühl, als ob sich dieser Moskau-Pakt irgendwann am Nationalsozialismus rächen wird."[528] Gewiß wäre die interne Kritik noch viel kräftiger und breiter ausgefallen, hätte sich nicht die Mehrzahl der NS-Funktionäre – wie die Mehrheit der Bevölkerung – für eine Woche in der beruhigenden Illusion gewiegt, mit dem deutsch-sowjetischen Vertrag sei es dem „Führer" immerhin gelungen, einen großen europäischen Krieg in letzter Minute zu verhindern. Als taktischer Genieblitz, der die Westmächte vom Kriegseintritt abhielt und damit, von Polen abgesehen, den Frieden sicherte, wurde der ideologisch-politische „Verrat" verziehen oder doch milder beurteilt. Allerdings versetzte der Pakt auf der anderen Seite – was der NS-Führung vorerst verborgen blieb – etliche der bereits entstandenen konservativ-nationalen Widerstandsgruppen in Aufregung und frischen Umsturzeifer, weil sie von der Verbindung zwischen Nationalsozialisten und Bolschewiken eine Kräftigung des linken Flügels der NS-Bewegung und jener traditionsfeindlichen Tendenzen der NS-Politik befürchteten, die sie gelegentlich mit der Bezeichnung „brauner Bolschewismus" charakterisierten[529]. Auf außenpolitischem Felde sahen die Dinge nicht besser aus. Am 25. August hielt Ribbentrop einen Einspruch der japanischen Regierung gegen den deutsch-sowjetischen Vertrag in Händen,

---

527 ADAP, D, 7, Nr. 360, 387, 388, 424, 446.
528 Das politische Tagebuch Alfred Rosenbergs aus den Jahren 1934/35 und 1939/40, hrsg. v. H.-G. Seraphim, Göttingen 1956, S. 73, 75.
529 H. Mommsen, Gesellschaftsbild und Verfassungspläne des deutschen Widerstandes – H. Graml, Die außenpolitischen Vorstellungen des deutschen Widerstandes, in: H. Graml (Hrsg.), Widerstand im Dritten Reich, Frankfurt 1986.

der, so verstand man es in Tokio, mit dem Geiste des Antikominternpakts unvereinbar sei, und am 28. August stürzte die japanische Regierung. Ministerpräsident Hiranuma begründete die Demission des Kabinetts vornehmlich damit, daß die sonderbare Lage, welche durch den deutsch-russischen Pakt entstanden sei, eine völlige Neuorientierung der japanischen Außenpolitik notwendig mache[530].

In Europa wurde indes nicht einer der politischen Zwecke erreicht, die man in Berlin mit Ribbentrops Moskaureise zu erreichen gehofft hatte. Sicherlich hatte die Sowjetunion nun definitiv und vor aller Welt darauf verzichtet, sich mit den Westmächten gegen Deutschland zu verbinden; am 25. August reiste die britisch-französische Militärmission aus Moskau ab. Aber abgesehen davon, daß gleichzeitig Deutschland seine bisher beanspruchte Wächterrolle gegen das bolschewistische Rußland aufgab und damit die letzten europäischen Sympathien für das Dritte Reich dahinschwanden, war dieser Verzicht Moskaus schon mit der zunächst einmal zugestandenen Stärkung des potentiellen Hauptopfers der NS-Politik unverantwortlich hoch bezahlt worden. Und daneben trat nicht die geringste Veränderung in der europäischen Konstellation ein. Bereits am 23. August zeigte sich, daß die Bundesgenossenschaft Italiens nicht um ein Jota sicherer gemacht worden war. Um 10 Uhr vormittags wurde Reichsfinanzminister Graf Schwerin-Krosigk, der sich gerade in Rom aufhielt, von Graf Ciano empfangen, und anschließend berichtete Graf Schwerin ungesäumt nach Berlin, daß der italienische Außenminister wohl die Bedeutung der Reise Ribbentrops nach Rußland gewürdigt, jedoch hinzugefügt habe, daß der Moskauer Paktabschluß leider, wie ihm das die Botschafter Großbritanniens und Frankreichs „soeben ausdrücklich und sehr ernst bestätigt" hätten, ohne Einfluß auf die Polen – und Deutschlandpolitik der Westmächte bleiben werde; mithin ändere sich auch nichts an der Lage Italiens, für das der bei einem deutschen Angriff nach wie vor unvermeidliche Krieg gegen Briten und Franzosen um mindestens drei Jahre zu früh komme[531]. Was den Kurs Englands betraf, so beeilte sich Premierminister Chamberlain, noch am 22. August, kaum daß Ribbentrops Moskaureise bekannt geworden war, Hitler in einem Brief – der dem „Führer" am nächsten Tag ausgehändigt wurde – klipp und klar zu sagen, daß er nicht glauben dürfe, mit dem deutsch-sowjetischen Vertrag Englands Bündnistreue gegenüber Polen erschüttert zu haben. „Kein größerer Fehler", so schrieb Neville Chamberlain, „könnte begangen werden. Welcher Art auch immer das deutschsowjetische Abkommen sein wird, so kann es nicht Großbritanniens Verpflichtung gegenüber Polen ändern." Der Premier, der auf die – oberflächlich gesehen – blamable diplomatische Niederlage der Westmächte durchaus angemessen, ja eindrucksvoll reagierte, nämlich mit fester Entschlos-

---

[530] Archiv der Gegenwart 1939, Sp. 4191.
[531] ADAP, D, 7, Nr. 227.

senheit, tiefem Ernst und souveräner Würde, setzte hinzu: „Es ist behauptet worden, daß, wenn Seiner Majestät Regierung ihren Standpunkt im Jahre 1914 klarer dargelegt hätte, jene große Katastrophe vermieden worden wäre. Unabhängig davon, ob dieser Behauptung Bedeutung beizulegen ist oder nicht, ist Seiner Majestät Regierung entschlossen, dafür zu sorgen, daß im vorliegenden Falle kein solch tragisches Mißverständnis entsteht."[532] Die Kernpunkte dieses Schreibens wurden am Abend des 22. August in Form einer offiziellen Regierungserklärung auch veröffentlicht. Danach lag der Kurs Frankreichs ebenfalls fest, wo aber ein großer Kriegsrat der führenden Politiker und Militärs am 23. August auch noch ausdrücklich feststellte, wie vor dem deutsch-sowjetischen Vertrag habe Frankreich auch jetzt keine andere Wahl, als Polen gegen einen deutschen Angriff beizustehen[533]. Mit anderen Worten: die deutsch-sowjetische Vereinbarung war sicherlich – trotz der seit langem kursierenden Gerüchte und der seit langem gehegten Befürchtungen – eine saftige politische Sensation, doch im Grunde kein rechter politischer Erfolg Berlins.

Nicht einmal in dem Staat, der während der kommenden Wochen und Monate mit Sicherheit am meisten Leid zu erwarten hatte, in Polen, übte der Pakt, den Ribbentrop in Moskau abgeschlossen hatte, irgendeinen praktischen Einfluß aus, obwohl nun feststand, daß das Schicksal des Landes – zumindest kurzfristig – die vierte Teilung sein werde. Naturgemäß hatte man in Warschau die deutsch-sowjetischen Kontakte genau beobachtet und die Verständigung zwischen Nationalsozialisten und Bolschewiken durchaus kommen sehen. Zwar nicht der polnische Botschafter in Moskau. Grzybowski hatte die Stadien der deutsch-sowjetischen Annäherung mit bagatellisierenden Kommentaren begleitet und eine Verständigung zwischen Berlin und Moskau stets als unmöglich hingestellt[534]. In seinem wohl letzten Bericht aus Moskau setzte dann der Botschafter am 29. August Außenminister Beck auseinander, daß der entgegen seinen Prognosen nun doch zustande gekommene deutsch-sowjetische Vertrag politisch im Grunde bedeutungslos sei: „Sie werden sehen, daß der Pakt bis Sonntag vorbei ist!"[535] In Warschau selbst war man jedoch realistischer gewesen, und auch das Resultat der deutsch-sowjetischen Verhandlungen wurde jetzt ernster beurteilt als von Grzybowski. Aber an den politischen und militärischen Entschlüssen änderte sich nichts, der Wille zum Widerstand erfuhr nicht die geringste Schwächung. Noch vor der Vertragsunterzeichnung in Moskau, am 17. August, hatte der im polnischen Innenministerium für Minderheitenfragen zuständige Ministerialdirektor Zyborski einen der Führer der deutschen Minderheit, Senator Hasbach, empfangen, der „beabsichtigte, die Beschwerden der deutschen Volksgruppe über die ge-

[532] Ebenda, Nr. 200.
[533] G. Bonnet, La Defense de la Paix, Bd. II, Genf 1953, S. 305 ff.
[534] Szembek-Tagebuch, S. 378 ff., 641, 740.
[535] Ebenda, S. 711.

genwärtige Unterdrückung und Verfolgung an der Hand einer überreichten Denkschrift zur Sprache zu bringen". Zyborski fand es „erstaunlich, daß die deutsche Volksgruppe glaube, in diesem Augenblick mit irgendwelchen Einzelbeschwerden kommen zu können", wo doch die Absichten Berlins auf eine restlose Aufteilung Polens hinausliefen. „An der Hand einer vorliegenden Karte Polens, in der die Siedlungslage der Nationalitäten eingetragen war, führte Zyborski aus, wie nach den Informationen Warschaus die Teilungsabsichten Berlins seien. Er legte dar, daß man in Berlin eine neue Grenzziehung beabsichtige mit einem Bogen, der von Ostpreußen dicht an den Toren Warschaus vorbei bis Oberschlesien geht; dann sei Galizien als altes österreichisches Kronland und selbstverständlich das Herzogtum Teschen das Ziel der deutschen Wünsche. Die übrig bleibenden Gebiete sei man bereit, Rußland zu übergeben." Auch sprach Zyborski davon, daß am Ende die „Aussiedlung" aller Polen nach Sibirien kommen werde. Jedoch werde sich das polnische Volk, so schloß der Ministerialdirektor, „gegenüber der vom Reich eingeleiteten 4. Teilung Polens mit allen zu Gebote stehenden Mitteln zur Wehr setzen"[536]. Graf Lubienski, Becks Kabinettschef, konstatierte – gewiß beeindruckt, doch ohnehin fatalistisch gestimmt – lediglich, der deutsch-sowjetische Pakt bedeute eigentlich keine Veränderung der Situation, da „Rapallo" im Grunde immer in Kraft gewesen sei[537].

Nicht anders reagierte die polnische Bevölkerung. Ihre Stimmung war naturgemäß schon vor dem Moskauer Paktabschluß düster gewesen: im Hinblick auf den als unausweichlich erwarteten Krieg mitsamt der Niederlage und der Besetzung des Landes, dazu unter dem Eindruck einer allmählich bis zum Stillstand fortschreitenden Lähmung von Handel und Wandel, die, verursacht von der nun bereits seit Monaten andauernden Spannung und Kriegsfurcht, mittlerweile fast jedermann traf. Am 18. Juli schickte der deutsche Generalkonsul in Posen einen Bericht an das Auswärtige Amt, in dem bei der Schilderung der polnischen Stimmung nur Wörter wie „niedergeschlagen", „gedrückt", „Beklemmung" und „Unsicherheit" gebraucht wurden[538]. Eine solche Charakterisierung stand freilich in krassem Gegensatz zur offiziellen Lesart vom Übermut der Polen, und daher wies der Geschäftsträger in Warschau, Johannes v. Wühlisch, der inzwischen Gefangener der eigenen Propaganda geworden war, am 25. Juli sämtliche deutschen Konsulate in Polen an, sofort Berichte über die Stimmung im Lande vorzulegen. Mit der geballten Wucht der gesammelten Eindrücke hoffte er, den Generalkonsul in Posen – der ja nur, wie er dem eigentlichen Empfänger des Posenschen Memorandums, dem Leiter der Ostabteilung im Auswärtigen Amt, Schliep, versicherte, seinen „engeren Amtsbezirk" übersehe – schlagend zu widerlegen[539]. Nachdem einige Tage später die Stellungnah-

---

[536] Vermerk, 18.8.1939, PAA, Büro Staatssekretär, Polen 1, 35015 f.
[537] Szembek-Tagebuch, S. 689.
[538] Generalkonsulat Posen an AA, 18.7.1939, PAA, Botschaft Warschau.
[539] Wühlisch an Schliep, 25.7.1939, PAA, Botschaft Warschau.

men aus Krakau, Lemberg, Kattowitz, Thorn, Lodz und Teschen eingelaufen waren, ergab sich jedoch, und zwar trotz des erkennbaren Bemühens der Autoren, den offenkundigen Wünschen des Auftraggebers entgegenzukommen, daß der Posener Generalkonsul, der in seinem zweiten Bericht mannhaft seine am 18. Juli niedergelegte Auffassung wiederholte, praktisch bestätigt wurde. Allerdings stellte sich ebenfalls heraus, daß sich die allgemeine Niedergeschlagenheit offensichtlich sehr wohl mit der – oft von der Hoffnung auf die Hilfe der Westmächte gestützten – Entschlossenheit zum Widerstand gegen den in Kürze losbrechenden deutschen Angriff vertrug und daß die lange Dauer der Krise dieser Entschlossenheit kaum etwas anzuhaben vermochte[540]. Nach der Meldung von der deutsch-sowjetischen Verständigung, deren Bedeutung für das polnische Schicksal in Polen niemand erklärt zu werden brauchte, lastete die düstere Stimmung gewiß noch schwerer auf dem Land, doch blieb der Wille, sich zu wehren, ungebrochen.

Hitler freilich könnte in der Aussicht auf die unmittelbar bevorstehende Vertragsunterzeichnung für einige Augenblicke tatsächlich noch einmal in die Illusion zurückgefallen sein, ein deutsch-sowjetischer Pakt werde die Westmächte davon abhalten, an der Seite Polens in den Krieg gegen Deutschland einzutreten. Als er am 22. August die Spitzen der drei Wehrmachtteile ein letztes Mal auf dem Obersalzberg versammelte, um sie mit einer großen Ansprache psychisch für den Kriegsbeginn zu wappnen, hat er jedenfalls Ribbentrops Moskaureise zur Beruhigung der Militärs benutzt und dabei gesagt: „Damit habe ich den Herrschaften [in England und Frankreich] ihre Waffen aus der Hand geschlagen. Polen ist in die Lage hineinmanövriert worden, die wir zum militärischen Erfolg brauchen." Einige der naiveren Generäle und Admiräle dürften solche Sätze denn auch in der Tat als krönende Argumente für die von Hitler mit großer Verve verfochtene Behauptung verstanden haben, Großbritannien und Frankreich seien weder willens noch fähig, Polen militärisch beizustehen. Jedoch ist es in Wahrheit unglaubhaft, daß sich der „Führer" selber in derartigen Illusionen gewiegt hat. Ein allzu beträchtlicher Teil seiner Ansprache war bereits dem Zweck gewidmet, seine Zuhörer mit dem Gedanken vertraut zu machen, daß es wohl auch gegen die Westmächte gehen werde, und dafür hatte er die simple und im Moment ja auch militärisch durchaus anwendbare Formel parat: „Wir werden den Westen halten, bis wir Polen erobert haben." Im Grunde lief seine Rede auf den – gelungenen – Versuch hinaus, die im Hinblick auf einen Westkrieg tief besorgten Offiziere bei der Gewohnheit schlichter Befehlsausführung zu halten und ihr Vertrauen zur politischen Leitung möglichst ungeschmälert zu bewahren, indem er einer-

---

[540] Konsulat Teschen, 27.7., Konsulat Krakau, 27.7., Konsulat Lemberg, 27.7., Generalkonsulat Kattowitz, 27.7., Generalkonsulat Thorn, 29.7.1939, Botschaft Warschau (zusammenfassender Bericht), o.D. (Anfang August 1939), PAA, Botschaft Warschau.

seits das angenehme Unwahrscheinliche als das Wahrscheinliche vorgau-
kelte, aber andererseits das tatsächlich und gefürchtete Wahrscheinliche als
das zwar Unwahrscheinliche, doch selbstverständlich Einkalkulierte immerhin erwähnte. Ähnliche Zwecke verfolgte Hitler, wenn er in jenen Tagen mit anderen deutschen Funktionären sprach, etwa mit seinen Diplomaten, wie am 23. und 24. August mit Staatssekretär v. Weizsäcker, der in
diesen Gesprächen glatt bestritt, daß der deutsch-sowjetische Vertrag die
Deutschland- und Polenpolitik der Westmächte beeinflussen werde[541]. Für
seine eigene Rechnung wird es Hitler genügt haben, daß er mit dem Moskauer Pakt der kommenden britischen Blockade ihre Gefährlichkeit weitgehend genommen hatte. Wie wenig der „Führer" jetzt noch auf die Meinung und mithin auch auf die Politik Westeuropas gab, verriet er am 22.
August nicht zuletzt dadurch, daß er den versammelten Militärs sowohl für
die Kriegführung gegen Polen wie für die deutsche Politik im besetzten
Polen eine Brutalität ankündigte, mit der sich Deutschland für eine Weile
aus dem Kreis der zivilisierten Staaten ausschließen mußte. Immer wieder
gebrauchte er Wendungen wie „brutales Vorgehen", „hart und rücksichtslos", „gegen alle Erwägungen des Mitleids hart machen", und in diesem
Sinne sagte er, wie Generalstabschef Franz Halder notierte: „Ziel: Vernichtung Polens = Beseitigung seiner lebendigen Kraft. Es handelt sich
nicht um Erreichen einer bestimmten Linie oder einer neuen Grenze, sondern um Vernichtung des Feindes, die auf immer neuen Wegen angestrebt
werden muß." Jede „sich neu bildende lebendige polnische Kraft" sei „sofort wieder zu vernichten"[542].

Im sicheren Gefühl, die besseren Karten in der Hand zu haben und den
Krieg getrost riskieren zu können, beantwortete daher Hitler den Brief, in
dem Chamberlain am 22. August dargetan hatte, daß die deutsch-sowjetische Verständigung nichts an den polnischen Verpflichtungen Großbritanniens ändere, am folgenden Tag mit einem ebenso verlogenen wie vor allem naßforschen Schreiben[543]. So sprach der „Führer" von der „Welle
furchtbaren Terrors", die über die Deutschen in Polen hereingebrochen sei,
von den „entsetzlichen Greueln", die an ihnen verübt würden. Aber abgesehen davon, daß das Los der Deutschen in Polen die nationalsozialistischen Herren Deutschlands bis zum Frühjahr 1939 ohnehin keinen Deut
gekümmert hatte, schäumte die „Welle furchtbaren Terrors" auch jetzt allein im Reich der Propaganda, in dem allerdings die zuständigen Abteilun-
gen der „Volksdeutschen Mittelstelle" und des Reichspropagandaministe-
riums nicht weniger erfindungsreich und produktiv waren als im Vorjahr

---

[541] Weizsäcker, Erinnerungen, S. 252 ff.
[542] Halder, Kriegstagebuch, S. 25; vgl. IMT, XXVI, S. 338 ff.; W. Baumgart, Zur Ansprache Hitlers vor den Führern der Wehrmacht am 22. August 1939. Eine quellenkriti-
sche Untersuchung, in: VfZ 16 (1968), S. 120-149; ders., Zur Ansprache Hitlers vor
den Führern der Wehrmacht am 22. August 1939, in VfZ 19 (1971), S. 301-304.
[543] ADAP, D, 7, Nr. 200, 201.

während der Sudetenkrise. Tatsächlich gehört es zu den auffallendsten Erscheinungen jener Monate, daß es zwar seit dem Frühjahr 1939 immer wieder zu kleineren Zusammenstößen zwischen angstvoll-gereizten Polen und
Deutschen kam, ob letztere nun im Hinblick auf den bevorstehenden Einmarsch der deutschen Armee freudige Erwartung an den Tag legten oder
nicht, daß aber die Zahl schwerer Zwischenfälle erstaunlich gering blieb;
bei ernsteren Anschlägen oder Auseinandersetzungen handelte es sich im
übrigen fast stets um das Werk der Agenten reichsdeutscher Einrichtun-
gen, namentlich des SD und der Gestapo, gegen deren Treiben die deutschen Konsulate im Juli und August ebenso fruchtlos protestierten wie im
April und Mai[544]. Ferner behauptete Hitler, daß Polen versuche, „durch
wirtschaftliche Maßnahmen die Freie Stadt Danzig umzubringen, das heißt,
durch eine Art von Zollblockade der Danziger Bevölkerung die Lebens-
grundlagen zu vernichten", und diese Behauptung war womöglich noch
weiter von der Wahrheit entfernt als sein Märchen von den „entsetzlichen
Greueln". Die wirtschaftlichen Schwierigkeiten und die Zollprobleme
Danzigs kamen – wenn man von der allgemeinen wirtschaftlichen Misere
im polnischen Hinterland absieht – allein auf das Konto der Provokationen
und Schikanen, die sich die nationalsozialistischen Satrapen in Danzig aus-
dachten, mittlerweile unterstützt von einem der auf die Produktion von
Krisen spezialisierten Handlanger Hitlers, von Edmund Veesenmayer, der
sich bereits im Sommer 1938 und dann Mitte März 1939 in der Slowakei
schmutzigen Lorbeer verdient hatte.

Vor Brauchitsch und Halder hatte Hitler den wahren Gehalt der antipolnischen Anklagen am 14. August selber demaskiert, als er die relative Passivität der Polen ausdrücklich als Argument dafür ins Treffen führte, daß
man sich in Warschau der britischen und französischen Hilfe keineswegs
sicher sei: „Wenn Zusagen Englands gegeben würden, wäre Polen viel fre-
cher."[545] Auch gab er bei solchen Gelegenheiten ohne weiteres zu, daß er
über die sehr erfolgreichen britisch-französischen Einwirkungen auf Warschau, doch um Gottes willen Zurückhaltung zu üben und den Deutschen
keine Vorwände zu liefern, wohl unterrichtet war. Ebenso wußte er, daß
seine Erfindungen und Aufbauschungen außerhalb Deutschlands von jedermann durchschaut wurden, erst recht von seinen politischen und diplomatischen Mit- und Gegenspielern. Aber derartige Kleinigkeiten konnten
den Mann, der im Begriff stand, große Geschichte zu machen, nicht mehr
kümmern. Wie sagte er am 22. August: „Ich werde propagandistischen Anlaß zur Auslösung des Krieges geben, gleichgültig, ob glaubhaft. Der Sieger
wird später nicht danach gefragt, ob er die Wahrheit gesagt hat oder nicht."
Er hatte denn auch bereits Unternehmen in Auftrag gegeben, mit denen er,

[544] Bericht Konsulat Lemberg, 10.6.1939; Generalkonsult Thorn, 19.8.1939, PAA, Botschaft Warschau; dazu Wühlisch an AA, 18.8.1939, ADAP, D, 7, Nr. 106.
[545] Halder, Kriegstagebuch, S. 11.

vornehmlich zur propagandistischen Beeinflussung der eigenen Nation, im passenden Augenblick sogar – über polnischen „Terror" in Polen hinaus – polnische militärische Aktionen auf reichsdeutschem Boden vorzuspiegeln gedachte. Sein Scherge Heydrich bereitete z. B. einen Überfall auf den Sender Gleiwitz vor, den Spezialisten des SD in polnischen Uniformen durchzuführen und bei dem auch – um die Glaubwürdigkeit zu erhöhen – am Ort der Handlung Tote in polnischen Uniformen zurückzubleiben hatten, nämlich zu diesem Zweck ermordete – im internen Sprachgebrauch „Konserven" genannte – Konzentrationslagerhäftlinge[546].

So nahm der „Führer" in seinem Antwortschreiben keinen Anstand, dem britischen Premier mitzuteilen, daß er „die Frage Danzig und die des Korridor" – wobei er bei letzterer das „Wie" offen ließ – lösen werde, ob das den Briten passe oder nicht. Chamberlains Warnung, Hitler dürfe nicht glauben, der deutsch-sowjetische Pakt werde ihm ein strafloses Vorgehen gegen Polen erlauben, quittierte er mit dem Satz: „Sie teilen mir, Exzellenz, im Namen der Britischen Regierung mit, daß Sie in jedem solchen Fall des Einschreitens Deutschlands gezwungen sein werden, Polen Beistand zu leisten. Ich nehme diese Ihre Erklärung zur Kenntnis und versichere Ihnen, daß sie keine Änderung in die Entschlossenheit der Reichsregierung bringen kann." Daß Chamberlain in seinem Brief darauf hingewiesen hatte, sein Kabinett werde am 24. August vom Unterhaus ein Ermächtigungsgesetz bekommen, bewog den Oberbefehlshaber einer Armee, die ihren Aufmarsch an den deutschen Grenzen schon fast vollendet hatte und kurz vor dem Einfall in Polen stand, zu der ungewöhnlich heuchlerischen, vor allem aber spannungsverschärfenden Erwiderung, die Reichsregierung habe Kenntnis davon erhalten, daß die britische Regierung Mobilmachungsmaßnahmen beabsichtige, die gegen Deutschland gerichtet seien: „Ich teile daher Euerer Exzellenz mit, daß ich im Falle des Eintreffens dieser militärischen Ankündigungen die sofortige Mobilmachung der deutschen Wehrmacht anordnen werde." Die Unterredung, während der Hitler ein derartiges Schreiben dem britischen Botschafter zur Lektüre und zur Weiterleitung nach London übergab, verlief entsprechend stürmisch; der Augenzeuge Weizsäcker charakterisierte Hitlers Gehabe als „hysterisch"[547]. Nachdem Sir Nevile Henderson das Zimmer in Hitlers „Berghof", wo die Unterhaltung über die Bühne gegangen war, verlassen hatte, schlug sich der „Führer" freilich auf die Schenkel und sagte lachend: „Dieses Gespräch überlebt Chamberlain nicht, sein Kabinett wird heute abend stürzen."[548] Hitler wußte natürlich sehr gut, daß nichts weniger wahrscheinlich war als der Sturz eines britischen Kabinetts, das gerade besondere Vollmachten bekam, und selbst er wußte gut genug, daß der Nachfolger Chamberlains,

[546] J. Runzheimer, Die Grenzzwischenfälle am Abend vor dem deutschen Angriff auf Polen, in: W. Benz/H. Graml, Sommer 1939, S. 107-147.
[547] Weizsäcker, Erinnerungen, S. 252.
[548] Ebenda.

wenn denn die große Symbolfigur der Apppeasement-Politik fallen sollte, ein anderer sein würde als ein weiterer Appeaser. Die Bemerkung ist nur zu erklären, wenn man sie ganz simpel als Ausdruck dafür nimmt, daß Hitler die Haltung Großbritanniens gleichgültig geworden war. Vermutlich wollte er lediglich sagen: „Jetzt hab ich's aber diesen hochnäsigen Briten noch einmal tüchtig gegeben, bevor's losgeht."

Es hat denn auch weder das Denken noch das Handeln Hitlers in irgendeiner Weise beeinflußt – noch überhaupt einen Berliner Kommentar hervorgerufen –, daß das Kabinett Chamberlain, statt am Abend des 23. zu stürzen, am 24. August das gewünschte Ermächtigungsgesetz tatsächlich bekam und der Premier in einer großen – wenngleich gewohnt trockenen – Rede vor dem Unterhaus erneut kategorisch versicherte, daß Großbritannien und Frankreich trotz des nunmehr unterzeichneten deutsch-sowjetischen Pakts ihre Polen gegenüber eingegangenen Verpflichtungen selbstverständlich erfüllen würden. Dies hinderte Hitler nicht daran, am Nachmittag des gleichen 24. einen Plan zur Besorgung eines weiteren propagandistisch verwertbaren Zwischenfalls zu genehmigen, nämlich einen Plan zur Zuspitzung der Krise in und um Danzig, den Edmund Veesenmayer inzwischen ausgeheckt hatte. Am 21. August hatte Veesenmayer dem Auswärtigen Amt – lediglich zur Information – mitgeteilt, sein Plan sehe folgendermaßen aus: „1. Nach längeren Verhandlungen in der Zollbeamtenfrage deren endgültiges Scheitern. Schuld auf Seite der Polen. 2. Dann erfolgt völlige Beseitigung aller polnischen Zollbeamten und Aufhebung der Zollgrenze nach Ostpreußen. 3. Es erfolgen Reaktionen der Polen so oder so. 4. Daraufhin Festnahmen zahlreicher Polen im Danziger Gebiet und Aushebung zahlreicher polnischer Waffenlager. Die Auffindung dieser Waffenlager ist gesichert. 5. Erfolgt darauf keine ausreichende Aktion der Polen als Antwort, dann soll zuletzt die Westerplatte [eine zu Polen gehörende Landzunge im Danziger Hafengebiet] angegangen werden." Am 24. abends erhielt nun Weizsäcker von Veesenmayer die Nachricht, daß der Plan bis auf Punkt 4 vom „Führer" gebilligt worden sei[549]. Einen Tag zuvor hatte übrigens der Danziger Senat – in klarem Widerspruch zur Rechtslage – den Gauleiter der Danziger NSDAP, Albert Forster, zum Staatsoberhaupt der Freien Stadt erklärt, vermutlich um ihm so etwas wie eine völkerrechtliche Plattform zur Proklamierung der Vereinigung Danzigs mit dem Reich zu schaffen. Polen protestierte, konnte aber nichts unternehmen, da es sonst seinerseits – und gegen den Willen der Westmächte – zur Verschärfung der Situation beigetragen hätte.

Danach hielt der „Führer" noch drei weitere vorbereitende Schritte für erforderlich. Im Laufe des 25. August, in der ersten Tageshälfte, entstand ein Brief an Mussolini, in dem Hitler seinem Freund zunächst die Eile in

---

549 Veesenmayer an Weizsäcker, 21.8.1939, PAA, Büro Staatssekretär, Polen 2, 35059; ADAP, D, 7, Nr. 244.

der letzten Phase der deutsch-sowjetischen Verhandlungen und etwas entschuldigend die bereits erreichte Enge der deutsch-sowjetischen Beziehungen zu erklären suchte; der Duce hatte ja davor gewarnt, bei der Annäherung an Moskau zu weit zu gehen. Anschließend erläuterte Hitler jedoch, daß der Angriff auf Polen nun nur noch eine Frage von Tagen sei, und er gab dem „Stahlpakt„-Partner zu verstehen, daß er auf Italiens Bündnistreue zähle. Am Nachmittag, 15.20 Uhr, hat Botschafter v. Mackensen dieses Schreiben Mussolini überreicht[550]. Kurz nach Mittag traf Hitler ferner, inzwischen vom Obersalzberg nach Berlin zurückgekehrt, mit dem in die Reichskanzlei bestellten Sir Nevile Henderson zusammen. Im Ton konzilianter als am 23. August, setzte er dem britischen Botschafter auseinander, er habe sich – angeregt durch Hendersons Äußerung vom 23., er hoffe noch immer auf eine deutsch-britische Verständigung – „die Dinge noch einmal durch den Kopf gehen lassen und wolle heute England gegenüber einen Schritt unternehmen, der genau so entscheidend sei wie der Schritt Rußland gegenüber, der zu der kürzlichen Vereinbarung geführt habe". Natürlich müsse ihm zugebilligt werden, so fügte er eilends hinzu, zuerst einmal die Probleme „Danzig und Korridor" zu lösen, wobei er wiederum offenließ, was er im Falle des Korridors unter Lösung verstand; Deutschland könne die „mazedonischen Zustände an seiner Ostgrenze" nicht länger hinnehmen. Danach aber werde er, dazu sei er bereit und entschlossen, „an England mit einem großen und umfassenden Angebot herantreten". Er bejahe das Britische Imperium und sei willens, „sich für dessen Bestand persönlich zu verpflichten und die Kraft des Deutschen Reiches dafür einzusetzen", sofern die begrenzten kolonialen Forderungen Deutschlands erfüllt und die Verpflichtungen des Reiches respektiert würden, die sich aus dessen freundschaftlichem Verhältnis mit Italien und neuerdings auch mit Rußland ergäben[551]. Henderson übernahm es, dieses „große Angebot" am nächsten Morgen persönlich nach London zu bringen und dem Premierminister vorzulegen. Schließlich empfing Hitler um 17.30 Uhr noch Robert Coulondre, den französischen Botschafter, um ihm eine ähnliche Botschaft an Ministerpräsident Daladier aufzutragen. Im Falle Frankreichs begnügte er sich allerdings damit, die Ankündigung des Angriffs auf Polen mit der Erklärung zu verbinden, daß er keinen Krieg mit dem westlichen Nachbarn wünsche und Elsaß-Lothringen doch schon als französischen Besitz anerkannt habe. Mit derartigen Stückchen aus dem Arsenal seiner Diplomatie glaubte der „Führer" sein Szenario komplettiert zu haben, und zwischen den Gesprächen mit den Vertretern der Westmächte, um 15.02 Uhr, erteilte er der Wehrmacht den Angriffsbefehl: Am Morgen des 26. August,

---

[550] ADAP, D, 7, Nr. 266.
[551] Ebenda, Nr. 265.
[552] Gelbbuch der Französischen Regierung. Diplomatische Urkunden 1938 bis 1939, Basel 1940, S. 327 ff.; Coulondre, Von Moskau nach Berlin, S. 421 ff.

4.30 Uhr, hatten sich danach die deutschen Streitkräfte gegen Polen in Bewegung zu setzen[553].

Von den drei diplomatischen Schritten des 25. August hat Hitler allerdings, das ist ohne weiteres zu sehen, lediglich den ersten so gemeint, wie er selbst sie nach außen darbot. Den Kriegseintritt Italiens an der Seite Deutschlands wünschte er in der Tat, wie sich wenig später noch ganz klar zeigen sollte, und das ist allein schon ein schlagender Beweis dafür, daß er, wie das ja auch seiner immer deutlicher zu Tage getretenen eigenen Einschätzung der britisch-französischen Politik entsprach, nicht mehr damit rechnete, das Eingreifen der Westmächte durch diplomatische Aktivitäten noch verhindern zu können; bei einem lokalisierten Feldzug gegen Polen wären die Italiener nicht gebraucht worden und hätten auch gar keinen Feind gehabt, wie er zum Kriegführen doch wohl nötig ist. Kalkulierte er aber die Intervention Großbritanniens und Frankreichs ein, dann konnten die Gesten, die er gegenüber London und Paris machte, unmöglich – über eine durch Verwirrung vielleicht zu erreichende Verzögerung des Kriegseintritts hinaus – zur Beeinflussung der Politik Englands und Frankreichs gedacht sein. Daß die Parallelen zur diplomatischen Musik, mit der er Aktionen wie die Remilitarisierung des Rheinlands und die Isolierung der Tschechoslowakei begleitet hatte, tatsächlich nur scheinbar waren, ließ sich jedoch auch an anderen Indizien ablesen.

Sowohl Henderson wie Coulondre haben dem „Führer" mit allem Nachdruck, dessen sie fähig waren, zum soundsovielten Male versichert, daß eine Überschreitung der polnischen Grenze durch deutsche Truppen für ihre Länder den Bündnisfall bedeuten werde; Hitler hat das achselzuckend zur Kenntnis genommen und sich davon nicht abhalten lassen, den Angriffsbefehl zu geben. Auch setzte er die deutschen Armeen in Bewegung, ohne die – falls ernst gemeint, doch zumindest fragliche – Wirkung seiner Manöver abzuwarten. Was das „große Angebot" an London betraf, so stand sogar fest, daß sich die britische Regierung damit frühestens am Vormittag des 26. August eingehender zu beschäftigen vermochte, also erst nach dem Beginn der deutschen Offensive, und die Vorstellung, das britische Kabinett könne für die Rückkehr auf Appeasementkurs gewonnen werden, während und womöglich weil bereits deutsche Panzer über polnische Straßen rasselten und zahllose polnische Ortschaften in Flammen standen, ist so abenteuerlich, daß sie nicht einmal einem Dilettantismus mit Brutalität verbindenden Politiker wie Hitler unterstellt werden kann. Dies alles gilt erst recht, wenn man die Natur seiner Offerten ins Auge faßt. Mit Frankreich machte er sich überhaupt keine Mühe: daß er Daladier mitteilen ließ, die Franzosen dürften Elsaß-Lothringen behalten, wenn sie seine Kreise in Polen nicht störten, war gewiß eine Dreistigkeit, vornehmlich aber eine leere Geste, die Paris nicht den kleinsten Anreiz zum Verzicht auf die pro-polni-

---

[553] N. v. Vormann, Der Feldzug 1939 in Polen, Weissenburg 1958, S. 43.

sche Intervention offerierte. Bei Großbritannien arbeitete Hitler mit einem
größeren rhetorischen Aufwand, doch in der Sache präsentierte er London
– mit der in Aussicht gestellten Respektierung von Empire und Commonwealth – die gleiche Verbindung von plumper Unverschämtheit und politischer Inhaltslosigkeit wie Paris. Göring, der in London – die Zukunft war
schließlich ungewiß – sicherlich seinen Ruf als halbwegs vernünftiger und
friedensfreundlicher Mann wahren wollte, ließ über den schwedischen Industriellen Birger Dahlerus, und zwar mit Wissen Hitlers, der sich davon
offenbar eine Steigerung der Konfusion in britischen Regierungskreisen
versprach, das gleiche „Angebot" an Lord Halifax und Chamberlain gelangen; daß er dabei im Übereifer gleich auch noch erklärte, das Deutsche
Reich sei bereit, das britische Empire im Mittelmeer gegen den „Stahl-
pakt„,-Partner Italien und im Pazifik gegen den Antikominternpakt-Partner
Japan zu unterstützen, gegebenenfalls auch militärisch, krönte die ganze
Aktion mit einem weiteren eindrucksvollen Beweis für die absolute Treulo-
sigkeit und folglich totale Geschäftsunfähigkeit der nationalsozialistischen
Führer Deutschlands[554].

Wenn aber Hitlers Botschaften an Daladier und gerade auch an Chamberlain nicht zur Annahme bestimmt waren, nicht dazu, im letzten Augenblick einen Keil zwischen Polen und Westmächte zu treiben, bleibt als Erklärung lediglich ein innenpolitischer Zweck. Offensichtlich handelte es
sich bei der diplomatischen Aktion um nichts anderes als um einen Teil
der „Einkreisungs"-Propaganda: Die Westmächte, so suchte Hitler der eigenen Nation zu suggerieren, wollten Deutschlands berechtigtes Vorgehen
gegen Polen nur zum Anlaß nehmen, das wieder zu stark gewordene Reich
zu vernichten, und nicht einmal die großherzigsten Angebote des friedferti-
gen „Führers" seien imstande, sie von ihrem Vernichtungswillen abzubringen; den ja überwiegend politisch urteilslosen Deutschen sollte so das Gefühl vermittelt werden, wenigstens gegen England und Frankreich einen
Verteidigungskrieg zu führen.

Noch am 25. August lieferte Hitler einen weiteren Beweis dafür, daß
seine Handlungsweise in der Tat in diesem Sinne zu interpretieren war.
Kaum hatte ihn Coulondre verlassen, erreichte ihn die Nachricht, daß
Großbritannien und Polen den am 6. April bereits angekündigten Beistandspakt jetzt tatsächlich – als demonstrative Antwort auf den deutsch-
sowjetischen Vertrag – abgeschlossen hatten. Daß die Nachricht ihn selbst
tiefer berührte, ist in den Gerüchteküchen von Reichskanzlei, Auswärtigem
Amt, OKH und OKW zwar begreiflicherweise angenommen worden, jedoch sonst nicht zu sehen und auch angesichts seiner Erwartungen höchst
unwahrscheinlich; sie hat denn auch nicht die geringste Aktivität ausgelöst.
Wohl aber ist erkennbar, daß ihn die zweite Nachricht, die fast gleichzeitig

---

[554] B. Dahlerus, Der letzte Versuch. London-Berlin. Sommer 1939, München 1948,
S. 51 ff.; DBFP, 3, VII, No 285.

mit der ersten in der Reichskanzlei eintraf, sowohl überraschte wie etwas
aus der Fassung brachte. Als Antwort auf sein Schreiben an den Duce, das
Mackensen um 15.20 Uhr überreicht hatte, kam kurz nach 18.oo Uhr ein
Brief aus Rom, in dem Mussolini einerseits herzliches Einverständnis mit
Hitlers Rußlandpolitik und auch mit seiner Polenpolitik bekundete, andererseits indes klipp und klar wissen ließ, daß Italien das Reich militärisch
nicht unterstützen werde, wenn die Westmächte einem von Deutschland
angegriffenen Polen zu Hilfe kommen sollten[555]. An sich hätte ihn auch
diese Mitteilung nicht mehr überraschen dürfen, und in den Vortagen hatte
er ja selber gewisse Zweifel an der italienischen Haltung geäußert. Doch als
er nun im entscheidenden Augenblick die volle und nicht mehr zu ver-
drängende Wahrheit lesen mußte, als er ferner die noch spezifischere
Wahrheit zur Kenntnis zu nehmen hatte, daß sein Moskauer Coup nicht
einmal die italienische Politik in seinem Sinne zu beeinflussen vermochte,
schockierte ihn das doch. Daß es ihn derart treffen konnte, zeigt deutlich
genug, wie fest er im Grunde mit dem Krieg gegen die Westmächte rechnete; andernfalls hätte ihn der Brief Mussolinis ziemlich gleichgültig lassen
können. So aber machte er sofort einen Versuch, den Duce vielleicht doch
noch umzustimmen. In Mussolinis Schreiben hatte es – in Fortentwicklung
der von Attolico erfundenen Taktik – gleisnerisch geheißen: „Unsere Intervention kann indessen unverzüglich stattfinden, wenn Deutschland uns sofort das Kriegsmaterial und die Rohstoffe liefert, um den Ansturm auszu-
halten, den die Franzosen und Engländer vorwiegend gegen uns richten
werden." Postwendend schickte Hitler einen Brief nach Rom, in dem er
den Duce bat, den italienischen Bedarf zu präzisieren[556].

Nachdem Mackensen dieses Schreiben noch am 25. August – 21.30 Uhr
– Mussolini ausgehändigt hatte, sprach der Duce sofort von Flak für die Industrie Oberitaliens, von Flak für das Heer, von Rohstoffen wie Kupfer,
Zinn, Blei, Nickel, Eisen, Kohle und Benzin; für den folgenden Tag kündigte er eine komplette Liste der italienischen Forderungen an[557]. Als dann
diese Liste, von Mussolinis Mitarbeitern zusammengestellt, um die Mittags-
zeit des 26. bei Ribbentrop und Hitler einging, fand der „Führer" seinen
Schock vom Vortag bestätigt, und jetzt konnte auch sein Außenminister –
der die Liste bis zum Mittag des 26. mehrmals aufgeregt in Rom ange-
mahnt hatte – wirklich nicht mehr umhin, die italienische Entschlossenheit
zur Neutralität endlich zu begreifen und in Rechnung zu stellen. So furcht-
einflößend war die Liste[558], die von 150 Flakbatterien über 7 Millionen
Tonnen Mineralöl bis zu 600 Tonnen Wolfram und 600 Tonnen Molybdän
alles aufführte, was die momentane Lieferkraft Deutschlands mit Sicherheit
überstieg, daß jeder Zweifel behoben war: Indem sie den Kriegseintritt Ita-

[555] ADAP, D, 7, Nr. 271.
[556] Ebenda, Nr. 277.
[557] Ebenda, Nr. 282.
[558] Ebenda, Nr. 301.

liens an offensichtlich unerfüllbare Bedingungen knüpfte, verfolgte die Mo-
lybdän-Liste ausschließlich den Zweck, Italiens Flucht aus dem Bündnis-
vertrag als unausweichlich aussehen zu lassen und damit einen offenen
Bruch mit den Deutschen zu vermeiden; auch sollte der Flucht etwas mehr
Würde gegeben werden. Jeweils vier Briefe schrieben „Führer" und Duce
vom 25. bis zum 27. August, und am Ende kam heraus, daß Italien seinen
„Stahlpakt"-Partner Deutschland im Kriegsfall lediglich mit Arbeitskräften
konkret unterstützen würde, wobei Mussolini nicht verfehlte, seinem
Schmerz über die von den Umständen erzwungene Bescheidung in bewe-
genden Worten Ausdruck zu verleihen[559].

Wenn also den Faschisten die Flucht in Würde nicht so ganz geriet,
fühlten sie sich im übrigen doch von einer schweren Last befreit, nachdem
sie ihre längst getroffene grundsätzliche Entscheidung den Berliner Freunden jetzt endlich ohne weitere Verklausulierung mitgeteilt hatten. Da sie
sich gleichzeitig beeilten, auch in London Klarheit über ihre Haltung zu
schaffen, wo die italienische Friedfertigkeit naturgemäß mit Erleichterung
registriert und mit Worten der Dankbarkeit quittiert wurde, glaubten sie
sich plötzlich tatsächlich in der Rolle neutraler Beobachter, die berechtigt
seien, der Entwicklung mit gelassener Aufmerksamkeit zu folgen und dabei
scharfen Blickes nach Chancen zum Nutzen Italiens zu spähen. Ein be-
zeichnendes Beispiel für diese neue Distanziertheit der italienischen Politiker und Diplomaten lieferte Graf Magistrati in einem Brief, den er seinem
Schwager Ciano am 28. August schrieb[560]. Alle machten nun Vorhersagen
und Bewertungen, so sagte er, und auch er erlaube sich seinen Beitrag.
Dann konstatierte er – im Hinblick darauf, daß der bevorstehende Konflikt
von den Angreifern nicht zur Wahrung vitaler Interessen eröffnet wurde,
sondern allein dem irrationalen Kriegswillen der NS-Führung zu verdanken war –, daß „kein Krieg jemals überflüssiger gewesen ist als dieser", und
deshalb – so fuhr er in gleichwohl immer noch krasser Verkennung der Natur und der Antriebe seiner nationalsozialistischen Partner fort – werde die
Auseinandersetzung nicht lang sein. Nach ersten harten Schlägen werde
die Überzeugung allgemein werden, „daß das Spiel die Kerze nicht wert
ist". Auch sei praktisch keiner in der Lage zu siegen. Als einziges Land
werde, natürlich, Polen verlieren. Alle anderen müßten sich an einem gewissen Punkt festfahren, und das recht schmerzhaft. Weder könne
Deutschland hoffen, England und Frankreich tödlich zu treffen, noch dürften sich England und Frankreich einbilden, Deutschland niederzuwerfen,
ein Land mit 85 Millionen und heute freiem Rücken. Er wünsche sich deshalb, daß an einem bestimmten Punkte, in der unvermeidlichen Depression beider Lager, die Initiative für einen Waffenstillstand ergriffen werde,
und dies könne dann nur die Prärogative Mussolinis und Italiens sein. Ita-

---

[559] Ebenda, Nr. 307, 317, 350.
[560] AIA, Ap Germania, Magistrati an Ciano, 28.8.1939.

lien sei das einzige Land, das angesichts der Unversehrtheit seiner Kräfte in der Lage bleiben werde, das Steuer zu übernehmen und Europa den Frieden „aufzuerlegen".

Hitler war freilich vom Ausfall Italiens lediglich etwas aus der Fassung gebracht. Zwar hob er den schon erteilten Angriffsbefehl noch am 25. August – zwischen dem ersten und dem zweiten Brief Mussolinis, um 19.30 Uhr – wieder auf, und dank einer glänzenden organisatorischen Leistung des Generalstabs gelang es tatsächlich, die bereits in Bewegung gesetzte Militärmaschine zu stoppen. Auch ist unverkennbar, daß der Anhaltebefehl in der Tat von den Nachrichten aus Rom ausgelöst wurde. Aber die militärische Entscheidung bedeutete keineswegs den ersten Schritt zum Verzicht auf die Absicht, Polen anzugreifen. Ebensowenig ging es dem „Führer" darum, Zeit für diplomatische Manöver zu gewinnen, die Großbritannien vielleicht doch noch von Polen trennen mochten; war er bisher schon sicher, daß die Westmächte eingreifen mußten, so selbstverständlich erst recht jetzt, nachdem London und Warschau soeben einen demonstrativen Beistandspakt geschlossen hatten. Der Abfall Italiens nötigte ihn vielmehr gerade deshalb zu einem Aufschub der militärischen Operationen, weil er von der britisch-französischen Intervention überzeugt war. Scharfsichtige italienische Beobachter in Berlin wie Graf Magistrati haben denn auch die wahren Beweggründe Hitlers sofort zutreffend diagnostiziert[561]. Es war Hitler durchaus bewußt, daß der Angriffsbefehl, den er am 25. gab, eigentlich, als Folge seiner Ungeduld, zu früh kam, dem militärischen Vorbereitungsplan, wie er ihn im Frühjahr selber terminiert hatte, um einige Tage vorauseilte. Am 25./26. August war der Aufmarsch weder im Osten wirklich abgeschlossen noch vor allem im Westen. Im Osten hatte Hitler solche Unfertigkeit in Kauf nehmen zu dürfen geglaubt, weil die deutsche Armee der polnischen in allen Belangen so hoch überlegen war, im Westen hingegen im Vertrauen auf die Fesselung stärkerer britischer und französischer Streitkräfte durch den Bundesgenossen Italien. Am Abend des 25. August, zwischen 19.00 und 19.30 Uhr, hat der Oberbefehlshaber des Heeres, Generaloberst v. Brauchitsch, Hitler nachdrücklich darauf aufmerksam gemacht, daß die Armee noch etliche Tage brauche, um tatsächlich fertig zu sein[562], und jetzt verstand sich der „Führer" zu einer derartigen Änderung des Zeitplans, da er einsah, daß das Ausscheiden Italiens zwei militärische Reaktionen einfach erzwang: Angesichts der Entlastung, die Italiens Neutralität den Westmächten bescherte, war es erstens unabweisbar geworden, die ohnehin sehr dünne Besetzung der Westfront sogleich wenigstens bis zur größtmöglichen Dichte zu verstärken, und schien es zweitens geboten, die Schlagkraft der Ostarmee noch um einiges zu erhöhen, damit die polnische Kampagne so rasch wie nur irgend erreichbar abgeschlossen werden

---

[561] Ebenda.
[562] Vormann, Der Feldzug 1939 in Polen, S. 44.

und die Wehrmacht ehebaldigst in voller Stärke im Westen aufmarschieren konnte.

Die Vorgänge der folgenden Tage haben diese Motivation des Anhaltebefehls eindeutig bestätigt. Auf militärischem Felde brachten sie in Deutschland gesteigerte Aktivität, lief die Komplettierung des deutschen Aufmarsches im Osten wie im Westen auf höchsten Touren. Daran änderte sich auch nichts mehr, als Hitler sich und seiner Umgebung nun plötzlich einzureden suchte, daß Italiens Ausscheren im Grunde militärisch bedeutungslos, ja eher günstig sei, weil ein neutrales Italien vermutlich noch mehr britisch-französische Truppen binde als ein kriegführendes Italien; wahrscheinlich brauchte Hitler, der den italienischen „Verrat" ohnehin in erster Linie dem Hof und der Kirche zuschrieb, solche unsinnigen Argumente, um seinem nach wie vor bewunderten Freund Mussolini die römische Neutralitätspolitik verzeihen zu können. Auf diplomatischem Felde kam es hingegen bezeichnenderweise zu keiner vergleichbaren Anstrengung, und die spärlichen diplomatischen Manöver, die Berlin tatsächlich unternahm, dienten offensichtlich nicht dem Zweck, Chancen zur Isolierung Polens zu schaffen und zu nutzen. Bezeichnenderweise handelte es sich bei jenen Manövern in keinem Falle um Berliner Initiativen, sondern stets nur um Reaktionen auf britisch-französische Schritte, ein Faktum, das allein schon eine zielbewußte deutsche Politik zur Trennung der Westmächte von Polen ausschließt. Gewiß waren die Reaktionen der Berliner Diplomatie so konstruiert, daß die Absicht erkennbar ist, namentlich in London vielleicht eine gewisse Verwirrung zu stiften; gelang es, die Westmächte einige Tage oder gar eine Woche vom Kriegseintritt abzuhalten, war das naturgemäß ein großer militärischer Gewinn. Ließen sich die Westmächte womöglich zu noch längeren Verhandlungen verleiten, während die Wehrmacht Polen überrannte, hätte Berlin ein derartiges Geschenk sicherlich dankbar entgegengenommen.

Indes lag die Chance, die Politik der Westmächte in diesem Sinne beeinflussen zu können, in Hitlers Augen bereits so weit außerhalb der Wahrscheinlichkeit, daß ihm andere Wirkungen seiner taktischen Schachzüge wesentlich wichtiger gewesen sein müssen. So wird es ihm als nützlich erschienen sein, seinen Gehilfen aus den traditionellen Eliten, vornehmlich den Soldaten, das Gefühl zu vermitteln, daß der „Führer" wenigstens alles tue, um den durchaus bejahten Feldzug in Polen zu lokalisieren. Auch bot der Aufschub, zu dem ihn die militärischen Erwägungen nötigten, Gelegenheit, die Masse der Deutschen noch stärker gegen die Westmächte einzunehmen, wenn gezeigt werden konnte, daß die Regierungen in London und Paris die ausgestreckte Friedenshand des „Führers" nicht ergriffen. Beides war alles andere als einfach, da Hitlers Taktik in den Tagen nach dem Anhaltebefehl in allererster Linie einem Ziel galt, das mit den Nebenzwecken im Grunde nicht recht vereinbar war. Es ging dabei um die Abwehr einer Gefährdung seiner Absichten, die sich unmittelbar aus dem

Aufschub ergab. Bereits am 14. August hatte Hitler zu Brauchitsch und Generalstabschef Halder gesagt, er befürchte, daß ihm England den Angriff
auf Polen „im letzten Augenblick durch Angebote erschwert", und auch
am 22. August rief er vor den Militärs, die sich auf dem Obersalzberg versammelt hatten: „Ich habe nur Angst, daß mir noch im letzten Moment irgendein Schweinehund einen Vermittlungsplan vorlegt." Vermutlich hatte
diese Angst schon bei seinem verfrühten Angriffsbefehl eine Rolle gespielt,
und die notwendig gewordene Verschiebung des Angriffs schuf dem westlichen Vermittlungseifer nun eine gar nicht mehr erwartete Frist zur Störung
der Hitlerschen Pläne. Mithin kam es ihm zwar durchaus darauf an, den
Anschein der Verständigungsbereitschaft zu erwecken, aber mehr noch
darauf, der Verständigung selbst aus dem Wege zu gehen; er war entschlossen, sich nicht auf die Straße zu einem zweiten München zerren zu lassen.

So ist es schon überaus bemerkenswert, daß Hitler den Tag nach dem
Anhaltebefehl, den 26. August, ohne die geringste diplomatische Aktivität
verstreichen ließ. Hingegen wurde er an diesem Tag mit einer Aktion der
französischen Regierung konfrontiert. Um 19.00 Uhr überreichte ihm Coulondre einen Brief des französischen Regierungschefs, in dem Daladier
dem „Führer" einerseits noch einmal in unmißverständlichen Worten
Frankreichs Bereitschaft zur Erfüllung seiner polnischen Verpflichtungen
versicherte, andererseits aber geradezu flehentlich zu einem letzten Versuch aufforderte, den deutsch-polnischen Konflikt friedlich beizulegen.
Kein Mensch, der ein Herz habe, würde es verstehen, schrieb Daladier,
wenn ein solcher Versuch unterbliebe; die Entscheidung über Krieg und
Frieden liege allein in den Händen des „Führers", da es zwischen Polen
und Deutschland keine Frage gebe, die nicht auf friedlichem Wege gelöst
werden könne: „Ich als Chef der französischen Regierung, der ich eine gute
Harmonie zwischen dem französischen und dem deutschen Volk wünsche
und der ich andererseits durch Freundschaftsbande und durch das gegebene Wort mit Polen verbunden bin, bin bereit, alle Anstrengungen zu machen, die ein aufrichtiger Mensch unternehmen kann, um diesen Versuch
zu einem guten Ende zu führen."[563] Hitlers Reaktion war sehr bezeichnend. In seinen Ohren klang Daladiers Botschaft schon so bedrohlich nach
Vermittlung und schiedlich-friedlicher Beilegung des deutsch-polnischen
Streits, daß er Coulondre, der den Sätzen des Ministerpräsidenten noch seinen eigenen Appell hinzufügte, sofort eine Abfuhr zuteil werden ließ, die
den Botschafter nötigte, Daladier umgehend mitzuteilen, daß der „Führer"
den französischen Vorschlag abgelehnt habe[564]. Mit der schriftlichen Antwort, die er noch ankündigte, ließ sich Hitler dann auffallend Zeit. Erst um
16.00 Uhr am 27. August konnte Coulondre Hitlers Schreiben aus den
Händen Ribbentrops entgegennehmen, und der Inhalt bestätigte überdies

---

[563] ADAP, D, 7, Nr. 324.
[564] Gelbbuch der Französischen Regierung, S. 342.

die spontane und mündliche Reaktion des „Führers". Zwar bekundete Hitler Verständnis für Daladiers Gefühle und Bedenken, aber danach wies er die Pariser Anregung rundweg zurück und praktizierte obendrein die sicherste Methode, die es für die erste Abwehr eines unwillkommenen Vermittlungsversuchs gibt: Er erhöhte seine Forderungen! Zum ersten Mal erklärte Hitler öffentlich und offiziell, daß er nicht nur Danzig verlange, sondern außerdem auch noch das ganze „Korridor" genannte – und überwiegend polnisch besiedelte – Territorium[565].

Von dieser Behandlung des französischen Appells abgesehen, die selbst jene Pariser Politiker enttäuschte und verstimmte, die noch immer zu den Anwälten einer Verständigung mit dem Dritten Reich gehörten[566], ist Hitlers Schreiben an Daladier aber auch deshalb höchst bemerkenswert, weil es sich dabei nicht nur um die erste, sondern zugleich um die einzige sozusagen diplomatische Kommunikation zwischen Berlin und Paris handelte, die es in der Zeitspanne vom Anhaltebefehl bis zum Beginn der Feindseligkeiten überhaupt geben sollte. Gegenüber Frankreich wurde also nun von Hitler auf jegliche Politik verzichtet, und ein solcher Verzicht kann nur als letzter Beweis dafür verstanden werden, daß dem „Führer" die Frage, ob Frankreich an der Seite Polens in den Krieg eintreten werde, gleichgültig geworden war. Im übrigen – und das ist nicht weniger bemerkenswert – sahen Hitler und sein Außenminister, die Reaktion auf das Schreiben Daladiers ausgenommen, auch am 27. August keinen Anlaß zu irgendwelchen diplomatischen Aktionen oder wenigstens Gesten. Am Abend des 27. kam Attolico zu Weizsäcker und brachte eine Idee Mussolinis mit. Der Duce sei bereit, Deutschland und seinen Widersachern folgenden Vermittlungsvorschlag zu unterbreiten: Polen und die Westmächte stimmen der sofortigen Rückkehr Danzigs zum Reich zu, Deutschland stimmt dafür einer anschließend einzuberufenden europäischen Konferenz zur Regelung der übrigen deutsch-polnischen Streitpunkte und zur Diskussion sonstiger internationaler Probleme zu. Jedoch brachte es nicht einmal der – mit einiger Hartnäckigkeit an seinem Konferenzgedanken festhaltende – Duce fertig, dem „Führer" eine politische Regung zu entlocken. Weizsäcker gab Mussolinis Botschaft sogleich an Ribbentrop weiter und erhielt den dürren Bescheid: „Eine Antwort wird dem Botschafter hierauf … zur Zeit nicht gegeben werden."[567]

In den folgenden drei Tagen lebten die Angehörigen der wichtigeren Berliner Dienststellen und Ministerien, vom Auswärtigen Amt bis zum OKH, wirklich unter dem Eindruck, daß im Zentrum der Entscheidung, bei Hitler, Schwanken herrsche, daß der „Führer" ebenso unsicher wie fieberhaft nach Möglichkeiten taste, den Feldzug in Polen doch noch irgend-

---

[565] ADAP, D, 7, Nr. 354.
[566] Ebenda, Nr. 370.
[567] Ebenda, Nr. 395.

wie ohne Intervention der Westmächte führen zu können. Zu diesem Eindruck trugen Gerüchte bei, daß zwischen Göring und der britischen Regierung ein schwedischer Vermittler hin- und herreise, und zwar mit beachtlichem Erfolg; tatsächlich ließ sich Birger Dahlerus, der seine aufrichtige Bereitschaft, der Erhaltung des Friedens zu dienen, mit einer großen Portion politischer Naivität und einem erstaunlichen Mangel an Menschenkenntnis verband, auch jetzt wieder zu politisch und mithin historisch völlig irrelevanten Missionen mißbrauchen: von Hitler, um in London nützliche Konfusion zu verbreiten, von Göring zu dem gleichen Zweck und darüber hinaus zur Pflege des britischen Göring-Bilds[568]. In Wahrheit ist aber auch für den 28., 29. und 30. August die nämliche Inaktivität – hinsichtlich eigener Initiativen – im Zentrum der Macht zu konstatieren wie in den Tagen zuvor, und die am 26. und 27. praktizierte Taktik fand ihre konsequente Fortsetzung.

Bis zum Abend des 28. August geschah ohnehin gar nichts. Hitler, angeblich auf hektischer Suche nach Wegen zur politischen Ausnutzung des durch den Anhaltebefehl geschenkten Aufschubs, ließ nach dem 26. und dem 27. einen weiteren vollen Tag vorbeigehen, ohne auch nur einen Finger zu rühren. Das einzige Lebenszeichen aus der Reichskanzlei, dem zu entnehmen war, daß dort überhaupt Überlegungen angestellt und Entscheidungen reif wurden, betraf nicht die Diplomatie, sondern das Militär. Generaloberst v. Brauchitsch, der das sogleich an seinen Stabschef weitergab, erhielt die Mitteilung, daß nun als neuer Angriffstermin der 1. September vorgesehen sei[569]. Am späteren Abend des 28. August kehrte jedoch Sir Nevile Henderson aus London zurück, und zwar mit der Antwort der britischen Regierung auf Hitlers Äußerungen vom 25. in der Tasche. Gegen 22.30 Uhr konnte er die britische Note und ihre deutsche Übersetzung in der Reichskanzlei übergeben, und als Hitler bei der ersten Lektüre feststellen mußte, daß aus dem Dokument – wie Ribbentrop am nächsten Tag in einer Unterhaltung mit Attolico ungescheut einräumte[570] – tatsächlich der ernste und aufrichtige Wille zur Vermittlung zwischen Deutschland und Polen sprach, reagierte er bezeichnenderweise nicht anders als auf den Brief Daladiers: Er erhöhte seine Forderungen! Erstmals verlangte er jetzt auch gegenüber England neben Danzig den „ganzen Korridor" und überdies zum allerersten Mal nicht genauer umrissene Grenzkorrekturen in Oberschlesien; zur speziellen Entmutigung der Briten fügte er – was in der deutschen Aufzeichnung dieses Gesprächs Hitler-Henderson ebenso fehlt wie die Punkte Korridor und Oberschlesien – noch hinzu, daß die britische Regierung zum Beweis ihres guten Willens sofort einen Teil der kolonialen Ansprüche des Deutschen Reiches erfüllen müsse[571].

---

[568] Dahlerus, Der letzte Versuch, S. 61 ff., 75 ff., 100 ff.
[569] Halder, Kriegstagebuch, S. 40.
[570] ADAP, D, 7, Nr. 411.
[571] DBFP, 3, VII, Nr. 450, 455.

Allerdings stellte die Note den „Führer" doch vor eine höchst unangenehme Schwierigkeit. Das Problem bestand nicht darin, daß die Londoner
Regierung erneut in einer jeden Zweifel ausschließenden Form ihren Willen kundmachte, auf einen deutschen Versuch zur gewaltsamen Lösung der
polnischen Fragen mit dem Kriegseintritt Großbritanniens zu reagieren,
oder daß sie – ohne Hitlers Angebot einer Garantierung des Empire mit einer Silbe zu erwähnen – die ausdrücklich formulierte Bereitschaft zu einer
umfassenden deutsch-britischen Verständigung an die Bedingung einer
vorherigen friedlichen Beilegung der deutsch-polnischen Krise knüpfte.
Das Problem entstand vielmehr dadurch, daß Chamberlain und Halifax
vorschlugen, die Streitpunkte zwischen Polen und Deutschland in direkten
deutsch-polnischen Gesprächen – wie es sie ja seit dem 6. April auf Grund
der deutschen Verweigerung nicht mehr gab – zu erörtern und zu regeln,
und daß sie, dies vor allem, dezidiert erklärten, bereits die definitive Zustimmung der Warschauer Regierung zum direkten deutsch-polnischen
Gespräch besorgt zu haben; tatsächlich hatte die polnische Regierung ihre
Einwilligung zu einem solchen Verfahren schon zwei Tage zuvor öffentlich
– wenn auch in ganz allgemeinen Wendungen – ausgesprochen, und zwar
in ihrer Antwort auf einen entsprechenden Appell, den Präsident Roosevelt am 25. August an Deutschland und Polen gerichtet hatte und den Hitler weder einer direkten noch gar einer sachlichen Replik würdigte, obwohl
Roosevelt nach Eingang des positiven Telegramms aus Warschau seine
Botschaft an die deutsche Adresse wiederholte. Einerseits lag es auf der
Hand, daß die britisch-polnische Offerte nicht einfach abgelehnt werden
durfte; auch die Abschreckung, wie sie Hitler in der Unterhaltung mit
Henderson versucht hatte, konnte natürlich nicht genügen. Beides hätte
die deutsche Führung allzu deutlich – und vor allem auch für die eigene
Nation erkennbar – ins Unrecht gesetzt. Andererseits war ebenso klar, daß
hier die Gefahr drohte, auf eine Bahn gezogen zu werden, die leicht beim
erzwungenen Verzicht auf die mit Moskau ja praktisch gerade vereinbarte
Teilung Polens und bei einem bloß partiellen Erfolg à la München enden
mochte – sowohl als schmählich anzusehen wie im Blick auf die expansionistische Gesamtplanung als lästiger Aufenthalt.
Aber Hitler fand einen Ausweg aus dem Dilemma, und zum ersten Mal
seit April blitzte wieder ein Element jener propagandistisch-taktischen Ge-
rissenheit auf, die er in früheren außen- oder innenpolitischen Krisen an
den Tag gelegt, doch nach Erreichen des eigentlichen Höhepunkts der polnischen Krise offenbar für überflüssig erachtet hatte. Zunächst einmal
suchte er abermals Zeit zu gewinnen. Derselbe Mann, der gleich behaupten
sollte, bei der friedlichen Beilegung des deutsch-polnischen Streits gehe es
angesichts der aufmarschierten Heere und angesichts des geradezu rasen-
den Wütens polnischer Terroristen buchstäblich um Stunden, ließ den ganzen 29. August ins Land gehen, ehe er sich erneut bemerkbar machte. Erst
zwischen 19.00 und 20.00 Uhr bekam Sir Nevile Henderson, in die Reichs-

kanzlei bestellt, aus Hitlers Hand die deutsche Antwort auf die britische Note[572]. In diesem Schriftstück forderte der „Führer" unzweideutig Danzig und den Korridor, dazu in recht unklarer Formulierung eine „Sicherung des Lebens der deutschen Volksgruppen in den restlich Polen verbleibenden Gebieten". Anschließend erklärte er sich – obwohl er ohne Vertrauen zu Warschau sei und sich dazu allein um der künftigen deutsch-britischen Freundschaft willen verstehe – bereit, „die vorgeschlagene Vermittlung der Königlich Britischen Regierung zur Entsendung einer mit allen Vollmachten versehenen polnischen Persönlichkeit nach Berlin anzunehmen". Bereits ein solches Verständnis von „direkten deutsch-polnischen Verhandlungen" verwandelte die dem Anschein nach ausgesprochene Annahme des britischen Vermittlungsvorschlags in Wirklichkeit in Ablehnung. Die genannten territorialen Ansprüche waren für Warschau ebenso unannehmbar wie ein Sonderstatus für die in Polen lebenden Deutschen, erst recht aber mußte es für die polnische Regierung unannehmbar sein, daß ihr Hitler zumutete, unter Verhandlungen die Entsendung eines Bevollmächtigten nach Berlin zu verstehen, der dort nichts anderes zu tun hatte, als mit seiner Unterschrift die Akzeptierung der deutschen Forderungen zu besiegeln.

Nun war freilich nicht auszuschließen, daß Briten und Franzosen, um ihrer Bündnispflicht doch noch zu entkommen, die Polen am Ende zwingen wollten, sich dem deutschen Diktat zu fügen, und um einer solch unerwünschten Entwicklung vorzubeugen, baute Hitler ein schon technisch unerfüllbares Element in die deutsche Note ein: der polnische Bevollmächtigte, so hieß es da, werde am 30. August, also gleich am nächsten Tag, in Berlin erwartet! Damit hatte Hitler das Kunststück fertiggebracht, die scheinbare Annahme der britischen Vermittlung faktisch in ein sowohl an Großbritannien wie an Polen gerichtetes Ultimatum umzufunktionieren, und zwar obendrein in ein praktisch unerfüllbares Ultimatum. Wohl bestritten Hitler und Ribbentrop vehement, ein Ultimatum gestellt zu haben, als Henderson auf den ultimativen Charakter der deutschen Note hinwies, doch handelte es sich in Wahrheit um nichts anderes, und im Fortgang der Dinge haben denn auch Hitler und Ribbentrop die Note sehr wohl als Ultimatum behandelt. Allerdings durfte nicht einmal ausgeschlossen werden, daß die britische Regierung doch willens und fähig war, trotz aller technisch-prozeduralen Schwierigkeiten noch am 30. einen polnischen Unterhändler nach Berlin zu schaffen. Für diesen höchst unwillkommenen Fall galt es, Vorschläge zu präparieren, die einerseits propagandistisch verwertbar zu sein, andererseits einen eben noch zeitgerechten Zusammenbruch der sogenannten Verhandlungen zu garantieren hatten; die Rechtsabteilung des Auswärtigen Amts und sonstige Gehilfen des „Führers" waren am 29. und 30. August emsig damit beschäftigt, derartigen Sprengstoff zu pro-

[572] ADAP, D, 7, Nr. 421.

duzieren. Wie man sich in der Reichskanzlei dann die Abfolge des Geschehens vorstellte, spiegelte sich in einer Tagebuchnotiz von Generalstabschef Halder: „30.8. Polen in Berlin. 31.8. Zerplatzen. 1.9. Gewaltanwendung."[573] Im übrigen wiesen Hitler und Ribbentrop am 29. auch das Vermittlungsangebot, das Mussolini gemacht hatte, definitiv zurück: Ribbentrop eröffnete Attolico kühl, „daß die Dinge für derartige Anregungen schon zu weit vorgeschritten seien"[574].

Am Vormittag des 30. August rief Henderson bei Weizsäcker an und teilte mit, die britische Regierung sei mit der Prüfung der deutschen Note beschäftigt, müsse aber jetzt schon feststellen, daß die deutsche Antwort auf die britische Anregung „etwas Ultimatives an sich" habe und daß man nicht sicher sei, ob es gelinge, „die Polnische Regierung dazu zu bewegen, daß sie einen Bevollmächtigten noch heute hierher entsende"; Lord Halifax hatte bereits um 2 Uhr morgens Henderson telegrafiert, daß die deutschen Erwartungen in dieser Hinsicht „natürlich unvernünftig" und unerfüllbar seien, und zwei Stunden danach kannte Ribbentrop die Auffassung des britischen Außenministers[575]. Am späteren Nachmittag traf dann eine Botschaft Chamberlains an Hitler ein, in der versichert wurde, daß die britische Regierung das deutsche Schriftstück mit der gebotenen Dringlichkeit studiere und mit ihrer Stellungnahme noch am 30. zu rechnen sei; Chamberlain fügte hinzu, daß die britische Regierung in Warschau energisch auf die Wichtigkeit der Vermeidung von Grenzzwischenfällen hinweise[576]. Hitler und Ribbentrop reagierten darauf nicht; sie hüllten sich auch am 30. August in Schweigen und gaben weder London noch gar Warschau gegenüber zu erkennen, daß sie – ob geduldig oder ungeduldig – auf einen polnischen Bevollmächtigten warteten, der in der Tat, wie vorherzusehen, nicht erschien.

Als Henderson, im Laufe des Abends mit den erforderlichen Instruktionen versehen, um Mitternacht von Ribbentrop empfangen wurde, stellte sich indes definitiv heraus, daß die Besorgnisse der Berliner Kriegspartei ganz unbegründet gewesen waren[577]. Die britische Regierung nahm die nach den Erfahrungen der letzten anderthalb Jahre einzig mögliche Haltung ein und ließ durch ihren Botschafter bestellen, sie „sei nicht in der Lage, der Polnischen Regierung zu empfehlen", sofort einen bevollmächtigten Vertreter nach Berlin zu entsenden. Auf der Basis ihrer Erklärung vom 28. August, daß Warschaus Einverständnis mit dem direkten deutschpolnischen Gespräch bereits vorliege, schlug sie der Reichsregierung danach vor, „auf normalem diplomatischem Wege, d.h. durch Überreichung ihrer Vorschläge an den Polnischen Botschafter, die Dinge ins Rollen zu

[573] Halder, Kriegstagebuch, S. 42.
[574] ADAP, D, 7, Nr. 411.
[575] DBFP, 3, VII, Nr. 504, 520.
[576] ADAP, D, 7, Nr. 450.
[577] Ebenda, Nr. 461; DBFP, 3, VII, Nr. 570, 571, 574.

bringen, um den Polnischen Botschafter in die Lage zu versetzen, im Einvernehmen mit seiner Regierung die Vorbereitungen für direkte deutschpolnische Verhandlungen zu treffen". Wenn die Reichsregierung, so hieß es mit einiger Zurückhaltung weiter, ihre Vorschläge „auch der Britischen Regierung zuleiten würde und diese der Ansicht wäre, daß die Vorschläge eine vernünftige Grundlage für eine Regelung der zur Erörterung stehenden Probleme bilden, so würde sie ihren Einfluß im Sinne einer Lösung in Warschau zur Geltung bringen". Damit war Hitler klar gesagt, daß er, sofern es ihm mit der Verständigung und der Rettung des Friedens ernst sei, dies zu beweisen habe, indem er Vernunft, Mäßigung und zivilisierte diplomatische Manieren an den Tag lege; ein Traktieren der Polen und mithin praktisch auch der Westmächte, das der Behandlung gleiche, wie sie im Februar und März 1938 Schuschnigg zuteil geworden sei, in München den Tschechen und den Westmächten, im Frühjahr 1939 dann Hacha, Urbsys und den Rumänen, in der polnischen Krise bislang sowohl Warschau wie London und Paris, ein solches Traktieren der Polen werde nicht länger toleriert und müsse zum Krieg führen. Anschließend fragte Henderson, ob die deutschen Vorschläge, die Hitler am 29. in Aussicht gestellt habe, schon ausgearbeitet seien und er sie gleich in Empfang nehmen könne.

Niemand in London ahnte, daß die ebenso verständliche wie richtige und korrekte britische Haltung Hitlers Taktik weit entgegenkam. Daß der polnische Bevollmächtigte ausgeblieben war und nun auch die Briten die Ansicht vertraten, für den deutsch-polnischen Dialog müsse der normale diplomatische Verbindungsapparat genügen, bot Hitler und Ribbentrop die rasch und freudig ergriffene Chance, den Vorgang als Warschauer Verweigerung direkter deutsch-polnischer Gespräche und als Scheitern der britischen Vermittlung, ja als Londoner Ablehnung der Vermittlerrolle zu behandeln und in solchem Sinne vor allem der deutschen Bevölkerung hinzustellen. Ribbentrop machte, offensichtlich von Hitler vorsorglich entsprechend instruiert, sofort den Anfang, indem er die deutschen Vorschläge, die für das Haldersche „Zerplatzen" in der Tat bereits formuliert, nun aber für diesen Teil des Berliner diplomatischen Spiels überflüssig geworden waren, noch in der Unterredung mit Henderson zu einer Szene benützte, die in der Geschichte der europäischen Diplomatie beispiellos dasteht. Zwar zog er das Papier, auf dem die Vorschläge geschrieben standen, aus der Tasche und las dem britischen Botschafter die insgesamt sechzehn Punkte auch vor, wenngleich etwas schnell für Henderson, der in derart gespannten Augenblicken des Deutschen doch nicht mehr ganz mächtig sein konnte. Anschließend steckte er jedoch das Papier wieder ein, erklärte die Vorschläge, weil kein polnischer Unterhändler erschienen sei, für überholt und weigerte sich sogar, ein Exemplar des Dokuments dem Botschafter auszuhändigen. Noch schroffer lehnte er Hendersons Bitte ab, dann eben den polnischen Botschafter herbeizurufen und diesen über die sechzehn Punkte ins Bild zu setzen. Gleichwohl bestritt er aufs heftigste – und ganz unsinnigerweise – Hendersons zutreffende Bemerkung, Hitlers Note vom 29. August sei also doch ein Ultimatum gewesen.

Damals wie später ist oft die Meinung zu hören gewesen, der Ablauf der Dinge wäre anders geworden, hätte sich Ribbentrop in jener Nacht vom 30. auf den 31. August dazu verstanden, die deutschen Vorschläge dem britischen und dem polnischen Botschafter zu übergeben und damit offiziell ins diplomatische Geschäft einzuführen. Diese Meinung ist indes unhaltbar. Man darf nicht vergessen, daß die sechzehn Punkte lediglich den Anschein der Mäßigung erwecken sollten, in Wirklichkeit aber fürs „Zerplatzen" konstruiert waren und ihren Zweck auch durchaus erfüllt hätten[578]. Zwar gingen die jetzt genannten deutschen Forderungen scheinbar hinter die Note vom 29. zurück, da nur die Annexion Danzigs direkt verlangt, für das Territorium des Korridors hingegen eine Volksabstimmung angeboten wurde. Bei genauerem Zusehen ist freilich zu entdecken, daß das deutsche Dokument der polnischen Regierung zumuten wollte, das gesamte Korridorgebiet „in kürzester Frist" – und das hieß mindestens zehn Monate vor der frühestens nach einem Jahr in Aussicht genommenen Abstimmung – von polnischem Militär, polnischer Polizei, ja jedem polnischen Beamten zu räumen. Damit nicht genug, sah Punkt 3 vor, alle nach dem 1. Januar 1918 dorthin zugewanderten und sogar alle nach diesem Datum dort geborenen „Polen, Kaschuben usw." von der Abstimmung auszuschließen, dafür jedoch sämtliche bis zum 1. Januar 1918 im Korridor wohnhaften oder geborenen Deutschen für die Abstimmung zurückzuschleusen. Außerdem sollte die polnische Regierung dazu verpflichtet werden, innenpolitische Akte wie die Bodenreform für betroffene deutsche Grundbesitzer wieder aufzuheben, und zwar unter Zahlung einer Entschädigung; der zusätzlich erhobene Anspruch auf „vollständige Entschädigung" für „sonstige Eingriffe in das wirtschaftliche Leben" bedrohte Warschau ferner mit einer unübersehbaren Flut gänzlich unkontrollierbarer finanzieller Forderungen des Reiches und einzelner Deutscher. Zur Krönung wurde Polen schließlich noch angesonnen, den im Lande lebenden Deutschen einen mit diversen Privilegien – z.B. Befreiung von der militärischen Dienstpflicht – verbundenen Sonderstatus einzuräumen. Keine polnische Regierung wäre in der Lage gewesen, einen derartigen Katalog als Verhandlungsgrundlage zu akzeptieren oder gar einfach anzunehmen. Keine britische und keine französische Regierung hätte unter diesen Umständen eine Möglichkeit gesehen, Warschau zu direkten Gesprächen mit Berlin zu raten oder gar zu drängen.

Gleichwohl hat auch das Verhalten der polnischen Regierung das Hitlersche Manöver etwas begünstigt. Gewiß war es nicht nur begreiflich, sondern auch geboten, daß Außenminister Beck, der einer unter normalen Bedingungen stattfindenden deutsch-polnischen Gesprächsrunde ja bereits zugestimmt hatte, nicht bereit war, selbst nach Berlin zu kommen oder ei-

---

[578] ADAP, D, 7, Nr. 458.

nen Vertreter als Bevollmächtigten dorthin zu schicken, nur um dann von
Hitler, Ribbentrop und Göring „hachaisiert" zu werden. Hingegen muß es
sicherlich als ungeschickt gelten, daß die Warschauer Regierung in ihrer
Angst, womöglich doch noch auf die Straße nach einem neuen München
gestoßen zu werden, Stunde um Stunde zögerte, ehe sie den britischen Gedanken aufgriff und Botschafter Lipski beauftragte, sich im Auswärtigen
Amt zu melden[579], und daß Lipski, als eine Unterredung mit Ribbentrop
am späten Nachmittag des 31. August, um 18.30 Uhr, tatsächlich zustande-
kam, lediglich mitteilen durfte, seine Regierung erwäge die britischen Anregungen – hinsichtlich der Aufnahme direkter deutsch-polnischer Besprechungen auf dem normalen diplomatischen Wege – „im günstigen Sinne"
und werde London in wenigen Stunden formell antworten; die Frage, ob er
schon zu Verhandlungen bevollmächtigt sei, mußte er verneinen[580].

Indes boten die britische Haltung und das polnische Verhalten der Hitlerschen Taktik lediglich einige willkommene Handhaben. Fühlbarer Einfluß auf den Gang der Dinge kam ihnen nicht zu, und zwar nicht einmal in
dem Sinne, daß es Hitler und Ribbentrop gelungen wäre, den eigenen
Kriegswillen hinter den – teils unvermeidlichen, teils vermeidbaren –
Schönheitsfehlern der britisch-polnischen Politik zu verstecken. Es gab
einfach keine Taktik, mit der ein so konsequenter und brutaler Wille zum
Krieg hätte bemäntelt oder völlig getarnt werden können. In diesem letzten Stadium war dem Augenblick nicht auszuweichen, da mit irgendeiner
Begründung der deutsch-polnische und der deutsch-britische Gesprächskontakt – einen deutsch-französischen hatte man ja gar nicht erst zugelassen – unterbrochen oder abgeblockt und jede weitere Verhandlung unmöglich gemacht werden mußte. Dabei konnte es nicht ausbleiben, daß der
böse Wille deutlich hervortrat. Ob das geschah, indem man am 30. und 31.
einen polnischen Bevollmächtigten mit unerfüllbaren Forderungen konfrontierte oder indem man in der Nacht vom 30. zum 31. die deutsche
Note als abgelehntes Ultimatum behandelte und eine polnische Verhand-
lungsverweigerung zu konstruieren suchte, war im Grunde gleichgültig. In
jedem Falle handelte es sich um notwendigerweise durchsichtige Manöver,
die den Drang zum Krieg und die Abwehr einer friedlichen Beilegung der
Krise, statt beides zu kaschieren, nur um so schärfer konturierten. Derartige Gebrechen der deutschen Politik waren dann naturgemäß nicht dadurch zu heilen, daß Hitler und Ribbentrop behaupteten, Polen und die
Westmächte hätten, weil sie Deutschland eben vernichten wollten, ein
maßvolles, ja großherziges letztes Angebot des „Führers" sabotiert und zurückgewiesen. Vom Mangel an Maß und Großherzigkeit des Angebots ganz
abgesehen, schaffte jene Behauptung ja die Tatsache nicht aus der Welt,
daß weder Polen noch die Westmächte eine Offerte zurückzuweisen ver-

[579] Lipski, Diplomat in Berlin, S. 572.
[580] ADAP, D, 7, Nr. 476.

mochten, die ihnen doch gar nicht übermittelt worden war. Die polnische Regierung erhielt die sechzehn Punkte nie, die Botschafter der Westmächte erhielten sie erst zu einem politisch nicht mehr relevanten Zeitpunkt, nämlich am späten Abend des 31. August, zwischen 21 und 22 Uhr, als der Angriffsbefehl an die deutsche Wehrmacht längst gegeben war; selbst Attolico bekam sie – wenn auch vom „Führer" persönlich – nur zwei Stunden früher ausgehändigt. An diesem Sachverhalt ändert sich auch dadurch nichts, daß Göring – vermutlich wiederum zu seiner persönlichen Salvierung – Birger Dahlerus benutzte, um die sechzehn Punkte im Laufe des 31. sowohl Henderson wie Lipski inoffiziell zur Kenntnis bringen zu lassen. Eine solche Information war keine diplomatische Demarche, mit der die Botschafter etwas hätten anfangen können[581].

Hitler und Ribbentrop brachten für das diplomatisch-politische Hin und Her des 31. August ohnehin kein Interesse mehr auf; solche Vorgänge spielten sich schon unterhalb der Ebene ab, auf der ihr Geist arbeitete, Schlüsse zog, Entscheidungen traf. Um 5.15 Uhr morgens ging am 31. August Hendersons Bericht über seine mitternächtliche Unterredung mit Ribbentrop und über dessen Weigerung, die sechzehn Punkte aus der Hand zu geben, nach London ab, wo er im Foreign Office um 9.30 Uhr eintraf[582]. Zwischen der Absendung und der Ankunft des Telegramms, um 6.30 Uhr, hatte Hitler aber der deutschen Wehrmacht den Befehl zum Angriff auf Polen bereits erteilt[583], und um 16.00 Uhr – zweieinhalb Stunden vor der Frage Ribbentrops an Lipski nach seiner Verhandlungsvollmacht – folgte die Exekutiv-Order des OKW: Am 1. September 1939, 4.45 Uhr, hatten die deutschen Streitkräfte in Polen einzufallen. Und so geschah es denn auch, wobei Hitler, als er am Vormittag des 1. September im Reichstag verkündete, seit 5.45 Uhr – nicht einmal die Uhrzeit stimmte in der mit Lügen und Verdrehungen vollgestopften Rede – werde „jetzt zurückgeschossen", sich nur seltsam beiläufig auf die sechzehn Punkte und auf den tatsächlich exekutierten Überfall auf den Sender Gleiwitz berief; von letzterem machte auch die Propaganda der NS-Medien keinen intensiveren Gebrauch. Gegen die Unerbittlichkeit des Hitlerschen Kriegswillens und gegen die Unerbittlichkeit der davon nun gestarteten Militärmaschine waren politische und diplomatische Aktionen völlig bedeutungslos geworden. Der „Führer" selbst sah keinen Anlaß zu einem zweiten – und für sein Prestige sowieso zu gefährlichen – Anhaltebefehl: Der Aufmarsch war ja vollendet, die Armee stand wirklich stoßbereit. Nachdem Hitler ultimative britisch-französische Forderungen nach Rücknahme der in Polen eingedrungenen Truppen ebenso unbeachtet gelassen hatte wie einen letzten Vermittlungsversuch Mussolinis, hielt er am 3. September überdies – und wie nicht an-

---

[581] DBFP, 3, VII, Nr. 587, 589, 597; Lipski, Diplomat in Berlin, S. 573.
[582] DBFP, 3, VII, Nr. 574.
[583] Vormann, Der Feldzug 1939 in Polen, S. 46; Halder, Kriegstagebuch, S. 47.

ders zu erwarten – auch die Kriegserklärungen Frankreichs und Großbritanniens in den Händen[584]. Sehenden Auges hatten die nationalsozialistischen Führer des Deutschen Reiches, weder Polen noch den westeuropäischen Demokratien eine Wahl lassend, tatsächlich den zweiten großen europäischen Krieg des Jahrhunderts vom Zaune gebrochen.

Zur Rekapitulation: Hitler hat dem Überfall auf Polen das Etikett „Krieg um Lebensraum" erst aufgeklebt, nachdem er den Entschluß zum Angriff aus einem ganz anderen Grunde bereits gefaßt hatte. Jedoch ist unverkennbar, daß auch schon der Entschluß selbst gleichsam ein direkter Abkömmling ideologisch begründeter Expansions- und Kriegsplanung gewesen ist. Es ging dem „Führer" ja keineswegs um Ziele, die mit so vertrauten Begriffen der europäischen Machtpolitik wie „Hegemonie" zu fassen wären. Erster und eigentlicher Zweck der Ausschaltung Polens war ja die Beseitigung einer potentiellen Gefahr im Rücken des von Hitler fest beschlossenen Westkriegs, der wiederum Rückenfreiheit für die kriegerische Raumpolitik im Osten schaffen sollte, und so läßt sich sagen, daß der Krieg gegen Polen letztlich ein von der Kernlehre nationalsozialistischer Ideologie verursachter und geforderter Krieg war. Er diente jenem Lebensraum-Imperialismus, der, wie in Erinnerung gerufen sei, mit den sozusagen normalen Imperialismen der neueren und neuesten europäischen Geschichte zwar sicherlich verwandt gewesen ist, jedoch ein Phänomen höchst eigener Prägung darstellte. Nicht nur Kategorien wie „Hegemonie" und „Hegemonialkrieg" werden gegenüber diesem Phänomen unangemessen, es ging auch nicht um den Schutz oder die Erschließung von Handelswegen und Märkten, ebensowenig darum, durch Erfolge einer imperialen Politik die Herrschaft angefochtener und in ihrer Lebensform bedrohter Oberschichten zu stabilisieren; die Nationalsozialisten betrachteten ja die alten deutschen Eliten in Landwirtschaft und Industrie, in Bürokratie und Armee bestenfalls als nützliche Idioten, häufiger noch als bloß temporär zu benutzende Feinde. Erst recht stand ihr Imperialismus, wie kaum gesagt zu werden braucht, nicht im Dienste der missionarischen Ausbreitung reformerischer oder revolutionärer gesellschafts- und verfassungspolitischer Ideen mit universalem Anspruch, wie zeitweilig der französische, der amerikanische und der russische Imperialismus.

Auf epigonenhafte und dekadente Art süchtig nach historischer Größe des eigenen politischen Handelns und der eigenen Person, fühlten sich Hitler und die Kerngruppen der NS-Bewegung gewiß als Reichsgründer, doch schwebte ihnen ein Reich vor, das selbst der primitivsten positiven Züge ermangelte. Zwar sollte dieses Reich die Verwirklichung jener Gesellschaftsutopie bringen, die allen Angehörigen der deutschen Nation bzw. den Angehörigen der germanischen oder arischen Rasse die angeblich ge-

---

[584] ADAP, D, 7, Nr. 513, 515, 560, 562, 563, 564; zu Mussolinis Vermittlungsvorschlag ebenda, Nr. 478, 535, 539, 541, 554, 565.

sunde Existenz von Kriegern und größeren oder kleineren Grundbesitzern ermöglichte. Aber von der dubiosen Qualität solcher Existenz ganz abgesehen, waren ihre Segnungen per definitionem auf die sogenannten Arier beschränkt. Den anderen brachte das Reich der Nationalsozialisten, wenn es sich nach Westen oder Osten ausdehnte, nichts weiter als deutsche Herrschaft. Selbst das heißt noch zu günstig charakterisieren. Sicherlich waren die Nationalsozialisten bereit, Herrschaft an sich zu reißen und auszuüben, wenn sie das um militärischer, wirtschaftlicher und politischer Interessen willen für notwendig hielten. Doch handelte es sich bei ihnen im Grunde um widerwillige Herren. Mit Begriffen wie „Herrenvolk" oder „Herrenrasse" meldeten sie wohl auch den Anspruch auf Herrschaft über fremde Völker und Rassen an, vor allem aber begründeten sie damit das Recht auf die Eroberung von Raum. Im März 1941 z.B. gab Hitler dem sogenannten Generalgouverneur Hans Frank den Befehl, das in Polen geschaffene Generalgouvernement nicht nur „judenfrei", sondern in einem etwas längeren Prozeß auch „polenfrei" zu machen. Stetes Wachstum des Volks- und Rassenkörpers vor Augen, träumten Hitler und seine Gefolgsleute von einem Reich, das etwa im Jahre 2040 rund 250 Millionen Exemplaren der deutschen „Herrenrasse" Platz bieten sollte[585].

Mit anderen Worten: Im Zuge der Expansion des Deutschen Reiches mußte nationalsozialistischer Imperialismus, grundsätzlich gesehen, nicht Herrschaft bringen, sondern Vernichtung, jedenfalls da, wo er nicht auf germanische oder sogenannte artverwandte und mithin als einschmelzungsfähig geltende Völker stieß. In seiner nationalsozialistischen Entartung war also der deutsche Nationalismus, nachdem er die Fähigkeit zum Transport liberalisierender und demokratisierender Tendenzen ohnehin längst verloren hatte, am Ende auf den Hund des schieren Biologismus gekommen, und dieser biologistische Nationalismus gebar einen Imperialismus, der sich selbst nur noch als permanent fressende Wucherung an anderen Völkern und Staaten zu definieren vermochte. Daß die deutschen Armeen, als sie am 1. September 1939 um 4.45 Uhr die polnischen Grenzen überschritten, tatsächlich einer in solchem Sinne zu verstehenden Politik der Vernichtung Bahn brachen, sollte sich nicht erst im weiteren Verlauf des Krieges, sondern schon wenige Wochen nach den ersten Schüssen in der Dämmerung jenes Septembermorgens auf die schrecklichste Weise bewahrheiten.

---

[585] L. Gruchmann, Der Zweite Weltkrieg. Kriegführung und Politik, in: Deutsche Geschichte seit dem Ersten Weltkrieg, Bd. II, S. 156.

Quellen und Literatur in Auswahl

I. Dokumente

Akten zur Deutschen Auswärtigen Politik 1918–1945, Baden-Baden 1950 ff., u. Göttingen 1967 ff. – Documents on German Foreign Policy 1919–1939, London 1949 ff. – Documenti Diplomatici Italiani, Rom 1952 ff. – Documents Diplomatiques Français 1932–1939, Paris 1963 ff. – Documents on British Foreign Policy 1919–1939, London 1947 ff. – Foreign Relations of the United States, Diplomatic Papers, Washington 1939 ff. – Unveröffentlichte Akten des deutschen Außenministeriums, Politisches Archiv Bonn; des britischen Außenministeriums, Public Record Office London; des italienischen Außenministeriums, Archiv des Ministeriums Rom; des polnischen Außenministeriums, Archiv der Neuen Akten Warschau.

II. Memoiren und Tagebücher

Viscount d'Abernon, Memoiren, 3 Bde., Leipzig o. D. – *F. Anfuso,* Rom–Berlin im diplomatischen Spiel, München 1951 – *J. Beck,* Dernier Rapport. Politique Polonaise, Neuchâtel 1951 – B. Bond (Hrsg.), Chief of Staff. The Diaries of Lieutenant-General *Sir Henry Pownall,* B. 1, 1933–1940, Hamden, Conn., 1973 – *G. Bonnet,* Vor der Katastrophe, Köln 1951 – *C. J. Burckhardt,* Meine Danziger Mission 1937–1943, Bern 1946 – *J. Colville,* The Fringes of Power. 10 Downing Street Diaries 1939–1955, New York–London 1985 – *R. Coulondre,* Von Moskau nach Berlin 1936–1939, Bonn 1950 – B. *Dahlerus,* Der letzte Versuch. London–Berlin. Sommer 1939, München 1948 – *A. Eden, Earl of Avon,* Angesichts der Diktatoren. Memoiren 1923–1938, Köln 1964 – *P. E. Flandin,* Politique Française 1919–1940, Paris 1947 – *A. François-Poncet,* Als Botschafter in Berlin 1931–1938, Mainz 1947 – *G. Gafencu,* The Last Days of Europe, New Haven 1948 – *D. Lloyd George,* The Truth about the Peace Treaties, London 1938 – Die Tagebücher von *Joseph Goebbels.* Sämtliche Fragmente, hrsg. von E. Fröhlich, München 1987 – *H. Groscurth,* Tagebücher eines Abwehroffiziers 1938–1940, hrsg. von H. Krausnick und H. C. Deutsch, Stuttgart 1970 – Generaloberst *Halder,* Kriegstagebuch, Bd. I, bearb. von H.-A. Jacobsen, Stuttgart 1962 – *U. v. Hassell,* Die Hassell-Tagebücher 1938–1944, hrsg. von F. Freiherr Hiller von Gaertringen, Berlin 1988 – *Sir N. Hender-*

son, Fehlschlag einer Mission. Berlin 1937–1939, Zürich 1944 – *G. Hilger,* Wir und der Kreml. Deutsch-sowjetische Beziehungen 1918–1941, Frankfurt 1956 – *Sir S. Hoare,* Neun bewegte Jahre. Englands Weg nach München, Düsseldorf 1955 – *A. Jodl,* Dienstliches Tagebuch v. 4.1.1937 bis 25.8.1939, Der Prozeß gegen die Hauptkriegsverbrecher, Bd. XXVIII, PS-1780, Nürnberg 1948 – *H. Graf Kessler,* Tagebücher 1918–1937, Frankfurt 1961 – *E. Kordt,* Nicht aus den Akten, Stuttgart 1950 – *J. Lipski,* Diplomat in Berlin 1933–1939, New York–London 1968 – *F. Meinecke,* Ausgewählter Briefwechsel, Darmstadt 1962 – *H. Nicolson,* Diaries and Letters 1930–1939, London 1966 – *J. v. Ribbentrop,* Zwischen London und Moskau, Leoni 1954 – H. G. Seraphim (Hrsg.), Das politische Tagebuch *Alfred Rosenbergs* aus den Jahren 1934/35 und 1939/40, Göttingen 1956 – *St. Schimitzek,* Drogi ibez droża minioney epoki, Warschau 1976 – *P. Schmidt,* Statist auf diplomatischer Bühne, Frankfurt 1964 – *O. Spengler,* Briefe 1913–1936, München 1963 – Diariusz i Teki *Jana Szembeka* (1935–1945), London 1972 – *E. v. Weizsäcker,* Erinnerungen, München 1950 – L. E. Hill (Hrsg.), Die *Weizsäcker*-Papiere 1930–1950, Frankfurt–Berlin–Wien 1974.

III. Darstellungen

A. Adamthwaite, France and the Coming of the Second World War 1936–1939, London 1977 – *Th. A. Bailey,* A Diplomatic History of the American People, New York 1958 – *M. Beloff,* The Foreign Policy of Soviet Russia 1929–1941, 2 Bde., London 1949, 1952 – *S. F. Bemis,* A Diplomatic History of the United States, New Haven 1965 – *E. Bennett,* German rearmament and the West 1932–1933, Princeton 1979 – *W. Benz/H. Graml* (Hrsg.), Sommer 1939. Die Großmächte und der europäische Krieg, Stuttgart 1979 – *C. Bergmann,* Der Weg der Reparation, Frankfurt 1926 – *H. Booms,* Der Ursprung des 2. Weltkriegs – Revision oder Expansion? in: Geschichte in Wissenschaft und Unterricht, 1965, Heft 6 – *K. D. Bracher,* Europa in der Krise. Innengeschichte und Weltpolitik seit 1917, Frankfurt–Berlin–Wien 1979 – *ders.,* Die Auflösung der Weimarer Republik. Eine Studie zum Problem des Machtverfalls in der Demokratie, Villingen 1964 – *A. Bullock,* Hitler. Eine Studie über Tyrannei, Düsseldorf 1971 – *F. L. Carsten,* Reichswehr und Politik 1918–1933, Köln 1965 – *G. Castellan,* Le réarmement clandestin du Reich 1930–1935, Paris 1954 – *L. Dehio,* Deutschland und die Weltpolitik im 20. Jahrhundert, Frankfurt 1955 – Das Deutsche Reich und der Zweite Weltkrieg, Bd. 1 u. 2, hrsg. vom Militärgeschichtlichen Forschungsamt Freiburg, Stuttgart 1979 – *J. Dülffer,* Weimar, Hitler und die Marine. Reichspolitik und Flottenbau 1920–1939, Düsseldorf 1973 – *U. Eichstädt,* Von Dollfuß zu Hitler. Geschichte des Anschlusses Österreichs 1933–1938, Wiesbaden 1955 – *K. Feiling,* The Life of Neville Chamberlain, London 1946 – *G. Feldman* (Hrsg.), Die deutsche Inflation. Eine Zwischenbilanz, Berlin–New York 1982 – *ders.* (Hrsg.), Die Nachwirkungen der Inflation auf die deutsche Geschichte 1924–1933, München 1985 – *J. C. Fest,* Hitler. Eine Biographie, Frankfurt–Berlin–Wien 1973 – *C. Fink,* The Genoa Conference. European Diplomacy 1921–1922, Chapel Hill 1984 – *F. Forstmaier/H.-E. Volkmann,* Wirtschaft und Rüstung am Vorabend des Zweiten Weltkrieges, Düsseldorf 1975 – *J. Fox,* Germany and the Far Eastern Crisis 1931–1938, Oxford 1982 – *E. Fraenkel,* Der Doppelstaat, Frankfurt–Köln 1974 – *ders.,* Idee und Realität des Völkerbunds im deutschen politischen Denken, in: Vierteljahrshefte für Zeitgeschichte 1968, Heft 1 – *M. Funke,* Sanktionen und Kanonen. Hitler, Mussolini und der internationale Abessinienkonflikt 1934/36, Düsseldorf 1970 – *ders.* (Hrsg.), Hitler, Deutschland und die Mächte. Materialien zur Außenpolitik des Dritten Reiches, Düsseldorf 1978 – *H. Gatzke,* Stresemann and the Rearmament of Germany, Baltimore 1954 – *J. Gehl,* Austria, Germany and the Anschluß 1931–1938, London 1963 – *M. Gilbert,* Winston S. Churchill, Bd. 5, 1922–1939: The Prophet of Truth, Boston 1977 – *H. Graml,* Europa zwischen den Kriegen, München⁵ 1982 – *ders.,* Die Rapallo-Politik im Urteil der westdeutschen Forschung, in: Vierteljahrshefte für Zeitgeschichte, 1970, Heft 4 – *ders.* (Hrsg.), Widerstand im Dritten Reich. Probleme, Ereignisse, Gestalten, Frankfurt 1984 – *G. Hardach,* Weltmarktorientierung und relative Stagnation. Währungspolitik in Deutschland 1924–1931, Berlin 1976 – *J. Hiden/J. Farquharson* (Hrsg.), Explaining Hitlers's Germany. Historians and the Third Reich, London 1983 – *K. Hildebrand,* Deutsche Außenpolitik 1933–1945. Kalkül oder Dogma? Stuttgart³ 1976 – *ders.,* Vom Reich zum Weltreich. Hitler, NSDAP und koloniale Frage 1919–1945, München 1969 – *A. Hillgruber,* Deutschlands Rolle in der Vorgeschichte der beiden Weltkriege, Göttingen 1967 – *ders.,* Kontinuität und Diskontinuität in der deutschen Außenpolitik von Bismarck bis Hitler, in: ders., Großmachtpolitik und Militarismus im 20. Jahrhundert. 3 Beiträge zum Kontinuitätsproblem, Düsseldorf 1974 – *G. Hirschfeld/L. Kettenacker* (Hrsg.), Der „Führerstaat". Mythos und Realität. Studien zur Struktur und Politik des Dritten Reiches, Stuttgart 1981 – *J. Hoensch,* Die Slowakei und Hitlers Ostpolitik, Köln 1965 – *ders.,* Der ungarische Revisionismus und die Zerschlagung der Tschechoslowakei, Tübingen 1967 – *W. Hofer,* Die Entfesselung des Zweiten Weltkrieges, Frankfurt 1964 – *C.-L. Holtfrerich,* Die deutsche Inflation 1914–1923. Ursachen und Folgen in internationaler Perspektive, Berlin–New York 1980 – *H.-A. Jacobsen,* Nationalsozialistische Außenpolitik 1933–1938, Frankfurt 1968 – *J. Jacobson,* Locarno diplomacy. Germany and the West, Princeton 1972 – *E. Jäckel,* Hitlers Weltanschauung. Entwurf einer Herrschaft, Stuttgart 1981 – *ders.,* Hitlers Herrschaft. Vollzug einer Weltanschauung, Stuttgart 1986 – *H. James,* The German Slump, Oxford 1986 – *D. Kaiser,* Economic diplomacy and the origins of the Second World War, Princeton 1980 – *Ch. Kimmich,* Germany and the League of Nations, Chicago–London 1976 – *E. Kolb,* Die

Weimarer Republik, München–Wien 1984 – *K. Koszyk*, Gustav Stresemann. Der kaisertreue Demokrat, Köln 1989 – *P. Krüger*, Die Außenpolitik der Republik von Weimar, Darmstadt 1985 – *ders.*, Versailles. Deutsche Außenpolitik zwischen Revisionismus und Friedenssicherung, München 1986 – *A. Kube*, Pour le mérite und Hakenkreuz. Hermann Göring im Dritten Reich, München 1986 – *H. G. Linke*, Deutsch-sowjetische Beziehungen bis Rapallo, Köln 1972 – *St. Martens*, Hermann Göring. „Erster Paladin des Führers" und „zweiter Mann im Reich", Paderborn 1985 – *H. Meier-Welcker*, Seeckt, Frankfurt 1967 – *G. Meinck*, Hitler und die deutsche Aufrüstung 1933–1937, Mainz 1959 – *W. Michalka* (Hrsg.), Nationalsozialistische Außenpolitik, Darmstadt 1978 – *ders.*, Ribbentrop und die deutsche Weltpolitik 1933–1940. Außenpolitische Konzeptionen und Entscheidungsprozesse im Dritten Reich, München 1980 – *H. Möller*, Weimar. Die unvollendete Demokratie, München 1985 – *H. Mommsen*, Die verspielte Freiheit. Der Weg der Weimarer Republik in den Untergang 1918–1933, Berlin 1989 – *ders./D. Petzina/B. Weisbrod*, Industrielles System und politische Entwicklung in der Weimarer Republik, Düsseldorf 1974 – *W. J. Mommsen/L. Kettenacker* (Hrsg.), The Fascist Challenge and the Policy of Appeasement, London 1983 – *St. Nadolny*, Abrüstungsdiplomatie 1932/33. Deutschland auf der Genfer Konferenz im Übergang von Weimar zu Hitler, München 1978 – *H. Nicolson*, Nachkriegsdiplomatie, Berlin 1934 – *E. di Nolfo*, Mussolini e la politica estera italiana 1919–1933, Padua 1960 – *Sir C. Petrie*, Life and Letters of the Rt. Hon. Sir Austen Chamberlain, London 1940 – *R. Poidevin*, Die unruhige Großmacht. Deutschland und die Welt im 20. Jahrhundert, Freiburg–Würzburg 1985 – *ders./J. Bariéty*, Frankreich und Deutschland. Die Geschichte ihrer Beziehungen 1815–1975, München 1982 – *E. L. Presseisen*, Germany and Japan. A Study in Totalitarian Diplomacy 1933–1941, den Haag 1958 – *G. Ratenhof*, Das Deutsche Reich und die internationale Krise um die Mandschurei 1931 bis 1933, Frankfurt–Bern 1984 – *G. Ritter*, Carl Goerdeler und die deutsche Widerstandsbewegung, Stuttgart 1954 – *H. Roos*, Polen und Europa. Studien zur polnischen Außenpolitik 1931–1937, Tübingen 1957 – *D. Ross*, Hitler und Dollfuß. Die deutsche Österreich-Politik 1933–1934, Hamburg 1966 – *K. H. Ruffmann*, Sowjetrußland, München 1967 – *M. Salewski*, Entwaffnung und Militärkontrolle in Deutschland. 1919–1927, München 1966 – *W. Schieder/Ch. Dipper* (Hrsg.), Der Spanische Bürgerkrieg in der internationalen Politik 1936–1939, München 1976 – *G. Schubert*, Anfänge nationalsozialistischer Außenpolitik, Köln 1962 – *H. Schulze*, Weimar, Deutschland 1917–1933, Berlin 1982 – *W. E. Scott*, Alliance against Hitler. The Origins of the Franco-Soviet Pact, Durham 1962 – *Th. Sommer*, Deutschland und Japan zwischen den Mächten 1935 bis 1940, Tübingen 1962 – *T. Taylor*, Munich. The Price of Peace, London 1979 – *M. Toscano*, The Origins of the Pact of Steel, Baltimore 1964 – *M. Trachtenberg*, Reparation in world politics. France and European economic diplomacy

1916–1923, New York 1980 – *H. R. Trevor-Roper*, Hitlers Kriegsziele, in: B. Freudenfeld (Hrsg.), Stationen der deutschen Geschichte 1919–1945, Stuttgart 1962 – *H. A. Turner*, Stresemann and the Politics of the Weimar Republic, Princeton 1963 – *ders.*, Die Großunternehmer und der Aufstieg Hitlers, Berlin 1985 – *A. B. Ulam*, Stalin. The Man and his Era, New York – Toronto 1960 – *P. Wandycz*, France and her Eastern Allies, Minneapolis 1962 – *G. Weinberg*, The Foreign Policy of Hitler's Germany, Bd. 1: Diplomatic Revolution in Europe 1933–36, Bd. 2: Starting World War II 1937–1939, Chicago–London 1970, 1980 – *ders.*, Germany and the Soviet Union, Leiden 1972 – *B.-J. Wendt*, Großdeutschland. Außenpolitik und Kriegsvorbereitung des Hitler-Regimes, München 1987. – *M. Wojciechowski*, Die deutsch-polnischen Beziehungen 1933-1938, Leiden 1971.

Personenregister

Alexander (König von Jugoslawien) 48, 77
Altenburg, Günther 147
Anfuso, Filippo 227
Arcziszewski, Mieroslaw 137, 214
Arone, Pietro 224
Aschmann, Gottfried 142
Ashton-Gwatkin, Frank 167
Asquith, Herbert W. 154
Astachow, Georgi 245, 257 f., 260, 263, 265 ff., 272 f.
Astor, William 162
Attlee, Clement 9, 180
Attolico, Bernardo 120 f., 124 ff., 199, 206, 217 f., 220 f., 224 ff., 236 f., 239 f., 244, 263, 290, 295 f., 299, 303

Baldwin, Stanley 85, 155, 157, 247
Babarin 269 f., 272
Barthou, Louis 76 f., 80 f.
Beck, Ludwig 163, 206
Beck, Jozef 83 f., 115, 131 ff., 152, 176 f., 181, 184 ff., 201 ff., 211 ff., 280 f., 301
Benes, Eduard 114
Bismarck, Otto von 46, 63, 139, 190
Blomberg, Werner von 104
Blum, Leon 93
Bonnet, Georges 178, 243 f.
Brauchitsch, Walther von 67, 193, 198, 284, 292, 294, 296
Briand, Aristide 33 f., 55
Brüning, Heinrich 43, 52 ff., 156
Bürger, Friedrich 105
Burckhardt, Carl J. 197
Butler, Richard Austen 169

Cadogan, Alexander 164, 173 f., 179, 183
Campbell-Bannermann, Henry 154
Canaris, Wilhelm 116, 227, 238
Carmona, Oscar A. 48
Carnock, Arthur 7
Carol (König von Rumänien) 48
Cavalero, Ugo 222
Cervantes Saavedra, Miguel de 155
Chamberlain, Austen 31, 84, 98 f., 180
Chamberlain, Houston Stewart 40

Chamberlain, Joseph 107
Chamberlain, Neville 7 f., 98 ff., 105 ff., 110, 116 f., 121, 124 ff., 142, 144, 149, 152 ff., 157, 159 ff., 173, 175, 177 ff., 186, 195, 201 f., 208, 242, 247, 250 f., 279, 283, 285 f., 289, 297, 299
Chatfield, Alfred E. 180
Churchill, John 158
Churchill, Randolph 154
Churchill, Winston 9, 33, 61, 73, 75, 84, 89, 100, 142, 154 ff., 167, 182
Chvalkovsky, Frantisek 113 ff., 147 f., 151
Ciano, Galeazzo 94, 96, 121 ff., 128, 135, 164 f., 181, 199, 213, 216 ff., 224 f., 227 ff., 237 ff., 244 ff., 249 f., 266, 273, 279, 291
Coburg, Karl Eduard (Herzog von C.) 142
Colville, John 100, 182
Colvin, Jan 178 f., 193
Cooper, Duff 9, 73 f., 142, 154, 160
Coulondre, Robert 171 ff., 287 ff., 294
Cunningham, Alan G. 144
Curtius, Julius 156

Dahlerus, Birger 289, 296, 303
Daladier, Edouard 117, 163, 171, 173, 186, 226, 243, 287 ff., 294 ff.
Dawes, Charles G. 29 f.
Dembinski, Stanislaw 190
Dirksen, Herbert von 143 f., 161 f., 206, 243
Dollfuß, Engelbert 49, 78 f., 100
Doumergue, Gaston 76
Draganoff, Parvan 265 f.
Drake, Francis 165
Drumont, Edouard 40
Drymmer 184
Dühring, Eugen 40
Durcansky, Ferdinand 112

Eden, Anthony 9, 118, 142, 154, 160
Edward VIII. 155
Ehrhardt, Hermann 43
Elizabeth I. 158
Epp, Franz Ritter von 191
Eugen (Prinz) 158

Forster, Albert 131, 196, 286
Franco, Francisco 48, 92 ff.
François-Poncet, André 91
Frank, Hans 305
Frick, Wilhelm 150
Friedrich der Große 63, 198
Frohwein, Hans 241
Funk, Walter 167

Gamelin, Maurice 188
Gaus, Friedrich 113, 263
George, David Lloyd 26 f., 69, 84, 99, 110,
    154, 180
Gobineau, Arthur de 40
Goebbels, Joseph 13, 47, 67 f., 71, 78, 84,
    87, 97, 103, 117, 142, 149, 161, 169,
    174, 185, 194, 216, 218, 243
Gömbös, Julius 79
Goerdeler, Carl 206
Göring, Hermann 112, 115, 121, 129,
    131 f., 143 ff., 148 ff., 167, 174, 185, 217,
    219 f., 222, 226, 248 ff., 262, 267, 277,
    289, 296, 302 f.
Gomes da Costa 48
Grabinski 191
Grafenau, Grigore 175
Grandi, Dino 124
Greiser, Arthur 207
Grey, Edward 7
Grote, Franz 269
Grzybowski, Waclaw 134 f., 186, 280
Guariglia, Raffaello 225

Hacha, Emil 114, 148 f., 151 f., 189 f., 300
Halder, Franz 283 f., 294, 299 f.
Halifax, Edward 144, 160, 163 f., 167 ff.,
    174 ff., 187, 201, 289, 297, 299
Hankey, Maurice 157
Hasbach, Erwin 280
Hassell, Ulrich von 10, 115, 146, 206
Haushofer, Karl 95
Henderson, Nevile 168, 285, 287 f., 296 ff.,
    303
Henlein, Konrad 103 ff., 112, 157, 200
Herriot, Edouard 55
Heydrich, Reinhard 285
Hilger, Gustav 264, 269
Himmler, Heinrich 67, 137, 150
Hindenburg, Paul von 46, 53 f.
Hintze, Paul von 22
Hiranuma, Kiichiro 279
Hitler, Adolf 8 ff., 22, 43, 46, 48, 53 f.,
    60 ff., 76 ff., 90 ff., 126 ff., 136 ff., 156 ff.,
    172, 174, 176 ff., 185 ff., 191 ff., 201,

204 ff., 226 ff., 244 ff., 254 ff., 261 ff., 267,
    269, 271, 273, 275 ff., 282 ff., 292 ff.
Hoare, Reginald 175
Hoare, Samuel 167
Hoover, Herbert C. 51, 54, 59
Hore-Beliska, Leslie 163
Horthy, Nikolaus von 174

Jones, Tom 69
Jung, Rudolf 65

Kapp, Wolfgang 19, 43
Kasprzycki, Tadeusz 188
Katelbach 194
Keitel, Wilhelm 104, 115, 195
Kellogg, Frank B. 33 f.
Kerr, Philip Henry s. Lothian, Philip
    Henry
Khun, Bela 11
Kirkpatrick, Ivone 163, 166, 196
Kordt, Theo 206
Kwiatkowski, Eugeniusz 138

Lammers, Hans Heinrich 150
Laval, Pierre 77, 80 f.
Lebrun, Albert 178
Ledochowski, Wladimir 139
Leeper, Reginald 178 f.
Lipski, Jozef 129 ff., 151 f., 184 f., 189 ff.,
    195, 202 ff., 214, 302 f.
Litwinow, Maxim 80, 134 f., 253, 257
Lothian, Philip Henry 167
Lubienski, Michael 131, 184 f., 203, 281
Lubomirski, Stefan 211
Ludendorff, Erich 46, 53, 65 f.
Ludwig XIV. 158
Lytton, Neville 59 f.

Mach, Sano 112
MacDonald, Malcolm 155, 162, 167
Mackensen, Hans Georg von 113, 218,
    241, 287, 290
Magistrato, Massimo 199, 228 ff., 237,
    240 f., 291 f.
Maisky, Iwan 157, 252
Marlborough (1. Herzog von M.) 158
Marlborough (7. Herzog von M.) 154
Marras, Luigi 227
Masarik, Hubert 147
Masaryk, Thomas G. 114
Mason-Macfarlane, Frank 179
Massigli, Rene 132
Mastny, Vojtech 109 f.
Merekalow, Alexei 256 ff., 263

Metaxas, Joannis 48 f.
Meyer, Conrad 269
Mikojan, Anastas 249, 264, 268 f.
Molotow, Wjatscheslaw 245 f., 257, 259 ff., 263 ff., 268 f., 272 ff.
Moltke, Adolf von 133, 136, 191 ff., 201, 203 f., 254
Moritz 269
Moscicki, Ignacy 138
Mühlstein, Anatol 138
Müller, Hermann 19
Mussolini, Benito 42, 45, 48, 52, 56, 64, 78 f., 81 f., 87 ff., 92 ff., 96, 99, 101 f., 106, 112, 117, 120 ff., 128, 154, 163 ff., 181, 206, 209, 217 ff., 227 ff., 249 f., 262, 278, 286 f., 290 ff., 295, 299, 303

Napoleon Bonaparte 158
Neurath, Konstantin von 185
Nicolson, Arthur s. Carnock, Arthur
Nicolson, Harold 7 f., 107, 154, 159, 182, 252, 257
Nietzsche, Friedrich 68

Ogilvie-Forbes, George 110
Oshima, Hiroshi 120 f., 127 f., 260

Papen, Franz von 54
Pariani, Alberto 121
Pascha, Kemal 48
Philip II. (König von Spanien) 158
Philipp (von Hessen) 218
Phipps, Eric 91
Pilsudski, Józéf 48, 70, 82 f., 129, 131, 134, 138, 142, 212 f.
Pitt, William (der Jüngere) 158
Poincaré, Raymond 27, 29, 76
Potemkin, Vladimir 134, 259, 266, 269
Potocki, Jozef 184
Pownall, Henry 183
Primo de Rivera, Miguel 48

Raczyński, Edward 176, 187
Rathenau, Walther 22
Reichenau, Walter von 109, 115
Renzetti, Giuseppe 262
Ribbentrop, Joachim von 9 f., 95, 113, 115 ff., 125 ff., 133 f., 136 ff., 142 f., 145, 150 ff., 160, 167, 184 f., 189, 191 ff., 199, 201, 203 ff., 215 ff., 220 ff., 228 ff., 248 ff., 259 ff., 267, 269, 271 ff., 282, 290, 294 ff., 298 ff.
Ritter, Karl 110, 113
Röhm, Ernst 79

Roosevelt, Franklin D. 154, 166, 209, 226, 297
Rosenberg, Alfred 185, 278
Rosso, Augusto 263, 267
Rydz-Smigly, Edward s. Smigly-Rydz, Edward

Salazar, Antonio O. 48
Sargent, Orme 173 f.
Schacht, Hjalmar 185
Scheliha, Rudolf von 194, 254
Schleicher, Kurt von 152
Schliep, Martin 281
Schniewind, Otto 145
Schnurre, Julius 245, 248, 257 ff., 264, 269 f., 272 f.
Schulenburg, Friedrich Werner von der 226, 249, 253, 259 ff., 263, 266 ff., 272 ff.
Schuschnigg, Kurt von 100 f., 189 f., 300
Schwerin von Krosigk, Lutz 279
Seeckt, Hans von 20 f.
Shdanow, Andrey 266
Simon, John 74
Simpson, Wallis W. 156
Sinclair, Archibald 142
Skladkowski, Felizjan 138
Smigly-Rydz, Edward 129, 138, 141, 185
Sorge, Richard 254
Spengler, Oswald 21, 65
Stachiewicz, Waclaw 185
Stalin, Josef 63, 78, 127, 198, 226, 246 ff., 250 ff., 260, 264 ff., 268, 271 ff., 275 f.
Stanley, Oliver 8, 160, 167 f.
Stengl (Baron von S.) 190
Stimson, Henry L. 59 f.
Strang, William 251, 264, 266, 269, 271
Stresemann, Gustav 28 ff., 43, 55, 268
Swinton, Philip 8, 160
Szauly 194
Szembek, Jan 131, 135, 138 f., 184 f., 194, 214, 224

Talleyrand, Charles Maurice 154
Tilea, Virgil 173 ff., 191
Tippelskirch, Werner von 254
Tiso, Josef 148
Togo 253
Treitschke, Heinrich von 40
Troubridge 162
Tuka, Vojtech 147
Tyminski 142

Urbsys, Juozas 150, 190, 300

Vansittart, Robert 183
Veesenmayer, Edmund 284, 286

Warr, Herbrand E. de la 8, 160
Weizsäcker, Ernst von 9, 108 ff., 115, 126, 143, 171, 191 ff., 198 f., 202 ff., 216, 218, 220, 224, 227 f., 231, 238, 240 f., 256 f., 260 f., 263, 267 f., 272, 277, 283, 285 f., 295, 299
Welczek, Johannes 224 f.
Wieniawa-Dlugoszewski, Boleslaw 83, 213
Wilhelm II. 158, 172

William III. 158
Wilson, Woodrow 14, 16, 18
Wohlthat, Helmuth 174
Woermann, Ernst 266
Woroschilow, Kliment J. 273
Wühlisch, Johannes von 281

Zankoff, Alexander 48
Zogu, Achmed (König von Albanien) 48, 181
Zyborski 280 f.

www.ingramcontent.com/pod-product-compliance
Lightning Source LLC
Chambersburg PA
CBHW070410100426
42812CB00005B/1692